루만 용어 사전

루만 용어 사전

데틀레프 크라우제

Detlef Krause

이철 · 권혁민 옮김

Detlef Krause: *Luhmann-Lexikon: Eine Einführung in das Gesamt-werk von Niklas Luhmann. 4. neu bearbeitete und erweiterte Auflage*, © Detlef Krause Estate, Germany.

All rights reserved. Korean translation copyright © 2025 by Theorie Publishing This Korean Edition is published by arrangement with Detlef Krause Estate, Germany through Sigma Literary Agency, Korea.

이 책의 한국어판 저작권은 시그마 에이전시를 통한 저작권자의 독점 계약으로 이론출판사에 있습니다. 저작권법에 의해 한국 내에서 보호를 받는 저작물이므로 무단 전재와 무단 복제를 금합니다.

루만 용어 사전

인쇄: 2025년 2월 28일

발행: 2025년 2월 28일

저자: 데틀레프 크라우제

번역: 이철, 권혁민

펴낸곳: 이론출판사(yeol6204@gmail.com)

펴낸이: 현숙열

주소: 서울 중랑구 겸재로40길8, E-202.

전화: 070-7522-2700, FAX 0504 166 6149

출판등록: 323-2014-000062(2014. 07. 07)

ISBN: 9-791199-0603-19

가격: 38,000

차례

역자 서문   7
사전   13
참고문헌   329
한글 색인   385
독일어 색인   403

역자 서문

이 용어사전은 브레멘대학의 데틀레프 크라우제 교수가 20년 동안의 연구 결과를 집약한 출간물의 일부다. 크라우제는 『루만 — 용어 사전: 니클라스 루만의 전체 저작에의 입문』이라는 저작에서 루만 사상의 전모를 텍스트와 용어 사전의 두 가지 형식으로 개괄하였다. 그중 텍스트 부분은 『루만 전체 입문』(이론출판, 2024)에서 국역본이 출간되었으며, 모두 600여 개의 항목을 사전 형식으로 구축한 용어 사전이 이제 이 책에 담겨 출간된다. 따라서 『루만 용어 사전』은 루만 이론을 전체적으로 조망하면서 체계이론의 핵심 진술들을 압축적으로 제시한 『루만 전체 입문』의 정확한 독해를 위한 개념들을 제시한다. 또한 다양한 분과에 제출된 루만 저작의 정확한 독해의 안내자로 사용될 수도 있을 것이다.

루만이라는 거대 사상가의 사유에 도전하면서 그의 이론의 특이성에 유념할 필요가 있다. 첫째, 루만의 자기준거적-자기생산적 체계이론은 초-이론(Supertheorie)이지 메타이론이 아니다. 그것은 "보편성" 원칙을 엄격하게 해석하여 이론 자신을 보편성의 예외로 특권화하지 않는다. 즉 관찰하는 이론이 그 이론의 대상에 포함된다.

둘째, 루만은 사건을 요소로 삼는 이론 형식을 취한다. 그래서 요소와 관계, 구조와 과정 같은 현재 인문사회과학의 핵심 개념들은 사건들이 실행된 결과인 작동(Operation)의 결과 생산되는 것으로 재개념화된다. 그래서 예를 들어 세계와 실재 및 지평과 (지평 개념을 인식론적으로 보완하는) 경계 개념뿐만 아니라 그 경계를 사이에 두는 환경과 체계 개념들을 근본적으로 정확하게 이해할 것이 요구된다.

이런 기초 개념들을 파악한 토대에서 비로소 경험과 행동이나 행위 및 체험, 기대구조로서의 사회 같은 루만 고유의 발상에 접근할 수 있다. 이 개념 세계들은 주류 사회학이 당연시하는 개념들을 발본적으로 재구성한다. 루만은 예를 들어 "사회적인 것"을 사실적 차원과 시간적 차원과의 공동 작용에서 생성되는 의미의 한 차원으로 파악한다. 루만 사회학의 초점을 형성하는 사회적 체계는 그래서 사실적 차원의 분석을 위한 매체이론과 시간적 차원의 분석을 위한 진화이론 및 사회적 차원을 구성하는 소통이론이라는 세 가지 요소 이론들로 구축되어 있다. 즉 이론의 기본 발상과 구조가 주류 사회학의 그것과는 전혀 다르다.

이러한 발본적인 접근은 사회이론(Social Theory)을 사회의 이론(Die Theorie der Gesellschaft)으로 재구성하는 새로운 이론 구축 전략의 근거가 된다. 사회는 사회적인 것의 하위(!) 개념으로서 사회체계로 개념화되면서 조직체계와 상호작용체계와의 구조적 연동을 통해 자기존속을 유지하는 체계다. 사회체계는 조직체계와 상호작용체계 외에도 자기 내부의 부분체계들인 -, 정치-, 법-, 학문-, 종교-, 예술-, 교육체계, 대중 매체 체계와 친밀체계 등과 중첩적·선택적으로 상호작용하면서 자기생산·자기관찰(자기기술)을 통해 자기조종한다. 루만의 사회 이해는 같은 것의 동일시에 세워진 사회적 통합(social integration) 개념이 서로 다른 것의 상호의존들로 짜여진 현실적인 사회의 분석을 위해서는 지나치게 단순하다는 문제의 해법이 될 수 있다. 그는 이러한 사회적 통합 개념을 모든 체계가 고유한 구조와 작동

원리에 따른다는 점을 이론적으로 감안하는 사회(societal)통합 개념으로 대체한다. 사회통합은 항상 하나의 지향만을 고수하는 사회의 부분체계들의 상호 절제(루만은 자유도 제한이라고 말한다)를 통해 도달 가능하다. 즉 조직 체계와 상호작용체계 및 사회 내 부분체계들과의 적절한 정도의 구조적 연동을 유지한다는 점이 사회통합의 척도가 된다.

국내 루만 수용에서는 다양한 분과 전공자들이 루만의 주저를 번역하면서 국역본들이 핵심 개념들을 상이하게 번역한 문제가 있다. 이 책의 역자들은 『사회적 체계들』과 그 밖에 주요 저작들을 다수 번역한 이철의 역어를 용어 사전의 기준으로 삼았으며 이 번역어와 다른 역어들은 경우에 따라서 괄호 안에 함께 표현하였다.

이 용어 사전에서는 『사회의 사회』의 몇 가지 루만 핵심 개념의 역어를 아예 괄호 안에 포함하지도 않았다. 해당 역어들이 루만이 독일어로 표현하고자 한 전체 이론을 호도하므로 그것들을 무시하는 것이 유익하다고 판단하기 때문이다(관련된 논의는 이철의 루만 번역본 서문이나 논문들을 참조하라). 그 책에서 "구별", "지칭", "표시", "지시"로 번역된 것은 이 책에서는 "구분"(Unterscheidung), "지시"(Bezeichnung), "표시"(Markierung), "준거"(Referenz) 항목에서 참조하기 바란다. "성찰"(Reflexivität)과 "성찰적"(reflexiv)은 "재귀"와 "재귀적"으로 옮기는 것이 원저자 루만의 의도에 부합한다. 그 책에서 "재귀"로 옮긴 Rekursion을 이 용어 사전에서는 "회귀"로 번역했다. Reflexivität와 Rekursion을 각각 재귀와 회귀로 읽는 것은 루만의 시간이론적인 특성을 반영하는 것이다. "반성"으로 번역한 곳은 원어가 Reflexion이며, "성찰"로 번역하였다. 루만은 성찰을 근본적인 자기 관찰의 의미로 사용한다. 루만은 그 책에서 Steuerung의 역어인 "조정"은 사이버네틱스 용어인 "조종"으로 읽어야 한다. "조정"이라는 역어는 『사회의 사회』에서 쌍방 균형을 맞추는 Ausgleich와 세밀한 조율의 의미가 있는 Koordination에 대해서도 사용되었다는 점을 덧붙인다.

이 용어 사전에서는 "1차 질서 관찰"과 "2차 질서 관찰"은 "1계(系) 관찰"과 "2계 관찰"로 옮겼다. 원어는 "Beobachtung erster Ordnung"과 "Beobachtung zweiter Ordnung"으로 사이버네틱스 용어를 따라서 전자의 번역이 현재 대세이기는 하다. 그런데 이 개념은 조지 스펜서-브라운의 『형식의 법칙들』에서 펼쳐 보인 형식산법(Kalkül)이라는 수학적 사유로서 도입되었다. 역자들은 이런 이유에서 『루만 용어 사전』과 『루만 전체 입문』에서는 후자의 번역을 제안한다. 현재 통용되는 "~차 질서"를 사용하는 역어 말고도 "~계 질서"를 사용한다면 루만 저작에서 추가적인 인식을 획득할 수 있을 것이다.

이 용어사전은 다른 저술과 마찬가지로 하나의 특정한 용어를 선택할 수밖에 없겠지만(그것은 모든 책의 운명이다), 독자들은 병기한 원어를 함께 고려하면서 독서할 수도 있을 것이다. 또한 특정한 분과의 사정에 따라서 역어를 수정하여 사용할 수 있을 것이다. 예를 들어 Entscheidung은 사회적 체계의 일반이론의 용어로서 "결정"으로 번역하였는데, 행정학과 정책학 등에서는 이 개념을 그 분과의 핵심 개념인 "의사결정"이라는 역어로 도입할 수도 있을 것이다.

용어를 가나다순으로 배치하는 작업에서 예를 들어 종교체계나 심리적 체계를 각각 ㅈ과 ㅅ에서 찾을 수 있도록 하였다. 원문에서는 체계라는 하위 개념하에 이 개념들을 일괄 배치하였으니, 용어 사전을 원문과 비교하려는 독자들은 이 점을 참조하기 바란다. 이 책의 모든 참고문헌은 사전 본문과 참고문헌 목록에서 번호(547까지)를 매겨두었다. 독자 편의성과 공간 절약의 장점 때문에 크라우제가 그렇게 책을 집필하였다. 또한 이 국역본의 개별 용어들을 신속하게 찾아보고자 하는 독자들은 한글 색인과 독일어 색인을 참조하기 바란다.

루만 입문자들은 기존의 사회학을 비웃기라도 하듯 프로그램, 코드, 공생적 기제 같은 생경한 개념들을 도입하거나, 기존 개념을 다른 의미로 사용한다는 점으로 인해 쉽게 좌절한다. 그것은 가히 난공불가의 이념 요새다. 그러나 루만의 이론은 개념 석재들을 치밀하게 주조하여 그 개념들의 조합을 통해 현실을 정교하게 기술한다. 이론은 "직선 도로"가 아니라 "미로"처럼 얽힌 연관 관계들로 구성되어 있다. 따라서 독자들은 상당한 기간 동안 인내심을 유지할 것을 요청받는다. 그러나 그 과정에서 개념들이 서로 긴밀하게 연결되어 있으며 그런 개념 조합 가능성이 놀랍도록 풍성할 뿐만 아니라, 정교하면서도 정확한 현실 기술을 가능하게 한다는 것을 발견할 수 있을 것이다. 또한 참고문헌은 개념을 맥락에서 이해할 수 있도록 안내한다.

　루만 용어들을 압축적이면서도 정교한 진술들로 표현해낸 원문을 정확하게 옮기는 작업은 그렇게 쉬운 일은 아니었다. 역자들은 어느 정도 성공적으로 이 작업을 해내었다고 자평하면서도, 결국 현재 수준의 텍스트를 제출하게 되었다. 오역들을 발견한다면, chullee01@gmail.com과 freedomloveagony@naver.com로 알려 주실 것을 부탁드린다. 이 책을 통해 독자들이 진정 탁월한 루만의 이론과 사유 세계를 즐길 수 있기를 희망한다.

2025년 1월 3일, 역자들

가격 Preis

화폐 가격, (화폐) 지불 기대들에 관한 →정보(→기대들, →지불/비지불). 가격은 →경제체계의 자기관찰의 통일성이다(→자기관찰/타자관찰). 체계는 참여 체계들의 잠재적인 지불 태세를 통해 가격에 관한 정보를 획득한다. 가격은 →화폐의 발견에 기여하고, 이를 통해 체계의 환경 내부에서 일어나는, 지불에 중요한 사건들의 발견에 기여한다. 가격은 지불들을 위한 →동기들로서 →욕구들의 발견에 기여한다. 한편으로 가격들은 경제체계 내적으로 생성된 →희소성들을 표현하며, 차이들의 지시자들(Anzeiger)이다. 다른 한편 가격들은 지불들의 프로그램화(→프로그램)나 경제체계의 환경 내 인물들과 조직화된 사회적 체계들의 참여 결정들에 기여한다.

060; 501: 17ff., 110ff.; 502: 322f.

가설 Hypothese

→ 경험적 사회 조사의 비판 - 합리주의적 방법론에서, 잠재적으로 지식을 전제한다는 점을 표현한다. 이때 대상 의존적이거나 가르쳐진 진리인 → 지식의 가능성이 전제된다 (→ 인식론, 경험적, → 인식론, 고전적, → 존재론). 반면 체계이론에서, 특히 → 학문체계 내에서의 학문체계 자신의 성찰에서는 관찰자 의존적으로 가시화될 수 있는 지식이나 완전하게 관찰자로부터 독립적인 지식의 가능성을 출발점으로 삼을 수 없다 (→ 구성주의, 체계이론적, → 실재). 여기서 학문의 기능은 근본적으로 언제나 체계 내적으로 구성된 지식인 새로운 지식의 가능화에 있다. 여기서 지식은 기본적으로 언제나 이미 확보한 지식과 접목되는 것으로서 단지 잠정적으로만 가설적인 것은 아니 (→ 지식, ~ 의 진화). 학문의 → 해체 / 재조합 능력의 증가와 함께 모든 지식 증가는 역설적으로 지식

대안들의 가능성이나 무지를 증가시킨다. 이는 특히 →비판적 합리주의의 방법론의 의도와 상반된다.

504: 254ff.

가족 Familie

→인물들의 체계로 작동하는 사회 내의 사회적 체계로 작동하지만, 사회의 기능체계로 작동하지는 않는다. →남성/여성 구분은 고전적인 가족의 코드이며, 여기서 이 구분은 점차 구분되지 않는 것으로 실천되고 있으며 →사랑에서 지양되는 경향이 있다.

신체 체계들(→신체, →생명), →심리적 체계, 그리고 구성원들을 가족 외적으로 소통적으로 포함하는 것들이 가족의 경우에 환경이 된다(→포함/배제). 내적으로 가족은 인적으로 귀속된 가족 내부/외부 소통들의 차이를 지양한다. 가족 구성원과 관련된 모든 소통 참여들이 가족에 관련된다. 가족 내적 →소통에 대한 모든 가족 내부 참여에 있어서 다른 구성원들을 참작할 수 있다. 이러한 의미에서 구두 형식에서의 →복합적 소통은 가족을 친밀한(→친밀성) →상호작용체계로 특징짓는다. 총체적으로 고려하면 가족이라는 사회적 체계는 상대적으로 안정적인 →고유값들(예, 가족사)의 형성을 통해서만 흡수할 수 있는 지속적인 교란(→교란) 상태에 있다.

104: 143ff.; 110: 305f.; 124; 153; 158: 103ff.; 173: 170; 227: 14; 375: 215; 537: 246f.

가치 Wert

유의미한 상태들이나 사건들의 평가와 선호를 위한 상징적인(→상징) 관점(→목적). 특히 모든 사람에게 타당한 것으로 전제할 수 있는 선호들이 가치들로서 기능한다.

가치들은 그 고유한 기초에서는 가치들에 관해 결정될 수 없는데도 또는 결정될 수 없기 때문에, 바람직한 것의 역설적인 상징화다(→역설). 가치의 관점에서 무엇이 가치이고 무엇이 가치가 아닌지가 결정되어야 한다. 체계의 구분이 체계/환경-구분을 전제하는 것처럼, 가치의 구분이 가치/비가치-구분을 전제하지만, 가치 구분일 수 있는 가치-무가치-구분을 전제하는 것은 아니다. 따라서 가치들은 가치 위계들을 정초할 수도 없고, 가치 갈등들을 해결할 수도 없다. 그런데도 그런 일은 일어난다. 즉 가치 역설은 전개된다. 가치 소통에서 가치들은 자신들이 타당하다는 전제에 근거하여 마치 성찰 중단처럼 기능한다. 따라서 가치들은 어떤 것도 정초하지 않는다. 행위는 말할 것도 없다. 가치들은 정초될 수 없는 정초 포기들(→토대들)에 기초하고 있다. 초-확실성(Superunbezweifelbares)을 상징한다.

가치 정초들에서 일어나는, 가치 선호들로의 주목할 만한 교체는 가치 상징화에 허용된 가치 기회주의가 있다는 것을 입증한다. "가치들은 관찰함과 행위(Handeln)를 무장시키는 '맹점들'이다"(424: 94). 즉, 가치들은 다양하게 형성될 수 있는 매체들로 간주할 때만 적절하게 관찰될 수 있다(→매체/형식).

사회적 체계들의 외부분화와 분화 및 사회적 체계들과 그것들에 참여하는 체계들 사이의 거리는 가치 매체 내에서 멀어지지 않는다. 바로 그 때문에 소통들은 가치들에서 선택적인 의미 확정들을 위한 형식들의 비옥한 토양을 발견한다.

가치들은 A의 체험은 B의 체험이라는 구도에 근거하여 소통에서 효과를 발휘한다(→진리).

054; 129: 340ff., 409, 798ff., 1079f., 1122f.; 149: 17ff.; 158: 213.; 204: 154ff.; 272: 165ff.; 294: 177ff., 359ff.; 296: 578f., 306: 188ff.; 309: 311: 170ff.; 317: 41;

324: 88f.; 424: 94ff.; 480: 120ff.; 521: 33-54

간접 소통 Indirekte Kommunikation
→소통, 간접적

감정 Emotion
→느낌

감정들(느낌들) Gefühle
감정들은 체험의 자질(Erlebensqualiät)을 표현하지 않는다. 그보다는 고유한 자기생산에 문제 있는 요구를 제기한 결과 나타나는 →심리적 체계의 자기적응이거나 내부적인 적응이다. 그것은 보통은 처리될 수 없는 →기대 충족들과 기대 실망들에 대비하여 심리적 체계 내부에 갖추어져 있는 면역 기능이다(→면역체계). "감정은 (...) 말하자면 인지적으로 해석되었으며 이름표가 붙여진 신체 지각이며, 이 지각은 상황에서 상대적으로 성공적인 사회적 표준화와 의미론적 코드를 통해서만 대체되고 영구적인 것이 될 수 있다."(472: 10f.).

113: 372ff.; 373: 363f.; 371ff.; 420: 183; 472: 10f.

갈등 Konflikt
갈등은 →소통 참여체계가 다른 참여체계의 소통 제안이나 선택 제안을 선택적으로 거부하고, 이것이 다른 소통의 주제가 될 때 나타난다. 이와 함께 소통의 통일성들로서 무엇보다 →인물들과 →조직들이 고려된다. 갈등은 소통의 결함이나 지양된 →모순이 아니며, 그 자체로 소통적 체계이거나 →사회적 체계다. 갈등의 가능성은 아니오를 말할 수 있는 자유의 가능성에서 비롯한다. 갈등들은 소통적인 연결 가능성들(→연결 능력)이 명확하게 구획되어 있기 때문에 고도로 통합된 체계들이다. 갈등들의 기능은 기대의 불확실성의 경우에 기대의 확실성을 가능하게 하는 것이다(→기대들). 소통적 제안을 거부하는 것은 처음에는 거부에 대한 기대가 미래에 실망되지 않을 것이라는 점을 통해 확실성을 보장한다. 규범적 기대 변경들이나 인지적 기대 변경들은 그런데도 가능하다.

052: 239f.; 073: 335ff.; 074: 146ff.; 088: 378ff.; 113: 16장; 117: 41ff.; 129: 466ff.; 182: 16ff.; 207: 55ff.; 314: 134, 215; 225: 100ff.; 294: 94ff., 131ff., 294f.; 373: 9장; 438: 134

갈등 체계 System des Konflikts
→갈등

갈림(분기) Bifurkation
갈림은 연결 능력이 있는 구분들(→연결 능력)의→ 구분과 →지시의 진화상 과정을 구분하여 지시하고, →관찰을 전제하고, 그 자체가 관찰이다. 갈림 가능성의 첫 번째 토대는 지각 가능성의 →선택성(→지각), 선택적으로 지각된 것의 선택적인 소통 가능성(→소통) 또는 →소통의 수용이나 거부의 선택이다. 갈림 가능성의 두 번째 토대는 첫째, 그것들의 →압축과 →확인의 의미에서, 이미 일어난 구분에의 접목 가능성들과, 둘째, 이미 구분된 것에 기초하는 구분들이다. 그래서 갈림은 연결 능력이 있는 구분함의 회귀적인(→회귀성, →순환성) 과정인 동시에 비회귀적인 과정이다. 이전의 것은 자기 자신과 새로운 것을 가능하게 하며, 물론 →유출 전형이 아니라 →창발 전형에 따라 가능하게 한다.

073: 303ff.; 129: 227ff.; 268: 84f.; 321: 114; 328: 18; 504: 205f., 233ff.

강제 Zwang
강요받은 것에 대안들을 허용하지 않으며(→권력), 한계 사례에서는 →물리적 폭력의 적용으로 나타나는 행위를 강행하는 것.
231: 9

개방성, 인지적 Offenheit, kognitive
→체계, 자기생산적

개인 Individuum
개인의 첫째 구분은 분리될 수 없는 자연으로서의 개인을 자연의 부분으로 생각한다. 그러나 어떤 것을 →인간으로 관찰한다는 것은 이미, 어떤 것을 통일성이 아닌 어떤 것과의 차이 내부에 있는 현실적인 통일성으로서 구분한다는 것을 전제한다. 그런 통일성들의 집합을 포괄하는 통일성(예, 분절, 신분, 계층)의 구분을 전제한다는 것이다. 즉 인간들의 같음을 전제한다(그렇지만 인간들을 아직 개인들로서 구분하지는 않는다). 그런 종류의 인간들의 같음이 예를 들어 인간들의 신체적 또는/그리고 정신적인 소질들/능력들(그 다음에는 정신적이며 오성에 적합한/이성에 적합한 소질들/능력들)의 상이성에 따라 같음 내부에서 특정한 상이성을 요구받는다면, 인간은 인간 형식 내부에서 개인이 된다. 즉 개인화된 개인이 된다. 마음/몸, 신체/정신, 육체/영혼이나 유기체/심리의 유일무이한 분할될 수 없는 개인이 된다. 유일무이성의 개별성이 된다. 인간적인 개인의 →개인화를 관찰하는 것은 현실적인 통일성으로서 자기 자신을 관찰하는 통일성의 관찰을 통해 또 다른 형식 변경을 경험하게 되며, 이 통일성은 그 자체가 강력하며, 자기 자신을 개별화시킨다. 개인화된 인간의 개인은 인간적인 것으로 생각되었으며 그 자체로 유일무이한 →주체가 된다.

인간은 앞서 언급한, 같은 상이성과 상이성의 같음의 경우에(부족 구성원이나 친척 구성원으로서 관찰되든, 아니면 인물로서 관찰되든) 그가 소속되고 부분들을 구성하는 사회와는 달리 관찰된다. 개인은 사회적 포함을 통해 정의되거나, 주체의 경우에는 사회적 배제 — (예를 들어 자유와 평등의 전제들을 통한) 동시적인 대비책을 가지는 — 를 통해 정의된다.

기능적 분화에서는 개인은 배제를 통한 포함을 통해 정의된다(→포함/배제, →인물, →심리적 체계). 다음처럼 말할 수도 있다. 사회적으로 개인은 이제 무(無)사회성을 통해 규정된다. 그러나 개인들의 인구집단의 개인들의 개별성은, 자기 자신을 만들어내고 유지하는 사회적 체계들에 필수적인 변이를 공급한다.

차이이론적인 관점에서 개인은 최종적으로 →차이의 통일성만 지시한다. 즉 자신의 사회적 환경으로부터 자신을 구분하며 이 구분을 수단으로 자신을 관찰하거나 동일시하는 →관찰자만을 지시한다(→동일성, →자기관찰/타자관찰). "개인들은 자기관찰자들이다. 그들은 자신들의 고유한 관찰함을 관찰한다는 것을 통해 스스로 개별화된다"(219: 153).

056; 073: 136ff., 247f.; 129: 1016ff.; 132; 172; 173; 174; 219: 153; 277: 287f.; 294: 350f.; 355; 367: 196; 373: 347ff.; 408: 80ff.; 495: 244-265

개인주의 Individualismus

개인주의"는 그 자체로 좋게 위장된 집단주의이다. 즉 집합 이념들이 인간을 지배한다는 것의 표현"(172: 217f.)이다.

158: 48ff.; 173: 217f.; 250; 321: 513ff.; 355: 23ff.

개인화 Individualisierung

개인화는 →개인의 더 많은 가능성과 개인들 간 →이해와 이해하지-않음

(Nicht-Verstehen)의 더 많은 가능성, 즉 유의미한 사건들의 뚜렷한 개인적인 귀속 가능성(→귀속)을 함의한다.

172; 173; 174

개입 Intervention

개입은 다음 두 가지 조건이 충족되는 모든 경우에 일어난다. 첫째, 개입은 체계가 자신의 환경 안에서 자신에 의해 관찰된 체계로서의 자신에 변화의 의도로 개입하며, 둘째, 추구되는 변화가 실행 가능하게 유지될 때 일어난다(→조종). →자기생산적 체계들이 유의미하지 않은 체계환경들에 개입하는 경우와 유의미한 체계환경들에 개입하는 경우를 구분할 수 있다. 유의미하지 않은 체계환경들에의 개입은 예를 들어 →기술/테크놀로지를 수단으로 하는 자연에의 개입(상수도 처리장치 설치)이나 타자생산적 체계에의 개입(승용차 내부에 전동식 파워스티어링 장치(Electric Power Steering) 설치)이 있다. 유의미한 체계들의 형식인 유의미한 체계환경들에의 개입은 그 자체가 기술/테크놀로지를 필요로 하거나(의학 기술, 수업 기법, 치료 기법, 대화 주도 기법), 매체를 통해 매개된 것으로 관찰될 수 있다(예: 배출권 거래를 위해 경제체계가 정치체계에 대해 법적 규정을 수립하는 경우는 매체로서의 법이 작용하였으며, 기업에 의한 기부 교수직 재정 지원의 경우에는 매체로서의 화폐가 작용하였다), 유의미한 체계들에 대한 개입의 모든 경우에 개입이 그 자체로 체계들의 형식에서 일어나거나(예컨대 수업체계, 임상치료 체계) →구조적 연동의 형식들을 통해 진행된다는 것이 타당하다. 그 두 경우 모두에 대해, 개입된 체계가 개입 의도들을 통한 교란들에 고유-선택적으로 반응한다는 것, 즉 작동상 자율이 지속한다는 것, 즉 모든 변화는 유일하게 자기변화일 수밖에 없다는 점이 타당하다.

188; 279; 438; 504: 644f.

개입인과성 Durchgriffskasualität
→해체인과성/개입인과성

개혁 Reform
→결정들을 위한 '결정 규칙들/결정 전제들'의 변화를 목표로 하며(→재귀성), 환경 내에 역사를 가진 체계들 내에서의 체계들의 성과이다(→체계, 자기생산적). 개혁은 환원된 →복잡성이나 체계 기억의 상기 면이나 →현재 상태 또는 →구조에 접목되어야 하며, 이런 의미에서 보수적이어야 한다(→보수주의, →진보적/보수적, →전통). 개혁의 활동 공간은 접목의 추상화 정도에 따라 결정된다. 추상성은 →선택성과 긍정적인 상관관계가 있다. 더 포괄적인 양식의 개혁들은 대개 스스로 창출되는 →문제들을 가지는, 체계들의 자기과부하 형식으로 나타난다(→초복잡성, →조종). "개혁의 의미는 결국 역설이 된다 (...) 과거는 나쁜 것으로 서술되고, 그럼으로써 미래가 더 나은 것으로 평가될 수 있다. 그러나 지나간 것이 아직 현재였을 때는, 그것이 개혁의 목적을 위해 서술되어야 했던 것만큼 그렇게 나쁘지는 않았다. 그리고 미래적인 것이 만일 현재가 된다면, 그것은 개혁가가 생각했던 것만큼 그렇게 좋지는 않을 것이다"(277: 342).

086: 165ff.; 277: 11장, 331; 332; 333; 400; 441: 539

과거 Vergangenheit
→시간

과정들 Prozesse

서로 연결하고(→연결 능력) 서로를 관련짓는 →사건들. 과정들은 →구조들과 달리 →시간의 가역성을 위해 존재한다. 과정들은 되돌릴 수 있는 사건들의 연속들이다.

123; 373: 73ff., 482ff.; 376: 125ff.; 427: 248ff.; 521: 64ff.

관계 Relation

→요소들의 접속. 관계는 그 자체가 관계화될 수 있다(→고유값, →기억, →중복, →구조, →자기준거, 동반하는).

073: 173ff.; 129: 137f.; 369: 794ff.; 373: 41ff., 382ff.; 427: 243., 245ff.; 504: 364f.

관료제 Bürokratie

관료제 개념은 →조직 개념으로 소급된다. 특히 관료제를 지배 관계로서 상상하는 것(→지배, →계급)은 조직을 결정 전제들을 통해 형성된 결정들의 관계로서 생각하는 것으로 대체된다.

277: 16ff., 415; 397: 97

관직 Amt

정치적 권력의 행사는 근본적으로 관직들에 기초하여 있다. 관직들은 정치체계의 →행정 내 →위치들(Stellen)이다. '권력 있음/권력 없음'의 정치 코드는 '관직권력 있음/관직권력 없음'의 이차적 틀을 획득한다.

294: 91ff.

관찰 Beobachtung

→구분과 →지시의 →차이의 →통일성(→형식) 또는 구분의 사용, 구분하는 동시에 구분된 것을 지시하는, →관찰자의 →작동.

1계 관찰은 자신이 가시화시키는 것만을 가시화시킬 수 있다. 그것은 이런 의미에서 사실적인 것(객관적인 것)의 층위에서 작동한다. 1계 관찰에서는 무엇-질문이 관건이다. 1계 관찰에서 체계라는 구분이 사용되면, 구분함의 순간에는 체계 구분 자체가 구분될 수 없다. 관찰은 맹목적으로 일어난다(→맹점). 2계 관찰은 1계 관찰이 가시화하는 것을, 예를 들어 체계를 그 구분이 규정된 구분, 즉 체계/환경에 기초하고 있다는 이유만으로 가시화한다. 2계 관찰에서는 어떻게-질문이 관건이다. 따라서 다음이 유효하다. 관찰하는 모든 관찰자는 1계 관찰자이다. 자기 자신을 통한 관찰자의 관찰을 포함하여, 관찰자를 관찰하는 모든 관찰자는 2계 관찰자이다(→자기/타자 관찰).

1계 관찰과 2계 관찰은 동시적으로 가능하지 않다. 그것들의 작동상조 작은 시간 차이를 전제한다(→비대칭, →횡단, →복잡성, ~의 시간화). 그러나 1계 관찰이나 2계 관찰은 항상 그것들이 가시화시키는 것만을 관찰할 수 있다. 그것은 자신이 가시화할 수 없는 것을 가시화할 수 없다. 2계 관찰은 1계 관찰에 대해 물론 위계적으로 상위에 있으며, 시간적으로 나중으로 분류되지만, 스스로는 1계 관찰로 남는다. 3계 관찰의 경우에는 관찰들의 관찰들의 관찰 가능성이 질문되지만(→성찰이론), 그것 역시 1계 관찰로 남는다. 관찰 관계들은 엄격하게 수평적인 관계들이며, 특히 순환적인(→순환성) 관계들로 남는다.

인식론(→인식) 역시 관찰이론이다. 인식론은 볼 수 있기 위해 구분해야 한다. 인식론은 자신이 보는 것을 본다. 그 뿐이다. 관찰자는 예를 들어 존재를 보며 그 밖의 어떤 것도 보지 못한다. 인식하는 관찰자의 관찰은 자신이 보는 것, 예를 들어 존재를 보며, 비존재를 보지 못한다. 그것은 다시 2계 관찰이다. 2계 관찰은 존재와 비존재에 대한 자신의 구분을 그 구분 자체를 사용하는 순간에는 볼 수 없다(→구성주의, 체계이론적). 그는 1계 관찰을 실행하기 때문이다. 그는 그 밖에도 자기 자신을 관찰의 관찰자로서 관찰할 수 있다(또는 3계 관찰자에 의해 관찰될 수 있다). 그는 그 자체가 다시금 1계 관찰이 될 3계 관찰을 조작할 수 있다. 회귀적 관찰 관계들은 여기서도 해체될 수 없다. 모든 관찰함의 최후 관찰이라는 것이 배제되어 있기 때문에, 유일하게 옳은 관찰(=인식)은 있을 수 없다. 여기서 다음을 도출할 수 있다. 인식은 언제나 현실이나 →실재의 인식이고자 하면서, 그렇지만 관찰 의존적이기 때문에, 현실이나 실재의 인식 가능성은 근본적으로 배제된다(→외부 세계). 그런데도 관찰 자체는 실재적이며, 의심의 여지없이 경험적인 과정이다.

관찰이 구분을 뜻한다면, 그리고 구분이 전적으로 이루어지며 이것이 구분된다면, 그리고 이 구분들과 총체적인 구분들이 최종적으로 구분될 수 없다면, 구분은 원칙적으로 역설적 사태다(→역설). 관찰은 관찰로서의 고유한 구분을 자신의 맹점으로 사용한다. 관찰은 자신이 보지 못하는 것을 보지 못한다. "관찰의 관찰 불가능성은 관찰 가능성의 조건이다"(368: 16f.). 볼 수 없음은 볼 수 있음의 가능성의 조건이다. 이것은 관찰의 관찰에 대해서도 마찬가지로 유효하다. 그래서 관찰 자체는 역설적으로 구성되어 있고, 오직 →재진입 가능성을 통해서만 탈역설화될 수 있다. 그러면 관찰은 역설 회피 대신 억설 전개(→스테노그라피/에우리알레)를 뜻하게 된다.

015: 150, 061; 073: 142ff., 155; 129: 766ff., 1117ff.; 169; 216: 98ff.; 219: 2장, 261; 268: 5장; 269: 257ff.; 287: 43ff.; 345: 110f.; 354: 14f.; 368: 16f.; 380: 23f., 405; 487: 74ff.; 504: 72-87

관찰자 Beobachter

구분된 것의 구분함과 지시함이 →관찰에 속하는 한에서, 관찰은 →의미를 가지고 작동하는 체계일 뿐이다. 체계이론에서 관찰자는 →주체의 자리에 들어선다. 주체에서 관찰자로의 전환은 체계로서의 관찰자에게는 탈주체화된 객관적인 신분이라고 말할 수 있는 어떤 것을 함의한다. 관찰자는 자신의 관찰 능력 덕분에 자신의 관찰을 실행함으로써, 자기 스스로를 관찰자로 가능하게 하는 체계로서 더 잘 구분되고 지시될 수 있다(→작동, →체계, 자기생산적). 관찰자는 그 자체가 관찰에 미리 주어진 최후 통일성이 아니라, 자기 자신이나 다른 관찰자일 수 있는 관찰자의 관찰을 통해 구분되고 지시된 →통일성이다.

관찰자는 항상 이미 존재하는 것으로 관찰되며, 자신의 고유한 가능성의 조건이다. 관찰자는 자기 자신과 다른 모든 것의 근거가 되며, 역설적으로 구성된 자기준거적인 유형이다. 관찰자는 오직 관찰만 할 수 있으며, 그렇지만 자신의 관찰들과 무관하게 있는 어떤 것(→실재)을 관찰할 수는 없다. 그 밖에 관찰자는 대량으로 나타난다. 즉, 옳게 또는 유일하게 옳게 관찰하는 관찰자는 있을 수 없다 — 그것은 관찰에 달려 있다. 사회의 관찰자는 사회 내부에서만 나타나며, 사회를 사회 내부에서만 관찰할 수 있으며, 그것은 사회의 자기관찰을 표시하는 것이다.

074: 147f.; 091: 58ff., 64f.; 129: 69f., 1117ff.; 265: 154ff.; 126: 257ff.; 287: 45ff.; 405: 124ff.; 479: 250, 252; 487: 74ff.

개념들 Begriffe

개념들은 소통적인, 특히 일상적인 어휘들의 현재적인 계기들로서의 어휘들과는 달리, 사회의 자기생산에 압축되고(→압축) 확인된(→확인), 상대적으로 상황 독립적이거나 맥락 독립적인 타당성을 가지는 어휘들이며, 특히 학문체계(→학문체계) 내의 진리 관련 →소통들을 위한 어휘들이다. 개념들은 →대상들과는 달리 차이 개념들이다. 그것들은 구분들에 근거하는 개념들, 즉 그것들이 무엇을 포함하며 그로써 무엇을 배제하는지를 가시화할 때만 개념들이 된다. 그래서 개념들은 체계 자체를 통해 생산된 중복 제한들(→관찰)로서 작용한다. 개념들은 →이유들도 아니고, 어떤 것도 정초하지 않는다.

129: 61; 321: 384ff.; 373: 12ff.; 504: 124f., 383ff.

개념들, 무차이 Begriffe, differenzlose

무차이 개념들은 자신의 고유한 →부정을 포함하는 개념들이다. 그래서 그것들은 절대적인 개념들 — 최종 통일성 보증이나 현실 보증 — 이 아니다. 그것들은 우연적인(→우연성) 개념들이다. 무차이 개념들로는 →세계(체계와 환경의 차이의 통일성), →의미(현재성과 가능성의 차이의 통일성), →실재(인식과 대상의 차이의 통일성)가 있다. 세계는 오직 세계를 통해서만, 의미는 유의미하게만, 실재는 오직 실재로만 부정될 수 있다. 개념들의 무차이성은 →차이들에 근거하지 않는 개념들이 관건이라는 것을 뜻하지 않는다 — 그 반대 경우가 관건이다. 무차이 개념들은 개념으로서 자기구분에 전제되어 있다. 배제되어 있는 것은 의미, 세계, 또는 실재 개념의 비의미(무의미성이 아니라), 비세계(세계 상실이 아니라), 비실재(현실 상실이 아니라)를 통한 차별적인 정초 가능성밖에 없다. 세 가지 무차이 개념들은 함께 취할 경우, 세계의 관찰 가능성과 관찰 불가능성의 차이의 통일성을 표현한다.

080: 234; 338: 16f, 22; 373: 96, 494; 506f.; 495: 279; 504: 310

개연성 Wahrscheinlichkeit

비개연적인 것의 개연성. 어떻게 비개연적인 것이 개연적인 것이 될 수 있는지가 관건이다(→엔트로피/부엔트로피, →우발). →자기생산적 체계들은 이에 따라 비개연적인 개연성들, 비개연적인 정상 상태로서 간주될 수 있다(→이중 우연성, →질서, 사회적, →정상성). 진화적 관점에서는 개연적인 비개연성들과 비개연적인 개연성들의 차이의 상승이 중요하다.

129: 413ff.; 373: 164ff., 216ff.; 380: 80f.; 456: 25; 504: 330f.

객관적/주관적 objektiv/subjektiv

"객관적인 것은 소통에서 입증된 것이다. 주관적인 것은 의식 과정에서 입증된 것이며, 그 의식 과정은 그 후 소통에서 입증된 것을 자기 편에서 주관적으로 객관적인 것으로 간주하는 반면, 소통은 승인 능력이 없는 것을 자기 편에서 주관적인 것으로 주변화한다"(338: 19).

객체들 Objekte

어떤 것을 다른 모든 것에 맞서 설정하는 그런 구분들(→관찰)의 결과들을 지시한다(→개념들). 객체들은 지시들, 즉 재사용에 적절하거나 →고유값을 형성하는 지시된 구분들이다. 또는 객체들은 다른 모든 것과 분리되어 특별한 반대 지시들 없이 반복 가능한 지시들이다. 이 객체 개념은 더 이상 주체 개념의 상관물로 이해되지 않는다(→존재본, →주체). 객체들은 관찰하는 체계들(→관찰자)을 위해서는 준거들이 되며, 예를 들어 →외부 세계에서 주어진 사물이 아니다(→실재).

129: 99, 580f., 878; 219: 80ff.; 319: 177f.; 321: 26; 479: 255

거부값 Rejektionswert
→코드

결정 Entscheidung

결정은 전통적으로 →대안들 중에서 주체가 합리적으로 선택하는 것으로 이해되었다. 더 적절한 관점은 결정을 자기생산적으로 작동하는 사회적 체계의 배제된 가능성을 함께 소통하는 사건으로 보는 것이다. 결정은 규정된 →소통으로서, 결정/비결정의 차이의 통일성으로서 관찰될 수 있다(→관찰). 여기서 결정은 형식의 내부 면을 포함하며, 비결정은 빈 상관물로서 형식의 외부 면을 포함한다. 결정의 면에서는 대안들의 구분과 접목될 수 있으며, 그래서 선호된 면, 즉 새로운 내부 면을 위한 결정은 대안을 위한 결정으로서 구분될 수 있다. 새로운 형식의 외부 면에서는 이제 선택되지 않은 대안들이 상관물로 발견된다. 즉, 결정 그 자체로는 대안을 결정할 수 없으며, 결정은 바로 대안들의 선행 구성을 통해 배제된 제3항이다. 체계들은 결정을 통해 자신의 자가 생산된 미규정 가능성을 규정 가능하게 한다.

결정들을 통한 결정들의 지속적인 가능화의 전체 연관은 그 속에 포함된 개별 결정들처럼 우연적이다(→우연성). 결정은 과거의 우연성 들에서 미래적인 우연성들을 현재적으로 형성하며, 연결하는 결정함은 언제나 선행한 결정함에 구속되어 있다(→연결 능력). 달리 결정될 수도 있고, 달리 결정되었을 수도 있다는 점이 항상 유효하다(→위험/위해). 따라서 결정은 예상되는 미래에 관여한다. 결정이 옳았는지 틀렸는지는 항상 나중에야 알 수 있다(→시간). "결혼식을 위해 꽃을 준비하고 이혼을 위해 (눈물을 닦을) 손수건을 준비한다. 그러나 결국 모두는 그들이 원했던 것이 좋지 않았다고 말해야 하는 상황에 처할 수 있다"(346: 161).

결정들은 특히 조직된 사회적 체계들의 요소들이다(→조직). 특히 여기서 결정 책임자에게 귀속된 결정들은 →계층과 →지배의 외부분화로 이어지는 경향이 있다.

067; 108: 284-298; 129: 830ff., 1010; 157; 276: 339ff., 277: 4장; 165ff.; 285; 346; 347: 275ff.; 373: 399ff.; 383; 435: 47ff.; 501: 8장

결정 전제들 Entscheidungsprämissen

결정 전제들은 결정들을 통한 결정들이나 그 밖의 결정될 수 없는 소여들이다 — 그것들 자체는 지속적으로 새롭게 결정될 필요도 없고 결정될 수도 없으면서 미규정된 결정들을 결정 가능하게 만든다. 결정될 수 있는 결정들은 예컨대 결정 프로그램들(→프로그램들), 선규정된 소통 경로들, 그리고 일반적으로는 결정 권한자들의 선별로서의 인원 선별들과 특히 인물들(→인원)에 대한 결정들로서의 인원 선별들이다. 결정 전제들은 조직된 사회적 체계들의 결핍된 이항 코드화의 기능적 등가물로 볼 수 있다.

301: 67ff.; 207: 7장; 285: 295ff.; 301: 67ff.; 304: 113ff.

결정 프로그램화 Entscheidungsprogrammierung

→프로그램들(→대안들, →결정 전제들, →조건 프로그램, →조직, →조종, →목적 프로그램)

경계 Grenze

→관찰은 경계 긋기를 뜻한다. 즉 구분되며 지시되는 것과 그 밖의 나머지 것들 간의 구획을 뜻한다. 구분을 실행하라는 [명령은] 경계를 그으라는 뜻이다(→형식, →체계 경계). 경계 긋기는 경계를 긋는 동안에는 관찰할 수 없는 역설이다(→역설). 따라서 경계는 구분된 것의 관찰될 수 없는 통일성

이다.

277: 78f, 239; 321: 66ff.; 373: 95f., 265ff.

경계값들 Grenzwerte

경계값들은 소통적으로 산출된 쌍안정적인(→쌍안정성) 유형의 허구적인 형식들 그 이상의 어떤 것도 아니다. 형식들은 가능한 것의 세계를 긍정적인 것, 허용된 것과 부정적인 것, 허용되지 않은 것으로 나눈다, 경계들은 경계들을 결정 전제들로 사용하는 체계들(→결정)을 정의된 결정 가능성들로 고정하며 →대안들로의 회피를 어렵게 한다.

156

경력 Karriere

특히 교육(→교육체계)과 →사회화의 결과 인적으로 귀속되었으며(→인물) 긍정적으로나 부정적으로 평가된 자기 선택적인 사건들과 타자 선택적인 사건들의 관계화된 연속. 경력은 자기 자신을 구축한다. 경력은 우연적-선택적인(→우연성) 과정이다. 경력은 →이력(Lebenslauf)의 예견 가능하고 지속적인 사건들과는 달리 예견 불가능하고 불연속적인 삶의 사건들의 요건과 관련된다. 경력은 또한 포함(→포함/배제)의 포괄적인 관점도 관련지으며, 점점 더 개인과 사회의 통합 형식으로서 관찰될 수 있다(→포함/배제).

051: 188ff., 056: 195ff., 129: 742, 173: 232ff., 277: 101ff.; 297ff., 332: 325ff.

경제 Wirtschaft

→경제체계(→은행들, →욕구, →이중 순환, →화폐, →자본, →인플레이션/디플레이션, →희소성, →신용, →시장, →가격, →사회적 시장경제,

→복지국가, →지불/비지불)

경제체계 System, wirtschaftliches

경제체계는 화폐 지불을 수단으로 하여 →가격 형식으로 일어나는 모든 소통을 포괄한다. 경제체계는 작동상으로 폐쇄되어 있고, 인지적으로 개방된 상태로 활동하는 →자기생산적 체계다.

경제체계는 화폐 코드(→코드, →화폐, →소통 매체, 상징적으로 일반화된)를 통해, →지불/비지불 차이를 통해(→이중 순환), 그리고 사유 재산 내에서 화폐 코드의 →이차 코드화를 통해(→사유재산), 소유와 비소유의 차이를 통해 가능하게 된다. 경제체계의 →기능은 희소성 상승을 통한 희소성 감소이며, 경제체계의 →성과는 →욕구들의 충족이다. 가계와 기업의 내부 그리고 외부 수단들은 경제체계의 →프로그램이다. →가격은 경제체계의 자기관찰에 기여한다. 즉 환경에서 지불 태세를 발견하고 경제체계에 참여하는 체계들을 안내하는 데 기여한다. 욕구들은 화폐 매체와 관련되어 →공생적 기제로서 기능한다. →희소성은 →우연성 공식으로서 기능한다. 경제체계는 화폐 매체를 부적절하게 다루는 일로부터 →은행의 도움으로 자신을 보호할 수 있다. 경제이론은 경제체계의 →성찰이론이다.

경제체계는 자신의 화폐 매체와 관련하여 중심/주변에 따라(→은행, 금융체계) "조직되어" 있다. 경제체계는 쌍방 조건화하는 시장들을(→시장) 내적 환경으로 가지며, 따라서 경제체계는 다맥락 영역에 걸쳐 있고(→다맥락 영역성) 등위지배적-다중심적(→다중심성) 체계다. 경제체계는 조직들을 내적 환경들로 가지며, 또한 그 때문에 위계적-다중심적 체계인 동시에 부분적으로는 분절적으로, 부분적으로는 중심-주변적으로, 그리고 부분적으로는 계층에 따라 조직된 체계다. 경제체계는 총체적으로 공명에 가장 예민하다(→통합, →공명).

경제체계가 한편으로 지불 체계이며, 다른 한편으로 참여하는(→인물, →조직) 시장의 →차이의 →통일성으로서 관찰될 수 있다면, 그때는 예를 들어 경제체계를 시장체계(→사회적 시장경제)로서 관찰할 가능성이나 중앙 행정체계(→유토피아)로 관찰할 가능성은 사라진다. 화폐 매체와 내적 환경들로서의 조직들 같은 시장들을 두 사례에서 전제할 수 있으며, 그 밖의 것들은 경제체계 내부 조직의 질문이다.

060; 199; 203; 246: 23ff.; 268: 10절; 278; 296; 380: 9장; 499; 500; 501; 502; 503

경험적 사회조사 Empirische Sozialforschung

경험적 사회조사는 →비판적 합리주의의 방법론을 따르는 한, 현재까지는 중범위 이론도 제시하지 못하는 상황에 있다. 경험적 사회조사는 가설(→가설)에 의해 주도되는 →관찰로서 소통적인 세계의 →복잡성에 대해 너무 적은 결합 가능성으로 특징지어지며, 따라서 오직 불충분한 정보상 중복만을 생산할 수 있다. "상응하는 방법론은 (...) 체계의 복잡성 열세를 자가생성된 복잡성으로 보상하고, 스스로 생성한 데이터의 세계에서 무한한 결합 가능성을 배제하면서 결과를 모색하는 것을 가르친다"(113: 370). 비록 경험적 사회조사는, 예컨대 이론으로 주도된 구분들을 통해 대상을 관찰하고 구성한다고 할지라도, 자기 사신을 관찰하지 않으며, 따라서 자신이 볼 수 없는 것을 볼 수 없다는 것을 보지 못한다(→인식론, 경험적). 경험적 사회조사는 자기 자신을 사용하는 관찰자(→자기관찰/타자관찰)의 →자기단순화로서 관찰 가능하게 유지될 때와 그렇게 유지되는 한에서는, 체계-환경-관계들의 관찰에서 쓸모없어지는 것은 아니다 (→인과성).

039: 142ff.; 129: 36ff.; 130: 199f.; 200: 10ff.; 246: 19; 435: 52ff., 108ff.; 438:

138; 479: 249; 504: 369ff.

계급, 사회적 Klasse, soziale

사회적 계층의 특수 사례를 나타낸다(→분화, 계층적, →자본/노동). 이 유형의 사회적 계층은 다수의 편재적인 사회적 불평등이 쌍방 강화되며 이런 일이 사회구성원들(인물들)에게 불평등한 방식으로 닥쳐올(→포함/배제) 때 생겨난다. 이 경우에 계층 소속성은 더 이상 상호작용을 통해 규제되지 못한다(→불평등, 사회적).

사회를 계급사회로 기술하는 것은 계층 적합하게 분화된 신분 사회의 해체를 동반하는, 계층 적합한 분화들의 과도기적인 형식을 목표로 삼는다. 계급 사회라는 이행기 의미론의 특수성은 인적 생활 조건들을 균등화한다는 의미에서 계급 차이들이 조정되었으며 그새 분명해졌으며 구축된 →유토피아다. 그렇게 의도된 유토피아는 자본주의적인 사회 기술 뿐만 아니라 사회주의적인 사회기술에도 해당된다(→사회적 시장경제).

129: 4장 6절; 772f.; 5장 16절; 513

계몽, 사회학적 Aufklärung, soziologische

사회학적 계몽은 →세계 파악의 규정된 가능성들에 고정되고자 하지 않고, 세계의 가능성들을 관찰을 통해 다루는 형식, 즉 선호 규칙을 선호하지도 않고 자기 자신을 단순히 가능성으로서 파악하지도 않는 형식을 수립하고자 한다(→자기면제 금지, →사회학, →보편이론). 이로부터 포함을 통해 세계를 파악하는 모든 접근, 즉 그 자체로 존재하며 홀로 존재한다는 존재에 관한 전제에 의무감을 느끼는 접근들(→인식론, 고전적, →존재론, →합리성, 유럽적), 그 중 특히 →주체를 인식과 세계 완전성의 중심점과 축점으로 만드는 접근(→초월)이 배제된다는 결론을 도출할 수 있다. 이성

계몽 대신(→이성) 이성 계몽의 정화가 문제가 된다. "이성을 향하는 해방이 아니라, 이성으로부터의 해방이 관건이며, 그리고 이 해방은 추구할 수 있는 것이 아니라 이미 발생했다"(246: 42). '이성을 향한 해방'에 맞서 →기능적 방법과 그 다음에 →관찰이론에 축적된 →사이버네틱스적 방법이 투입된다. 계몽의 사이버네틱스적 방법에 대해서는 고도로 비개연적인 가능성들의 위상이 할당되며, 사회학적 계몽 자체에 대해서는 정화된 자기계몽의 위상이 할당된다. 사회학적 계몽은 정화된 계몽으로서 자기 자신에 대해 정화된 계몽이며, 해방된 계몽으로서 자기해방된 계몽이다. 사회학적 계몽은 전개된 →역설이며, 그러한 역설로서 사회의 인식의 →해체/재조합 능력의 봉쇄가 아니라 상승에 기여한다.

390; 479; 504: 548

계시 Offenbarung

"계시 교리는 조율하는 일반화로서 기여한다. 그것은 1. 보편적으로 사용될 수 있는 원작자(신)를 2. 상대적으로 지시에 개방적이며 해석 능력이 있는 내용들과 조합하는데, 그것들의 합리성과 해석 가능성은 그런데도 보장되어 있으며, 그리고 3. 특별한 역사적인 사건 형식으로 나타나는 4. 가능성의 현실적인 출현과 조합하는데, 그 사건은 특별한 사건으로서 5. 직접적인 명증성을 가지며 역사적으로 일회적인 사건으로서 6. 매 순간 현재적인 사회의 다양한 속성을 가지고 있지 않으며, 그보다는 신학적인 교리 관리에 의해서만 지배받는다"(108: 170, 334: 89).

180: 170ff.; 334: 89ff.; 338: 165f.

계약 Vertrag

계약 개념의 핵심은 참여자들의 합의들의 구속하는 효과에 있는 것이 아니라, 구속을 선택할 자유와 의지 합의들의 계약 내용상 보편적인 가능성들과 인물 관련 보편적인 가능성들에 있다. 그래서 계약은 제한하는 확실성을 제한되지 않은 자유와 조합한다.

207: 68ff.; 265: 188ff.; 321: 459ff.; 324: 14f.

계층, 사회적 Schichtung, soziale

→계급, 사회적

계층적 분화 Stratifikatorische Differenzierung

→분화, 계층에 따른

계층에 따른 분화 Schichtungsmäßige Differenzierung

→분화, 계층에 따른

계획 (수립) Planung

일반적인 상황에서의 결정함(→결정)의 →재귀성. 계획 수립은 결정들을 위해 결정 전제들을 확립한다. 계획 수립은 미래의 규정 불가능성을 구조화하며(→시간) 단순화하는 모험적인 시도이다(→위험/위해). "계획 수립은 지속적으로 체계의 비망록을 다루어나가는 것이다"(265: 206). 전형적인 적용 사례들로는 정치적 계획 수립(→조종)과 행정 행위(→조직, →행정)의 조건적 프로그램화(→조건 프로그램)를 들 수 있다. 계획 수립은 기껏해야 체계를 '바로 그 체계로서/하나의 체계로서' 선취하는 자기기술일 뿐이다(→합리성, 체계이론적). 체계는 복잡성 환원을 위한 자신의 수용 능력을 스스로에게 확신시킨다.

265: 206; 301; 373: 635ff.

고유값 Eigenwert

체계들의 비-우발적인 성질. 고유값들은 가능성들의 질서화된 제한이나 체계에의 구속을 가리킨다. 따라서 기능적으로 분화된 사회의 고유값은 기능적 부분체계들 간의 상호 제한에 있다. 또는 학문체계의 고유값은 고유한 관찰에서 타자의 →관찰을 고려하는 데 있다. 또는 경제체계의 고유값은 가격을 관찰들의 관찰들로서 관찰하는 데 있다. 한 체계의 고유값은 회귀적인(→회귀성) 관찰함(→자기관찰/타자관찰)의 →연동들을 통해 생성된다. 고유값들은 근본적으로 체계들이 항상 환경 내에 역사를 가진 체계들임을 나타내며 이를 체계들의 →구조들(→기억)에서 현재 상태를 유지한다는 것을 나타낸다.

129: 393ff., 1124ff., 219: 30; 246: 46ff.; 321: 101, 119; 380: 240ff.; 497: 71

공간 Raum

시간처럼 →매체다. 매체의 요소들은 위치들이나 위치 차이들이다. 위치들은 자신의 →객체들을 통한 점유를 통해 동일시될 수 있다. 공간 매체 내부에 기입된 형식들은 대상들을 통한 위치들의 점유나 대상 차이들에서 식별될 수 있다. 이에 따르면, 공간은 두 가지 서로 다른 대상들이 같은 시간에 같은 장소를 차지할 수 없다는 점을 통해 구성된다. 공간 내에서는 대상들이 자신들의 위치를 떠날 수 있으며, 그 시간 내에서는 위치들이 자신들의 대상들을 떠날 수 있다. 점유된 공간은 자신의 공간적인 환경을 만들어내며, 그 경우에는 그렇게 생겨난 공간/환경-차이는 공간의 구분이 전제되어 있는 것, 체계/환경-구분에 상응하는 것이다.

공간은 시간처럼 하나의 →의미 차원이다. 체계들은 실재하는 공간으로 생각된 장소 은유의 의미에서 공간과 시간 내에서 나타나는 것으로 관찰될 수 있거나 자기 자신을 그렇게 관찰하는 것으로 관찰할 수 있다. 자신을 자신의 신체와 구분하지만 그런데도 장소에서 신체에 구속된 의식체계들은 언제나 공간들을 점유하며, 이것은 상호작용체계들이나 조직체계들 내부에서의 공간적인 참석과 관련된다. 사회의 기능체계들은 이러한 관점에서 공간과 무관하게 작동하거나 공간 경계를 극복하면서 작동한다(→세계사회)

결국 실재하는 공간들과 상상적 공간들을 구분할 수 있으며, 전자는 →관찰들로서 구분하고, 후자를 관찰 불가능한 것을 관찰 가능한 동시에 관찰 불가능한 것으로 관찰하는 것으로서 구분할 수 있다(→유표 공간/무표 공간).

129: 265ff.; 314f., 640ff., 808ff., 1013f., 1048ff.; 219: 179ff.; 265: 164ff.

공간 Space
→유표 공간/무표 공간, →공간

공감/편협 Empathie/Boniertheit
근대의 기능적으로 분화된 사회로 인한 정보의 과도 요구들이나 심지어 구분하는 과도 요구들에 대한 심리적 체계들의 입지에서의 반응들. 공감은 구분의 수용값으로서, 다른 사람들에게 감정적으로 이입할 수 있는 능력이며, 다른 사람의 정서적인 충격을 고유한 정서적인 충격으로서 체험할 수 있는 능력이다. 반면 편협은 구분의 거부값으로서, 고유한 선호의 사회적인 제한을 의미한다.

044

공공성 Öffentlichkeit
체계의 관점에서 체계-환경-관계에 주제들이 수용되어 있음을 전제하기 위해 투입될 수 있거나, 간단히 말해 체계 내적으로 외부화된 환경이다

(→외부화). 공공성은 어떤 것과 관련되어 모든 이들에게 허용된 접근 가능성이 아니다. 공공성으로서 지시되는 것은 일반적으로 사회 안에 있는 사회적 체계들의 사회 내적 →환경이다. 그러므로 공공성은 사회의 수신 가능성의 부재 상태를 보완하기 위해 있다. 개별적인 사회적 체계들의 관점과 특히 사회의 기능체계들의 관점에서 사회적 체계 내적으로 구분되었거나 기능체계 내적으로 구분된 상이한 공공성들이 생겨난다. 예를 들어, 정치체계에는 정치적으로 관련된 →여론이 만들어지며, 경제체계에는 →시장이 만들어진다. 이렇게 이해한다면 상이한 공공성들은 체계와 환경의 구조적 연동으로서 기능한다(→연동, 구조적).

262: 21ff..

공명 Resonanz

공명의 경우에 →자기생산적 체계는 →평범한 기계처럼 자신의 →환경에서 →정보들을 탐색하지 않는다. 그것은 자신의 →상징적으로 일반화된 소통 매체 내부에 진동 능력이 있는 코드화된(→코드) 감지 장치들을 가지고 있으며, 이 장치들은 고유 선택적으로 환경 자극들(→교란)을 부추긴다. 결과적으로 과다 공명이나 과소 공명이 가능해지며, 이것은 자기선택적으로 작동하는 체계들의 관계들(→통합, →조종, →연동, 구조적, →제계 관계들)에 내재하는 문제다.

195: 49f., 59ff.; 268: 4장, 96ff., 220ff.

공생적 기제들 Symbiotische Mechanismen

공생적 기제들이나 공생적 상징들. 다음의 속성을 가지는 매체들을 가리키는 개념이다. →의미에 기반하여 작동하는 자기생산 체계는 매체들의 도움으로 유기체적인 것의 영역이나 →생명 영역이 자체의 →작동들을 중개하는 매체, 특히 →상징적으로 일반화된 매체들과 어떤 관계에 있는지를 구분한다(→자기관찰/타자관찰, →자기준거/타자준거). 이런 의미에서 잠재화되는 것은, 권력과 관련하여 →물리적 폭력, 화폐와 관련하여 →욕구들, 진리와 관련하여 →지각, 사랑과 관련하여 →성애다. 공생적 기제들의 사용은 자기충족 금지의 형식에서 사회적으로 조건화된 것으로서 관찰될 수 있다. 직관(진리, 지각), 자위(사랑, 성애), 화폐의 자기생산, 폭력 독점의 국가 병영화, 배제된, 영혼들의 자기구원을 관찰할 수 있다. 공생적 기제들은 상징적으로 일반화된 소통 매체의 필수적인 상관물이며, 그것들의 기능성의 보편적인 가능성 보증의 일종이다.

072: 181f.; 121: 520, 523; 129: 378ff., 632f.; 231: 61ff.; 227: 31ff.; 294: 62f.; 410; 417: 352f.; 504: 230

공식 조직 Formale Organisation
→조직

공중 Publikum
→정치체계의 부분체계, 정치체계의 내적 →환경(시장이 경제체계의 내적 환경인 것처럼)(→여론). 그래서 공중은 정치체계의 관점에서 정치체계에 참여하는 모든 →인물들과 모든 조직된 사회적 체계들로 구성된다(→조직).

158: 154ff.; 294: 253ff., 260f., 278f.; 304: 44

교란 Irritation
→정보와 구분되어야 한다. 교란은 체계에 의해 물론 지각되었지만 →자기생산적 체계의 환경에서 고유한 작동상 코드의 척도에 따라 아직

정보로 특화되지 않은 소음이며, 이 소음은 →구조적 연동을 통해 정보상 중요해질 수도 있고 그렇지 않을 수도 있다. 따라서 교란은 체계-대-체계-관계 영역에서 아직 정의되지 않은 의외성이다. 어쨌든 교란의 계기에서 발생하는 체계의 자기-교란을 항상 포함하는 체계 고유 구성물이다.

기능적 분화는 사회의 자기-교란을 상승시키며, 자기-정보의 체계적인 형식들의 형성을 유발한다. 예컨대 사회운동의 형식에서, 그리고 식별된 문제들을 다룰 때는 사회적 지원의 형식으로 유발한다. 그러나 그런 종류의 체계들은 자가 창출한 교란들에 대한 반응을 서로에게 맞추어 고르게 할 수 없다.

038; 073: 124ff.; 129: 118f., 789ff.; 319: 27, 46f., 174f.; 364: 17f.; 504: 39ff., 58f, 306f.

교육 Erziehung

교육은 →인물들의 변화에 특화된 소통들을 통해 인물들을 변화시키겠다는 의도에 근거한다(→교육체계, →기술/테크놀로지). 교육은 고도의 상호작용을 요구하는 활동이다(→상호작용체계, →강의). 교육에 있어서 교육자는 피교육 인물들(→아동)의 →체험에 대한 자신의 예측을 기준으로 →행위를 선택한다.

086: 42, 53ff.

교육체계 Erzieungssystem

→교육체계(→도야, →교육, →경력, →아동, →이력(Lebenslauf), →학습능력, →사회화, →강의)

교육체계 System der Erziehung

→교육과 →선택은 구분되어야 한다. 교육은 인물의 변화로 이루어진다. 교육체계의 통일성은 공식적으로 조직된 교육체계의 내부나 외부에서 →경력을 위한 선택과 관계 있는 →소통들의 총체에 있다.

일반적으로는 아직 알려지지 않은 상황들을 위한 →학습 능력의 생성과 특수하게는 경력을 위한 선택이 교육체계의 →기능으로서 규정된다. 여기서 선택 기능은 필연적으로 전제되어야 하며, 그렇지 않다면 선택 기능은 체계-구성적이지 않을 것이다. 선택 기능은 회피되어야 한다면 그것 또한 효과적이며 바로 그 경우에 효과적이다. 교육체계의 →성과는 소통을 위한 비개연적인 가능성들을 오히려 가능하게 하는 것으로 제시될 수 있다. 선택의 →매체는 →이력이다(→아동). 교육체계는 고유한 →코드를 소유하지 않는다. "교육하겠다는 의도가 작동들을 작동들에 접속시키고 이로써 체계의 통일성을 상징화하는 상징으로서의 고유한 코드 대신 교육체계에 기여한다"(412: 112). 선택의 →조종에 기여하는 이원성(Dual)은 다음과 같다. 중개 가능/중개 불가능(특히 지식과 관련하여), →행동의 →조건화와 선택(칭찬/비난), 참석자들 사이에서 구속적으로 이루어지는 상호작용으로서의 시험(진급/유급, 졸업/수료), 성적(더 나아짐/더 나빠짐). 성적은 주요한 의미를 가진다. 이차 코드나 부차 코드의 긍정값(더 나은 성적)은 긍정적인 이력에 기여하고, 부정값(더 나쁜 성적)은 부정적이며 이력과 관련된 →연결 능력의 이유들의 성찰에 기여한다. 체계의 →우연성 공식은 학습 능력이다. 교육체계는 교수 프로그램과 학습 프로그램을 통해 프로그램화된다. →도야는 →프로그램의 통일성으로 불린다. 교육학은 교육체계의 →성찰이론을 지시한다.

051; 084; 085; 086; 087; 164; 201; 268: 15장; 412; 436: 121-182; 534; 536; 537; 538; 539; 540; 541

교육학 Pädagogik
→교육체계의 →성찰이론.

교차 행위(거래) Transaktion
자기준거와 타자준거의 자기준거적인 연동 형식. 따라서 지불(→화폐)은 교차 행위의 형식 내에서의 자기준거적인 경제체계 내적 작동이다. →자신의 환경에 대한 경제체계의 자기준거적인 연동은 지불들의 동기화를 유발한다. 그 연동과 그 동기화는 교차 행위의 구분을 은폐한다.
129: 755f.; 244: 345f.; 367: 202; 373: 206

교환 Tausch
→기대 충족의 →호혜성의 형식이나 반대 방향의 성과들의 대칭이 있는 소통적 행위(→행위)의 형식이다. "교환은 성과들의 비대칭을 재대칭화하는 소통이다"(501: 256).
113: 338ff.; 325: 63f.; 501: 256; 504: 637

교환 관계들 Austauschbeziehungen
(→패러다임 전환, →체계, 폐쇄된/개방된, →체계 관계들, →체계 경계, →체계-환경-이론, →체계-에-대한-체계-관계들, →교환)

교회 Kirche
교회는 한편으로 종교적 소통의 상상된 공간이고, 다른 한편으로는 특별한 종류의 종교 조직이다. 종교 조직으로서의 교회는 구성원자격에 대해 비교적 엄격하지 않은 공식적인 요구들을 제기하며 보다 자기선택적으로 조종된 신자 공동체와, 관청 교회 형식으로 나타나는 공식 →조직으로서의 자기선택적으로 조종된 신자 공동체로 분화된다.

108: 15ff.; 151ff.; 280ff., 338: 6장

구두 소통 Mündliche Kommunikation
→소통, 구두

구분 Unterscheidung

구분된 것의 →구분과 →지시의 →차이의 →통일성으로서 →관찰에 의한 구분의 한 면(→형식). "구분과 지시 없이 아무것도 진행될 수 없으며, 결코 어떤 경우에도 진행될 수 없다"(482: 92).

구분들은 상이하게 구분될 수 있다(→비대칭성, →이항화, →코드, →차이, →유표 공간/무표 공간). 어떤 것은 여성으로서, 승용차로서 구분될 수 있으며, 이것은 체계나 역설로서 구분되는 것이다. 남성/여성이나 승용차/화물차, 또는 역설/동어반복을 구분할 수도 있다. 모든 경우에 어떤 것은 구분되는 것으로서 구분된다. 구분되지 않는 것으로서 구분되지는 않는다. 각각의 경우 구분의 다른 면은 지시되어 있지 않다. 즉, 구분들의 두 가지 집단들이나 두 가지 형식들이 있다. 한번은 여성이나 체계처럼 (다른 면과의) 차이를 명시적으로 언급하지 않고 오직 하나의 면만이 지시된다. 즉 여성이나 체계가 지시된다. 다른 한 번은 한 면이 차이로서, 즉 여성/남성, 체계/환경으로서 지시된다. 즉 모두 두 번째 면은 지시되지 않은 채 남는다. 여성과 여성/남성이나 승용차와 승용차/화물차 같은 구분들은 여기서 재진입 능력이 없다는 점을 통해(→재-진입) 체계와 체계/환경이나 역설과 역설/동어반복 같은 구분들과 근본적으로 구분될 수 있다. 즉 여성이 남성과 여성의 차이의 통일성이 아니며 승용차가 승용차와 화물차의 차이의 통일성이 아니라는 것을 통해 구분될 수 있다. 이것은 연결 능력이 있는

범주화들이나 속 구분들, 또는 성(性)이나 자동차를 상위 구분들로 취하는 질적 이원이다. 이런 의미에서 →대상들의 구분도 말할 수 있다. 반면 예컨대 체계와 환경의 차이의 통일성으로서의 →체계, 역설과 동어반복의 차이의 통일성으로서의 역설이 구분될 수 있다. 이런 종류의 구분들은 재진입 능력이 있다. 체계나 역설은 구분될 수 없다(→맹점). 그리고 체계의 관점에서 체계는 그런데도 환경과 상이한 것으로 구분되고, 역설의 관점에서 역설은 동어반복과 상이한 것으로 구분된다(탈역설화).

그렇게 생각한다면, 언제나 각각 재진입 능력이 있는 통일성 이론적인 구분들과 차이 이론적인 구분들이 구분될 수 있다. 존재는 존재와 부재의 차이의 통일성으로서 구분될 수 있다. 여기서 통일성은 유일하게 존재 면과의 연결 가능성을 통해 구분된다(→인식론, 고전적, →존재론). 체계는 체계와 환경의 차이의 통일성으로서 구분될 수 있다. 여기서는 차이가 또 다른 구분들이 두 면의 각 면에 연결될 가능성을 통해 구분된다.

구분들은 악마적인 계기다. "구분들이 없다면 (...) 천사와 광신자들만 살아남는다 (...) 그리고 구분 능력을 통해 모든 다른 불편함들, 즉 타락, 시간, 노동, 고통, 오류와 다른 모든 것이 생성된다"(487: 70).

016: 11f.; 073: 74; 104: 109ff., 136ff.; 129: 55ff.; 192: 139f.; 219: 48-65; 479: 250; 482; 504: 374ff.

구성원자격 Mitgliedschaft

→인물들의 →조직에의 소속성 형식의 특징. 구성원자격의 조건들은 인물과 독립적으로 유효하다. 구성원자격의 조건들은 구성원으로서의 역할 기대들에 놓여 있다. 그 조건들은 특히 조직 목적들과 그것들의 실현을 위해 입안된 결정 프로그램들을 강조하며 구성원자격 부여와 조직 행위를 위한 구성원 채용에서 조직과 무관한 인적 특성들을 무시할 것을 강조한다. 이

것은 전형적으로 인물 독립적인 →위치들(Stellen)의 설치를 통해 도달된다.

108: 293-305, 314ff.; 277: 110ff.

구성주의, 체계이론적 Konstruktivismus, systemtheoretischer

또는 기능적 구성주의(체계이론적 구성주의)나 작동적 구성주의. 핵심적으로는 2계 →관찰이나 2계 사이버네틱스(→방법, 사이버네틱스적) 또는 차이이론적 접근(→차이, →주도 차이) 같은 구분들을 위한 다른 지시일 뿐이다. 체계이론적인 체계(체계/환경)와 관찰(구분/지시)과 같은 구분들을 통해 이념/실재, 존재/비존재, 주체/객체, 지시/지시된 것 등을 관찰의 양식으로 대체한다(→인식).

자신의 대상으로서 직접적으로나 간접적으로 인식 가능하게(관찰 가능하게) 유지하는 관찰들은 관찰될 수 있게 된다. 이는 인식의 지도이론(Instrukttheorie)이다(→외부 세계, →인식론, 고전적, →논리, 이치적, →존재론, →합리성, 유럽적, →주체, →초월). 반면 처음에 관찰이 투입되어야 하며, 이에 따라 모든 인식은 관찰이 되며 구분을 가지고 작업해야 한다(→유표 공간/무표 공간, →형식). "인식은 구분들을 알지 못하는 실재 내에 구분들을 투사한다"(080: 233). 그 다음에는 모든 관찰이 어떻게 관찰할 수 있게 되었는시에 대한 질문에 답해야 한다는 관찰이 이어진다. 이 점으로부터 관찰의 관찰을 배제할 수 없다는 관찰이 결론을 이룬다(→자기년세 금지, →보편이론). 그러나 모든 관찰이 맹목적으로 작동할 때(→맹점), 그런데도 그리고 그 때문에 작동이 개최될 때(→역설), 관찰되는 것은 구성, 즉 인식의 구성이론이다. 체계이론적 구성주의는 구성주의가 구성하며, 그 자체가 구성되어 있다는 것을 알고 있다. "모든 이론은 관찰자의 구성이고, 자기생산적 체계 이론도 그러하다"(277: 77). 그것이 →실재이며, 그것이 실재를 생산한다.

체계이론적 구성주의는 관찰함의 주관성의 급진화를 회피함으로써 급진적 구성주의와는 구분된다. 주체 입지가 급진화된다면, 그 반대 면, 즉 대상으로부터 해방된다면, 인식이 구분에 근거해야 하기에 더 이상 어떤 인식도 가능하지 않을 것이기 때문이다. 체계이론적 구성주의는 고전적 인식론의 종결이나 완성보다는 인식론의 창발적인(→창발) 대체를 목표로 한다. 자신의 대상과의 차이에서 자기 자신을 알고 있는 주체(→주체)는 관찰하는 체계로서의 유사-객체화된 →관찰자로 대체된다. 주체 외부의 객체는 관찰함의 관찰함 →작동이 →객체로서 구분하는 것으로 대체된다. 인식은 관찰함의 작동이 되고, 인식의 대상은 관찰함의 작동 내에서 그리고 관찰함 작동을 통해 들어선다. 간단히 말하면, 인식은 역설적이고 자기 준거적인 작동으로 (재)구성된다. "오늘날의 구성주의는 실재 관련('외부'에 어떤 것이 있다)을 작동 자체의 실재 관련으로 대체한다"(242: 28).

080; 081; 129: 1135f.; 154; 242: 28; 277: 77; 318; 319: 12장; 469: 19; 504: 508-531, 698ff.

구조 Struktur

자기생산적 체계들을 통해 매 순간 현재화될 수 있는, 상대적인 지속성의 요소들의 우연적-선택적인(→우연성, →선택성) 접속(→관계들의 관계화, →조건화, →자기조직). 즉 존속하는 형식의 어떤 것도 아니다. 구조는 선택 가능성들을 제한하고, 예컨대 →기대들의 일정한 확실성을 보장한다. 구조는 상이한 상황들에서 기대들의 형성을 위해서 그 밖의 다른 것은 고려하지 않는 확정된 지침이다(→기억). 구조들은 →과정들과는 달리 →시간의 비가역성을 위해 있다. 자기생산적 체계들은 기본적으로 구조 결정된 체계들이다. 구조들은 체계와 환경의 →구조적 연동의 표현이다.

073: 103ff., 323-340; 225: 233ff.; 373: 73ff., 382-486; 274: 172ff.; 294: 65ff.;

333: 190; 166: 62ff.; 376: 119f.; 504: 129f.; 521: 64ff.

구조, 잠재적 Struktur, latente
→잠재

구조적 연동 Strukturelle Kopplung
→연동, 구조적, →물질성 연속체

구조적 표류 Structural drift
→구조적 연동으로 인해 환경과 관련되어 실행된, 자기생산적 체계들의 '구조 형성 경향/구조 변화 경향'(→구조). 구조적 표류는 "왜 자기생산적 체계들이 맹목적이고 환경과의 작동상 접촉 없이도 구조들을 형성하며, 그것들이 규정된 환경들에 적합하며 이 방식으로 특화되는지를 설명한다. 즉 자기생산이 그 자체로 마련하는 자유도를 제한하는지를 설명한다"(086: 24).

086: 24; 129: 605f., 862f.; 321: 494f., 561

국가 Staat
사회의 →정치체계를 단순화하는(→자기단순화) →자기기술. "'국가'는 정치체계의 의미론적 자기단순화다"(505: 107). 이 단순화는 국가를 정치체계의 체계들 내부와 체계들 사이에서의 정치 소통들의 저자와 수신처로서 관찰하는 데 근거하며, 권력 매체 내에서 이루어지는 상응하는 소통들이 집합적으로 구속하는 결정들의 생산을 궁극적으로 지향하고 있는 한에서 그렇게 관찰한다. 여기서 국가는 일반적으로는 정치적 소통의 지향 중심으로서 그리고 특수하게는 정치체계 내의 모든 정치적 조직들의 지향 중심으로서 나타날 뿐이다.

이러한 국가 개념의 함의는 국가가 전체(전체사회 내에서) 내에서 전체(전체사회)를 대표한다거나(→전체-부분-도식, →패러다임전환, →대표, →주권, 정치적), 심지어 국가가 전체라는 생각과 결별하는 데 있다. 그런 생각과 결별하면서 (신, 덕목 적합성, 도덕성, 합의를 통한) 국가 행위의 외부로부터의 정당화(→정당성)는 국가의 자기정당화로 대체된다.

헌법 국가의 형식에서 국가는 법체계와 정치체계 간의 →구조적 연동의 →매체가 된다(→법치국가, →헌법). 사회국가의 형식에서 국가는 기능적 분화의 사회적 결과들에 반응한다. →복지국가의 형식에서 국가는 자가 생성된 사회적 요구들에 직면하고 있다.

국가들은 정치적 기능들의 충족이 문제가 되는 한, 지속적으로 →세계사회의 분절된 주소지로서 등장한다.

245; 294: 6장; 394; 396; 398; 454; 505: 107

규범 Norm

순응적 →기대들과 비순응적 →기대들의 차이의 통일성. 기대함의 순응은 학습 준비가 되지 않은 기대함을 표시하고, 기대의 일탈(Erwartungsabweichung)은 학습 준비가 된 기대함을 표시한다(→인지, →지식). 규범들은 순응적 기대들을 입증하고, 비순응적 기대들을 실망시킨다(→일탈 행동, →실망). 즉, 실망에 대비하여 견고한 반사실적인 기대 안정화 형식들이다. 규범은 규범적 기대함의 규범화를 통해 법 규범이 된다(→법, 실정적, →법체계).

074: 138ff.; 149; 308: 116ff.; 324: 43f.; 326: 210ff.; 348: 25ff.; 373: 436ff.; 380: 62ff.; 391: 20ff.

권력 Macht

→상징적으로 일반화된 소통 매체. 권력은 사회 어디서든 나타난다. "권력은 사회전체적인 존재를 위한 생활세계적인 보편물이다"(231: 90). 그러나 오직 정치적 권력만이 →정치체계의 →코드로서 기능한다. 정치체계에서 권력은 집합적으로 구속하는 결정들을 위한 수용력을 준비해 두는 기능이 있다.

권력 →매체에서 매개된 →소통은 다음과 같은 특징이 있다. 소통은 참여체계들에게 →체험으로서 귀속되기보다 →행위로서 귀속되어야 한다(→귀속). 참여자들 편에는 쌍방에게 중요해질 수 있는 다수의 행위 가능성들이 있어야 한다(→대안, →결정). 이것을 위한 전제는 쌍방이 알고 있다고 전제할 수 있는 선호 질서들이 형성되어 있어야 한다는 것이다. 이것은 특히 참여자들이 가장 먼저 회피하고자 하는 대안들과 그것들에 대한 평가들과 관련하여 중요하다. 회피 욕구가 더 긴급한 참여자는 권력 열세에 놓이고 회피 대안들을 가능한 회피하도록 스스로를 자극한다. 그러므로 권력 행사는 회피 대안들의 회피에 기여하는 행위를 유발하는 데 근거한다. 권력은 가능성의 관점에서 제제 위협에 처한 행위다(→제재). 권력은 현재성과 잠재성의 작동상 통일성, 권력 적용과 실제 적용 가능성 선취의 작동상 통일성이다. 회피 대안을 선택하거나 →물리적 폭력 적용을 통해 실제로 부정적인 제재를 한다면 권력은 붕괴할 것이다.

사회의 관찰에서 체계의 권력 본성 관점은 권력의 체계 본성 관점으로 대체된다. 전자는 권력과 →지배를 각각의 권력적이거나 지배하는 관계들과 이 관계들에 기생하는 권력자와 지배자에게 귀속한다. 후자는 모든 사회적 맥락에 있는, 권력의 가능성과 회피 불가능성을 감안하며 권력을 상징적으로 일반화된 소통 매체로서 뿐만 아니라 악마적으로 일반화된 소통 매체로서 투입한다.

권력은 다음의 구도 덕분에 생성된다. B의 행위는 A에 의한 행위의 전제다. B의 행위는 A의 어떤 규정된 행위를 유발하는 것을 지향한다. A는 B의 제안을 수용하거나 거부할 선택권을 근본적으로 가지고 있지 않다.

129: 355ff.; 133; 202; 231; 232; 294: 74ff.; 353: 73; 379: 162f.; 416

권력이론, 고전적 Machttheorie, klassische
인과적인 권력 이해를 가지고 있다(→권력). 고전적 권력이론의 신조는 선취 가능한 영향들을 의도적으로 유발하는 것이다(→의도성, →목적). 이는 수단과 관련된 권력 개념을 전제하고, 그러므로 우월성을 창출하는, 어떤 것의 소유, 궁극적으로 싸움의 사례에서 신체적 우월성의 소유에 권력의 근거가 있다고 본다. 권력은 다음의 사고 유형들, 즉 a) 물리적 폭력의 일반적인 처분권의 무효화 유형, 그런 사용을 →국가편에 집중시킴과 그런 사용의 법적 조건화의 유형(→법치 국가), b) 합의-, 민주주의-, 참여-근거에 근거하는 권력 순치(→민주주의)의 유형을 통해 더 잘 분배될 수 있는 것이나 평등 분배의 한계 사례에서는 지양될 수 있는 어떤 것에 대한 현재적으로 우월한 소유로서 전제된다. 고전적 권력이론은 체계의 권력 본성을 주제화하지, 권력의 체계 본성을 주제화하지 않는다.

202; 232: 473ff.

권력 순환 Machtkreislauf
계층적 분화에서 →기능적 분화로의 이행과 함께 →정치체계에서 2위치-위계적 분화에서 3위치-순환 형식의 →분화로의 이행이 결합되어 있다. 지배자와 피지배자의 상부-하부-관계의 자리(→주인과 노예, →지배, →권력이론, 고전적, →정치 정당화, →주권, 정치적)에 [공중, 정치, 행정이 함께 작용하는] 다음과 같은 순환-역 순환/이중 순환-관계가 들어선다. →공중(유권자와 정치에 참여하는 체계들의 총체), 정치체계 내의 정치(지속적인 조직으로서의 정당들과 정치적 의지 형성이나 프로그램화의 다른 운반자들, →프로그램), →행정(정치적 결정들의 직접적인 생산에 참여한 기관들, 의회, 정부, 좁은 의미의 행정 기관들)의 순서로 순환하며, 역으로도 순환한다. (공중의 위치에서) 공식적(offiziell) 순환은 고도의 결정 선택성의 특징을 가지면서, (행정의 위치에서) 비공식성(Informalität)의 특징을 가지는 비공식적(inoffiziell) 대항 순환을 유발한다. "공식적 권력 순환은 합법적으로 규제된 권한에 근거하며, 그래서 정상 사례에서 관철될 수 있다. 역순환은 복잡성으로 인한 과잉 부담에 근거하며, 그러므로 일반적인 경우에 관철될 수 있다"(304: 47). 역동적이고 자기준거적인 권력 순환은 폐쇄적인 동시에 개방적으로 작동하며, 이때 권력을 제로섬 게임이 아닌 것으로 다루어낸다는 전제에서 그렇게 한다.

234; 294: 256ff.; 304: 42ff.; 353: 73f.

권위 Autorität

체계 내에서의 체계의 →대표와 그에 기초한 소통적인 확신의 우세. 체계-내-체계-대표는 선택적일 수밖에 없으며, 존재하는 것의 그때그때 고유한 관점만을 제공할 수 있다. 학문이나 학문적 지식은 물론 세계, 세계 내에서의 세계의 선택적 관점만을 대표하지만, 이것은 일상적 지식이나 대상 지식과 비교하는 모든 경우에 그래도 비교적 높은 확신을 보여준다.

체험과 행위의 →의미 차원들의 분화 도식에 따르면 권위의 경우에는, 상응하는 영향력 관철 기회의 인적 또는/그리고 조직상의 사전 분화에 근거하여 어떤 체계가 어떤 다른 체계나 다른 체계들에 미치는 시간적으로 일반화된 →영향이 나타난다. 이것은 지위에 따라 매개되었고 그래서 훨씬 더 쉽게 나타날 수 있는 상이한 영향력 관철 기회가 →조직 참여 →인물에 지정되어 있을 때 나타난다. 권위는 권위를 받아들이는 사람에게서 →책임의식을 덜어주는 규칙을 통해 보호받을 때, 공식적 권위가 된다. "그 진정성을 시험하지 않고 결정 전제로서 수용되는 모든 소통은 권위를 소유한다"(520: 103). 권위는 상사 관계를 전제하지 않는다.

042: 139; 113: 96ff., 125ff.; 230: 130ff.; 231: 75; 265: 175ff.; 277: 203ff.; 294: 42f., 238f.; 504: 627ff.; 520: 130ff.

권리, 주관적 Recht, subjektives

(주관적 권리는) 주로 계층화된 법 실정화에서 주로 기능적이며 열리기 시작하는 완전한 법 실정화로의 사회전체적인 분화의 개조 맥락에서 생성된다(→법, 실정적). 여기서 권리의 완전한 실정화의 길이 열린다. 주관적 권리는 →주체가 주체로서 정초될 필요가 없는 권리들을 갖추고 있는 것으로 간주된다는 이유로 주관적 권리가 된다. 따라서 주관적 권리 의미론의 핵심은 개인적이고 자연적인 권리들(→자연법)을 전제하는 것이 아니라, 권리들이 자기 자신을 입증하는 자기준거적인 의식으로 소급된다는 데 있다. 권리의 토대를 이렇게 →주체로 수정한 결과 주체들 간 보완적 관계는 인간들 간 호혜 관계들로 대체되며, 기대를 통해 조종되는 가능한 법적 행동의 복잡성은 이를 통해 상승한다. 주관적 권리는 -→법체계를 포함하는 체계들의 자기준거가 완전하게 전개된 조건에서 한편으로는 실정법 자체의 차이 성과로서 완전하게 인식 가능해지고(내적 외부화), 이를 통해 다른 한편으로는 법이 갈수록 사회적으로 할당된 법으로서 나타나고, 사용될 수 있거나 그렇지 않게 되거나 한다는 점에서 탈주관화된다. 주관적 권리는 이제부터 →인물들을 법체계에 포함(→포함/배제)하기 위한 법체계 내적 주소지가 되거나 법체계와 정치체계 간 →구조적 연동의 →매체가 된다.

110: 299ff.; 321: 482ff.; 408; 517

근대 Moderne

일반적인 의미에서 근대적인 것은 차이 있는 것, 즉 더 이상 존재하지 않으며 아직 존재하지 않는 것의 →차이의 →통일성으로 분화될 수 있다. 현재적인 근대의 특화된 근대는 최종 통일성에의 개입 불가능성에 있다. 근대는 이른바 부정적으로, 즉 존재하는 것의 최종 보장된 설명 가능성 상실로서 그리고 한 번 존재할 수 있을 것의 예견 가능성의 상실로서 관찰될 수 있다(→관찰). 근대의 추상적인 특징은 통일성 대신 차이, 분할 대신 →구분, →준거(→자기준거/타자준거의 이원(Dual)으로 구성된)와 코드화(긍정 코드값과 부정 코드값의 이원(→코드)으로 구성된), 폐쇄성(작동 층위에서)과 개방성(관찰자 층위에서의)(→체계, 자기생산적), 무지의 →지식 등이 있다. 간단히 말하면, 근대의 근대적인 것은 차이이론적인 발상을 함의하면서 붕괴한다(→구성주의, 체계이론적). 포스트모던 개념은 이 배경에서 근대를 근대에 적합한 개념으로 옮긴 것을 인식하지-못-했음을 기술하는 공식으로서 타당할 것이다.

129: 165, 5장 18절; 200: 18ff.; 246

근대화 Modernisierung

"개인들이 현실직일 뿐만 아니라 여전히 자기실현을 필요로 한다는 것을 은연중에 믿도록 만들고자 시도하는 것처럼, 근대의 사회이론 또한 근대사회가 아직 근대적이지 않으며 결국 근대적이 되기 위해 자기 스스로 뒤처지지 않게 노력해야 한다는 것을 전제하는 것처럼 보인다"(129: 1082). 사회주의와 →사회적 시장경제 및 개발도상국들의 근대화를 추진하는 궁극적으로 유토피아적인 실험 사례들을 보기로 들 수 있을 것이다. 근대화 의미론의 핵심 문제는 한 편으로는 기능적으로 분화된 기능체계들의 고유 역동성을 과소평가한 것이며, 다른 한 편으로는 기능적 분화들이 쌍방 지탱

하며 동일한 형식으로 전개된다는 점을 과소평가한 데 있다(→분화, 기능적, →진화, 사회적, →통합).

220: 19ff.

기계 Maschine
→역사적 기계, 평범한 기계

기능 Funktion
"상이한 문제 해결들의 등가성을 평가하는" 관점(521: 120) 또는 문제와 기능적으로 등가적인 문제 해결들의 차이의 통일성. "기능의 기능은 기능적 등가물을 허용하는 것이다"(129: 1145). 기능 개념은 그 관련점(관련 기준)이 우연적인 해결 가능성의 우연적인 문제(→방법, 기능적)이지, 영향들의 유발 상태(존재과학적 방법)도 아니고 영향들의 유발(인과과학적 방법, →인과성)도 아니기 때문에, 목적 개념(→목적)을 대체한다.

체계들은 목적 특화되었으며-목적 지향적으로 외부분화된 대신 기능적이고 내적으로 분화되어 있다(→외부분화, →분화, →체계분화). 체계들은 외부분화된 체계들의 맥락에서 기능들을 충족한다. 예를 들어 정치체계는 집합적으로 구속하는 결정을 가능하게 하고, 경제체계는 희소성 상승을 통한 희소성 감소를, 학문체계는 새롭고 진리인 지식의 등장을, 법체계는 갈등 관점들의 법적 형식의 처리 가능성을, 종교체계는 미규정된 복잡성에서 규정된 복잡성으로의 변화를, 심리적 체계들은 행위와 체험의 자기귀속과 타자귀속의 역동적인 안정화를 가능하게 한다. 가족과 교육체계 등등도 그러하다. 마지막으로 명명된 예시들로 언급된 체계집단들을 제외한다면, 사회전체적인 기능들이 제각기 배타적으로 충족된다는 것이 전면에 부각된다. 이 경우 기능들은 →사회 내에서 배제를 통해 포함된 모든 심리적 체계들에게 지각될 때 보편적으로 충족된다(→분화, 기능적, →포함/배제).

각각의 경우에 명시적 기능들과 잠재적 기능들, 체계 작동들의 기능적 귀결과 역기능적 귀결 및 의도된 귀결과 의도되지 않은 귀결들이 있다. 여기서 체계들은 명시적 기능, 의도된 귀결, 기능적 귀결들에 접근 가능하며, 잠재적 기능, 비의도적 귀결, 역기능적 귀결들에는 접근할 수 없다.

129: 491f., 746, 757ff., 1124ff.; 219: 222-242; 294: 81ff.; 304: 81ff.; 319: 13장; 321: 3장; 324: 311f.; 338: 3장; 366: 89; 373: 404ff.; 501: 316f.; 504: 636; 521: 166ff.

기능적 분화 Funktionale Differenzierung
→분화, 기능적

기능적 방법 Funktionale Methode
→방법, 기능적

기대들 Erwartungen
기대들은 의미체계들 사이에서 제기되는 체험 요구들과 행위 요구들이다. 또는 의미체계들이 수용할 수 있는 압축(→압축)되고 확인된(→확인) 경험들이다. 기대는 사회적인 소여들이기만 할 뿐이다. 기대들은 →인물들 간에서, 인물들과 →사회적 체계들 간에서, 그리고 사회적 체계들 간에서 표출된다. 사회적 체계들은 특히 →조직의 형식에서 중요한 역할을 한다. 기대들을 쌍방 간에 전제하는 것은 기대의 기대 또는 기대 재귀성 위에 정초한다(→자아/타자). 기대의 기대를 비교적 실망에 맞서 견고하게 기대할 가능성은 기대 안정화이며 기대-제도화에 기반한다. 후자는 실재적-허구적인 합의를 기반으로 삼지, 허구적-추상적인 합의를 기반으로 삼지 않는다(→이중 우연성).

기대는 주로 →인물들과 →역할들 및 →도덕과 →가치의 →프로그램 형식들로 조직된다. 인물들에서 가치들로 가는 경로에서 기대 가능한 기대의 기대들과 관련하여 추상화 이득이 나타나며, 그것은 더 많은 실망을 허용하는 기대(→실망)를 가능하게 한다. 기대-추상화와 기대-환원의 공동 작용은 행동-기대 일반화(→일반화, 상징적)로서 시간적 관점에서(실망에 견고한 안정화), 사회적 관점에서(제도적인 보장), 그리고 사실적 관점에서(유의미한 동일시, 층위 특화된 조직) 정의된다.

기능적 분화의 맥락에서 규범적 기대와 인지적 기대의 분화가 중요하다. 규범적 기대(→규범)는 실망의 경우에도 관철된다. 순응적 행동과 →일탈적 행동의 차이는 규범적인 기대 형식에 상응한다. 인지적 기대(→인지)는 학습 태세나 변경 태세를 가리킨다. →지식/무지의 차이는 인지적 기대 형식에 상응한다.

062: 249ff.; 073: 103ff.; 074: 138ff.; 113: 4장, 5장, 19장; 125: 968f.; 214; 308: 114ff.; 324: 33ff., 40-53, 64-93; 373: 363ff., 397ff., 411-456; 504: 136ff.

기본권 Grundrechte
→인권/기본권

기본 가치들 Grundwerte

"기본 가치 개념은 자연 종교와 기본 종교를 승계하면서 결과에 고정되지 않은, 공적 소통을 위한 시작 개념과 지지 개념으로서 생성된다"(136: 55). 기본 가치들은 추상적인 가치 합의를 목표로 하며(→가치), 그로 인해 더 이상 도달할 수 없는 것을 전망한다. 기본 가치들은 정초되어 있지 않으며 어떤 것도 정초할 수 없지만, 소통들을, 특히 결정들의 형식에서 의심 불가능성으로 보증하고 그로써 소통 가능한 것으로, 또는 결정될 수 있는 것으로 유지하기 위해 필요하다. 일반적으로 기본 가치들의 기능은 소통 가능성의 개방성 상태를 유지하는 데 있다. 기본 가치들의 포기 불가능성은 역설적인 가치 관리와 전개된 역설로 해체된 것으로 발견된다.

생명과 →자유, →평등과 공정성 등의 불가침성에 대한 권리 같은 기본 가치들은 오직 관찰들로서만, 차이들로서만 적절하게 관찰될 수 있다. 즉 그 반대 면이 배제를 통해 포함되어 있는 차이들로서만 관찰될 수 있다.

136: 55; 149: 28ff.; 158; 283; 159; 304: 146f.

기술 Beschreibung
→자기기술

기술/테크놀로지 Technik/Technologie

사회의 생산하는 체계, 특히 →학문체계의 외부에서 고유한 →실재로서 대상화되어 있는 대상이나 상태의 지식 의존적인(→지식) 생산 (→도구성, →학문, 응용 지향적). 기술/테크놀로지는 일반적으로 제어 가능한/제어 불가능한의 차이의 통일성 →형식을 가진다. 그것은 →인과성 매체에서 단단한 →연동의 모든 형식이다. 기술/테크놀로지를 코드-값들 중 하나를 위한 선택이 준-기술화되어 있는 한에서 이항적으로 코드화된 체계 작동들의 특징으로서 생각할 수 있다(→코드, →소통 매체, 상징적으로 일반화된).

기술/테크놀로지는 외적이거나 유의미한 자연을 따라 만들어진 것으로 볼 수 없으며, 자연적인 법칙들/법칙성들을 따라 가르쳐진 것(instruiert)으로 볼 수도 없다. 그것들은 오히려 자연과 양립 가능하게 유지될 수 있는 것을 시험한다. 기술/테크놀로지가 기능한다는 것과 어느 정도 충분히 오래 기능한다는 것이 관찰된다면(→관찰), 이것은 인과적인 설명의 계기를 부여할 수 있지만, 이 설명들은 오직 →관찰자의 단순화하는 →귀속들일 뿐이다. 오직 이 관점에서 요소들의 엄격한 연동이나 단단한 연동, 또는 인과적 연동에 대해 말할 수 있다. "기술은 (...) 인과적 연관들의 기능하는 단순화로서 이해되어야 한다"(448: 163). 기술/테크놀로지는 모방하여 구축된 학문이거나 외부화된 학문적 소통이다. 이는 구성이지 가르침(Instrukt)이 아니다(→구성주의, 체계이론적). 좁은 이해의 기술/테크놀로지는 유의미하지-않은 자기생산적 체계(→평범한 기계)로서 작동한다. 더 넓은 의미에서 기술/테크놀로지는 개입하는 개입들이나 치료하는 개입들이 유의미하게 작동하는 체계 내부로 지식 의존적으로 구성되는 것을 뜻하며, 변화된 의식 구조들 또는/그리고 소통 구조들에서 어느 정도 대상화된다. 여기서 기술/테크놀로지는 소통적인 형식을 지닌다(→치료). 자신을 상승시키는 학문적 분화의 조건에서(→해체/재조합능력) 특히 유의미한 체계들 내부에 개입할 때 역설적으로 기술/테크놀로지의 결핍들을 예상할 수 있다.

사회 자체는 기술/테크놀로지처럼 개최되지 않지만, 어쩌면 구조적으로는 보편적으로 사용 가능한 기술/테크놀로지와 연동되어 있다(→연동, 구조적). 따라서 사회는 자신의 고유한 진화상의 그리고 문제 해결에 적합한 것으로 발견된 성취와 그 중 기술/테크놀로지에 의존적이게 되며, 이때 사회 자신이나 사회의 기술/테크놀로지의 기술적인 조종 가능성의 환상이나 기술/테크놀로지를 포기할 가능성에서 저울질하지는 못한다(→조종). 그런데도 기술/테크놀로지에 관해서 그리고 기술/테크놀로지에 의존한 결정들은 회피할 수 없으며 위험한 것으로 남는다(→위험/위해).

016: 21; 129: 3장 4절, 984ff.; 246: 20ff.; 277: 12; 345: 112ff.; 380: 5장; 426: 224f.; 446: 21ff.; 448: 160ff.; 504: 261ff., 632f.; 538: 119ff., 130ff.; 540: 11f.

기식자 Parasit

포함과 배제의 →차이의 →통일성의 문제를 상징한다. 포함으로 인해 배제된 것은 역설적인 방식으로 배제되어 있지만, 실제로 배제되어 있는 것은 아니다. 포함으로 인해 배제된 것은 배제되어 있는데도 또는 배제되어 있기 때문에, 즉시 뒷문으로 되돌아온다. 기식자는 다시 포함된 채 배제된 제3항을 위해 존재한다. 소유와 비소유의 차이는 노동을 배제한다. 그렇지만 소유와 비소유의 바로 그 차이로 연명하고 바로 그 차이에 맞서 연명하는 것은 노동이다. 또는, 민주주의로서 구분되어 지시된, 정부와 야당의 차이 통일성 때문에 정치적 공중은 있지만, 정치체계의 비대칭적인 정점을 통해 관찰됨으로서 다시 영향력 있는 체계 입장 권한을 확보하며, 물론 차이의 양면에서 권한을 가진다. 다시금 다음 내용이 타당하다. 정부/여당 차이는 정치적 공중으로 연명하며, 정치적 공중은 정보/여당의 바로 이 차이로 연명하면서 이 차이에 맞서 연명한다.

274: 178ff.; 285: 288f.; 319: 112; 448: 45ff.; 433: 21; 449: 49; 501: 212ff.

기억 Gedächtnis

각각의 →자기생산적 체계는 기억의 형식 내에서 자신의 회귀적인(→회귀성) 생산 방식에 →고유값들(→자기준거, 동반하는, →구조)을 제공할 수 있다. 기억은 이것을 가능하게 하는 형식이다. "기억은 신학자들의 신처럼 체계의 모든 작동에 특화된 방식으로 도처에서 함께 작용하면서, 어떤 경우에도 함께 작용하지 않기도 한다"(277: 193).

기억은 상기함과 망각함의 통일성을 조직하며, 상기함과 망각함 사이에서 망각함을 위한 선호를 가지고 진행형으로 구분한다. 기억은 체계의 자기생산의 속행을 위해 필요한 사건들의 연결 가능성을 위해 지금 이 순간 적합한 상기를 사용할 수 있도록 보장한다(→연결 능력, →기억 기능,

진동 기능). 기억은 자신의 상기 면을 통해(→대본, →도식) 자신에게 미래 능력(→시간)을 가능하게 한다. 현재적으로 그때그때 상기되는 것이 그때 현재적으로 기대 가능한 미래의 토대로 입증된다. 기억은 부지불식간에 기능하지만, 의식으로부터 의식의 산출은 인지되거나 인식된다. 기억은 신경체계나 심리적 체계 또는 존재 형식적인 어떤 것의 실체가 아니다.

기억의 선택 기능은 소통의, 특히 문자 형식 소통의 외부분화와 함께 점차적으로 심리적 체계에서 사회적 체계로 이동한다. 사회적 기억은 사회적 체계에서 이용 가능한 의미를 관리한다. 기능적 분화가 일어나면서, 특히 부분체계들이 점점 기억 기능을 넘겨받는다. 교육체계의 기억은 선택 성과를 상기하는 데 있다. 경제체계의 기억은 신용을 지불 약속이 실행된 것으로서 상기하는 데 있다. 정치체계의 기억은 회상된 결정들에 있고, 학문체계의 기억은 출판물들에 있고, 법체계의 기억은 법 타당성에 있다.

073: 102f., 330f.; 086: 34ff.; 116; 129: 215ff., 3장 8절; 218: 45ff.; 277: 156ff., 417ff.; 294: 5장; 319: 180ff.; 324: 320f.; 347: 276ff.; 438: 126; 504: 154ff.; 508

기억 기능/진동 기능 Memory function/oscillator function

기억 기능/진동 기능의 구분이나 기억/진동 구분은 필수적인 →변이(진동 기능, →참신함)를 포함하는 가운데 필수적인 중복(기억 기능, →기억)을 자기생산적 체계에 자기공급하는 것과 관련된다. 기억 기능/진동 기능의 차이는 체계가 →자기준거/타자준거 사이를 왔다 갔다 하거나, 예/아니오-선택을 사용하거나, 수용 값과 거부 값 사이에서의 결정을 미결정 상태로 유지한다는 데서 식별할 수 있다. 차이 사용은 →시간을 필요로 한다.

011: 510f.; 023: 145ff.; 055: 364ff; 129: 224f., 749; 152: 71f.; 277: 127f.; 294: 151f.

기제, 공생적 Mechanismen, symbiotische
→공생적 기제

기제, 재귀적 Mechanismen, reflexive
→재귀성

기초적 자기준거 Basale Selbstreferenz
→자기준거, 기초적

기호 Zeichen
지시하는 것과 지시된 것의 차이의 통일성을 위한 표시, 또는 구분과 지시를 통해 기호로서 표시된 →관찰 →형식. 따라서 기호는 다른 기호들과의 차이를 통해 규정된다. 기호를 기호로서 관찰함으로써 비로소 →상징이 생성된다.

073: 282ff.; 129: 208f., 995; 219: 271-288; 506: 63ff.

귀속 Attribution
귀속 연구는 →인과성 문제로 재정식화할 계기를 준다. 그러한 이해에 따르면 어떻게 그리고 누구에 의해 효과들이 원인들로 귀속되며 원인들이 효과들로 귀속되는지, 어떻게 그리고 누구에 의해 유의미한 →사건들이 체계에 →행위로서 그리고 체계의 환경에 →체험으로서 귀속되는지를 질문해야 한다. 어떤 사건이 하나의 관찰된 체계에 행위로서 귀속되거나 관찰된 체계의 환경에 체험으로서 귀속되는지는 유일하게 →관찰자와 관찰자의 구분들에 달려 있다. 따라서 모든 귀속은 귀속들에 근거한다. 올바른 귀속들에 대한 아르키메데스의 축점은 없다.

082; 129: 332ff.; 227: 41ff.; 373: 304ff.; 380: 128ff.; 417: 305f.; 438: 130ff.

귀속 Zurechnung
→귀속

남자/여자 Mann/Frau

사회적으로 가변적인 →구분. 상이한 성(Geschlecht)의 순수하게 진화적인(evolutorisch) 전제는 사회적으로 '구성에서 배제할 수 있거나/해체 가능'하지 않다. 그것은 그 자체로 변화하는 사회전체적인 구조들에 적응될 수 있거나 그에 부합하게 기술될 수 있을 뿐이다. "소통 전단계의 사회성은 모든 이들을 고유한 성(性)과 동일시하도록 강제한다"(124: 314). 남자와 여자의 차이는 그 밖에도 이항적 코드화와 역설적으로 재진입 능력이 있는 구분의 전형에 따라 구축되어 있지 않다. 남자/여자 →코드의 어떤 면이 긍정 면인지 불분명하며, 그 외에도 남자가 단순히 여자가 되거나 여자가 단순히 남자가 될 수 없다(→횡단). 따라서 오직 한 면에서만 남자의 자기 구분이 남자/여자의 차이의 통일성으로서 가능하거나 아닌지의 여부와 여자의 자기 구분이 여자/남자의 차이의 통일성으로서 가능한지 아닌지에 대한 질문만 열려 있다. 반면 남자/여자 →관찰의 관찰은 성의 통일성, 즉 범주적인 구분이나 종의 구분만을 분명하게 지시한다. 남자/여자 구분은 어쨌든 둘이 있고 그런데도 제각기 존재하는 것이 무엇인지 결정되어야 한다는 것을 진술할 뿐이다 — 그 이상은 아니다. 남자/여자-구분은 특히 오늘날 →가족과 여성운동의 기초가 된다. 가족에서는 남자/여자 구분을 통해 갈수록 더 적은 결과 구분들이 접속되며, 그 결과 그 구분은 비구분으로서의 구분(또는 →사랑에의 환원)이 되는 경향이 있다. 여성운동은 평등 프로그램을 통해 — 적어도 — 남성/여성-구분을 사회적으로 지양할 것을 추구하며, 그것은 마찬가지로 그 구분의 사회적인 적합성의 종언으로 나아간다.

104; 124; 181: 99; 227

내재성/초월성 Immanenz/Transzendenz

→종교체계의 코드. 내재성/초월성 코드의 특수성은 종교적인 자기 성찰에 적합하게, 부정값인 초월성이(초월성이라는 부정값이) 연결 능력이 있는 것으로 우대된다는 데 있다. 그래서 부정값은 배제되는 대신 포함되어 있다. 체계이론은 내재, 즉 →세계를 관찰하며, 이때 세계는 체계와 환경의 →차이의 각각의 →통일성이다. 초월성은 세계의 내재된 관찰을 그것이 마치 외부에서부터 일어나는 것처럼 지시한다(=초월성을 통한 내재성의 이중화). 이러한 코드의 →역설은 초월성의 내재된 체험과 내재성의 초월된 체험의 구분들에 놓여 있고, 초월적인 것에 대한 내재하는 믿음은 내재하는 믿음에 대한 초월적인 믿음을 전제한다(→신).

027: 313ff., 351; 103: 38ff.; 338: 77-92, 108ff., 453

노동 Arbeit

재산 코드(→재산)와 이 코드 위에서 작용하는 화폐 코드(→화폐) 내부로 포함되어 배제된 제3항. 이 제3항은 유산/무산이나 화폐 있음/화폐 없음 또는 가난한/부유한 차이에의 →기식자로서 영양을 공급받는다(→자본/노동). 그리고 이것은 노동을 희소한 것으로 관찰하는 것을 전제한다.

014: 33ff.; 173: 33ff., 108f.; 501: 210ff.

논리, 이치적 Logik, zweiwertige

(이치적 논리는) 옳음과 그름이나 진리와 허위(→진리)의 →구분의 도움으로 관찰한다. 이 구분은 관찰된 사태의 양쪽 값들 중 오직 하나로의 명확한 귀속만을 허용한다. →관찰 대상은 관찰과 무관하게 이치적 논리에 주어져

있다(→인식론, 고전적, →전체-부분-도식, →합리성, 유럽적). 그래서 이치적 논리는 존재/비존재 구분 — 자기 자신을 구분으로서 구분할 수 없을 뿐만 아니라 이치적 논리도 구분으로서 구분할 수 없는 — 에 매여 있다(→존재론).

091: 62; 129: 903ff., 926ff.; 342: 37

논증 Argumentation

논증은 "더 나은 해결들을 모색할 때 중복과 변이를 지속적으로 중재하는 것"(476: 491)이다. 논증은 모순된 소통적 제안들의 계기에서 일어나는 소통적 사건이다. 논증은 →소통들의 확신 강화를 지향하는, 2계 →관찰의 절차다. 논증은 →이유들의 정초 가능성을 포기해야 하지만, 이유들을 정초할 수 없는 것으로서 소통적으로 사용할 수 있을 뿐이다(→타당성). 이유들은 →관찰자의 구분들이기 때문이다.

075: 13ff., 193; 321: 8장; 348: 35ff.; 504: 440ff.

뉴스들 Nachtrichten

"대중매체는 끊임없이 갱신되어야 하는 사실 형식의 무지를, 사람들이 알아차리지 못하도록 뉴스들의 형식으로 확산시킨다"(319: 53).

느슨한/단단한 연동 Lose/feste Kopplung

→연동, 느슨한/단단한

다맥락 영역성 Polykontexturalität

일반적으로는 상이한 →관찰들의 형식적으로 동일하며 실제로 동시적인 가능성. 이것은 적어도 고유한 관찰함의 자유와 다른 관찰들에 맞서는

→자유가 가능하다는 것을 함의한다. 따라서 다맥락 영역성은 모든 관찰에 통일성이나 통일성의 최후 보장 가능성을 전제하는 것을 포기하도록 종용한다(→구성주의, 체계이론적). 다맥락 영역성은 →세계의 통일성(Einheitlichkeit) 대신 세계들의 다원성을 뜻한다(→다중심성). 다맥락 영역성은 특수하게는 사회의 자기기술이 더 이상 통일적으로 가능하지 않다는 점을 대변한다(→자기기술, 사회의, →사회학).

129: 36f., 87ff., 1094f., 1132, 1141; 504: 666

다수성 Vielheit
→일반화, 상징적

다중심성 Multizentrizität
어떤 체계 내에 (예를 들어 사회 내부나 사회전체적인 기능체계들 내부에) 여러 부분체계들의 자기조종들이나 심지어 여러 자기조종 중심들이 존재하며, 그것들이 제각기 전체적인 체계 연관을 조종(→통합, →조종)할 수 없으며, 전체를 대표하거나 전체 안에서 전체를 대표할(→전체-부분-도식, →패러다임 전환, →대표) 수 없을 때, 나타난다.

129: 760ff.

다체계 소속성 Mehrsystemzugehörigkeit
한 →사건의 다체계 소속성은 그 사건이 적어도 두 개의 →자기생산적 체계에 서로 다른 →정보로 인해 동시에 중요해질 때는, 언제나 주어져 있다. 사건의 동시성은 예를 들어 법적 의무를 충족하는 지불이 합법/불법 →코드를 경제체계의 코드로 만들었다는 의미에서, 즉 경제체계의 지불/비지불 코드를 대체했다는 의미에서 →요소들의 공통점을 초초할 수 없다.

해당 사건과 관련하여 참여한 체계들은 언제나 자신들의 특화된 코드를 가지고 작동해야 한다. 즉 해당 사건을 자신들의 코드로 번역해야 한다. 경제체계의 관점에서는 지불이 어떤 근거에서 이루어지든 오직 지불에만 관심이 있다. 법체계의 관점에서는 어떤 형식으로 이루어지든 법을 충분히 고려하는지에 대해서만 관심이 있다. 사건의 순간에는 오직 상이한 체계준거들만 현재화될 뿐이다. 그런데도 참여 체계들 중 하나일 수 있는 →관찰자(→자기관찰/타자관찰)는 지불을 통해 법적 의무가 충족된다(→전환)는 성과 관계를 관찰할 수 있다(→성과). 지불을 통해 법적 의무가 충족된다(→전환). 참여 체계들은 이 모든 것에도 불구하고 요소 층위에서 분리된 상태를 유지한다(→연동, 느슨한/단단한, →연동, 구조적, →체계 관계들, →체계 경계).

129: 605, 608, 753f.; 269: 264; 504: 37f., 88f.

단순한 사회적 체계 Einfaches Sozialsystem
→상호작용체계, →소통, 복합적, →사회적 체계

대본들(스크립트) Skripten
시간적으로 순차적으로 이어지는 전형화된 사건들로서 단단한 결합의 도식화된(→도식들, →기억) 형식들. 체계 기억들의 부분들로서 대본들은 구축된 행위 지시들로 증명된 도식들이다. 예를 들어 가치 변동이라는 대본은 새롭게 전제된 가치들로서 준거를 입증할 것을 요구한다.

243: 104ff.; 294: 154ff.; 319: 194ff.; 508: 318f.

대안들 Alternativen
두 면을 지시하는 구분들. 대안은 "관찰을 결정으로 만드는 형식이다. 결정은 결정을 선호하는 대안의 측면을 지시한다"(277: 132f.). 이때 대안은 자신의 대안성이나 우연성을 은폐한다. 그러면 대안들은 하나의 현실화가 다른 대안들의 현실화를 배제하는 선별된 선택적(ausgewälten selektiven) 사건들이다. 이에 따르면 대안들은 대체적(substitutiv) 관계(→결정)에 있다. 이런 점에서 이것은 기능적 등가물들의 경우에 옳으며, 주어진 우연적 인 문제의 대안적인 해결 가능성의 기준에서도 옳으며, 주어진 우연적인 문제들의 대안적인 문제들의 해결을 위한 적정성 기준에서도 옳다(→방법, 기능적). 항상 현재 상태에 있는 대안들은 대안들로서 서로를 대체할 수 없지만, 제한적이거나 보완적으로 관계화될 수 있다.

276: 337ff.; 277: 125, 132ff.; 326: 232ff.; 347: 125f.

대안운동 Alternativbewegung
→생태학적 소통, →항의

대중매체 Massenmedien
→대중매체 체계

대중매체 체계 System der Massenmedien

대중매체는 기술적으로 특별한 종류와 방식으로 유의미하게 작동하는 모든 체계의 총체를 위한 →소통의 생산과 확산에 잠재적으로 기여하며 자기생산적으로 작동하는 →사회적 체계들이다(→확산 매체). 체계의 →요소들은 →정보/비정보로 코드화된(→코드) "정보" 형식의 소통들이다. 대중매체 체계가 효과를 발휘하는 전제는 →인쇄술에서처럼 불참자를 위한 불참자 소통 형식에서의 소통의 →비대칭이다. 소통적 비대칭화는 소통들을 형성하는 →형식에서(→기억, →구조) 또 다른 소통들의 전제로서 사회의 자기관찰의 형성에서 일어난다(→자기기술, 사회의). 정보 매체에서 그 소통들은 소통들에게 실재인 것, 즉 소통 관찰자에게 실재가 되는 것을 생산하며, 그것은 다시금 소통들의 관찰함이라는 실재를 소통들에 의해 생산된 실재에 묶고 소통의 기억을 형성한다. 대중매체의 →기능은 소통을 위해 여론을 대표하는 형식화될 수 있는 배경 실재를 준비하는 데 있거나 사회 실재의 구성을 위해 상응하는 기여를 준비하는 데 있다. 대중매체의 →성과는 여론을 위한 정보의 선택적인 규범화나 →여론 형성(→매체)에 있다. 여기서 대중매체는 그 자체로 형식을 제공하면서 여론 매체에서 작동하는 동시에 여론의 대표자(→대표)로서 관찰될 수 있다. 여론 매체는 특히 대중매체와 정치의 →구조적 연동에 기여한다. 여론 매체에서의 형식 부여에서 →의미 차원들에 따라 구분된 다음의 프로그램적인 선호들이 돋보인다. '더 많은/더 적은'의 구분을 수단으로 하는 양적 내용에 관한 보도들(사실 차원), 새로운 방식으로 인지된 사건들에 관한 보도들(시간 차원), 그리고 분쟁의 소지가 있으며 도덕화하는 내용의 보도들(사회 차원)이 돋보인다.

129: 305ff., 5장 20절; 255: 124ff.; 294: 303ff.; 319; 399; 458

대표 Repräsentation

"다양성에서의 통일성의 서술이며, 다양한 것으로서 현재화될 수 없는 것을 현재화하는 것이다. 대표는 이 통일성의 사실상 완전성과 합리화 가능성을 전제한다"(305: 173). 체계를 통한 체계의 →통일성 제시로서의 대표나 체계 내 통일성(하나의 체계)을 통한 체계 내 통일성의 제시로서의 대표(전체-부분-도식)는 →기능적 분화의 사례에서는 더 이상 가능하지 않다(→패러다임 전환). 대표는 하나의 (각각의) →부분체계를 통한 선택적인 대표로서만 가능하다. 하나의 부분체계나 부분체계들을 통해 "전체

체계"(→사회)를 그 전체성에서 통일적으로 대표하는 일은 더 이상 관찰될 수 없다. 이 자리에 차별적이며(→차이) 다양한 통일성 제시들이 들어선다(→다중심성, →다맥락 영역성).

108: 24ff.; 129: 920f.; 195: 53; 265: 174f.; 294: 326ff.; 297: 220ff.; 305: 173ff.; 382: 155ff; 424: 80ff.; 504: 316f.

도구성 Instrumentalität

→지식이나 학문의 도구성은 고전적 이해에 따르면 자연 아날로그적이나 외부 세계 아날로그적으로 획득된 지식을 →자연이나 →외부 세계의 형성에 역적용한다는 전제에 근거한다(→학문, 응용 지향적, →기술/테크놀로지). 도구성은 →체계와 →환경 사이의 관계(→체계-환경-이론)에서 →점-대-점-조응을 관찰할 가능성을 전제한다. 첫째 변형의 경우에는, 관찰자 독립적인 관찰함의 불가능성 전제(→관찰, →구성주의, 체계이론적, →실재)에 따라 토대가 없다. 둘째 변형의 경우에는, 2계 관찰자, 특히 변형시키는 체계의 관찰자에 의한, 투입에서 산출로의 변형의 대안들을 완전하게 제어할 수 없기 때문에, 기껏해야 제한된 가능성 영역만 전제할 수 있다(→투입-산출-모델, →인과성). 기술과 →치료 형식으로 실행된 지식 적용의 성과는 궁극적으로, 기능하는 단순화 전형에 따라 설명되어야 한다.

431

도덕 Moral

도덕은 →소통의 한 부분 범주만 관련짓는다. 즉 소통상 압축되고 확인된 수신처로서의 인물에 대한 존중이나 무시를 관련짓는 모든 소통이 도덕이다. 도덕은 소통으로서 대칭적으로 구축되었다. 즉 인물들의 사회 내 포함을 지향하고 있지만(→포함/배제), 도덕 자체는 사회적 체계가 아니며,

→사회를 위한 통합 공식은 더더욱 아니다(→통합, →사회적 통합). "인간들의 행동이 도덕을 통해 조율될 수 있으며 그래서 사회적 신체로서 실현될 수 있다는 전제는 분명하게도 자기 편에서 유일하게-옳은 기술들이 소통될 수 있는 장소들을 사회구조적으로 보장하는 데 근거한다"(129: 946).

도덕은 인물들 간 관계들이나 사회적 관계들의 형성(→연동, 느슨한/단단한, →형식, →매체/형식)을 위한 →상징적으로(→상징) 일반화된(→일반화/특수화) 매체로서 기능한다. 도덕의 →코드는 존중과 무시의 차이이다. 존중과 무시의 차이의 가능성은 기대의 기대들(→기대들)의 형성에 기인하며, 도덕의 현실성은 도덕 매체에서 그때그때의 현재적인 사회의 소통들로부터 만들어진다. →기능적 분화는 인적 층위에서의 도덕의 내면화에 의해 동반되며, 보편화(어떤 누구도 도덕적 소통에서 벗어날 수 없다)와 지역화(모두는 구체적으로만 도덕적으로 소통할 수 있다)로서 역설적으로 기술될 수 있다. 도덕적 소통은 언제나 소통하는 자들의 도덕적인 자기구속을 의미하며, 그래서 갈등적인(→갈등) 속성이 있다. "도덕화하는 이는 (상대를) 화나게 할 것이다"(248: 333). 이런 점에서 소통을 수용할/거부할 자유는 도덕을 위해 근본적이다(→우연성 공식).

기능적 분화의 조건들 하에서 도덕은 탈도덕화된다. 즉, 도덕과 무관한 도덕 형성을 허용하는 단순한 매체가 된다. 말하자면, 기능체계들의 코드들은 이른바 무(無)도덕성의 더 높은 단계에서 기능한다. 그런데도 사회적 체계들에서는 인물들 간 도덕적 소통과 인물들과 관련된 도덕적 소통이 모든 순간 가능하며, 이것은 체계의 소통들이 그 자체가 일차적으로 도덕적으로 코드화되어 있지 않기 때문에 더욱 그렇게 된다. 물론 도덕이나 도덕적 소통은 인물들-사이에서의 개최이기는 하다. 그러나 일반적으로 사회적 체계들이 그리고 특별하게 기능적으로 외부분화된 부분체계들이 도덕적 소통의 수신처라면, 그것들 내부에서 분화된 조직된 사회적 체계들이 관련된 수신처일 것이다. 후자들은 그것들의 소통적 행위를 체계의 이름으로 도덕적으로 내부 배치할 수 있다 — 이렇게 하는 것이 체계의 자기생산을 위협하지 않는 한에서 그렇게 할 수 있다.

도덕은 사회 외적으로나 메타 도덕적으로 정초될 수 없다. 즉, 무엇이 비도덕적인지에 대한 도덕적 결정의 가능성은 없다(→윤리). 도덕은 도덕과 무관한 개념들을 가지고 파악할 수 있다.

027: 293-309; 032: 100ff., 049; 069; 088; 113: 347ff.; 129: 241ff., 2장 8절, 751f., 939ff., 5장 14절; 181: 120-136; 248: 331ff.; 268: 11절; 281; 291: 236ff.; 293; 338: 173-184; 371; 373: 317ff.; 378; 496: 74f.

도식들 Schemata

의미체계의 →기억 형성에 기여한다. 도식들은 압축되고(→압축) 확인되었으며(→확인), 특화되어 관계화된 의미, 예를 들어 사물들의 사용 의미나 일상적이고 조건적인 조건-결과-행동의 전형이나 사용 지침들, 또는 소통 참여를 위한 →귀속들(→원칙들, →주제들)을 재현한다. 도식들은 →대본처럼 반복 가능한 작동들의 도식화될 수 없는 실행에 대비하여 항상 상기해야 할 대본이 아니다. 배열되고, 끊임없이 재진입 능력이 있고, 시간 간격들을 넘어서서 연동된 형식들이며, 그 형식들은 그 자체가 교체될 수 있는(외적 경계 횡단) 양면(내적 경계 횡단)(→횡단)의 각 면에의 접목 가능성을 허용한다. 따라서 도식들은 상황에 따라 유연하게 사용될 수 있으며 그 자체가 변경될 수 있다.

129: 110f.; 243: 104ff.; 263: 23ff.; 294: 154ff., 298ff.; 319: 15장; 326: 225ff.; 508: 317ff.

도야 Bildung

도야는 "무엇이 더 좋거나 더 나쁜 것으로서 옳고 그른지를 결정하는 프로그램들의 통일성"(539: 466)만을 지시한다(→교육체계).

086: 186ff.; 538: 73-84; 539: 466ff.

독단(교의) Dogmatik

자기 자신을 자신에게 확실한 것으로서 반영하는 의미론적 →전통을 독단적이라고 한다. 독단은 자기 자신을 모든 변화의 조건으로 내세운다.

108: 87ff., 174ff.; 136: 50ff.; 325: 15ff., 25ff.; 334: 25ff.; 338: 344

동기 Motiv

→심리적 체계의 독자적인 장치가 아니다. 그보다는 동기는 궁극적으로 소통을 통해 형성되며 의식에 의해 요구되며, 의식을 요구함으로써 소통을 통해 선택적인 사회적 행위의 기술 가능한 이유가 된다. 동기들은 소통의 목적을 위해 소통상 생성된 행위 기술들(Beschreibungen)이다. 이에 따르면, 동기는 심리적 체계와 사회적 체계의 →구조적 연동의 →매체로 파악될 수 있다. 그래서 동기들은 →인물에게 귀속된 행동 속성들이다(→귀속). 사회적 체계들은 동기들의 전제를 통해 →기대들의 안정화를 수월하게 만든다. 물론 동기들에 대한 지향은 동기에 대한 의심을 만들어낸다(→소통, 역설적, →소통 불가능성).

072: 185f.; 072: 253ff.; 086: 37; 108: 142ff.; 113: 7장.; 244: 344; 277: 94ff.; 287: 303ff.; 334: 69f.; 501: 318f.; 521: 68ff., 128ff.

동기와 목적 Motiv und Zweck

→목적과 동기

동기화 Motivation
→소통 매체들, 상징적으로 일반화된

동기화(공시화) Synchronisation
동기화의 필요는 →시간의 분화와 서로 연결하는(→연결 능력) 유의미한 작동들의 시간 필요로부터 기인한다(→비대칭화, →복잡성, ~의 시간화). 그때그때의 과거들과 미래들은 현재를 기준으로 메트로놈에 의한 시간 측정을 통해 서로 조정될 수 있다.

073: 213ff.; 151

동기 의심 Motivverdacht
→소통 불가능성, →소통, 역설적

동시성 Gleichzeitigkeit
모든 시간성 규정들에 전제된다. 일어나는 모든 것이 동시에 일어난다는 것이 항상 유효하다. 상이한 사건은 특히 체계-환경-차이들의 관점에서 일어난다. 이때 관찰자로서의 체계를 포함하여 모든 관찰자는 동시성 조건, 즉 체계의 작동과 환경의 소음의 조건하에서 작동한다. 여기에 →시간의 원래 구분이 투입된다. "시간은 동시성을 구성하는 현재성을 현재로 구분하고, 이 현재를 배제된 제3항 같은 또 다른 구분의 도움으로 과거와 미래의 차이로 설정한다"(151: 117).

151

동어반복 Tautologie
다른 것이 아닌 오직 자기 자신만 암시하는 것은 동어반복적이다. 관찰되는 것이 관찰된다. 있는 것이 있다. 나는 내가 아는 것을 안다. 이에 따라 동어반복들은 무차이 구분들이다. "동어반복들은 구분하지 않는 구분들이다. 이것들은 무차이 구분들이다"(424: 97). 탈동어반복화는 →관찰을 통해 자기 자신(체계)과 다른 것(환경)의 →구분을 도입하는 것을 뜻하는데, 체계와 환경의 차이를 내적으로 지향하며, 어차피 피할 수 없는 자기봉쇄를 다루어낼 수 있도록 하기 위해(→역설) 도입하는 것을 뜻한다.

탈동어반복화는 그것은 불가피한 것일 텐데, 체계가 자기 자신을 역사를-가진-체계로서 그리고 환경-내-체계로서 파악할 때는 언제나 성공한다(→체계. 자기생산적).

321: 188; 373: 493f.; 424: 97ff.; 504: 491f.

동일성 Identität

유의미한 →사건의 동일성은 유의미한 사건들의 →관찰 및 →압축과 →확인을 전제한다. 자신을 관찰하는 체계는 자신을 그 체계에 속하지 않은 것으로부터 체계로서 구분할 수 있으며, 자신의 동일성을 규정할 수 있다(→체계, 자기생산적). "모든 동일성은 부정을 통해 구성된다"(366: 60). 그렇다면 동일성은 그때마다의 유의미하게 작동하는 체계의, 자기 자신과 동일한 것(→고유값)과 같은 어떤 것을 지시한다. 체계들은 자기 자신과 스스로 동일하다. 체계들은 그것들이 현재 있는 모습의 체계다. 이런 의미에서 동일성은 어떤 것의 현실적인 본질이나 현실적인 현-상태(Sosein)의 규정과 아무런 관련이 없으며, 오직 개념적으로 지시된 차이 성찰의 역설적인(→역설) 통일성일 뿐이다. 그러므로 동일성이 1계 관찰 층위에서 단순하게 그러한 것으로 구분된다면 동일성은 접근 불가능한 것으로 규정되었을 것이다. 통일성의 동일성 관찰을 →차이의 →통일성으로 전환하기 위해서는 2계 관찰 층위가 필요하다(→형식). "엄밀하게 보자면,

체계의 동일성은 결국 역설이다. 동일성은 동일성이 동일성이 아닌 것이 아니라는 것을 통해서만 동일성인 것이 된다. 동일성은 (그 안에서) 동일성 자체가 통일성으로서 다시 나타나는 차이의 통일성이다"(476: 483).

085: 199ff.; 169; 173: 226ff.; 338: 73; 366: 60; 504: 99, 311ff.; 537

등가기능주의 Äquivalenzfunktionalismus
→방법, 기능적(→계몽, 사회학적, →기능, →방법, 사이버네틱스적, →문제, →목적)

디플레이션 Deflation
→인플레이션/디플레이션

매체 Medium
미규정된 가능성들을 가능하게 만드는 규정된 가능성. 형식 형성에 접근할 수 있는, 규정된 →요소들의 느슨한 연관(→형식, →매체/형식). 매체는 전달 가능한 것이 아니며, 항상 단지 영속적이고 소비될 수 없는, 요소들의 비축이다 — 규정된 찰나적인 형식들을 그 안에 새겨 넣을 수 있는 비축이다. 매체의 요소들은 그 자체가 형성된 형식들이다.

가장 일반적인 매체는 →의미다. 그 외에도 매체일 수 있는 것은 자세히 살펴보면 비교적 열려 있다. 중력, 듣기, 보기, 언어, 인과성, 화폐, 권력, 법, 진리, 사랑이 있다. 걷기는 중력 매체를 필요로 한다. 지각은 보기와 듣기를 위해, 둔탁하게 표현한다면 빛과 공기를 매체로서 사용한다. →언어는 심리적 체계들과 사회적 체계들의 →구조적 연동이 매체로서 기능한다(→상호침투). →인과성은 체계-체계환경-관계들을 단순화하는 관찰을 위해 자기 자신을 행위 체계로서 기술하는 사회적 체계들의 매체다.

믿음, 화폐, 권력, 법, 진리, 그리고 사랑은 자신의 코드화(→코드)를 통해 규정된 채 미규정된 소통들의 다양성을 가능하게 하는 →상징적으로 일반화된 소통 매체에 속한다. →도덕과 →가치도 기능적 분화의 조건에서 '오직' 매체로서 기능하기만 할 뿐이다. 더 나아가 미규정되고 규정 가능한 소통 가능성들을 가능하게 하는 →확산 매체도 매체에 속하며, 이 과정에서 예를 들어 규정된 진술들이 언어 또는/그리고 그림을 매개로 하여 미규정된 범위의 수신자들을 지향하여 형식화가 가능해진다.

129: 195ff.; 237: 198ff.; 294: 29ff.; 338: 15; 373: 220ff.; 504: 181ff.

매체/형식 Medium/Form

→매체는 언제나 →형식과의 →차이에서만 매체다. 매체일 수 있는 모든 것은 형성될 수 있을 때만 매체일 수 있다. →의미는 규정된 의미 가능성들, 즉 체험과 행위의 가능성들의 형식 형성을 위해 규정되어 미규정된 매체다. →가치들과 →도덕은 무엇이 도덕적으로 선호되어야 할 것인지, 또는 어떤 가치가 우선시되어야 할 것인지가 항상 먼저 결정되어야 한다는 이유로 매체로서 나타난다.

요소들로서의 단어들의 느슨하게 연동된 관계로서의 →언어는 문장들의 형성에 사용될 수 있다. 요소들의 느슨한 연동(예컨대, 회피 대안들, 지불들, 진리 능력이 있는 소통들)으로서의 →상징적으로 일반화된 소통 매체(예컨대 권력, 화폐, 진리)는 단단한 연동(예컨대, 정치 프로그램, 투자 프로그램, 과학이론)의 형성을 가능하게 한다(→연동, 느슨한/단단한). →인과성은 오직 규정된 사건 접속들만을 선택 가능하게 취할 수 있는 범위가 되는, 사건 접속들의 느슨하게 연동된 가능성들이다.

매체/형식 차이가 상이한 매체/형식-차이들의 기입에 기여할 때, 매체/형식 차이는 그 자체로 매체가 된다. 그리고 형식은 →관찰 형식으로서 매

체/형식 차이이다. 매체/형식-끼워 넣기와 매체/형식 위계(→매체 위계)는
→자기생산적 체계와 그 체계들의 연동들의 실재를 나타낸다. 매체/형식-
구분은 역설적(→역설)이고 순환적(→순환성)으로 구축된다. 의미, 언어, 화
폐 등등과 같은 매체들은 항상 이미 형성되었고 형성될 수 있는 형식들이다.

073: 225ff.; 086: 83ff.; 129: 195ff.; 219: 3장; 237: 198ff.; 345: 109f.; 504: 398ff.; 506: 64

매체 위계 Medienhierarchie

자기생산적 체계를 통한 매체의 요구(→매체, →소통 매체, 상징적으로 일반화된)에서 서열 질서들을 관찰할 수 있다(예를 들어 권력 매체에서 작동하는 정치체계를 통한 화폐 매체 요구, 주로 화폐 매체에서 작동하는 기업의 연구 부서에서 진리 매체가 요구된다는 데서 서열 질서들을 관찰할 수 있다).

501: 30ff.

맹점 Blinder fleck

모든 →관찰은 역설적이다. 모든 관찰은 자신이 구분하는 것을 구분할 수 없는데도, 또는 구분할 수 없기 때문에 구분한다(→역설). →관찰자는 예를 들어 체계/환경을 구분한다. 관찰자는 구분한다. 관찰자의 →구분은 어디서 오는가? 관찰자는 그 구분을 사용할 때만 그 구분을 구분으로서 구분할 수 없다. 관찰자는 이런 의미에서 구분할 수 없다. 그러나 그는 구분할 수 없는데도, 또는 구분할 수 없기 때문에 구분한다. 이 역설은 해체될 수 없다. 모든 보기(seeing)는 자신의 맹점을 인식해야 한다. 즉 그것이 볼 수 없는 것을 볼 수 없다는 점을 인식해야 한다(→스테노그라피/에우리알레). 맹점 자체가 보지 못하게 만드는 것이 아니라, 보이지 않는데도 또는 보이지 않기 때문에

보는 것을 가능하게 한다는 것은 →재-진입의 역설 전개 가능성에 달려 있다. 관찰자는 예컨대 스스로를 자신의 환경의 체계로 구분한다. 관찰자는 자기 스스로는 구분해내지 못하는 구분을 자신의 구분에 사용한다(→구성주의, 체계이론적, →실재). 그런 역설 전개는 시간의 사용을 뜻한다. 모든 관찰은 그것이 일어날 때만 일어나며, 그 다음에는 지나가 버리기 때문이다. 관찰의 관찰은 1계 관찰과 2계 관찰의 시간 차이를 필요로 한다(→비대칭, →횡단).

073: 145ff.; 129: 1110ff.; 405: 123f.; 479: 257; 497: 64f.

면역체계 Immunsystem

면역체계는 체계 내에서 현재적으로 처리할 수 없는 →교란들을 →체계로서 흡수해야 한다(→체계, 자기생산적). 체계는 자신의 면역체계를 사용하여 순간적으로 불가능한 '예'에 맞서 '아니오'의 도움으로 자신을 보호한다. "면역체계는 구조를 보호하지 않는다. 그것은 자기생산, 즉 체계의 폐쇄된 자기재생산을 보호한다. 혹은 하나의 오래된 구분으로 말한다면, 면역체계는 부정을 통해 멸절로부터 [자신을] 보호한다"(373: 507). 이 방식으로 →감정들, →기억의 망각 면, 그리고 →양심은 심리적 체계의 면역체계로 작용하며, →모순이나 →법체계는 사회적 체계들의 틀 내부에서 면역체계로서 작용한다. 문제 해결의 부담을 경감함으로써 체계 문제의 해결에 기여할 수 있다. 여기서 면역체계들은 근본적으로 인지와 무관하게 작동한다.

321: 565ff.; 373: 509ff.; 420: 194f.

명성 Reputation

사실적으로 일반화된(→일반화, 상징적) →영향들의 형식. 명성의 경우

확실한 →논증이 한 사례에서 다른 사례들로 이전된다. 잘 알려진 보기로는 명성이 →학문체계의 →이차 코드화로서 사용되는 경우를 들 수 있다. 인물 형식으로 참여한 심리적 체계의 새로운 지식이 소통에서 진리인 것으로 평가되면, 이 심리적 체계는 후속 소통 제안을 위한 →신용을 획득한다. 명성은 일반적으로 사회적인 선택성들의 조종 →매체로서 작용하는 동시에 동기화(→동기)와 →통제의 매체로서 작용한다.

231: 75f.; 343: 35; 360: 237f., 242ff.; 504: 245ff., 352ff.

명예 Ruhm

"다른 사람들의 생각에서 삶이 연장되는 것에 불과하며, 문서로 증명된 개별성이 아니다"(032: 94).

모순 Widerspruch

자신과 모순되는 것의 →통일성. 생각(→심리적 체계)이나 소통적 제안(→사회적 체계)의 거부는 모순이다. →의미체계들은 실체론적으로 모순들의 자기준거적인 처리 가능성을 지향한다(→부정, →체계, 자기생산적). 의미체계들은 자신의 작동상 자율에 따라 심지어 스스로 (→자기준거/타자준거) 변화되어야 하며, 스스로 예상하지 못한 사건들(→정보, →변이)을 자신의 사건 흐름 내에 끼워 넣어야 하지만 (→선택, →안정화), 사건들을 적합하지 않은 것으로서 잠재화할 수도 있어야 한다. 의미체계들은 특히 모순들의 처리에 기여하는 장치들을 그것들의 →면역체계 내에 가지고 있다. 반면 고전적인 사고 지평에서는 모순들을 인간적-사회 전체적인 존재의 그자체로 →완전성/완전 가능성을 지향하는 현실을 인식하거나 행위하면서 다루는 과정에서 발생하는 결함으로 간주한다 (→비판이론, →목적론).

373: 483-509; 382: 168ff.; 521: 227ff.

목적 Zweck

→자연(→완전/완전 가능성, →목적론)이나 효과들의 인과적인 유발 가능성(→의도성)의 전개라는 고전적인 내용이 제거된 목적 개념은 →행위의 평가된 효과나 추구된 상태들과 추구되지 않은 상태들의 차이의 통일성을 뜻한다. 목적들은 목적 행위의 결과들의 가치 관점들을 무효화시키는 데 기여한다(→이데올로기, →가치). 목적 설정들은 체계의 고유 성과들이며, 그래서 자신의 체계-환경-관계에 관해 체계 목적에 맞는 체계의 생각들에 매여 있다. 목적들은 체계-환경-관계들의 체계적인 관찰들을 단순화한다(→합리성, 체계이론적, →자기단순화). 목적-수단-모델은 그 일반적인 이해에서 인과적인 양식의 비대칭적인 모델이다(→투입-산출-모델, →인과성). 목적에 이르는 협로는 목적의 선택적인 가치고려 잠재와 이와 함께 목적 행위의 부작용처럼 선택되지 않은 상태들에 주목하지 않는 데 있다.

먼저 차이로 전환하는 것이 더 일관성이 있다. "목적들은 차이들이다. 목적들은 다른 경우에 나타날 수 있는 것과 구분된다. 수단들도 차이들이다. 수단들은 목적에 도달하기 위해 그리고 이와 함께 다른 경우에는 나타날 것이 나타나지 않도록 하기 위해 필요한 것을 지시한다"(277: 267). 그렇다면 이 조건들 하에서 양면, 즉 수단들과 목적들은 서로에 대해 변이하는 것으로 생각할 수 있다(→방법, 기능적). 결국 목적-수단-관계들의 설정이 우연적인(→우연성) 형식들을 →인과성 →매체 내부에 기입하는 것으로 간주되면, 목적 행위에 완전하게 적절한 이해에 도달했다.

276: 342ff.; 277: 162ff.; 358: 9-28, 41ff.; 520; 521

목적과 동기 Zweck und Motiv

고전적으로는 인간은 자신의 →목적들을 달성하기 위해 행위할 때 목적과 동기를 동일시한다(→행위, →의도성, →자연, →완전성/완전 가능성).

목적과 동기의 최초 분리는 행위의 목적들과 이유들을 관찰할 수 있다는 생각에서 목적들의 관찰 가능성을 관찰하는 체계들의 귀속 성과로서 수정하여 생각하는 데서 드러난다(→귀속, →동기). 사회적 체계들의 층위에서 가장 중요한 결과는 조직화된 사회적 체계들(→조직)을 규정된 목적들의 추구에 특화되도록 해방시켰으며, 이때 근본적으로 조직 구성원들의 동기화에 의존하지 않을 수 있도록 했다는 것이다. "체계 목적은 동기화 부담을 덜며, 그래서 다른 기능들에 특화될 수 있게 된다"(521: 142).

358: 9-23; 359: 426f.; 495: 214f.; 504: 371; 521: 10ff., 18ff.

목적론 Teleologie

목적론에 있어서는 더 오래된 이해나 전(前)고전적인 이해와 고전적인 이해를 구분할 수 있다. 더 오래된 이해나 전고전적인 이해에 따르면 세계는 →완전성/완전 가능성 상태를 목표로 하여 운동한다. 운동의 이유는 예를 들어 실재하는 세계 자체 내에나 사물 자체 내에나 →자연 내에 있는 것으로 전제되거나 외부 세계에서 목적을 설정하는 본질 내에 지정된 것(신)으로서 전제될 수 있다. 완전성은 그 자체로 좋은 것으로서 평가될 수 있지만 다른 어떤 것으로서 평가될 수는 없으며 심지어 의도조차 될 수 없다(→의도성). 그러나 완전성은 전적으로 우연적으로 생각되며, 도달되거나 그렇지 못할 수 있다. 목적론에 대한 고전적 관념에는 진보이론들(→진보), 특히 사회를 인간의 참된 본질 실현이라는 진정한 사건으로 관찰하는 진보 이론들이 포함된다. 인간적으로 완성된 사회라는 이념은 사회의 →비판이론에서 여전히 유지되고 있다. 기능적 분화의 조건에서 체계들은 기본적으로 무목적론적으로 작동한다(→계몽, 사회학적, →진화, →진화, 사회적).

113: 100ff.; 521: 128ff., 140ff.

목적 프로그램 Zweckprogramm

→결정들의 프로그램화(→프로그램)의 특수 형식. 차이 감소 프로그램으로서의 목적 프로그램(→조종)은 어떤 →목적들이 달성되어야 하는지 또는 어떤 효과들이 유발되어야 하는지를 확정한다. 그리고 그것은 의도되지 않은 부작용들의 무효화와 투입 가능한 수단들의 정당화에서의 광범위한 허용으로 이어지며, 제한하는 추가 조건들이 목적 프로그램을 조건화하지 않는 한에서 그렇게 된다.

277: 265ff.; 521: 101ff., 5장

무지 Nichtwissen
→지식

무차이 개념들 Differenzlose Begriffe
→개념들, 무차이

무표 공간 Unmarked space
→유표 공간/무표 공간

문자 Schrift
→소통, 문자(→인쇄술, →자기기술, →언어)

문제 Problem
→기능적 방법이나 등가기능주의나, 또는 문제기능주의의 출발 공식. 이에 따르면 문제는 우연적이며(→우연성) 추상적인 비교 관점으로서, 문제 해결의 등가적인 가능성들이 시도될 수 있는 지향점이다. 문제는 더

일반적으로 어떤 것의 가능성 조건들에 대한 질문을 통해 특징지어진다. 기본 질문은 항상 예컨대 "X는 어떻게 가능한가?"이다. 그런 종류의 기본 질문은 그 질문 자체의 가능성과 이와 함께 그 질문이 문제 공식으로서 포함하는 것의 가능성을 전제한다. "사회적 질서가 어떻게 가능한가?"라는 질문은 →사회적 질서가 가능한 조건에서만 가능하다. 문제는 자기 자신을 함의한다. 가능성의 양상 공식은 항상 가능성의 비개연성과 가능한 것의 다른-식의-가능성을 가리킨다(→의미). 모든 가능성은 언제나 다른 가능성들에 비추어서만 나타날 수 있다. 따라서 질문에 대한 모든 대답은 기본적으로 우연적-선택적이지만, 역사-사회적으로는 결코 임의적이지 않다(→자의). 기능적 방법에서 →사이버네틱스 방법으로 일반화함으로써, 어떤 것의 문제로서의 →구분 그 자체가 구분될 수 없다는 것이 가시화된다(→맹점). 그러나 "X는 어떻게 가능한가?"의 질문은 역설적으로 (→역설) 그런데도 제기되며, 그 질문에 대한 대답이 가능하다고 간주될 때만 제기된다. '문제/문제 해결'의 구분은 문제들과 문제들의 해결 불가능성을 지속 과제로서 세계에 공급한다. "'문제들'에 관해 말하는 것은 (...) 자신이 일관되지 않은 결정 요구들에 직면하고 있다는 것을 발견할 때 취할 수 있는 퇴각 위치다"(277: 435). 또한 문제뿐만 아니라 문제 해결 역시 임의적이지는 않더라도 우연적이라는 것이 타당하다(→분해).

111; 277: 435; 342: 41ff.; 435: 102ff.; 504: 419ff.; 521: 311ff.

문화 Kultur

문화 →의미론은 비교 관점을 전제한다. 일어나는 것은 다른 가능성들의 관점, 즉 분해된 것의 재조합 가능성의 관점에서 나타난다(→분해). 문화는 2계 →관찰이 개최되는 것이다. 그래서 문화는 특화된 의미 부여들의 실체적으로 시간적으로 존속하는 연관으로 다루어질 수 없다(→의미). 그보다는 문화는 그때그때 시간에 매인 의미부여들을 위한 우연적-선택적 (→우연성) 지평으로서, 상응하게 형식화될 수 있는 →매체(→형식, →매체/형식)로서 기여한다. 문화는 "일상의 삶을 지향하는 기술의 재기술이다" (338: 311).

문화는 주로 이미 기능적으로 분화된 사회의 →기억을 달리 형식화되었으며 비교적 구분 가능성이 낮은 기억들과 구분될 수 있는 것으로 간주하는 구분으로서 보다 특화되어 관찰된다. 문화는 결국 상기와 망각의 그런 차별적인 통일성으로서 규정되며, 그 통일성은 자기관찰의 가능성, 즉 다른 문화로부터 (자신을) 구분하는 것의 가능성을 형성한다(→자기기술, 사회의).

가장 넓은 의미에서 각각의 문화는 각각 규정된 유형의 역설 전개, 예를 들어 현재적으로 독립성(→개인화)과 의존성(외부 통제)의 상승의 역설 전개와 "관리된 불안이라고까지 말할 수는 없겠지만 목표를 추구해야 한다는 걱정"(265: 220)의 역설 전개를 가능하게 한다.

129: 409f., 586ff., 880ff., 957f.; 200: 7f.; 218; 265: 197ff.; 336; 338: 309ff.

물리적 폭력 Physische Gewalt
→폭력, 물리적

물질성 연속체 Materialitätkontinuum
→자기생산적 체계들의 기능 능력의 외적 조건. 물질성 연속체는 체계-환경-관계들을 전제하며, 체계-환경-관계들이 없으면 물질성 연속체는 없다(→체계 관계들, →체계 경계). 여기서 체계가 체계환경이-아닌-것에 적응되어 있음이나 체계환경에 적응되어 있음은 구분될 수 있으며, 심지어 해당 체계를 위해 실제로 가능화 조건만을 나타내는 그 환경에의 적응 상태만이 구분될 수 있다(→연동, 구조적, →구조적 표류). 일반적으로는

다음처럼 말할 수 있을 것이다. 유기체적 체계는 물질에 의존하며, 심리적 체계는 (물질과) 생명에 의존하고, 사회적 체계는 (물질과 생명 및) 의식에 의존한다. 물질성 개념은 전승된 의미(예컨대, '물질적인' 전제들로서의 생각이나 소통)처럼 낱말 그대로의 의미로(예컨대, 물리적 또는 화학적 물질) 이해될 수 있다. 각 체계에 대해 물질성 연속체가 되는 것은 체계의 실제적인 환경 연동들에서만 식별될 수 있다. 즉 체계의 물질성 연속체와의 연동은 일반적으로 구조적 연동으로 관찰될 수 있다.

129: 100, 102f., 201: 211; 211: 219; 354: 13; 504: 30, 39

미결정성 Indeterminiertheit

→자기생산적 체계들의 구성적인 특징. 그런 체계들은 그때마다의 현재 시점에 자신들의 역사의 결과 환경 내 체계들로서 자신들의 고유한 과거를 오직 선택적으로만 확인할 수 있으며(→기억) 그래서 자신이 선취될 수 없게 선취된 미래에 마주하고 있다는 것을 볼 수 있다(→기억 기능/진동 기능). 이러한 체계들의 경우에 그 순간 활성화될 수 있는 자기관찰/타자관찰이 그 순간 현재적으로, 즉 →시간 속에서 그 순간 가능한 자기관찰들/타자관찰들의 →지평을 헤쳐 나간다. 자기관찰들/타자관찰들은 자기 자신을 결정 불가능한 것(→합리성, 체계이론적)으로 결정한다. 자기관찰들/타자관찰들이 자기 자신들을 결정하고자 시도할수록, 더욱 그렇게 된다(→조종).

219: 23f., 477f.; 373: 156, 171f.

미래 Zukunft

과거 지향으로부터 미래 지향으로의 근세적인 전환은 근대에서는 현재적 과거와 현재적 미래의 차이로 대체된다(→시간). 미래 또는 미래적 현재는 더 이상 기술되고 의도될 수 없다. 그것은 결정 의존적이게 된다(→결정,

→행위, →의도성, →위험/위해). 결정 의존적이라는 것은, 결정이 어떤 결과를 낳았는지를 언제나 결정한 다음에야 확인할 수 있다는 것을 뜻한다. 그리고 결정은 그런데도 계속 내려져야 한다. 미래는 불확실하고, 이 불확실성은 그 자체가 불확실하다. 미래를 다룰 때의 이 역설은 피할 수 없다.

042; 118: 129ff.; 129: 1004ff.; 151; 277: 176ff.; 344; 350; 373: 116ff., 515ff.; 380: 2장; 512: 126ff.

미시다양성 Mikrodiversität

불규칙적인 대량의 상호작용적인 사건들을 지시한다(→지속적 붕괴, →상호작용체계).

277: 254f.; 355: 27ff.

민족 Volk

→민주주의

민족국가 Nation

민족국가 의미론은 분절적 분화를 상기시키는 기능적 분화에 대한 일시적인 반응으로 해석할 수 있다. 이 의미론은 보편주의적인 유형의 기능적 분화를 가진 지역적으로 분화된 사회들을 위해 동일성 자원들을 활성화시키는 분권주의적인 포함 공식의 기능을 (과거에도) 수행했으며 지금도 수행하고 있다. 세계사회화와 그것의 지역화하는 우발적인 것들 (Akzidenzien)의 전조들이 나타나면서, 민족국가의 기능성은 신빙성을 상실한다(→세계사회).

129: 5장 15절; 294: 210ff.; 395: 364ff.

민주주의 Demokratie

(지배 없는 지배의 역설적인 형식으로서의) 국민의 자기지배 대신, 정부와 야당으로의 →정치체계의 분열이며, 이때 정부와 여당의 차이는 정치적 →권력이 권력 있는(여당에 있는)과 권력 없는(야당에 있는)으로 →2차 코드화된다는 것을 의미한다(→정치체계). 민주주의에 대한 고전적인 이해는 국민과 국가의 차이의 통일성으로 지시될 수 있을 것이다. 직접 주권, 즉 국민을 외적 최후 기관으로 투입하여, 집합적으로 구속력 있는 정치적 결정들을 지속적이며 직접적으로 가능하게 하고 정당화하는 민주주의 이해를 뜻하며 정치적 결정들과 관련된 모든 결정들의 지속적인 참여를 뜻하는 민주주의 이해는 체계들의 →복잡성을 과소평가한다. 사실적, 시간적, 사회적 관점(→의미 차원들)에서 결정될 수 있는 것의 복잡성과 관련하여 민주주의는 항상 선택들, 결정 가능성들을 미규정 상태로 유지 한다는 것과 관계있을 수 있다. 이러한 민주주의 개념은 →우연성과 →선택 성 및 정치적 권력의 →시간화와 재-프로그램화(→선거, 정치적인)를 목표로 삼는다. "민주주의는 지배 형식이 아니고, 체계 조종 기술이다"(112: 49).

078; 112: 49, 213; 243: 106ff.; 263: 31ff.; 294: 97ff., 356ff.; 398: 136, 433, 465; 466: 39; 511

민주화 Demokratisierung

조직의 →결정들에 대한 조직 구성원들의 참여 확장이나 일반화를 뜻하거나 사회구성원들이 서로 다른 방식으로 포함될 수 있다는 점과 관련된 결정들에 대한 참여 확장이나 일반화를 뜻하는 개념(→민주주의 →조직, →인물, →포함/배제). 민주화는 결정들의 해체와 재조합을 통해 결정들의 배가(倍加)를 유발한다. "민주화는 이미 그 자체에서 결정 부담의 승수화를 의미한다"(522: 213). 복잡성에 적절한 합리성은 복잡성에 부적절한 비합리성으로 전환될 수 있다(→복잡성, ~의 환원과 상승). 그 결과는 →민주 관료화일 것이다.

213; 522

민주 관료화 Demobürokratisierung
→조직 내에서 또는 조직상으로 파악된 기관들 내에서의 결정 과정들의 →민주주의화(→결정)는 결정들에의 결정 의존성의 상승, 즉 이어지는 관료화를 야기한다.

524

믿음(신앙) Glaube
→종교체계

방법들 Methoden
→이론/방법들

방법, 기능적 Methode, funktionale
기능적 방법이나 문제 기능적 방법 또는 등가기능적 방법이나 →사이버네틱스 방법의 방법론적 양식은 →존재론의 방법(→인식론, 고전적, →논리, 이치적, →합리성, 유럽적, →이론들/방법들)에 접목되지도 않고, 그 방법에 따라 구축된 인과과학적 기능주의 방법론(→존속 공식, →인과성)에 접목되지도 않는다. 왜냐하면 그런 방법론에서는 비존재자가 다르게도 가능한 것으로서 문제 관련을 형성하는 것이 아니라, 다르게도 가능한 것이 존재자로서 문제 관련을 형성하기 때문이다. 존재론적 전제는 반대 방향이 되며, 모든 실체는 →기능들로 해체된다.

우연적-선택적인 →관찰을 출발점으로 삼을 수 있다. 이 관찰은 문제/문제해결의 구분을 수단으로 방법상 통제하면서 관찰할 수 있다. 문제는 문제/문제해결 구분의 적용을 통해서 비로소 생겨난다. 이 경우에 문제는 우연적-선택적인 비교 관점으로 작용한다. 결과를 만들어내는 상이한 원인들을 찾아내거나 하나의 원인이 만들어내는 상이한 결과들을 발견하는 것이 중요하다(→ 목적). 또는 요소들 또는/그리고 관계들의 기능적으로 등가적인 관계화 가능성들을 질문해야 한다.

언제나 전제할 수 있는, →자기생산적 체계들의 →체계준거들의 경계 내에 있는, 비결정주의적인 자기준거적-회귀적 유형의 비교 방법이다. 이 방법은 기능적 등가들 간 비교만을 정초할 수 있지, 규정된 문제 해법들을 위한 결정들까지 정초하는 것은 아니다. 이때 모든 것이 문제 해결이 될 수 있지만, 임의적인 것만은 문제 해결이 될 수 없다(→자의). →기능적 분화의 조건에서는 주로 비개연적인 문제 해결 가능성들을 고려할 수 있다.

109; 110: 284ff.; 111; 373: 83ff.; 390; 435: 102ff.; 462: 각주 9번; 521: 236ff., 346ff.

방법, 사이버네틱스적 Methode, kybernetische
자기생산적인 특성을 강조하는 체계이론(→체계, 자기생산적)에서는 →기능적이라는 명칭 대신 사이버네틱스(적) 방법이라는 명칭을 선호한다. 기능적 방법의 규정 특징들은 유지되지만, →관찰을 주도하는 규정들의 이론에 비축된다. 그러면 사이버네틱스 방법은 엄격하게 자기준거적이며(→자기준거/타자준거) 이를 통해 순환적이며(→순환성) 역설적인 (→역설) 관찰 관계들을 허용한다. 이것은 →2계 사이버네틱스와 상응한다.

사이버네틱스 방법은 그 자체로 →고전적 인식론(→존재론, →합리성, 유럽적)의 공리와 그에 적합한 →이치적 논리를 자신 내부에서 지양할 수 있다고 주장한다(→구성주의, 체계이론적, →실재). 차이이론적-형식 이론적 산법(→차이, →형식, →유표 공간/무표 공간)에 기초하여 예를 들어 고전적-논리적 사고의 개별 공리들을 대체할 수 있다. 이유에 관한 정리(定理)는 정초할 수 없는 이유의 정리(定理)로 변형된다(→맹점). 동일성 문제(→동일성), 모순 문제(→모순), 배제된 제3항 문제(→재진입)는 자기준거적 역설 전개(→역설)에서 해법을 기대한다.

073: 52ff.; 208: 217ff.; 230: 125ff.; 268: 52ff.; 277: 453, 471; 435: 40ff.; 501: 93ff.; 504: 418f.; 521: 157ff.

배려(분별) Takt

배려는 "B가 A에게 보이고 싶어 하는 사람일 수 있기 위해 상대로 필요로 하는 사람으로서 자신을 서술할 때 사용하는 행동"(324: 34)이다. 배려는 참여한 인물들의 자기서술 가능성의 보전에 기여하고 이 일을 통해 →소통들의 속행을 수월하게 한다.

086: 280ff.; 113: 147f., 358ff.; 230: 134ff.; 277: 97f.; 378: 55f.; 422: 279ff.; 462: 74f., 91f.

배제 Exklusion

→포함/배제

법 Recht

→법체계(→소유, →사실들, →정의, →입법, →합법성, →자연법, →규범, →법, 실정적, →법, 주관적, →법치국가, →절차, →헌법, →이성법, →행정)

법, 실정적 Recht, positives

실정법은 →법체계의 기능적 외부분화를 주도하는 법으로서 법적 →결정이나 법체계의 결정을 통해 법으로서 수립된 법이다. "실정성은 이제 법의 규정에 따라 법으로서 효력이 있는 것이 법으로서 효력이 있다는 것을 말하고 있을 뿐이다"(391: 35). 효력 있는 법은 그것이 효력이 있어야 한다고 우연적-선택적으로(→우연성) 결정되었다는 이유로 효력이 있다. 달리 말하면, 법은 순수한 합법성의 →정당성이 인정 받을 때 실정화되어 있다(→타당성). 또한 현재 법인 것을 결정을 통해 변경시킬 가능성이 실정법 개념에 근본적으로 포함된다. "현행법/제정되어야 할 법(de lega lata/de lega farenda)의 구분은 법이 개정될 수 있을 것이라는 바로 그 이유 때문에 효력이 있다는 역설을 전개한다"(321: 533). 법체계에서는 효력 있는 법과 관련된 옳은 결정의 규칙들은 직접 만들어내었거나 외부에서 만들어졌으며 다르게도 가능한 결정 정당화들(논증들)이며, 그것들은 중복들을 생산한다.

158: 182ff.; 225: 141ff.; 307; 308: 112ff.; 321: 532ff.; 324: 190-205, 207-216; 391: 25

법, 자연적 Recht, natürliches
→자연법

법체계 Rechtssystem
→법

법체계 System, rechtliches

법은 규범적 →기대들의 규범적 기대 가능성의 특수 형식이다. 법체계는 작동상으로 폐쇄되어 있고 인지적으로 개방되어 활동하는 →자기생산적 체계다. 법체계는 합법/불법과 관련되어 표현될 수 있는 모든 소통으로 구성된다. [합법과 불법 중에서] 법(das Recht)을 관련짓는 소통들은 합법(Recht)에 대해서만 이야기하는 경우에 벌써 법체계에 속할 수 없을 것이다. 합법이나 불법의 가치들 중 하나를 지정할 것이 요구되는 소통들만이 관건이어야 한다. 따라서 법체계는 합법과 불법(→코드)의 →차이의 통일성을 가지고 작동하지, 예를 들어 정의의 통일성을 가지고 작동하지 않는다.

법의 →타당성은 규범적인 기대함(→규범)의 영역에서 우연성 차단에 기인한다(→우연성, →규범). 법 타당성은 법체계의 통일성 상징으로서 기능하며, 법체계의 작동상 폐쇄성을 표현한다. 법의 →기능은 일반적으로 규범적 기대들의 규범적 기대 가능성의 가능화에 있으며(규범적 기대들의 시간 구속), 특수하게 법 형성을 위한 갈등 관점(→갈등)의 이용에 있다. 법체계의 →성과는 실제적으로 기대를 안정화하는 법적 결정들이 일어나는 데 있는 것으로 볼 수 있다. 주로 법률들과 그 밖의 유사한 것들은 올바르게 결정함의 내용적인 규칙으로서 조건적 →프로그램들을 법체계에 공급한다. 그리고 법체계는 고유한 결정함과 고유한 결정함에 관한 고유한 결정들의 역사에 구속되어, 자신의 환경과의 대립을 주도하는 구조를 스스로에게 만들어준다. 법체계가 자기 자신을 학문적으로 다루는 일은 법이론과 법교의학을 통해 일어난다(→성찰이론). →정의는 법적인 결정함의 일관성과 중복을 구분한다. 즉 법체계의 →우연성 공식으로서 기능한다.

법체계 내부에는 등위지배적-분절적으로 파악된 층위들을 가지는 위계적으로 조직된 중심의 형식으로 작동하는 법의 생산을 위한 결정체계가 재판체계 형식으로 있다(→분화, 기능적, →중심/주변에 따른 분화, →분화, 분절적).

법체계 자체에서 법에 미치는 사회전체적인 효과들과 법이 사회전체적으로 미치는 효과들이 더 많이 성찰되고 법적 해법들 자체가 더 많이 프로그램화될수록 — 그런 식으로 재귀적 법의 논증 유형은 사회의 다른 부분체계들의 자기성찰을 통한 법체계 내부에서의 자기성찰로 나아간다 — 다르게 진행될 미래적 현재들에 맞서 기대들을 보장하는 기능이 더 많이 요구된다. 즉 법을 수단으로 해서는 채울 수 없는 사회전체적인 기능 우선권이 법체계에 할당되는 경향이 있다. 일반적으로 법은 →다양성을 획득하고 →중복을 상실한다. 법은 이를 통해 개괄 가능성과 환경을 위한 신뢰를 상실한다.

026; 046; 074; 075; 095; 107; 110; 122; 158; 193; 194; 225; 268: 11장; 307; 308; 314; 320; 321; 324; 325; 326; 327; 348; 359; 362; 391; 402; 408; 418; 432; 459; 517

법치국가 Rechtsstaat
정치와 법의 장치로서의 →국가의 이중 역할을 표현하는 개념. →법체계와 →정치체계의 →구조적 연동의 형식. 법치국가 개념은 정치적 폭력의 법적 제어와 법의 정치적 도구화의 차별적 통일성을 기술한다. 법치국가는 사회 내의 모든 소통이 →상징적으로 일반화된 소통 매체인 법의 합법/불법-코드에 따라 검증될 수 있다는 의미에서, 법(→헌법)과 법의 사회전체적인 보편화를 통해 정치적 권력이 제한된다는 것을 뜻한다. 법치국가는 정치체계가 법체계의 관점에서 어떻게 사회를 관찰하는지를 가리키는 명칭이다(→관찰자, →관찰).

137; 305: 180ff.; 307: 17; 321: 422ff.; 459; 523

변이 Variation
→진화의 체계이론에서의 변이, →선택, 정체나 →안정화의 세 가지 선택들 중 첫 번째에 해당된다. 변이는 →자기생산적 체계의 환경 내에서

체계 상대적으로 우발적이거나(→우발) 비개연적인(→비개연성) 새로운 사건들이 나타나면서 체계들에 중요할 수 있는 사례 — 예를 들어 토론에서 기대되지 않은 아니오 — 를 가리킨다. 변이는 체계의 요소들과 관련된다.

129: 425ff., 451ff., 3장 4절; 136: 46ff.; 219: 260ff.; 277: 352f.; 436: 182ff.; 504: 554ff., 561-575

변이(다양성) Varietät

→자기생산적 체계 내에서 가능한 →사건들의 상이성의 규모. 다양성은 "체계를 고유한 사건들로서 생산하고 그럼으로써 구조적으로 감당해내어야 하는, 사건들의 수와 상이성을 가리켜야 한다"(476: 438)(→복잡성, →체계규모). 변이의 다른 면은 →중복이다.

193: 28f.; 219: 170, 228; 274: 174f.; 321: 258ff.; 504: 438ff.

보수적/진보적 Konservativ/progressiv

보수적/진보적 차이는 →정치체계의 →이차 코드화로 기능한다. 이차 코드화는 →이념을 통해 프로그램화된 시간적 이원(Dual)으로서 사회적인 친구-적-이원을 대체한다(→프로그램). 순수하게 보수적인 →행위는 진보적이다. 그것이 보존하는 것이 선택적으로 규정되어야 하기 때문이다. 그리고 순수하게 진보적인 행위는 보수적이다. 성취되지 않은 과거의 가치들이 유지되어야 하기 때문이다(→개혁, →현상, →전통).

043: 36; 129: 1077f., 1116; 299; 304: 70f.

보수주의 Konservativismus

사회의 →복잡성과 관련하여 위험한 변경들의 전제로서 →현상 (→전통)이 지시되어 있어야 한다는 기대(Zumutung)(→보수적, 진보적).

129: 496

보완 역할 Komplementärrolle

보완 역할(→역할)은 주로 기능체계들의 경계에서 →인물들의 기능체계에의 참여 형식을 형성하는 것으로, 독립화된 사회적 체계들 내에서 →성과 역할들의 형성을 이끄는 조직적인 유형을 나타낸다.

219: 385f.; 304: 25f.; 538: 30f.

보편이론 Universaltheorie

또는 초이론은 →성찰이론으로서 자신의 시야에 들어오는 모든 것을 자신의 설명 프레임을 가지고 포괄할 수 있으며, 그 모든 것 안에는 이론 자신이 포함된다. "보편성은 자기면제의 배제를 통해 실현될 수 있다"(446: 29).

체계이론이나 →사회학은 자기준거적 순환적인 형식의 보편이론이다(→자기준거/타자준거, →순환성). 그것은 자기 자신을 자신의 대상들 중 하나로서 포함하는 유일한 보편이론이다(→자기론, →구성주의, 체계이론적, →자기면제 금지). 체계이론이나 사회학은 이를 통해 고전적 보편 이론에서 아직도 특징적인, 인식과 대상의 차이를 극복한다(→인식론, 고전적, →객체, →존재론, →주체, →초월성). 성찰이론으로서의 보편이론의 핵심은 자기면제 금지이다. 따라서 보편이론으로서의 사회학적 체계이론은 사회 안에서 →사회를 관찰한다는 것, 즉 사회의 자기관찰(→자기관찰/타자관찰)의 한 형식이라는 것을 통해 특징지어진다(→관찰).

사회학적 보편이론은 구체화하는 종류 대신 추상화하는 종류의 보편성 요구를 가지며, 통일성과 다양성을 중개한다는 의미에서 총체화하면서 진행한다. 보편성 요구는 대상 영역의 모든 대상에 대해 진술할 수 있는 요구를 가리키며, 전체화 요구는 다른 이론들의 대상 관련 증언(다양성)을 포함(통일성)할 수 있는 요구를 가리킨다(→이론들/방법들). 보편성은 여기서 배타성과 구분될 수 있다.

021: 163f.; 345: 118; 373: 7ff.; 378: 9-27; 417: 378f.; 495: 267ff.; 504: 412f.; 518: 49f.

복잡성 Komplexität

존재 사태(Seinssachverhalt)가 아니다. 복잡성은 그것이 구분된다는 이유만으로 존재한다. 그리고 구분은 물론 복잡성이 세계에서 가능한 것보다 더 적은 가능성들의 처리 형식으로서 그렇게 자신을 관찰하거나 관찰되는 체계를 통해 이루어진다. 복잡성은 관찰자-의존적인/관찰-의존적인 사태이다(→관찰자, →관찰).

자세히 살펴보면, 복잡성 자체는 처음에는 →체험과 →행위의 유의미한 가능성들의 총체로서 규정되며(→의미), 그 다음에야 →요소들의 형식 내에서의 가능한 →사건들의 체계 선택적인 총체로서 특화되고, 최종적으로는 대개 다음처럼 정의된다. 복잡하다고 정의될 수 있는 것은 의미를 필요로 하는 체계들의 요소들의 그런 체계 선택적인 집합이며, 그 집합에서는 모든 요소가 더 이상 다른 모든 요소와 접속될 수 없는 것으로 정의된다. 따라서 복잡성 →형식의 결정적인 구분은 현재화될 수 있는 요소들의 '완전한 관계화/선택적인 관계화' 가능성의 차이의 통일성이다. 복잡성은 완전한 관계화 가능성 면의 저 너머에서 시작한다. 그 경우에 체계 복잡성이 반응한다 선택직인 사건들의 모든 가능화는 우연적인 체계 형성에 근거하며(→체계 분화), 이 경우 체계 형성은 보통은 간과될 수 없고 파악될 수 없이 채워진 세계의 미규정된 가능성들에 대한 진화상 대답이면서 체계의 대답으로서 간주되며, 세계가 미규정된 가능성들로 채워져 있다는 것은 체계의 관점에서 본 것이다. 이런 점에서 환경 복잡성은 체계 복잡성의 상관물이며, 환경 복잡성은 체계 복잡성을 초과하는 것으로 규정되어 있다. 그러면 체계 복잡성/환경 복잡성의 차이의 통일성은 세계 복잡성을 대변한다. 복잡성 환원으로서의 우연적-선택적인 체계 형성은 환원된 복잡성의 또 다른 환원들을 가능하게 하며, 이와 함께 외부 관계와 내부 관계에서의 복잡성 상승을 가능하게 한다(→복잡성, ~의 환원과 상승). 복잡성은 자기 자신을 가능하게 하는, 동시적인 환원과 상승의 연관으로서 전체적으로 구분된다.

복잡성은 자기준거적인 사태로 입증된다(→자기준거/타자준거). 복잡성을 가능하게 하는 것이 복잡성이기 때문이다. 복잡성은 역설적인 사태이다(→역설). 복잡성은 규정되어 있는 동시에 미규정되어 있기 때문이다. 복잡성은 역설적으로 탈역설화될 수 있으며, 예를 들어 사실적 관점(→분화 측면)과 시간적 관점(→진화 측면) 및 사회적 관점(→소통 측면)에서의 복잡성의 환원과 상승을 통해 그렇게 될 수 있다(→의미 차원들).

073: 121ff.; 160; 324: 7; 417: 309f.

복잡성, ~의 환원과 상승 Komplexität, Reduktion und Steigerung von

모든 체계 형성(→외부분화, →분화)은 더 적은 체계 고유의 →복잡성(→변이)과 체계에 비해 더 큰 환경 복잡성의 생산을 의미한다(→복잡성 격차). 복잡성은 전체적으로 환원되는 동시에 상승한다. 한 체계 내에서 선택적으로(→선택성) 수용되고 선택적으로 관계화된(→관계) →사건들이 체계 내에서 선택적으로 관계화된다면, 예를 들어 합법적인 법처럼 추상화된다면, 다시금 더 많은 사건들, 예를 들어 법적 결정들이 이제는 더 많이 미규정되었으며 그래서 더 규정 가능해졌기 때문에 이전보다 가능해진다. 환경 복잡성 환원은 체계에 대해서는 환경 복잡성의 상승인 것으로 드러난다. 체계를 통한 모든 현재적인 가능성의 선택이 체계에 대해 선택되지 않은 가능성들을 증가시키기 때문이다. 예를 들어 체계는 이제 실정법 대신 실정법이-아닌(자연법과 같은) 법도 구분할 수 있다. 이에 따라 체계-환경-관계에서(그리고 심지어 외부 관계와 내부 관계에서) 복잡성의 환원과 상승은 타당하게 여겨진다. 시간 내에서 전체 복잡성의 증가는 당연한 것으로 전제될 수 없지만, 규정 가능한 복잡성의 증가는 전제될 수 있다. 그런데도 복잡성의 환원과 상승의 스스로 상승하는 관계를 전제할 수 있다.

073: 121ff.; 160; 324: 7; 417: 309f.

복잡성, ~의 시간화 Komplexität, Temporalisierung von

이전과 이후의 현재적인 구분으로서의 시간, 현재 개념에서 과거와 미래의 차이가 수축된 통일성으로서의 →시간은 복잡성 문제/복잡성 압력의 결과이다. 복잡성의 시간화는 (시간화된 →요소들에 기초하는) 환원된 복잡성의 지속적인 재생산 가능성과 (시간화된 요소들의 관계화에 기초하는) 환원된 복잡성의 재생산에 근거한다. 결과적으로 →자기생산적 체계들은 기초적으로 불안정하며(시간화된 요소들 때문에) 구조적으로 안정적인(관계화된 요소들 때문에) 동시에 불안정하다(재-관계화 가능한 요소들 때문에).

369: 800ff.; 373: 76ff.; 427

복잡성 격차 Komplexitätgefälle

자기생산적 체계들의 체계 형성이 항상 선택적으로 일어나고, 사건 가능성들의 우연적인(→우연성) 선별을 통해 구성되기 때문에(→선택성), 체계 복잡성도 항상 체계를 통해 구성된 체계환경의 →복잡성보다 경미하다. 체계의 환경은 체계의 관점에서 항상 그때 체계 내에서 현재화될 수 있는 것보다 많은 사건의 가능성들을 포함하고 있다(→체계-환경-이론).

373: 47f., 249ff.

복지국가 Wohlfahrtsstaat

→국가는 복지국가 형식에서 정치 보편화의 관련점이 된다. 국가는 보편 능력을 요구받는다. 복지국가는 기존 상태들로부터 긍정적으로 체험된 일탈들의 상승에서 자신을 규정한다. 정치적 →민주주의(→선거, 정치적)의 조건에서 국가에 대해 타당한 것으로 성공적으로 만들어진 모든 욕구 충족 요구는 또 다른 →요구들의 감소보다는 증가로 이끈다. "복지국가는 포함이 정치적인 프로그램으로서 이해되고 실천되는 것을 통해 생성된다"(408: 87). 그 결과 자신을 복지국가로서 기술하는 →정치체계는 자기과부하에 처하게 된다(→실패 증후군, →사회적 시장경제). "전체적으로 보면, 복지국가는 더 많은 우유를 얻기 위해 암소들을 살찌우겠다는 시도와 같다"(294: 215). 국가는 요구된 보편 관할 대신 (아직도) "무능력을 보상하는 능력"(304: 9)만 가지고 있을 뿐이다.

279; 294: 214ff., 422ff.; 304: 7ff., 94ff., 152; 395: 369ff.; 398: 95ff.; 408: 97ff.; 505

복합적 소통 Kompakte Kommunikation

→소통, 복합적

부분체계 Teilsystem

→하위체계와 같은 의미다. →전체-부분-도식이라는 명칭이 그렇게 생각하도록 하는 것처럼 전체체계의 부분이 아니다. 부분체계들로서는 특히 진체체계를 총체적으로 대표할 수 없으면서 전체 체계에 관한 특화된 보편 관할권을 지각하는 체계들을 구분할 수 있다(→분화, 기능적, →패러다임 전환). 전체체계를 총체적으로 대표할 수는 없다(→분화, 기능적, →패러다임 전환). 역으로 전체 체계는 그 경계에서 발견할 수 있는

부분체계들을 통합하는 체계가 아니라, 그 자체가 통일성의 →차이의 →통일성(예를 들어 서로에게 도달 가능한 모든 소통)과 차이(모든 소통은 부분체계에 적합하게 실현될 수 있다)일 뿐이다.

113: 6장., 306ff.; 136: 25ff.; 247: 23; 304: 81ff.; 373: 37ff., 258ff.; 376: 123ff.

부엔트로피 Negentropie
→엔트로피/부엔트로피

부정 Negation
"부정은 다른 가능성들의 일괄적인 거부와 자기 자신의 부정을 가능하게 한다"(180: 29). 어떤 것을 부정할 수 있기 위해서는, 부정될 수 있는 것이 그런 것으로서 일단 구분되고 지시되어 있어야 한다(→관찰). 이는 부정의 일반화 성과(→일반화, 상징적)다. 미규정 상태로 남겨진 것의 부정을 통해 규정된 가능성들의 영역이 규정되며, 규정되지 않고 남겨진 부정된 것의 추후 포착이 이를 통해 배제되는 것은 아니다. 나중에 말한 것은 부정의 →재귀성이나 부정의 부정을 지시한다(→자유, →언어, →모순). 반면 부정의 부정에 대한 부정은 상태들의 합법칙적인 진행을 생각하는 것으로 이어진다.

129: 221-230; 180: 29; 219: 472ff., 305: 165ff.; 373: 96f.; 446; 504: 321, 517f.

분업 Arbeitsteilung
전승된 이해에서 개별성과 사회성의 동등한 가능성을 주제화한다.
019

분해 Dekomposition

어떤 →문제도 그것의 현재 상태로서 직접적으로 다루어질 수 없다. 분해는 예정되어 있다. 예를 들어 어떻게 →사회적 질서가 가능한가의 질문이 있다고 하자. 이 문제는 문제로서는 결코 해결될 수 없다. 그 문제는 해결될 수 있다면 문제가 아닐 것이기 때문이다. 분해는 우연적-선택적인(→우연성) 문제 해결들을 시험한다는 것을 의미한다. 예를 들어 지배는 사회적 질서를 가능하게 한다. 이제는 문제 해결이 문제가 된다. 그것은 어떻게 지배가 가능한가의 문제가 되는 것이다. 이 문제는 다시금 우연적-선택적으로 분해 가능하다. 예를 들어 소유가 지배를 정초한다[는 정식화를 통해 분해될 수 있다]. 분해는 계속 이어지는 문제 해결과, 문제 있는 재조합의 새로운 가능성들의 열림과 같은 뜻이다(→분해/재조합 능력). 그런데도 분해는 주어진 전체를 부분들로 분해하는 전형(→전체-부분-도식)에 따른 문제 처리 방식이 아니다. 분해는 →분화의 방법, 즉 우연적-선택적인 재형성(Neubildung) 방법이다.

218: 41f.; 541: 38, 41f.

분화 Differenzierung

분화의 고전적인 개념은 전체 내에서의 부분들의 형성을 지향하며, 이때 사실상의 통일성을 지향한다. 즉 다른 부분들의 전체로의 →동합을 지향한다(→전체-부분-도식). 반면 체계이론적으로는 분화는 스스로를 외부 분화시키며 자기 자신을 구분하면서 자기생산적으로 재생산하는 차별화된 체계들의 경우에 일어나며, 그 체계들은 어떤 하나의 합리적인 것을 통해 통합되어 있지 않은 채, 그것들의 환경, 특히 체계의 환경들과 구조적으로 연동되어 있다(→체계, 자기생산적, →체계분화).

체계들의 분화와 →외부분화는 구분될 수 있다. 체계들의 분화는 체계들 내부에서 체계들이 형성된다는 것을 뜻한다. 그것은 일종의 체계구분들(그 자체가 체계구분들을 전제하면서 이 구분들로부터 직접적으로 생겨나지는 않는)이다. 경제체계의 외부분화는 경제체계 내의 조직된 사회적 체계의 형성과 양립 가능하며, 경제체계 내의 조직된 사회적 체계의 경계 내부에서의 상호작용체계의 형성과 양립 가능하다.

분화된 체계는 특히 체계-환경-관계들이나 체계-에-대한-체계-관계들(→체계 관계들)의 관점에서 자기관찰될 수 있거나 타자관찰될 수 있다. 그 경우에 통합은 체계들이 자신의 환경들과의 →구조적 연동의 조건에서 이 (체계-)환경들을 자기준거적으로 관련짓는 관점과 관계된다. 자기생산/구조적 연동이 통합의 관찰을 위한 주도 차이로 기여한다.

086: 138f.; 108: 101-114; 113: 6장; 129: 4장 1절; 373: 256-269; 378: 75ff.

분화, 계층에 따른 Differenzierung, schichtungsmäßige

세밀하게 구분하지 않고 서열에 따른/계층화된 분화로 불리기도 하는 계층에 따른 분화는 체계 내에서의 평등 — 유사성이나 동종성의 의미에서 — 의 토대, 각각의 계층에의 소속성의 토대, 체계환경과의 관계에서 불평등의 토대(→계급, 사회적)에서 일어난다. 계층들은 체계들이며 쌍방 서로에 대해 체계환경이 된다. 계층들은 그 자체가 다시 분절적으로 분화되어 있을 수 있다. →기능적 분화 역시 길이 열리기 시작할 수 있다(종교, 정치, 분업). 주로 →분절적 분화에 대해서는, 계층들 내(각각의 부분체계들 내)에서 제각기 다른 계층들(제각기 다른 기능체계들)과의 관계에서 더 많은 소통적 복잡성이 방출되며, 그것은 특히 상위 계층에 해당된다. 계층에 따른 분화는 문자 소통의 발전을 전제한다. 계층화된 사회는 위계적으로 구축되어 있다(→위계). 그 사회들의 일차적인 계층들에는 이차적으로 상이한 →기능들(→중복)이 지정될 수 있다.

서열에 따른-위계적 분화는 하위계층으로부터 구분되는 비교적 작은 상위 계층의 수용된 부의 혜택과 그것과 나란히 도입된 정치적 중심주의에서 개별적으로 인식될 수 있다. 후기 중세-초기 근대 유럽에 특징적인 계층화된 사회의 형식은 봉건적이며, 주인과 가신(→주인과 노예)의 관계로 유지되는 귀족사회이다. 계층들 중 하나에의 소속성은 여기서는 주로 출생 기준에 따라 결정되며, 이때 귀족 소속성을 통해 전형적으로 공덕의 기준과 유능함의 기준이 함께 규정된다. 계층에 따른 차이들은 경제적인 단위들로서의 가계 분절들 내부로 복제된다. 여기서는 주로 후원자-피후견인-관계가 →호혜성을 대체한다. 기능적 분화에 있어서 계층에 따른 분화는 무엇보다도 기능체계들의 중심에서 그리고 선택적 포함의 결과 내에서 발견된다(→불평등, 사회적).

062: 234ff.; 129: 4장 6절; 772ff.; 181, 241

분화, 기능적 Differenzierung, funktionale

'근대적인' 사회들에서 주된 분화 형식(→분화, 사회의, →체계 분화)으로 관찰될 수 있는 기능적 분화는 사회의 관련 문제들(→방법, 기능적, →문제들)의 처리에서 같지 않은 체계들의 기능적인 동등함에 그 특징이 있다. 기능적으로 외부분화된 체계들은 →자기생산적 체계들이다. 그 체계들은 작동상 폐쇄성을 인지적 개방성과 조합한다. 그 체계들은 이항적으로 코드화되어 작동하며 코드 값의 선택을 프로그램화해야 한다. 그것들은 환경에 적응되었으며 자기대체적인 체계들이다.

→사회의 기능적 분화는 우연적-선택적이며(→우연성), 코드를 따르며(→코드), 대안적이거나 기능적으로 등가인 특수 문제들의 해결에 관련된, 부분체계들의 →외부분화이다. 이 부분체계들에는 정치체계, 법체계, 경제체계, 종교체계, 학문체계, 교육체계, 예술체계 등이 있다. 기능적

부분체계들은 자신의 체계환경들과 총체적으로 →기능(=사회를 위한 기능)을 통해 접속되어 있으며, 자신의 환경들 내의 개별 체계들과는 →성과(=사회를 위한 성과)를 통해 접속되어 있다(→체계 관계들, →자기관찰/타자관찰). 기능체계들은 관찰자로서의 자기 자신을 성찰을 통해 (→성찰이론) 자기 자신과 관련지을 수 있다(→체계준거).

그 밖에도 기능적 분화는 복잡성 환원을 통한 →복잡성 상승(→폐쇄, 이중적, 포함을 통한 폐쇄, 폐쇄성을 통한 개방성, →폐쇄, 작동상, →해체/재조합 능력의 상승)과 →통일성의 다양한 →대표들을 통한, 체계 내에서 체계의 통일성의 →대표 가능성의 대체(포괄하는 통일성이나 다른 체계 내에서의 중복된 보장의 포기, →다중심성, →다맥락 영역성), 그리고 포괄적이며 고유하며 분명한 합리성의 가능성을 포기(→합리성, 체계이론적, →공명, →조종)한다는 것을 뜻한다.

기능적 분화는 →분절적 분화, →중심/주변에 따른 분화, →계층에 따른 분화를 압도하거나 그 위에 겹쳐진다. 기능적 분화가 우세하다는 조건에서, 개별 →인물들은 더 이상 사회 내에서 직접적으로 근본적으로 구분될 수 없는 전체(예컨대, 부족) 소속성이나 분절적 부분(예컨대, 친척 집단, 씨족 집단, 신분, 계층, 가족) 소속성에 따라 지정되지 않는다. 인물들은 기능적으로 같지 않은 부분체계들 내에서의 잠재적으로 평등한 포함을 통해 그들의 사회 내 자리를 지정받는다(→포함/배제). 그렇게 기능적 분화는 인간을 사회의 환경에 옮기는 일을 완수한다.

기능체계들 자체에서 분화들은 분절, 중심/주변, 계층, 위계(지배)/등위지배(Heterarchie)에 따라 반복된다. 예를 들어, 법체계에서는 법원들, 경제체계에서는 중앙은행, 정치체계에서는 국가조직들이 중심을 형성한다. 중심들은 같은 층위와 상이한 층위에서 등위지배적-분절적으로 분화되어 있을 수 있다. 중심의 주변부에서는 법체계에서는 고소하고 소송하는 당사자들을, 경제체계에서는 기업들과 가계들을, 정치체계에서는 정치 정당과 선거들을 발견할 수 있다. 주변에서는 마찬가지로 위계적이지만 특별히 분절적 분화를 지닌 등위지배적인 조직 형식들이 나타난다.

제도적으로 구획될 수 있는('구체적인') 사회적 체계들(가족들, 관청들, 기업들, 학교들 등)은 여러 기능들을 충족하며, 기본적으로 다기능적이다(사회 전체적으로가 아니라, 한 사회 내에서). 하지만 이때 그 밖의 이차적인 기능들에 일정한 자유를 허용하는 특정한 기능들(일차적 기능들)이 원칙적으로 주도적이다. 그래서 기업은 기능적으로 외부분화된 경제체계 내에서 기능적으로 지배적으로 작동한다. 그것은 다른 기능들을 동등하게 충족시키라는 요구로부터 기업을 해방시킨다(→체계 경계).

고도로 자신을 교란하는 기능적으로 분화된 사회의 핵심 문제는 그 사회의 등위지배적-다중심적인 형식에서 발견할 수 있다(→통합, →공명). 자체적으로 생산된 문제들의 해결을 위한 특별한 기능들의 외부분화(항의 운동)는 이 형식에 맞추어지지만, 문제 자체를 해결할 수는 없다.

062: 236ff.; 064; 095: 32; 105: 162ff.; 129: 491ff., 4장 8절; 5장 9절; 136: 27ff.; 143; 158: 9장; 216: 119ff.; 268: 16장; 304: 20ff.; 474: 28; 504: 660

분화, 분절적 Differenzierung, segmentäre

분절적 분화는 체계(각각의 분할)와 환경(남는 분할들)의 같음 — 유사성이나 동종성의 의미에서 — 에 기초하여 일어난다. 분절적 분화는 이미 언어 진화를 필요로 한다.

분절적 분화의 특징적인 형식 요소들은 공동생활의 가족적인 형식들이거나 친척 형식들이다. 분절적 분화의 또 다른 형식 요소들은 다음과 같을 것이다. 1. 인물들 사이에서 일어나는 지각에 근접한 복합 소통(Kompaktkommunikation)과, 그래서 이 인물들과 관련된 가운데 2. 서로에 대한 소통적인 도달 가능성들의 공간적-시간적으로 고정된 경계들, 3. 주술적인, 의례적인, 신화적인 방식으로 낯선 것들을 친숙한 것 안에서 다루어내는 실천, 4. 호혜적으로, 즉 시간 진행에서의 조정에 기초하며, 그로써 사회적으로 재대칭화시키는 긍정적이며 부정적인 성과들(선물이나 복수). 분절적 분화의 경계에서는 유리한 것으로 수용된, 요소 동일성 원칙의 획기적인 발전과 서열 차이들과 재산차이들에 이르며, 이를 통해 호혜성 원칙, 즉 →전 적응적 진전 형식으로 분화의 사회전체적인 형식의 진화상 접목점이 될 수 있는 형식에 이를 수 있다.

분절적 분화는 기능적 분화에 있어서 특히 부분체계들(법원, 기업) 내에서 그리고 다른 사회적 체계들, 예컨대 가족들의 층위에서 나타난다.

129: 4장 4절; 324: 148-164; 378: 76ff.; 504: 451ff.

분화, 사회전체적인(사회의) Differenzierung, gesellschaftliche

사회적 분화의 모든 형식(→분화, →진화, 사회적, →사회, →사회적 체계, →체계 분화). 중요한 형식들은 →분절적 분화, →중심/주변에 따른 분화, →계층에 따른 분화, →기능적 분화, 상호작용적 분화(→상호작용체계), 조직의 분화(→조직)이다. 특히 사회전체적 분화는 →인물들의 →포함/배제를 규제한다.

062: 232-242; 129: 612ff.; 136: 25ff.; 170: 208ff.; 176: 242ff.; 216: 119ff.; 287: 416-435; 310: 20ff.

분화, 중심/주변에 따른 Differenzierung nach Zentrum/Peripherie

중심/주변에 따른 분화는 불평등을 특별한 방식으로 평등과 양립시킨다. 즉, 주변에 대한 중심의 우월성으로서 평등과 양립시킨다. 이때 분절적으로 분화된 중심이 부분들의 불평등과 문자 소통을 가지고 이미 계층화된 분화를 형성하고, 주변은 분절적 분화에 영향을 받는 상태를 유지한다 (→분화, 사회의, →체계분화). 보다 빈번하게 교역으로 유발된 경계를 횡단하는 소통들을 지배하는 것은 영토적인 또는/그리고 중심의 의미론적 통제 요구들을 가진 상이한 형식들의 분화로 압축된다. 이때 대제국들은 탁월한 형식들을 나타낸다. "제국은 (...) 소통의 의미지평이다. 그리고 물론 관료주의적인 엘리트들의 소통의 의미 지평이며, 그것은 엘리트들의 제국의 유일무이성을 전제하며 가능한 경우에는 공간 경계들을 그들의 사실상 영향 영역의 일시적인 제한으로 서 수용한다"(129: 670f.). 다른 중요한 형식들은 그 자체로 이미 높은 정도의 자기비판적인 의미론을 가능하게 만들었던 도시사회 또는 귀족사회들이다.

특히 기능적 부분체계들의 경계 내에서 중심/주변에 따른 분화가 발견된다. 예컨대 법체계에서 법원은 중심에서 발견되고, 그리고 법적으로 중요한 다른 모든 소통적인 사건들은 주변에서 발견되며, 경제체계에서 은행은 중심에서 그리고 생산, 상업, 소비는 주변에서 발견되며, 정치체계에서 국가는 중심에서 그리고 정당과 특수한 참여조직들은 주변에서 발견된다.

129: 4장 5절; 294: 245ff.; 296: 574f.; 321: 321ff.; 324: 166-190; 398: 67ff.

불안 Angst

규정된 →기대들의 실망이 더 이상 규정될 수 없을 때, 소통적 현실로서의 불안을 관찰할 수 있다. 이것은 위험에서 위해로의 전환에 상응하며, 예를 들어 상승된 자연과학의 해체 능력(→해체/재조합능력)에 의해 만들어진 미시 세계들(예: 원자들, 유전자들)과 그 세계들에 접목하는 재조합 가능성들에 근거하여 그렇게 된다(→위험/위해).

불안 소통은 사회전체적인 소통의 외부분화된 영역과 직교한 상태에 있는 소통적 현실이 되었다(→생태학적 소통, →항의). "사람들이 불안에

휩싸일 때, 정치적으로는 더 이상 어떤 것도 할 수 없다"(077: 125). 불안은 자기 자신을 위협하면서 관찰하는 기능적으로 분화된 사회(→분화, 기능적), 즉 기능체계들에 대해 통일적이거나 그것들을 포괄하는 가치 적합(→가치)하거나 도덕적-규범적인(→도덕) 의미부여를 더 이상 알지 못하는 사회에서 의미부여(→의미)의 기능적 등가(→방법, 기능적)의 위상을 획득한다.

077: 124ff.; 195: 61ff.; 268: 14장; 334: 49; 438: 136f.

불투명성 Intransparenz

관찰된 것의 관찰 불가능성, 관찰함의 역설, 또는 볼-수-없음의 결과 볼-수-있음과 관련된다. 또는 전제할 수 없는 실재에 직면하여 실재 확실성을 전제하는 것이나 자기생산 체계의 작동이 그 체계에 접근할 수 없다는 점과 관련된다(→관찰, →맹점).

055; 129: 885f., 923f.; 373: 156f.; 159; 504: 25f.

불평등, 사회적 Ungleichheit, soziale

"계층화에서 기능적 분화로의 개조와 함께 사회의 분화 형식도 변화된다. 하지만 그로 인해 계층이 제거되는 것은 아니다. 부와 가난의 엄청난 차이는 예나 지금이나 있고, 이 차이들은 예나 지금이나 생활 형식들과 사회적 기회에의 접근에 영향을 미친다"(129: 772)(→분화, 계층에 따른, →평등, →계급, 사회적).

불확실성 흡수 Unsicherheitsabsorption

→정보의 체계 내적 생산을 위한 목적 지향 개념을 대체한다. 불확실성 흡수는 지식/무지의 자가 생산된 차이에 기인하며 지식 면과의 연결을 통해, 특히 조직화된 사회적 체계들(→조직)에서 결정 능력을 유지하는 데

기여한다(→결정, →위험/위해). 불확실성을 흡수하는 결정들은 책임(Verantwortung)과 인물에 대한 책임 귀속으로서의 책임성(Verantwotlichkeit)으로서 구분될 수 있으며, 그 구분은 →권력 생성을 촉진한다.

277: 6장; 285: 299ff.; 294: 238ff.; 338: 236ff.; 392: 180f.; 449: 47f.

블랙박스 Black box

관찰된 체계는 자기 자신이나 다른 체계를 관찰하는 모든 체계에 대해 (→관찰자, →관찰, →자기관찰/타자관찰) 블랙박스이다. 관찰하는 체계는 관찰된 체계를 다룰 때 고유한 수용들에 의존해서만 경험들을 획득하여 이 경험들을 서로와의 후속 접촉의 토대로 만들 수 있다(→기대들). 오직 이런 경우에만 흑색이 백색을 만들어낸다(→이해). 참여한 체계들은 여기서 서로에 대해 원칙적으로 불투명하다(→이중 우연성, →자아/타자). 체계의 블랙박스-특성 그 자체는 물론 관찰 비의존적인 사태가 아니다.

073: 49f.; 373: 155ff.; 438: 125f.; 504: 17, 513f.

비가시화 Invisibilisierung

구분외 탈역설화를 위한 핵심 조건(→형식). →재진입을 통한 탈역설화(→역설)가 실행될 때 출발 구분은 보이지 않게 된다. 그것은 →맹점으로서 비가시화된다(→스테노그라피/에우리알레).

129: 1110ff.

비개연성 Unwahrscheinlichkeit

→개연성

비공식적 조직 Informale Organisation
→조직, 비공식적

비대칭 Asymmetrie

비대칭은 상이한 것으로 구분된 것이 같을 수 없다는 점을 단순히 말할 뿐이다(→구분). 표시된 것은 표시되지 않은 공간의 거울 상(Spielgelbild)이 아니며, 체계는 자신의 환경의 거울 상이 아니다. 합법도 불법의 거울 상이 아니며, 여성도 남성의 거울 상이 아니다. 체계와 환경의 비대칭화는 자신의 체계들을 위한 자기선택적인 구성 조건이며, 특수한 의미에서 체계들을 위한 기능 조건인데, 이것은 체계들의 자기유지(→체계, 자기생산적)가 연결하는 →사건들의 비동일성들을 요구한다는 점에서 그렇다. 어떤 생각에 이어지는 모든 생각은 지원하기는 하지만 다른 생각이다. 어떤 소통에 이어지는 모든 소통은 동의한다는 점도 있지만, 처음 소통과는 다른 소통이다 ― 참여한 각 체계의 상태들도 이후에는 이전과 다른 상태들이 되는 것처럼 말이다(→연결 능력, →상호의존 중단). 비대칭은 사실적, 시간적, 사회적 관점에서 가능하다(→비대칭, →의미 차원들). 훨씬 더 일반적으로 말하면, →차이로서 관찰된 것을 →통일성으로 옮기지는 못하면서 상이한 것을 구분하고 지시하는 그런 →관찰은 비대칭적이다.

219: 109f.; 321: 175; 327: 167ff.; 358: 32ff.; 373: 631ff.; 418: 254; 501: 338

비판 Kritik

통상적인 이해에서 비판은 궁극적으로 존재론적 관찰 방식에 구속되어 있다(→존재론). 비판은 완전한/완전 가능한 세계를 전제하거나 사물들의 자연, 특히 인간과 사회의 자연에 대한 참된 지식을 소유한다는 것을 전제하며, 그래서 불완전성들을 인식하고 완전성을 재촉할 수 있다는 것을 전제한다(→의도성, →자연, →완전성/완전 가능성, →합리성, 유럽적, →목적론). 비판은 무엇보다도 계몽 이념에 의무감을 가진다(→계몽, 사회학적, →비판이론). 비판은 소통에서 특히 이념-가치에 적합한 윤리적-도덕적 행위 요구들에 근거하여 소통들에 작용한다(→이데올로기). 비판은 체계이론적이거나 차이이론적으로 단순히 →관찰의 관찰, 즉 2계 관찰이다(→자기관찰/타자관찰).

015; 018: 125; 074: 150ff.; 129: 472, 1115ff.; 219: 162ff., 462ff.; 255: 17; 304: 89ff.; 343; 345: 117f.

비판이론 Kritische Theorie

주어진 사회의 이면에 관찰 의존적으로 주어진 더 나은 사회, 즉 인식하는 주체가 접근할 수 있으며(→인식론, 고전적, →자연, →존재론, →합리성, 유럽적, →초월) 권리를 누리도록 도움을 받을 수 있는 사회가 있다고 전제한다(→잠재, →행위, 소통적). 비판이론의 해방-보수적(emanzipations-konservativ)이라고 분류할 수 있는 특징적인 속성들은 이성적 주체(→이성, →상호 이해)와 인간적으로 종국화되었거나 종국화될 수 있는 사회(→계몽, 사회학적, →학문의 실천)라는 고전적인 전제를 포함한다. 비판이론은 자신이 결국 1계 →관찰 층위에서 작동한다는 깃을 보지 못한다. 비판이론은 자신을 우연적인 것으로 관찰하지 못한다(→인식, →구성주의, 체계이론적, →실재). 그래서 하버마스 버전의 비판이론은 이성적 →합의가 다른 한편으로는 이의의 비이성을 배제한다는 것, 궁극적으로 촉구되는 규범적 합리성이 비-규범적 합리성을 배제한다는 것, →통일성을 무차이적인 것으로서 획득할 수 없다는 것을 보지 못한다.

015: 148f.; 129: 1115ff.; 187; 223: 178f., 188, 317

비판적/옹호적 Kritisch/affirmativ

"(대부분의 지성인들처럼) '비판적인'에 대한 찬성을 선택하는 이는 구분 자체에 대해서는 옹호적으로 행동해야 한다. '옹호적인'에 대한 찬성을 선택하는 이는 비판적인 입장을 취하는 것도 허용하는 구분을 수용해야 한다"(322: 233).

비판적 합리주의 Kritischer Rationalismus

관찰과 무관하게 주어진 사회를 전제한다. 즉 인식하는 주체에게 그런 사회로서 궁극적으로 접근을 허용하거나(→인식론, 고전적, →자연, →존재론, →합리성, 유럽적, →초월) 그것의 고유 법칙성들이 인식 가능 하고 구성적으로 소급 적용 가능한 것으로 간주되는(→학문, 응용 지향적) 사회를 전제한다. 비판적 합리주의는 지금까지의 모든 →지식의 가설 방법론(→경험적 사회 조사, →가설)에도 불구하고 이미 확실하게 알거나 확실하게 안다고 믿는 것에 매여 있기 때문에 보수적인 것으로 평가할 수 있다. 비판적 합리주의는 자신이 단지 1계 →관찰 층위에서 작동하기만 한다는 것을 보지 못한다. 비판적 합리주의는 자기 자신을 우연적인 것으로 관찰하지 못한다(→인식, →구성주의, 체계이론적, →실재).

005; 015: 148f.; 128: 480f.; 342: 36f.

사건 Ereignis

모든 →작동은 비현재적인 것(Inaktuellen)이 현재화되는 사건이다. 사건은 →자기생산적 체계들의 시간화된 →요소이다(예컨대 소통, 행위, 지불). 이는 시간성(→시간)을 전제로 하며 시간성을 입증한다. 사건은 항상 이전과 이후의 →차이의 →통일성이며, 출현과 함께 그 즉시 사라진다(→지속적 붕괴, →순차화). 이러한 시간화된 사건은 존속할 능력이 없다. 구조화된 체계는 자신의 요소들의 사건성(Ereignishaftigkeit) 없이 그리고 새로운 기초적인 사건들이 가능하게 되지 않고서는 자체 연출된 외부 적응을 통한 자기유지 가능성과 자신의 →구조 변경 가능성을 가지고 있지 않다(→자기준거/타자준거).

219: 37f.; 274: 168ff.; 373: 607ff.; 380: 60f.; 427: 241ff.; 462: 10.; 501: 20f, 277f.; 504: 37

사랑 Liebe

인간 간(→인간) →상호침투나 친밀 관계들의 상호작용체계(→상호작용체계)의 →상징적으로 일반화된 소통 매체이다.

(→열정으로서의) 사랑은 사회적 제한들과 도덕적 제한들뿐만 아니라 오성/이성 적합한 제한들의 해방을, 인물의 형식으로 참여한 →심리적 체계들의 동일성 입증과 상승(→동일성, →자기준거/타자준거) 가능성의 조건으로서 전제한다. 그것은 그 제한들로부터의 해방을 우연하게(→우발) 가능해졌으며 각각 자기준거적으로 연출되었으며 보편적이면서도 배타적이고 시간적으로는 오히려 불안정하며 각각 타자준거적인 것으로서 쌍방적인 동일성 입증과 상승의 가능성 조건으로서 전제한다.

사랑 매체 내의 친밀 관계들은 동시에 소통적으로도 비소통적으로도 매개된다 — 신체 관련이 참여한 가운데 그렇다(→신체, →성애). 사랑의 코드로서 사랑받음/사랑받지 않음의 차이가 언급될 수 있고, 사랑의 →프로그램으로서 사랑 이야기에 대한 연인들의 회상을 언급할 수 있다. →우연성 공식은 →소통 불가능성일 것이다. 사랑은 제각기 일방적으로 구성된 양 방향성 개최로서 관찰될 수 있다. 비로 이 구도가 쌍방 동일성 입증 형식으로서의 사랑의 성공에 까다로운 조건을 제시하며, 사랑을 비개연적이며 고도로 위험한 것으로 만들며, 특히 →가족이라는 사회적 체계 내에서 그렇다. 사랑 관계들의 총체는 전체사회적인 기능이 없다.

사랑은 다음의 구도 덕분에 생성된다. B의 →체험은 A의 →행위의 전제이며, 그 역도 동일하다. 그러면 "사랑은 세계와 자신을 다른 사람의 눈으로 체험하고 상응하게 행위하는 능력이다"(190: 59). 이는 자세하게 살펴보면 다음과 같다. A는 B를 사랑받는 사람으로 체험하며, 자기 자신을 사랑하는 사람이나 행위하는 사람으로 체험한다. A가 사랑받는 사람 B를 체험하는 것은 사랑하는 사람으로서의 A의 행위를 즉각 유발하여야 하며, 그렇지 않다면 사랑하는 사람은 자기 자신을 사랑하는 사람으로서 체험할 수 없을 것이다. 이제 A가 B를 사랑한다는 것을 B가 체험한다면, 그리고 B가 자기편에서 이 체험을 역시 자신의 행위로서 체험한다면, 그도 사랑하는 사람이 된다. 체험과 행위의 일방적으로 이중적인 관점의 평등이 결정적이다.

058; 129: 344ff.; 190: 59; 203: 20ff.; 227; 378: 69ff.

사실 Tatsache

사실인 것은 일반적으로 →실재인 것으로부터 생겨난다. 사실은 내부에서 본 →외부 세계를 재현하며(→관찰자, →관찰), 구성이지 가르침이 아니다(→구성주의, 체계이론적). 사실은 언제나 관찰 의존적인 사태다.

법체계는 규범들과 [확실한] 사실들(Tatsachen)이나 [객관적인] 사실들(Fakten)의 구분을 사실이 규범과 관련하여 순응적인 것으로나 일탈적인 것으로 구분될 수 있는 것이라는 방식으로 사용한다.

130: 199f.; 321: 33; 504: 288

사실들 Fakten

법체계에서 →규범의 관점에서 순응적이거나 일탈적인 것으로 다루어지는 사실들(Tatsache)이다. 사실 확인 자체는 규범적인 동시에 인지적인 동작(Akt)이다. 따라서 규범들과 사실들의 차이는 법체계에서 자기준거와 타자준거의 차이를 대표한다.

321: 12, 33, 84, 86f., 501f.; 301: 21

사실적 차원 Sachdimension

→의미의 사실적 차원(→의미 차원들)은 →관찰의 대상인 것의 →구분들에 근거한다. 이 공간이지 저 표시된 공간이 아니며, 이것이지 저것이 아니며, 이 주제나 이 생각이지 저 주제나 저 생각이 아니다. 사회의 자기생산과 관련하여 사실적 차원은 분화로서 구분된다(→분화, 사회의).

073: 240f.; 129: 898ff., 1064.; 136: 37f.; 291: 227f.; 366: 48ff.; 373: 114ff.

사이버네틱스 방법 Kybernetische Methode

→방법, 사이버네틱스적

사회 Gesellschaft

사회는 서로에게 도달 가능한 →소통들의 총체를 전제한다. 그때그때 가능한 소통들만이 서로에게 도달 가능하다. 이런 점에서 사회는 최종적으로 근본적인 환원들을 설치한다. 사회는 작동적인 관점에서 그 시점에 현재화된 소통들의 총체로서 현재화된다. 여기서 소통들은 항상 서로 관련을 맺는 사건들이다. 즉 사회는 그 시점에 도달 가능하기 때문에 도달된 소통들로 '구성되지' '인간들'로 구성되지 않는다. '인간'은 (사회 내에 있는) 개별적인 사회적 체계들과 (사회 내에 있는) 다른 사회적 현실들과 같은 사회의 내적 환경들이다. 이와 반대로 자연적 환경들과 기술적 환경은 사회의 외적 환경들이다.

사회는 물론 항상 작동상으로 통일적으로 규정되어 있지만, a) 상이한

→사회적 체계들이 외부분화된 상태로 대표될 수 있으며, 또는/그리고 b) 상이한 전형적인/지배적인 형식들(→체계분화)을 취할 수 있으며, 중심/주변에 따라 분화된 사회들과 분절적으로 분화된 사회들과 계층에 따라 분화된 사회들 및 기능적으로 분화된 사회들(→분화, 사회의)의 보기를 들 수 있다. 기능적으로 분화된 사회로서의 사회는 서로에게 도달 가능한 소통들의 완전히 규정된 연관(Zusammenhang)이다. 사회의 이 전형의 규정성은 자신의 기능적 분화에 달려 있으며, 그것은 자기생산적으로 작동하며 사회를 통일적이지 않게 기술하는 부분체계들의 다양성(다양한 것의 통일성 또는 복합적 통일성)으로서 사회의 통일성을 관찰 가능하게 만든다(→다중심성, →다맥락 영역성).

비록 각자 서로에게 도달 가능한 소통들의 포괄적인 작동상 통일성으로서의 기능적으로 분화된 사회는 (규정된 소통들의 전개를 위해) 선택적으로 작동상 현재화된 통일성들로서의 사회전체적인 →부분체계들과 구분될 수 있지만, 통일성(Einheit)/통일성(Einheitlichkeit)을 제공한다는 의미에서 부분체계들의 포괄하는 통일성은 아니다. 사회는 오직 부분체계들의 →차이의 통일성을 대표하며, 특히 기능적 부분체계들은 각기 선택적으로 사회를 대표한다(→대표). 그러므로 사회가 부분들로 구성된 전체처럼 부분체계들로 구성되어 있다는 말은 잘못된 것이다(→전체-부분-도식, →패러다임 전환).

사회의 통일성의 →관찰은 진화상으로 다음 경로를 취한다. 처음에는 사회는 자신의 부분들을 규정하는 것으로나 그 부분들에서 나타나는 것으로 관찰된다. 다음에는 사회는 전체를 전체 내에서 대표하는 부분들을 관찰하는 것으로 관찰된다. 마지막에는 사회의 통일성의 관찰은 통일성과 차이의 다양하게 대표된 통일성으로서 취해진다. 사회는 이 "선"을 따라 그리고 그 선에 교차하는 방향으로 통일성과 차이의 차이로서 다중적으로 규정된다. 사회는 1. 사회를 제한하는 소통들의 통일성이며, 2. 사회적 체계들의 경계 내에 있는 사회적 체계들의 통일성이며, 3. 제각기 특수하게 형성된 사회적 체계들의 통일성이다. 사회 안에 있는 사회적 체계들은 4. 사회를 통일성으로 대표할 수 있고, 사회는 5. 자신의 사회적 체계들을 통해 다중적으로 통일성으로 대표될 수 있다. 6. 언제나 사회는 어떤 의미에서 부분들을 통일성으로 지양한다는 의미에서가 결코 아니라, 오직 차이들만을 지시하는 통일성일 뿐이다. 얽힌 상태에서 작용하는 이러한 다중적인 사회 규정은 그 핵심에 있어서는 단순한 통일적인 규정이다. 토대는 소통들의 토대에서의 폐쇄다. 이러한 틀에서, 소통적인 부분체계들은 소통들을 전제하고 유지하면서 형성된다. 소통적인 부분체계들은 사회에 →형식을 부여하며, 각각 특수한 방식으로 사회를 실현한다. 기능적 분화의 조건에서 사회는 단지 다양한 통일성으로서 대표된 것으로서 관찰될 수 있을 뿐이다. 그러므로 기능적으로 분화된 사회에 대해 차이이론적인 관점에서는 일반적으로 구성적인 것이 타당하다. 즉, 사회는 작동상 통일적인 동시에 그 형식에 따라 다양하게 규정되어 있으며 이 차이의 통일성으로서만 규정될 수 있기 때문에 역설적으로 구성되어 있다는 것이 타당하다(→역설).

사회는 외부로부터 관찰될 수 없으며, 외부에서 보는 것처럼 내부에서 관찰될 수 있다. 사회의 관찰은 오직 →자기관찰(→자기관찰/타자관찰, →자기기술, 사회의)로만 가능하다(→사회학). 관찰에 대해 전적으로 유효한 것은 사회의 관찰 가능성에도 상응하게 유효하다.

125; 126; 127; 129: 16-35; 88ff.; 131; 247: 15f.; 304: 19; 324: 132ff.; 334: 18f.; 373: 555ff.; 573ff.; 4/9: 252ff.; 504; 618f.; 635

사회복지 국가 Sozialstaat
"배제들의 경감을 위한 정치적인 조치들은 사회 국가(Sozialstaat) 개념을 가지고 요약할 수 있다"(294: 427).

사회분화 Gesellschaftsdifferenzierung
→분화, 사회의(→분화, 기능적, →중심/주변에 따른 분화, →분화, 계층에 따른, →분화, 분절적, →진화, 사회적, →사회적 체계, →체계분화)

사회조사 Sozialforschung
→경험적 사회연구, →인식론, 경험적, →가설, →비판적 합리주의

사회운동 soziale Bewegung
기능적 분화의 조건에서 성공적으로 외부분화된 기능체계(들)을 가로지르며 일어나거나 기능체계들 외부에서 일어나는 소통 사건(→분화, 기능적). (사회운동에서는) 소통은 →사회를 마치 외부에서부터 관찰할 수 있는 것처럼 이루어지고, 이성적인 정치 관련으로서 자신의 현실적인 완전한 통일성을 재촉할 수 있는 것처럼 이루어진다(→정치 정당화, 고전적). 사회운동은 사회의 자기경고에 기여하는 자기생산적 →사회적 체계로서 관찰될 수 있다(→불안, →생태학적 소통, →위험/위해).
129: 803ff.; 420

사회의 자기기술 Gesellschaftliche Selbstbeschreibung
→자기기술, 사회의

사회적 불평등 Ungleichheit, soziale
→불평등, 사회적

사회적 시장경제 Soziale Marktwirtschaft

자본주의적인 경제 활동과 사회주의적인 경제 활동의 화해 가능성을 유토피아라고 주장하면서 이 →유토피아를 유토피아로서 드러내어 보여주지는 않는 →정치체계의 자기관찰(→자기관찰/타자관찰). 자기생산적으로 작동하는 사회의 →부분체계들의 붕괴 불가능성과 지배 불가능성(→분화, 기능적, →공명, →조종)이나 사회의 지배 불가능성은 이 유토피아를 통해 전체적 자신의 →맹점을 은폐하는 정치적 →역설로서 전체적으로(→통합, →대표) 식별 가능해진다.

171: 96f.; 199: 194ff.

사회적 지원 Soziale Hilfe

→지원

사회적 질서 Soziale Ordnung

→질서, 사회적

사회적 차원 Sozialdimension

의미의 사회적 차원(→의미 차원들)에서 일반적으로는 소통들, 특별하게는 행위자와 수신자의 관점(→행위, →인물)이 중요한 →관찰들이 언급된다(→사회적 체계). "모든 의미에 대해 타자가 자아와 똑같이 의미를 체험하는지 아니면 달리 체험하는지를 질문할 수 있다. 즉 의미는 규정된 대상들(인간들)에의 구속에 따라서 사회적인 것이 되지는 않는다. 의미는 이해가능성들의 독특한 재이중화의 담지자로서 사회적인 성격을 획득한다"(373: 119). 의미의 사회적 차원은 일반적으로 사회의 자기생산의 순간으로서 사회적인 측면(바로 →소통)과 관련된다.

073: 242; 129: 273ff.; 1075ff.; 136: 38f.; 366: 51ff.; 373: 119ff.; 291: 225ff.; 427: 247f.; 504: 111ff.

사회적 체계 System, soziales

초기 저작에서는 행위들의 연관, 즉 복잡성을 환원하고 복잡한 환경의 맞은편에서 자신을 유지하며 서로를 지시하는 연관으로서 이해되었다. 후기에는 사회적 체계는 →소통들의 연관, 즉 그때그때 순간적으로 현재화되는, 소통적이지-않은 환경으로부터 소통적인 환경이 구획될 수 있는 연관으로서 이해된다. 서로에게 도달 가능한 소통들의 총체(→사회)를 위한 소통적 환경은 없다. 한편으로는 →심리적 체계와 사회적 체계의 차이에 주목해야 하고, 다른 한편으로는 소통체계로서의 그리고 행위체계로서의 사회적 체계들의 →차이의 →통일성에 주목해야 한다. 사회적 체계는 작동상으로 폐쇄되어 있고, 인지적으로 개방되어 활동하는 →자기생산적 체계다. →사회학은 사회적 체계들의 성찰이론으로서 기능하거나 사회의 성찰이론으로서 기능한다.

소통체계들로서의 사회적 체계들은 다음과 같다. 심리적 체계들의 자기준거적 작동들(→자기준거/타자준거)의 층위에서 실행되는 것은 → 인물 형식으로 소통에 참여한 심리적 체계들 사이에서 일어나며 고유한 자기준거적인 체계적이며 소통적인 현실이나 사회적 현실을 구성하는(→창발) 것과 구분되어야 한다. 그래서 심리적 체계들의 층위에서의 작동들(예: 언어 형식의 사고)은 사회적 체계의 작동들(예컨대, 언어 형식 소통들)과 동일하지 않다. 각각의 고유 선택성들은 또한 고유한 작동들을 위한 고유한 연결들로 이끌며, 그래서 비록 생각된 것이 소통적이거나 사회적 체계에 의해서 요구되며 소통된 것이 심리적인 체계들에 의해 고유한 선택성 구축을 위해 요구되는데도(→상호침투, →연동, 구조적), 소통된 것이 생각된 것으로 환원되지도 않고 생각된 것이 소통된 것으로 환원되지도 않는다. 따라서 사회적 체계의 구성 연관에 있어서 심리적 체계들의 →요소들과의 공통점은 없다는 것이 유효하다. 소통은 사회적 체계의 자기구성의 기초적인 통일성이다.

행위체계로서의 사회적 체계는 다음과 같다. 소통은 통일성으로서 직접적으로 관찰될 수 없고(→관찰자, →관찰), 소통적이거나 사회적 체계의 →자기관찰/타자관찰로서 기능하거나 전제로서만 기능할 수 있다. 소통은 소통적 행위들(→행위)이 행위나 체험의 형식들로 참여 체계들에 귀속될 수 있을 때 비로소, 사회적 체계를 통해 관찰될 수 있게 된다(→귀속). 따라서 소통이 관찰 가능하게 된다는 것은 소통의 행위로의 환원을 의미한다. "소통은 자기구성의 기초적인 단위이고, 행위는 자기관찰의 기초적인 통일성이자 사회적 체계들의 자기기술이다"(373: 241). 소통과 행위의 분화를 통해 행위는 통보나 통보 행위로서 규정된다. 참여한 사회적 체계들이 자기 자신을 관찰하고 서로 관찰할 수 있기 때문에, 그들은 예컨대 자신에게 행위로서 귀속하는 것이 다른 체계로부터 이해되는지(→이해), 긍정적으로나 부정적으로 할당되는지, 심지어 자신의 행위가 수신자의 선취된 체험이나 행위를 지향하는지 등등도 관찰할 수 있다. 이 체계들은 항상 소통하는 것은 아니지만, 자신의 작동들을 통해 소통에 참여하고, 소통 사건에 구속되어 있다. 이와 반대로 소통은 그 자체로 있다.

사회적 체계들을 행위체계들로서 관찰하는 것은 그 체계들의 작동상 폐쇄성에서 아무 것도 변화시키지 않지만, 2계 관찰자들이 그 체계들 사이의 관계들을 그것들의 체계 경계들(→체계 관계들)에 지역화될 수 있는 성과 관계들로 볼 수 있도록 해준다 — 즉 투입-산출-성세들을 확정할 수 있도록 해준다. 학문체계는 지식을 제출하고, 정치체계는 지식을 수용한다. 참여 체계들은 그것들을 공통으로 관련짓는 사건들을 내적으로 그렇지만 배타적으로 자신들의 특화된 →코드의 척도에 따라 다루어낸다(→전환).

하나의 사회적 체계나 특정한 사회적 체계, 예를 들어 특정한 사회가 있는 것이 아니라, 언제나 다수의 사회적 체계들, 예를 들어 사회들의 사회적 체계들과 사회 내의 사회적 체계들만 있다 — 그리고 이 일은 매우 상이한 형식들로 일어난다(→분화, 사회전체적인). 주로 기능적으로 분화된 사회에서 사회적 체계들은 기능적으로 외부분화된 사회의 부분 체계들(→분화, 기능적), 조직된 사회적 체계들(→조직), 상호작용체계들 (→상호작용체계)도 있지만 예컨대 갈등들, 즉 사회운동들도 있다. 언급한 종류의 사회적 체계들은 중심/주변 또는/그리고 분절에 따라 그 자체가 사회적 체계들로 분화되어 있을 수 있다. 그러나 모든 →소통적 현실(예컨대, 도덕, 규범, 가치, 각본, 인물, 역할, 프로그램)이 사회적 체계를 서술 하는 것은 아니다.

다양한 사회적 체계들의 다양성(기능적인 부분체계들, 다른 부분체계들, 상호작용체계들, 조직체계들)과 그 체계들 각각의, 사회적 체계들과 심리적 체계들의 환경들의 다양성으로부터 가능한 체계 관계들의 복잡한 프레임이 도출된다. 예를 들어, 상호작용적인 사회적 체계들은 다른 모든 사회적 체계들의 환경이 될 수 있다. 조직된 사회적 체계들은 주로 기능적으로 외부 분화된 부분체계들의 경계에서 발견된다. 이와 반대로 기능적으로 외부 분화된 부분체계들의 경계들은 사회를 전체적으로 가로지르며 그려져 있다 (→체계 경계).

129: 80ff.; 161; 182; 225; 249ff.; 373: 4장; 376; 435: 64ff.

사회적 체계 System, soziales
→체계, 사회적

사회적 체계, 요소적 Sozialsystem, elementares
→상호작용체계

사회적 체계, 조직된 Sozialsystem, organisiertes
→조직

사회적 통합 Sozialintegration
구조적 →통합이나 사회적 →통합은 상호작용에 가깝게 형성된 →사회(→분화, 분절적)의 주로 분절된 부분들이 →중복을 가능하게 하거나, 도덕적 관점 또는/그리고 규범적 관점 또는/그리고 합의적 관점에서 제대로 유사하게 짜여져 있을 때 지배적이게 된다(→분화, 계층에 따른). 사회적 통합은 →기능적 분화에서 근본적으로 다른 사람의 행동의 직접적인 →지각의 형식, 참석자들끼리의 →소통의 형식으로 나타나며, 그때 효과적인 →기대의 기대(Erwartungserwartung)(→기대, →도덕) 형식으로 일어나며, 그런 점에서 범위가 제한되어 있다(→포함/배제, →질서, 사회적). 그러나 →동기, →인물, →사회화, →역할, 그리고 →경력 형식들은 선택 적인 사회적 통합의 가능성들을 가리킨다.
129: 619; 244: 344f.

사회적인 것 Soziales
사회적인 것의 개념은 →소통 개념(→체계, 사회적)과 소통에 참여한 →심리적 체계들에 소통을 소급할 수 없다는 점을 전제한다. 즉, 사회적인 것의 통일성 안에서 심리적 체계들의 차이들은 제거되지 않으며, 일치하지 않는다. →요소들의 공통성은 배제되어 있다(→상호침투, →연동, 구조적). →이중 우연성 상황도 극복되지 않는다. 의식의 자격으로 참여한 각각의 심리적 체계로부터 반입된 유의미한 선택들은 고유 선택적인 관련에서 그리고 그렇게 관련됨을 통해 고유한 소통적 체계나 사회적 체계의 요소로서 독자적인 지위나 창발적(→창발)인 지위를 획득한다. 그렇게 되는 것은 사회적인 것의 탈인간화로서 구분될 수도 있다. 그렇게 사회적인 것은 심리적인 것 또는 개인적인 것으로 환원되지 않으며, 심리적인 것이 사회적인 것으로 환원되지 않는다. 달리 말하면, 그 둘은 원래 통일된 메달의 각각 다른 면으로 간주되지 않는다.

073: 78ff., 259ff.; 129: 32ff., 81ff., 939; 346: 142; 373: 156ff., 170ff., 177ff., 191ff.; 376

사회학 Soziologie

지금까지의 모든 사회학은 고전적 전통이나 자기생산 이전의 전통에 귀속될 수 있다. 사회학은 자신의 대상이나 →사회, 또는 자신이 사회 내에서 관찰하는 것을 마치 외부에서 관찰하는 것처럼 관찰한다. 사회학은 모든 것 뒤에 별도로(ab extra) 숨겨져 있는 것을 찾는다(→인식론, 고전적, →잠재, →존재론). 그러므로 사회학은 오직 자신이 보는 것만을 볼 수 있다(1차 질서 →관찰). 사회학은 →통일성을 추구한다.

사회 내 사회 이론으로서나 사회적인 것의 →성찰이론으로서의 체계이론적 사회학은 여기서 모든 실체를 기능들로 해체하고(→계몽, 사회학적), 통일성(들)을 차이(들)로 해체하며, 이때 차이(들)을 구축하며 거기에 연결하는 모든 차이를 함께 해체하는 데서 출발한다(→구성주의, 체계이론적, →실재). 보편적인 요구를 제기하는 성찰이론으로서의 사회학은 사회학이 사회 내에 존재하며 사회와 관련되어야 한다는 것을 보아야 한다(→자기면제 금지, →보편이론). 사회학은 내적으로 외부화되어야 한다. 사회학은 대상이 될 수 없을 때만 스스로 대상이 될 수 있다. 사회학은 역설적으로 구성되어야 하며 자신을 전개된 →역설로 파악하여야 한다. 사회학은 자신이 보는 것만을 본다는 것과 자신이 보지 못하는 것을 보지 못한다는 것을 파악해야 한다. 이렇게 하는 것은 가능하며, 이 일은 일어난다. 그 뒤에는 다른 어떤 것도 없다. 전개된 역설은 그것의 현재 상태이며, 그 이상도 아니고 그 이하도 아니기 때문이다. 즉, 사회학은 자기기술적으로(autologisch)[1] 구성하는 것으로 작동하며, 자신이 작동한다는 것을 함께 성찰하기에 그 점에 있어서 해체하면서 작동한다(→해체).

사회학은 규정된 대상의 규정에 맞추어져 있지도 않고 그 결과 규정된 규정의 규정된 함의들의 전개에도 맞추어져 있지 않은, 특징 없는 이론처럼 그렇게 분리되어 나타난다. 실제로 사회학 자신이 역설적으로 구성되어 있다는 진술은 하나의 규정된 규정이다. 즉 자신이 자기 자신에 의존하고 있다는 것과 자신이 소속되는 자신의 대상이 규정된 규정성에 의존하고 있다는 것을 안다. 이 규정된 규정의 전개는 그 자체가 자기 자신을 통한 자기 자신의 탈역설화다.

사회의 기술들의 형식에서 사회학적 관찰들(→자기기술, 사회의)은 →의미 매제에서 소통상으로 작동하며, 서로를 쌍방 전제하는 →의미 차원들을 지향하고 있다. 사회적 차원에서는 →소통이, -→시간적 차원에서는 →진화가, 사실적 차원에서는 →체계분화가 일어난다. 동시에 소통, 진화, 분화는 →자기생산적 체계들의 구상으로 구속됨을 통해 서로를 쌍방 지시하는 것으로 인식될 수 있다. 다음처럼 말할 수도 있을 것이다. 의미와 자기생산은 개념 석재들인 소통, 진화, 분화를 제공하는 사회학의 주도 구분들이다.

001; 015; 376; 120; 129: 16-35, 5장 22절; 377; 390; 479; 495: 199f.

---

1 지금까지의 번역본에서 "자기론적으로"나 "자기포함론적으로"로 번역되었다.

사회학적 계몽 Soziologische Aufklärung
→계몽, 사회학적

사회화 Sozialisation

영향 형식으로서의 →교육과는 달리, 실망에 맞서 내구성이 있고 그런데도 실망될 수 있는, 기대들의 기대를 고유 선택적으로 습득하는 형식이다(→실망, →기대들). "사회화는 항상 사회적 소통의 계기로부터의 자기사회화다"(374: 177). 사회화와 포함의 차이에 따라서 사회화는 →개인이 사회를 위해 중요하다고 보는 관점이며, 포함은 사회가 개인을 위해 중요하다고 보는 관점이다(→인물, →포함/배제). 사회화를 실행하는 것은 차이들이다. 인물을 지향하며 인물에 의해 지각된 모든 행동 기대는 순응적인 처리나 학습하는 처리에 계기를 부여하는 차이, 즉 →정보를 생산한다.

032: 86ff.; 073: 135ff.; 086: 48ff.; 173: 162f.; 373: 325ff.; 374; 407: 59f., 65ff.

삽화 Episode

→관찰자는 다른 작동이나 고유한 →작동을 연속적으로 관찰할 수 있는 상황에 있다. 그는 그 작동들을 규정된 시간적인 연관 속에 배치한다. 삽화는 연결하고 시간적으로 제한된(예를 들어 →상호작용체계 내에서), 규정된 종류의 작동들의 관찰된 연속이다. 삽화들은 체계의 특정한 구조적인 대비를 통해 영속적으로 가능하게 될 수도 있다. 예를 들어, →절차를 통해 가능하게 될 수 있다.

321: 179, 208; 373: 369, 553; 504: 581f.

상대주의 Relativismus

→관찰자가 자신이 볼 수 있는 것만을 볼 수 있고 보지 못하는 것을 볼 수 없다고 말한다면, 그것은 상대주의적인 입장이다. 관찰자는 자신의 →관찰들과 함께 무표 공간(→유표 공간/무표 공간)에 속하며 무표 공간은 관찰함의 순간 표시될 수 없기 때문에(→맹점), 모든 관찰은 다르게도 가능한 것으로 남아 있다. 이것은 객관적 상대주의도 주관적 상대주의도 아니며, 높은 →해체/재조합능력을 가진 차이이론적 상대주의다.

265: 170; 504: 176f.

상보성 Komplementarität

A가 B로부터 →성과를 기대하고, B가 자신의 이 →기대를 수행하는 →행위를 충족시킬 때 존재한다. 기대들의 대칭은 성과들의 대칭을 위한 충분조건은 아니다. 성과들의 대칭은 충족된 기대들의 →호혜성의 경우에 비로소 실현된다(→교환).

321: 482f.; 517: 362ff.

상이성 Verschiedenheit

"이미 낙원이나 신화적인 원시공동체에서 있었던 것이 틀림없다. 상이성은 오래된 표현에 따르면, 완전한 창조가 이루어진 순간이다"(321: 115).

상징 Symbol

고전적으로는 →차이(→기호)의 →통일성의 제시. 어떤 것의 상징으로서의 →구분이 자기 자신 안에서 반복될 때 비로소, 체계이론직으로 상징을 언급할 수 있다. 상징은 항상 재진입 능력이 있는 차이의 통일성을 제시한다(→재진입). 어떤 것의 상징으로서의 구분과 지시는 관찰함 →역설의 논리를 따른다.

어떤 것의 상징으로서의 →관찰은 손님/주인, 친숙한/낯선(→생활세계, →친숙함)의 차이와 합법/불법과 같은 차이들의 기준을 가지고 명확하게 할 수 있다. 손님과 주인의 차이는 환대 개념을 가지고 입증할 수 있을 것이다. 그렇게 하는 것은 범주적인 구분에 불과할 것이다. 환대가 그리스인들에게서 손님과 주인의 짝이 맞는 도자기 조각처럼 그 자체가 →기호를 통해 서술되면, 그것은 이미 함께 소속됨을 표현하는 기호로서 상징의 의미에서의 상징화일 것이다. 기호는 지시된 것과 구분될 것이다. 손님 손에 있는 도자기 조각이 최종적으로 손님과 주인의 차이로서 작용한다면, 어떤 것의 환대로서의 구분은 자기 자신 안에서 다시 나타날 것이다(재-진입). 이제 차이의 통일성이 제시될 것이다. 친숙한 것, 즉 환대를 불러낼 수 있는 손님 손안의 도자기 조각은 친숙한 것(환대)과 낯선 것(환대로 인해 틀림없이 배제되어 미규정된 것)의 차이를 상징화할 것이다. "상징을 통해, 접근 가능한 것 내에서 접근 불가능한 것이 표시된다. 그것은 구분의 구분된 것 내부로의 재-진입 형식이다"(219: 273). →상징적으로 일반화된 소통 매체의 보기로는 법이 합법과 불법의 차이의 관찰 불가능한 통일성을 상징 한다는 것을 들 수 있다. 법 내부에서 합법과 불법을 구분할 수 있고, 합법과 불법의 차이를 관찰할 수 있다.

119: 278f.; 129: 235, 319f.; 219: 271-288; 223: 183f.; 501: 257f.; 504: 189ff.; 506: 66ff.

상징적으로 일반화된 소통 매체 Symbolisch generalisierte Kommunikationsmedien
　→소통 매체, 상징적으로 일반화된

상징화 Symbolisierung

"상징화는 (...) 소통이 성립할 수 있기 위해 충족되어 있어야 하는 통일화의 조건을 지시한다"(237: 211).

상징화, 악마적 Symbolisierung, diabolische

차이이론적으로 구축된 →자기생산적 체계이론의 상징적 의미(→상징)는 바로 그런 자기생산적 체계로부터 생겨난다. →통일성이 아니라 →차이가 중요하며, 이 차이가 →악마의 차이다. 악마적 상징화 또한 상징적 일반화의 다른 면으로서 관찰될 수 있다.

129: 320; 405: 124ff.; 501: 240ff., 260ff.

상호의존 Interdependenz

기능적으로 외부분화된 부분체계들 간의 관계들을 위해 과거에 선호된 표현(→분화, 기능적, →통합). 기능적 →체계분화는 부분체계들 간 의존들이나 상호의존들의 감소와 증가를 동시에 의미한다. 감소는 특정한 소통들(→소통 매체, 상징적으로 일반화된)의 자기-선택적인 가공 처리에서만 표현되고, 상승은 교란하는(→교란) 체계환경들의 다양화를 표현한다. 부분체계들 간의 자기규정은 전체적으로 더 위험해진다(→공명, →조종). 상호의존들은 →구조적 연동을 통해 매개된다. 스스로 참여 체계일 수도 있는 →관찰자는 상호의존들을 단단한 연동들로 관찰할 수 있다(→투입-산출-모델, →연동, 느슨한/단단한, →체계 관계들, →체계 경계).

268: 208f.; 304: 57ff.; 321: 43f.

상호의존 중단 Interdependenzunterbrechung

→자기생산적 체계들은 정의에 따르면 상호의존 중단자들이다. 그들은

자신의 환경과의 관계를 자기선택적으로 규제하고(→비대칭), 자신의 요소들의 관계화를 규정한다. 시간 요구만으로도 상호의존 중단을 암시할 수 있다.

073: 227; 108: 28ff.; 129: 768, 845f.; 277: 394ff.; 358: 32ff.; 427: 238

상호 이해 Verständigung

→소통이 수용될 때 전제될 수 있으며, 그렇게 수용된다는 것은 그 자체가 소통을 통해 확인될 수 있다. 이성을 지향하는 상호 이해는 기준들의 결핍으로 인해 합리성(Vernünftigkeit)을 의미하는 것으로 생각할 수 없다(→행위, 소통적 →합의, →비판이론). 상호 이해는 기껏해야 순간적인 →지식과 그 중 특히 무지의 지식에 대한 확신에 불과하다. 그래서 상호 이해는 계몽된 이성의 과도한 기대들, 윤리와 도덕, 가치들과 규범들로부터 해방될 수 있어야 한다(→계몽, 사회학적). 이것은 "확신되지 않은 상호 이해 문화"(265: 202)의 형성이나 잠정적인 상호 이해 문화의 형성이라고 부를 수 있을 것이다.

033: 376ff.; 042: 139f.; 265: 194ff.; 380: 245ff.; 461: 86ff.

상호작용체계 Interaktionssystem

"단순한" 사회적 체계는 상호작용체계로서, 즉 사회적 체계의 하나의 특수한 종류로서 관찰될 수 있다(→체계, 사회적). 그것의 특수성은 다음의 기본 특성들로 구성되어 있다. [1] 최소한 두 개의 심리적 체계들(=참석자들)의 우연적-선택적이며 신체에 구속된 상태에서의 공간적인 참석, [2] 참석자들의 의식들이 서로에게 도달될 수 없다는 조건(→블랙박스)에서 [3] 그들을 →인물들로서 고유-선택적이며 소통상으로 수신처로 취함(→블랙박스), [4] 선택적으로 서로 연결될 수 있으며 간결한 비언어적 소통이나 언어적 소통(→소통, 구두)의 출발점으로서 지각하며 인적으로 귀속함, [5] 상호작용을 구조화하는 →주제들과 비교했을 때, 상호작용체계는 개방성이 내장된 보다 우발적인 계기들에서 보통 시간적으로 상당히 제한적이며 우연적-선택적으로 형성되며, [6] 소통에서의 체험 기대들과 행위 기대들의 뚜렷한 조밀성과 그에 부합하여 그런 기대들에 대한 민감성이 있다. 너무 소란스럽게 식사하는 옆 테이블 손님들에게 그들이 인지할 수 있도록 따가운 시선을 보내는 것이나 복도에서 마주쳐 지나가면서 가볍게 인사하는 경우와 어떤 텔레비전 채널을 선택할 것인지에 관한 파트너와의 다툼, 또는 토크쇼에서 그렇게 모든 것이 가볍게 이야기되는 것 등을 보기로 들 수 있을 것이다. 인물들을 실제로 쌍방 서로 관련지음 같은 어떤 것이 있어야 한다. 상호작용체계들에서 소통들은 상호 관련되고 점화(點化)(→점화)되었으며 시간적으로 순서화된(→순서화) 사건들이다. 상호작용체계들은 단순한 상황 체계들이나 이미 상대적으로 지속적인, 중단되며 진행되는 체계들이다(→삽화들). 상호작용체계들은 자신을 행위 체계(→행위)로 관찰할 수 있거나, 그 자체가 상호작용체계들로서 관찰될 수 있다.

상호작용체계들은 사회체계(Gesellschaftssystem)의 →기능적 분화에 사전 의존하지 않는 고유한 종류의 사회적 체계들이다. 기능적 분화의 조건에서 상호작용체계들은 사회적 체계들 안에 있는 사회적 체계가 되지만, 독립적이다. 즉, 더 이상 모든 가능한 사회적 기능들의 충족에 고정되어 있지 않은 동시에, 그런 제한에서 풀려나 더 많은 그리고 더 위험한 사실적, 시간적, 사회적인, 소통의 분화 가능성들을 방출한다.

상호작용체계는 첫째 →사회를 실행하며, 다른 한편 사회의 다른 것들과 구분된다. "상호작용의 총체는 일종의 기초적인 무정부 상태를 형성하며 (...) 전체사회적인 진화를 위한 놀이 재료(Spielmaterial)를 형성한다"(373:

575f.). 상호작용/조직/사회의 구분은 개별 형식들의 관점에서 미시-/중간-/거시 층위 도식에서의 상이한 →체계준거들을 위계화할 필요 없이, 사회적인 것으로서의 사회적인 것의 구분들을 결집시킨다. 그런데도 사회는 상호작용의 전형에 따라 파악할 수 없다. 그렇지만 "사회의 부분체계들의 거대 형식들은 지속적으로 새롭게 형성되며 다시 해체된 소(小)체계들의 바다에서 떠돈다"(129: 812). 그 외에도 불안정적이고 상호작용적인 사건의 다양성은 소통적 상호 이해 이념에 결정적인 한계를 부여한다.

052: 235ff.; 063: 81ff.; 071; 085; 086: 102ff., 120ff.; 097; 113: 24장; 129: 478f., 4장 8절; 181: 92-108, 153ff.; 182; 225: 75ff.; 349: 551ff.; 560-573; 378: 76ff.; 414: 97-117; 417: 316-341

상호주관성 Intersubjektivität
→주체

상호침투 Interpenetration
→자기생산적 체계들은 고유한 작동상 통일성들을 구축하기 위해 다른 체계들의 고유-선택적으로 작동적인 통일성들(→요소들, →사건)을 필요로 한다. 이 원리에서 예를 들어 →소통들을 가지고 작동하는 사회적 체계들은 →심리적 체계들의 요소들인 생각들에 의존한다. 하지만 심리적 체계들의 요소들도 사회적 체계들의 요소들도 불변 상태를 유지한다. 요소들의 교환은 일어나지 않는다. 상호침투를 통해 심리적 체계들은 사회적 체계들의 구성 성분(Bestandteil)이 되지 않으며, 사회적 체계들이 심리적 체계들의 구성성분이 되지도 않는다. 상호침투는 구성 연관을 표시하지 성과 연관을 표시하지 않는다. [성과 연관을 표시하는] 이 구성 관계는 →구조적 연동으로 설명된다.

다음 사례를 심리적 체계와 사회적 체계의 상호침투의 보기로 취할 수 있을 것이다. 심리적 체계 A는 라인강에 죽은 물고기가 떠다닌다는 것(→정보)을 지각하고 그로 인해 교란된다(→교란). 이것은 생각 형식의 선택적 →지각이거나, 의식되었으며 이 경우에는 이미 잠재적으로 언어를 요구하는 선택적인 →지각이다. 심리적 체계 A는 자기생산적 체계이다. A가 나중에 그를 신뢰하는 자기생산적인 심리적 체계 B를 자신의 →환경에서 만난다고 생각해보자. 체계 B도 체계 A를 마찬가지로 신뢰한다. 그 두 체계는 →인물들의 형식에서 서로를 선택적으로 지각한다(→블랙박스). 그 다음에 A는 "라인강에 죽은 물고기가 떠다닌다"는, 선택적인 →정보의 명시적인 언어 형식의 선택적 통보를 통해 B가 주목할 것을 요구한다. B는 이 통보를 통해 교란되며, B의 의식이 요구된다. 그는 라인강에 죽은 물고기들이 떠다닌다는 것을 A가 통보한다는 것을 이해한다(→이해). 그는 "아 그래?"라는 말로 신호를 보낸다. 이제 소통은 의식을 사용하면서 언어의 매체에서 생성되었다. 이제 비로소 소통을 정의하는, 정보와 통보 및 이해의 차이들의 통일성이 사회적 체계의 형성을 위해 구성적인 것이 된다. 참여한 심리적 체계들 편에 있는 과정들의 언어적인 동일성과 그 체계들에 의해 언어적으로 동일한 것으로 간주된 통보된 정보는 체계들의 상이성과 각 체계에서 처리된 요소들의 상이성에 있어서 어떤 것도 변화시키지 않는다.

참여한 심리적 체계들이 자기 자신을 관찰하거나 외적 →관찰자(→자기-/타자기술)를 통해 관찰된다면, 통보된 정보는 A의 산출로서 귀속되는 동시에 B의 투입으로서(또는 역으로) 귀속될 수 있을 것이며(→귀속), 전적으로 하나의 매체적(여기서는 언어적) 동일성의 주화에서 귀속될 수 있을 것이다. 그러나 이 주화에서 일어나는 두 가지 귀속은 의식과 소통이 제3의 매체를 통해 소통과 의식으로 전환된다(→전환)는 것을 뜻하지는 않는다. 요소들의 상이성에 기초하는 상호침투와, 고유한 요소들에 기초하여 각자 참여한 체계들의 자기생산을 보전하면서 이루어지는, 사건의 공통성 토대에서의 교환은 서로 다른 관찰들이다.

073: 264ff.; 186; 227: 16장; 373: 6장; 495: 276ff.; 504: 569f.; 541: 47

상호침투, 인간 간(의) Interpenetration, zwischenmenschliche
→친밀성, →사랑

생각들 Gedanke
→심리적 체계

생명 Leben

유기적인 것의 총괄 개념(→신체). 예컨대 뇌, 신경체계, 혈액 순환처럼 수많은 →자기생산적 체계들이 유기적인 것의 영역에 수용된다. 생명 체계들은 유의미한 체계들과의 연동의 관점에서 체계이론의 관심 대상이 된다(→연동, 구조적, →지각). 예컨대 성애와 사랑의 구분은 친밀 관계들(→친밀성)의 영역에 있어서 친밀 관계들과 사회적 체계의 연동을 조명한다. 마찬가지로 친밀 관계들에 참여한 심리적 체계들은 유기적인 것의 영역과 연동된다(→물질성 연속체, →공생적 기제). 두 영역으로의 분화는 자신의 후속 분화에의 계기(예컨대 성적 체험과 행위 요구들의 외부분화)를 제공하고, 그리고 이를 통해 다시 유기체적 체계들과의 새로운 종류의 연동들을 위한 계기를 제공할 것이다.

029: 9f.; 338: 47ff.; 373: 296ff.; 504: 19f., 35, 45

생태학적 소통 Ökologische Kommunikation

생태학적 소통은 그 용어에서 알 수 있듯이 환경과의 소통이 아니다.

"제발 깨끗함을 유지하라고 물에게 말할 수 없다. 물은 그것을 이해하지 못한다"(199: 39f.). 사회적 체계(예컨대, →사회)가 자신의 →환경에 관해 소통할 때(→소통), 특히 자신의 비-소통적인 환경에 관한 자신의 고유한 소통적 행위의 결과들에 관해 소통할 경우에는 문제 제기가 생태학적이라고 명명할 수 있다(→항의). 따라서 생태학적 소통은 사회의 관점에서 사회 외적 환경에 관한 사회 내적 소통이며, 사회가 자신을 위협하는지 그리고 어떻게 위협하는지에 관한 사회 내적 소통이다. "사회는 생태학적으로 오직 자기 자신만을 위협할 수 있다"(269: 68).

109; 068; 129: 128ff.; 156; 188: 39f.; 195; 265: 150ff., 158.; 266; 267; 268: 20ff., 68; 380: 105ff., 119-128

생활세계 Lebenswelt

주어지고 문제없는 것으로 당연하게 수용되는 배경 확신들을 위한 개념이며, 그 배경 확신들은 친숙한 것(→현상학, →친숙성)의 은유로 설명할 수 있다. 체계이론적으로는 반복 능력이 있는(→압축, →확인) 모든 →구분은 친숙함을 생성한다는 것이 타당하다. 이는 친숙한 것으로 구분된 것으로서의 친숙한/낯선의 친숙한 구분을 가능하게 한다(→상징, →친숙성). 그렇다면 생활세계는 그때그때의 친숙한 구분들을 통해 친숙한/낯선으로 대표되는 세계이다. 모든 구분에 선행하는 친숙한/낯선의 최종 구분은 배제되어 있다.

028: 124ff.; 180: 31f.; 223; 443: 176f.; 462: 17ff.; 504: 161ff.

서열 Rang

일반적으로 상황 정의를 위한 희소한 기회들의 분배. 이는 분화된 사회적 체계들뿐만 아니라 단순한 체계들에 대해서도 유효하다. 공식적으로 조직된 사회적 체계들은 시간적으로, 사실적으로, 그리고 사회적으로 일반화된 유형의 고유의 공식화된 서열이나 서열 질서들을 제도화한다(→권위, →조직).

047; 158: 7장,; 225: 155-173; 294: 102ff.; 305: 17ff.; 311; 498

선거, 정치(의) Wahl, politische

공공 관직들, 특히 의원 선출을 위해 인물들을 임명할 목적으로 결정들을 단계적으로 진행하는 과정이나 →절차 또는 삽화적인(→삽화) →사회적 체계. 정치 선거의 기능은 그것이 도대체 가능하더라도 →대안들 중에서 국민들이 결정하는 데 있다기보다, 대안들에 관한 결정들을 →정치체계로 우회시키는 데 있다. 정치 선거는 정치체계를 통한 결정의 상당한 자유와 정치체계의 환경에 대한 적응을 조합한다. 이 조합에서 정치 선거의 주기적인 반복과 →여론(→공중)의 관찰은 정치체계 그 자체를 역사를 가진 환경 내부의 체계로서 지향하도록 하는 데 기여한다. 정치체계는 정치 선거를 통해 자신의 미래에 개방성을 보장한다.

047; 158: 7장,; 225: 155-173; 294: 102ff.; 305: 17ff.; 311; 498

선택 Selektion

일반적으로 체계 내에서의 재사용 가능성을 위한 새로운 유형의 환경 사건들의 체계 고유의 선별(→사건 →정보, →교란, →구조).

선택의 특별한 구분들로는, 1. →소통(정보/통보/이해)에서의 선택들 중 하나의 선택. 2. 진화(변이/선택/안정화)에서의 세 가지 선택들 중 두 번째 선택이 있다. "선택은 자신의 선호 가치의 관점에서 변이의 구조적인 적합성을 관찰하는 것이다"(476: 576). 3. →교육체계의 매체로서의 선택이 있다.

073: 236ff.; 086: 62-72; 129: 55f, 320ff., 425ff., 451ff., 3장 5절; 136: 48ff.; 219: 262ff., 360ff.; 268: 164f., 195f.; 277: 353f.; 373: 42, 56f., 187f., 588f.; 436: 184f.; 504: 82, 368, 544ff., 575-584; 538: 3부;

선택성 Selektivität

가능성들로부터의 선별의 우연적인(→우연성) 가능성(→의미, →세계). 증가하는 선택성은 우연적인 가능성들을 확장하는 동시에 후속 →선택들의 임의성을 제한한다. 선택성은 →복잡성을 상승시키는 동시에 환원한다 (→복잡성, ~ 의 상승과 환원).

219: 209f.; 324: 31f.; 376: 125ff.; 427: 237f.

선험화 Apriorisierung

예를 들어 동일한 →주체와 동일한 →객체의 전제된 동일성을 동일시하는 인식 관계로 옮기면서 인식 가능성들을 고정함(→인식론, 고전적, →존재론, →합리성, 유럽적, →초월).

136: 56f.

섭동 Interferenz

체계가 자신의 →행위를 다른 체계의 행위의 전제로 투입할 수 있는 경우를 섭동이라 한다(→권력).

541: 48

성공매체 Erfolgsmedien

성공매체는 →확산 매체와는 달리 →상징적으로 일반화된 소통 매체이다.

129: 202f.

성과 Leistung

일반적으로 체계들 간 특별한 관계 형식(→보완성, →전환, →연동,

느슨한/단단한, →호혜성, →체계 관계들, →체계 경계, →체계-환경-이론, →교환). 체계들은 다른 체계들에 성과들을 제공한다. 예를 들어, 법체계는 법 확실성을, 경제체계는 지불 능력을, 학문체계는 지식을 제공한다. 성과는 선행 →사건이 선택적으로 이어지는 사건에 선택적으로 영향을 미치는 종류의 선택적 사건 연속이다.

그러나 성과 제공 체계들이나 산출-체계들과 수용 체계나 투입-체계들은 항상 제각기 고유한 →코드에 따라서만 작동을 통해 성과들을 제공할 수 있다. 경제체계의 화폐 지불은 학문체계에는 항상 화폐 지불, 즉 경제체계에서의 사건으로 남아 있다. 학문체계는 화폐 지불을 진리 능력이 있는 지식의 생산 관점에서 주제화하거나, 전환하지는 않으면서 상응하게 변형시킬 때만 경제체계의 화폐 지불을 다루어낼 수 있다. 이것은 모든 성과 관계의 이면에 있는 기능적 체계 관점이나 내부 체계 관계들이나 →체계-에-대한-체계-관계들의 내부 체계 관점들일 것이다.

그런데도 모든 참여 체계들 자체나 제3의 체계일 수 있는 2계 →관찰자는 체계 내부 관계들을 고유한 사회적 체계를 형성하는 교환 관계로 간주할 수 있다. 경제체계는 학문체계에 화폐를 지불하며, 이에 대해 역으로 응용 가능한 지식을 획득한다. 이 경우에 지식이 화폐로 '교환되었'는데도, 화폐가 바로 지식으로 전환되는 것도 아니며 지식이 바로 회폐로 선환되는 것도 아니다. 이는 체계 내부 관계들의 투입-산출-관점이나 교환 관점 또는 체계-에-대한-체계-관계들이다(→투입-산출-모델).

기능적으로 분화된 체계들의 제도적인 핵심을 구성하는 조직된 사회적 체계들(→조직) — 예를 들어 정치체계 내부의 행정이나 학문체계 내부의 대학들 — 이 서로와의 관계에서 제3체계의 매체도 제공하고 이 체계를 통해 고유한 매체에의 체계의 구속을 통해 각각 다른 체계에 대한 영향을 행사할 수 있다는 것을 관찰할 수 있다. 그렇게 정치체계의 행정은 자신의 권력(정치체계의 매체)의 힘으로 진리 능력이 있는 지식 생산(학문체계의 매체로서의 진리)을 위해 학문체계의 대학들에 대한 지원금 지불(경제 체계의 매체)에 영향을 미칠 수 있다(→다체계 소속성).

108: 57ff.; 129: 757ff.; 304: 81ff.; 321: 156ff.; 501: 63ff.; 502: 317, 504: 355ff. 636ff.

성과 역할 Leistungsrolle

성과 역할들은 조직적인 체계들 내의 규정된 과제들의 전문적인 충족을 위해 기능적 분화의 시작과 관철의 연관에서 형성되며(→역할), 그 역할에는 그 후 →보완 역할들이 동반하며 형성된다(예, 교사의 성과 역할과 학생의 보완 역할).

009; 086: 147ff.; 314; 534; 538: 30f.

성별 Geschlecht

→남성/여성, →성애

성애 Sexualität

의식체계를 통해 자신이나 다른 →신체를 →관찰함으로 인해 생성된다(→자기관찰/타자관찰, →공생적 기제). 성애에서 "신체가 신체로서 간주되고 신체의 열망함이 열망함의 열망함으로서 다루어짐을 통해 체험"(477: 169)이 다루어진다. 이에 따라 성애는 소통적인 사태나 사회적인 사태를 기술한다.

124: 227: 31ff., 11장; 477

성찰값 Reflexionswert
→코드

성찰이론 Reflexionstheorie
고전적으로 성찰 또는 자기주제화는 과정상으로는 사고의 자기가동성(Selbstbeweglichkeit)을 의미하고, 실체적으로는 사고함을 사고함에서 자기 자신을 입증하는 →주체를 의미한다(→존재론, →초월성). 체계이론에서 어떤 것이 관련되는 자기는 체계이며, 더 정확하게는 관찰하는 체계, 또는 짧게 말해 →관찰자다. 성찰은 체계들의 의도적인 체계준거를 지시한다.

그러므로 성찰이론은 1계 관찰의 →2계 관찰(→자기관찰/타자관찰)과는 달리 3계 관찰이다. 성찰이론은 관찰자가 관찰하는 것을 관찰자가 어떻게 관찰하는지를 어떻게 관찰할 수 있는지를 질문한다. 즉, 관찰의 관찰의 관찰에 대한 것이다. 모든 관찰처럼 이 관찰도 물론 1계 관찰이다. 이 관찰은 자신이 구분하는 것을 구분한다. 이 관찰은 자신이 그 일을 어떻게 하는지를 구분할 수 없다. 그 관찰은 맹목적으로 작동하지만(→맹점) 어쨌든 작동한다. 그것은 역설을 전개하는 것이다(→역설).

성찰이론은 체계 내 체계의 이론으로 나타나며, 이것이 진리에 관한 한, →학문체계에 속한다. →진리나 허위 값들의 체계의 자기 인식에의 할당을 규제하는 것이 특수 이론으로서의 성찰이론의 과제다. 학문체계는 자신의 →동일성을 부여하는, 진리와 허위의 차이를 직접 관찰할 수 없는데도, 자기 자신을 관찰하며 진술들을 진리나 허위로 표현함으로써 자신의 동일성을 입증한다. 그러므로 구성주의적 성찰이론(→인식, →구성주의, 체계이론적)은 →고전적 인식론과는 달리 통일성-지향적이거나 목적-지향적인 대신 차이-지향적이거나 문제-지향적이며(→차이, →통일성), 외부화하는 해체를 지향하는 대신 내부화하는 역설 전개를 지향하는 방식으로 구조화 되어 있다(→외부화, →실재).

사회의 부분체계들의 성찰이론들은 이중적으로 위치를 지정할 수 있다. 한편으로는 각각의 체계 내에서 각각의 체계의 이론으로서의 위치를 가지며, 다른 한편으로는 이런 한에서 등위지배적-다맥락 영역(→다맥락 영역성)에서 입증되는 학문체계 내에 위치를 가진다. 성찰이론은 학문체계와 다른 기능체계들 간의 구조적 연동자로서 기능한다.

129: 5장 9절; 170: 210ff., 214ff.; 238: 9; 361; 359; 373: 601f., 617ff., 647ff.; 495: 201; 501: 75ff.; 502: 323ff.; 504: 469-486; 538: 349ff.

세계 Welt

세계를 사물들의 총체로 보는 집합 개념이 아니다. 세계는 →무차이 개념이다. 따라서 세계는 모든 →관찰의 →맹점, →구분(→형식)의 →차이의 →통일성, 관찰할 때 전제해야 하는 것이다(→유표 공간/무표 공간, →외부세계). 관찰 가능성과 관찰 불가능성의 차이의 통일성으로서의 세계는 불가능성 즉, 관찰 불가능성으로서 관찰된다. 그렇게 보면, 세계는 차이이론적으로나 형식이론적으로 형성된 무차이 개념이자 역설적인 개념이다.

세계 개념은 오직 상관물 개념으로서만 다음에 말하는 것처럼 작동 능력이 있다. 세계는 →관찰자의 관찰을 통해 →의미 →매체에서 현재성과 가능성의 차이의 통일성으로서 구성되거나 체계와 환경의 차이의 통일성으로서 구성된다. 세계는 체계들이 의미 형식 또는 체계와 환경의 구분에 따라, 심지어 자신이 관찰할 수 없는 것을 관찰할 수 없다는 관찰을 포함하여 관찰할 수 있는 모든 것이다(→역설, →재진입). 그에 따라 구분들이나 구분들의 앙상블이 있는 것처럼 그렇게 많은 세계가 있다(→다맥락 영역성). 그러나 세계 이면의 세계는 없다는 것이 중요하다. 구분(들)을 통해 생겨나는 세계 내 세계들(만) 있다(→구성주의, 체계이론적, →실재).

모든 관찰들의 관찰 불가능한 통일성으로서 세계는 세계 내의 2계 관찰이다. 관찰자는 관찰되는 세계 속에서 지속적으로 세계를 관찰한다. 세계 내에서의 세계 관찰은 사회 내부에서 개최되며, 그런 한에서 언제나 사회 내에서 이루어지는 사회의 관찰이다.

129: 46, 54ff., 144ff.; 219: 148ff.; 328: 7ff.; 373: 105ff., 283ff.; 376; 487: 56ff.; 504: 212f., 268ff., 315ff.

세계사회 Weltgesellschaft

"모든 시작점의 입지에서 소통을 통해 도달할 수 있는"(232: 1020) 모든 것이다. 세계사회는 서로에게 도달 가능한 →소통들이 민족적이고 지역적인 제한을 넘어서서 연장된 것이다. 세계사회는 →세계를 전제한다. 그러면 세계사회로서 나타나는 것은 서로를 위한 소통들의 관찰된 도달 가능성의 상관물이다.

세계사회의 형식은 점점 더 많이 →기능적 분화의 형식을 따른다. 세계 경제, 세계 법, 세계 학문, 세계 정치, 대중매체의 세계 체계, 세계 종교, 세계적인 가족 형성 형식을 취한다. 달리 말하면, 세계사회화는 점점 더 강하게 기능적으로 조건화된 것으로서 관찰된다. 즉 기능 특화된 포함과 배제를 추진하는 것으로 관찰된다. 이와 함께 공간 경계들의 중요성이 줄어들거나 소통들의 탈공간화가 강화된다(→공간). 세계사회는 동시에 다양한 지역 사회적이며 문화-사회적인 분권주의를 통해서, 또는 분권주의와 중첩되면서 우발적으로 형성된다. 이는 특히 세계 정치체계의 주변적이며 분절적인 분화들이 →국가들 내에 있다는 것을 의미한다. 전체적으로는 세계사회의 중심들과 주변들의 분할에서 운동성이 증가하는 것을 관찰할 수 있다. 사회에서처럼 세계사회에서도 체계로서의 통일성의 →대표와 체계 내에서의 통일성의 →대표가 이루어지지 않고 있다.

세계사회는 무엇보다도 특별한 소통확산 매체인 대중매체(→대중매체체계)를 통해 가능해진다. 그 밖에도 특히 조직들이 세계사회화의 전달 벨트로서 기능한다.

121: 526f.; 090; 121: 526f.; 129: 1장 10절, 808ff.; 152; 235: 1020; 294: 220ff.; 321: 571ff.; 324: 333-343; 338: 275ff., 341ff.; 395: 373ff.; 458; 485; 487

세계화 Globalisierung

세계화는 →세계사회가 아직 실현되지 않았다는 생각을 표현한다.

129: 158f., 171, 808ff.; 152

세계 예술 Weltkunst

→예술체계

세속화 Säkularisierung

기능적으로 외부분화된 사회의 부분체계들로의 발전과 함께 →종교체계는 자신의 사회전체적인 환경을 지향해야 한다. 종교를 위한 결정은 위임되고 사사화된다. "우리는 세속화를 종교적인 결정의 사사화의 사회 구조적인 적실성으로서 이해할 수 있다"(108: 232). 세속화는 더 적은 종교성을 가능하게 하기보다 더 많은 종교성을 가능하게 하는 것으로 보인다.

108: 225ff., 261ff.; 338: 8장

소외 Entfremdung

"인간들이 처신을 통해 스스로 적응해야 하는 사회석 체계들의 조건들을 통해 일관된 자기서술 능력이 없어지며 결국 모든 자기서술 능력을 상실하게 된다는 사실을 (...) 뜻한다"(113: 391).

소유 Eigentum

임의의 종류의 대상들에 대한, 사회적으로 구성된 행위자들의 점유를 관찰하는 형식. 이때 점유가 오직 소유자의 합의에만 의존한다는 것이 결정적이다. 소유는 비-소유가 존재하기 때문에 존재한다. 소유는 소유/비-소유의 차이의 통일성을 지시한다. 또는 소유의 코드는 소유와 소유하지-않음의 차이다. 소유는 역설적인 배제 관계를 구성한다. 역설적인 구성의 특징은 어떤 이도 배제하기 않기에 원래 소유일 수 없는 공동 소유에도 적용된다. 소유는 항상 원래 부당한 권리로서 법적으로 보장받는다. 소유이론은 대개 타락하지 않은 자연 상태와 인간의 자연이나 인간이 자연이나 다른 인간과 맺는 관계에 놓여 있는, 소유 생성의 정당화 이유들을 전제한다. 소유권을 정초하는 모든 시도는 →역설의 전개로만 해석되며 그때그때의 역사적-사회적 신빙성에 근거하여 관찰될 수 있다. →기능적 분화에서는 개별적인 기능체계들이 달리 다루어지기 때문에 소유가 일반적이며 사회전체적으로 구분하는 위상을 잃게 된다. 법체계에서는 법제화된 프로그램에 근거하여 소유 분쟁에 대한 결정이 내려지고, 경제체계에서는 소유가 화폐 매체의 →이차 코드화로 작동하며 예산을 통해 소유 적용이 확정된다. 소유는 특히 조직을 통해 권력을 행사할 능력이 있다.

014; 158: 120ff.; 232: 478f.; 305: 14ff.; 321: 453ff.; 325: 6절; 380: 71ff.; 457

소통 Kommunikation

소통의 두 인물 모델이나 소통의 발신자-수신자-모델에서는 발신된 정보와 수신된 정보 사이에는 차이가 없다고 본다. 소통은 인간들 사이에서 진행되는 그런 과정(인물 A로부터 정보로서 통보되는 것이 인물 B에 의해서도 통보에 적합하게 정보로서 이해되는)으로서는 적절하게 관찰될 수 없다(→관찰자, →관찰). 이와는 달리 삼중-선택-모델을 설정해야 한다.

→인간이라는 "경험적" 통일성은 자기생산적 체계들, 예를 들어 생물학적 체계나 생명의 체계나 신경체계와 무엇보다도 →심리적 체계로 분해되어야 한다. 그렇다면 다음이 타당하다. 신체 참여(→신체) 없이는 심리적 체계들의 소통 참여가 없다. 심리적 체계들의 의식들은 의식 내용들의 통보들이나 정보들을 위한 선택 지평들일 뿐이다(→상호침투, →연동, 구조적).

그러면 소통은 일반적으로, 정보와 통보 및 이해 각각의 선택성의 창발적인(→창발) 우연적-선택적인 통일성으로 정의될 수 있다. 소통의 이 관찰에서는 우선 구분된 것의 차별적인 통일성이 중요하지 개별적인 차별적 부분들이 중요하지 않다. 또는 다음을 말할 수 있다. 개별 소통은 삼중-선택적인 차별적인 통일성으로서 관찰할 수 있다. 그 세 가지 차이들은 정보/통보와 통보/이해 및 정보/이해(의 차이들)이다. 소통은 →사회적 체계들의 구성인 →요소이다. 반면, 소통상 제안의 수용이나 거부는 소통 개념에 속하지 않는다. "이해까지는 소통 개념에 속하지만, 반응은 더 이상 소통 개념에 속하지 않는다"(452: 169). 그러나 이 조건은 시간 내에서 순간적으로 현재화하는 모든 소통적 체계나 사회적 체계의 자기 재생산을 위한 조건이다. 그것이 소통했던 것이 소통이라는 것을 뜻한다면, 이것은 우연적인 소통들만이 우연적인 소통들에 연결될 수 있다는 것을 뜻한다. "사람들은 어떤 것을 말할 때 무엇을 말할 수 있는지 이미 알고 있다"(235: 1019). 그러므로 개별 소통들은 연결 능력이 있는 통일성들이다(→연결 능력).

(관찰자 관점에서 보면) 최소한 두 심리적 체계들이 A와 B라는 →인물들의 형식으로 소통에 참여하고 있다. 그러므로 첫 번째 선택은 무엇인가를 →정보로 간주하는 A의 결정이다. 두 번째 선택은 정보의 통보(→행위)에 대한 A의 결정에 있으며, 그것은 통보의 규정된 형식의 선택을 포함한다(예, 흉내, 몸짓, 구두/문자 언어). 이러한 조건들하에서 A로부터 이중적으로

선택적으로(어떤 것을 정보로서 구분하는 것과 그것의 선별 및 그것을 규정된 형식으로 통보하겠다는 결정) B에게 정보로서 통보된 것은, 다시금 B에 의해 정보(정보는 무엇인가?)와 통보(어째서 A는 나에게 다른 정보 말고, 이 정보를 통보하는가? 왜 다른 형식으로 통보하지 않고 이러한 형식으로 통보하는가?)의 구분에 따라서 오직 선택적으로만 이해될 수 있다. 그러므로 세 번째 선택으로서의 →이해는 정보와 통보의 차이의 통일성으로 구분된다. 연결 소통들이 이해의 방향으로 진행된다면 이미 사회적 체계의 이원적인 형식이 나타난 것이다.

통일성으로서 소통은 개별 의식에 귀속될 수 없으며, 그러므로 이미 개별 의식의 합의적인 단락(段落)은 배제된다. 개별 의식의 층위에서 일어나는 것은 의식 자신의 자기생산을 가리키고, [다른] 신체 내부로 전달될 수 없는 사태이며 그렇게 남는다. 참여한 의식들은 서로에 대해 도달 불가능하다(→블랙박스). 소통적인 사건은 마찬가지로 자기생산적인 사건이다. 그러므로 소통은 소통이 진행되는 것으로 진행하며, 말하자면 하나의 단어가 다른 단어를 연상시키고, 의식들은 뒤따르려고 애를 써야 한다. 소통 자체는 지각 능력이 없다.

통일성으로서의 소통뿐만 아니라 소통적인 사건으로서 지시된 것의 통일성, 즉 사회적 체계의 시간적인 실현으로서의, 소통의 소통에의 연결은 직접 관찰될 수 없지만, 사회적 체계들의 자기관찰(→자기관찰/타자관찰)에 전제로서 기여할 수 있다. 사회적 체계가 자신을 행위체계로 단순화하여 관찰될 수 있도록 할 때 비로소 소통은 사회적 체계를 통해 관찰 가능해진다. 소통은 유의미한 체계가 그것의 환경에 있는 다른 체계와 맺는 관계에서 그 체계에 행위로서 귀속되고 환경 내에 있는 체계에 바로 이 행위의 →체험(=이해)으로서 귀속될 수 있다(→귀속). 따라서 소통의 관찰됨(Beobachtbarwerden)은 소통을 행위나 →소통적 행위로 환원하는 것을 의미한다. 따라서 소통적 행위나 사회적 행위로서의 행위를 비-소통적이거나 비-사회적인 상황과 구분될 수 있게 유지하기 위해 소통적 행위나 사회적 행위여야 하는 것이다. 통보된 정보와 수신된 정보의 차이는 소통적인 사건의 일반적인 경우에 단순화하여 해체되어야 한다. 소통과 행위의 분화를 통해 행위는 통보나 통보행위로 규정된다. 인물들의 형식으로 참여한 체계들은 자기 자신을 관찰할 수 있고 쌍방 서로를 관찰할 수 있기 때문에, 예컨대 행위로서 자신에게 귀속되는 것이 다른 인물들(체계들)에 의해 이해되었으며 긍정적이거나 부정적으로 할당된 것이었는지 아닌지를 관찰할 수 있으며 심지어 행위를 자신들의 수신자의 선취된 체험이나 행위를 지향한다는 것까지 관찰할 수 있다. 행위하는 체계들이나 체험하는 체계들, 또는 자신을 그렇게 관찰하는 체계들이나 그렇게 관찰된 체계들은 요소들로서의 소통들을 가지고 작동하는 것은 아니지만, 그것들의 작동을 가지고 행위들이나 행위들의 체험 형식으로 소통에 참여하며 소통적인 사건에 편입된다. 물론 체험/행위의 구분은 이해 를 전제한다. 행위 개념은 이해 개념의 관점에서 구분된다.

이중 우연성의 역설적인 공리와 비슷한, 소통의 비개연성의 역설적인 공리는 비개연적인 어떤 것(여기서는 소통)이 그런데도 개연적(→개연성)인 것이 되며, 심지어 자기 자신을 상승시키는 연관으로서 관찰될 수 있다는 사실과 관련된다. 비개연성의 개별적인 관점들은 수신자에의 도달 가능성과 수신자를 통한 이해 가능성, 즉 소통의 성공과 관련된다. 소통 가능성들의 확장은 주로 →언어의 발전(→소통, 구두)에 매여 있고, 소통의 발전은 참석자들의 빔위를 넘어서는 문자 언어(→소통, 문자)의 발전, 특히 인쇄술에 매여 있다(→확산 매체). 이 모든 것은 그 자체가 소통적 가능성들을 결정적으로 확장하는 진화 과정에 저장된 것으로 볼 수 있으며, 그 과정은 →상징적으로 일반화된 매체들과 이를 통해 인도된 기능적인 사회전체적인 부분체계들의 진화 과정이다(→분화, 기능적).

072, 129: 70ff.; 81ff., 189: 98ff., 205, 206, 235: 1019, 269, 366: 42ff., 373: 4장, 414: 93ff., 452: 169, 456, 480, 504: 23ff.; 155ff.

소통, 간접(적) Kommunikation, indirekte

넓은 의미에서 구두 소통과 문자 소통 외에도 신체 사용(예컨대, 몸짓, 흉내)을 통한 소통, 그리고 특수한 매체들을 매개로 전달된 이해될 수 있는 정보들을 포괄한다(예컨대, 복식 제도, 봉화, 초인종 소리, 통화 중 대기 서비스). 좁은 의미에서는 그렇게 하는 것을 명시적으로 분명하게 하지 않으면서 통보된 정보들이 이해될 수 있도록 구성되어 있는 소통들만을 뜻한다.

113: 363ff., 219: 34ff.

소통, 구두 Kommunikation, mündliche

→언어 →매체를 필요로 하는 동시에 다른 지각 매체들(예: 보기와 듣기; →지각)과 틀림없이 전제할 수 있는, 동시 참여자들의 인물성들의 조건에서 소통의 간접 형식들을 필요로 한다. 구두 소통은 주로 참석자들끼리의 소통(→상호작용체계)이며, 소통적 상황의 뚜렷한 사회성(조밀하며 직접적이며, 이런 점에서 소통적인 사건에의 참여와 관련하여 쌍방 제한하는 강제적인 요구들을 가지는)을 통해 특징지어진다. 따라서 서로에 대한 소통을 통한 도달 가능성이 전체적으로 제한되어 있으며 체계 기억(→기억)에 대한 요구들이 경미한 가운데, 상당한 정도의 사회적, 시간적, 사실적으로 그리고 또한 공간적으로도 보장된 →중복이 있거나 세계와의 거리가 짧다.

073: 310ff., 129: 249ff.

소통, 도덕적 Kommunikation, moralische
→도덕

소통, 문자 Kommunikation, schriftliche
구두 언어적인 소통과 부재자들이 부재자들을 위해 생산하는 문자 언어적인 →소통의 차이의 형식. 문자 언어는 →언어의 이중화를 나타낸다. 문자 언어는 청각적인 →지각 대신 시각적인 지각에 의존한다. 문자는 간결하게 정의하자면, "물리, 지각하는 의식과 소통의 구조적 연동의 기제, 즉 신체적 실재, 심리적 실재, 사회적 실재의 구조적 연동의 기제"(321: 245)이다.

문자는 그 자체가 쓰기와 읽기의 차이를 가능하게 한다. 이는 불확실성의 정도나 소통의 자유도를 상승시킨다. 문자는 고독한 언어적인 소통, 즉 소통 파트너가 없는 상태에서의 소통을 가능하게 하기 때문이다. 인쇄된 문자(→인쇄술, →확산 매체) 형식에서 소통의 사회적, 시간적, 사실적, 그리고 공간적 제한들의 완전한 해방이 가능하게 된다(→의미 차원들). 사회적 관점에서 소통적인 사건의 상호작용적인 통일성은 해체되며, 이것은 한편으로는 소통적인 상황의 탈사회화와 다른 한편의 소통 자체의 사회화를 의미한다. 소통적인 사건의 분리는 정보와 통보 및 이해의 선택들을 (정보를 강조하면서) 떼어 놓는다. 소통의 사회화는 개인적 정체성과 사회적 정체성의 더 엄밀한 분화, 탈인물화된 고유한 사회적 →기억의 외부 분화를 의미한다. 시간적 관점에서는 동시적인 참여자들, 특히 참석자의 자리에 동시적인 것들(복수)과 비동시적인 것의 동시성의 탈인물화된 형식이 들어선다. 문자적 소통은 전승된 시간 이해를 문제 있는 것으로 만든다. 망각은 어려워지고, 과거의 것에 대한 상기가 촉진된다. 사실적 관점에서는 구두로 말할 수 없었던 것이나 없는 것이 이제부터는 문자로 말해질 수 있다는 점이 돋보인다. "문자는 질문한다는 것의 '외설성' 부담을 덜어준다"(338: 170). 문자 기호의 →자유는 위험한 자유의 신호로 증명된다. 문자의 진화는 최종적으로 더 높은 질서의 →관찰들의 진화를 야기한다.

문자와 함께 텍스트는 주로 해석을 통해 형성되는 매체가 된다. 문자 소통은 항상 텍스트 작성(→자기기술)을 의미하고, 그 과정에서 정보의 통보에 집중한다. 그리고 작성된 텍스트들은 이해를 지향하여 구성된다. 즉 이해자 편에서의 정보와 통보의 구분을 지향하여 구성된다. 텍스트화로서의 텍스트들은 텍스트화의 텍스트화를 자극한다.

073: 110ff.; 099, 129: 2장 5절, 321: 245-256, 338: 258ff., 504: 597ff.

소통, 복합적 Kommunikation, kompakt

→역설적인 소통의 형식. 특정한 소통이 형성된 형식으로서 바로 자신의 형식(자유 제한) 때문에 또 다른 형식화(자유 제한들)를 위한 자유를 제공하기 때문이다(→상호작용체계, →친밀성). 이러한 의미에서 복합적 소통은 "신용에 근거하는 소통"(219: 63)이다.

소통, 생태학적 Kommunikation, ökologische

→생태학적 소통, →항의

소통, 역설적 Kommunikation, paradoxe

(역설적 소통은) 소통을 통한 영향력 행사를 그런 것으로 표시하지 않은 채 영향력 행사가 된다(→소통 불가능성). 자유를 유발하기 위해, 자유에 영향을 끼치는 셈이다. 역설적 소통은 소통이-아닌-것의 소통이다.

086: 283ff., 129: 91, 277: 116ff., 342: 46f., 422: 283f.

소통 매체들, 상징적으로 일반화된 Kommunikationsmedien, symbolisch generalisierte

상징적으로 일반화된 소통 매체는 참석자들의 범위(→상호작용체계)를 넘어서는 →소통의 확장을 전제하며, 아직 미지의 상황들을 위한 소통들을 가능하게 한다. 상징적으로 일반화된 소통 매체는 선택과 동기의 조건화를 통해 규정된 채 미규정된 소통들의 가능화에 기여한다는 의미에서 →성공 매체이다. 상징적으로 일반화된 소통 매체는 환경 변화/인물 변화에 관련된 기술/테크놀로지, 교육, 치료 같은 소통 영역들을 위해 사용되지 않는다.

그것들은 매체들(→매체), 즉 특정한 →자기생산적 체계들 내에서의 소통을 위해 [상징적으로 일반화된 소통 매체들은] 느슨하게 연동된 각각의 규정된 집합이다. 이 매체들은 일반화되어 있으며(→상징적 일반화), (상이한 소통적인 →선택들의) 다수성이 통일성 내에서 (각각의 매체 내에서) 실현되도록 허용한다. 즉 형식 형성(→형식, →매체/형식)을 허용한다. 매체들은 매체들 자체가 상이한 것의 통일성이 아니라 이 통일성을 대표하기만 할 때, 상징적으로 일반화되어 있다(→상징, →기호).

상징적으로 일반화된 소통 매체의 분화는 관련 문제(=특정한 소통적 비개연성들의 외부분화)와 귀속 문제(=체험과 행위 간 특정한 선택적 접속의 외부분화)가 구분된 결과 나타난다. "상징적으로 일반화된 매체들은 상징들의 가능한 조합 규칙을 확정하고 그럼으로써 선택 가능성들의 전달을 보장할 수 있는, 즉 자아가 타자의 선택을 고유한 행동의 전제로 수용하도록 만들 수 있는 코드들이다"(334: 30). 서로 다른 상징적으로 일반화된 소통 매체의 형성은 소통적인 선택들의 다양한 종류의 전달 요구와 결합되어 있다. →진리(→체험의 전제로서의 체험), →화폐(체험의 진재로서의 행위), →사랑(행위의 전제로서의 체험), →권력과 법(행위의 전제로서의 행위)이 있다. 상징적으로 일반화된 매체는 고도 복잡한/고도 우연적인(→복잡성,

→우연성) 상황들에서 선택(→선택성)과 동기(→동기)의 차이를 극복한다. 예를 들어, 경제체계 내에서의 행위는 모든 참여 체계들이 자신의 선택을 화폐에서 표현되는 기대들에 지향하고, 이를 쌍방 간에 확실하게 전제할 수 있다. 자세하게 살펴보면 다음과 같다. 화폐는 지불함/비지불함의 차이의 통일성을 지시한다(그 통일성을 위한 기호다). 지시된 것은 하나의 차이이며, 이것은 화폐 기호에서 재현된다. 그러나 지불함은 그 자체가 지불하지-않음의 가능성을 함께 끌고 가며 지불함은 화폐 지불을 통한 것이기에, 지불은 차이의 동일성을 상징화한다(대표한다). 화폐는 규정된 범주의 소통적 행위들을 선택하고, 미규정된 가능성들의 규정된 선택, 즉 생각할 수 있는 모든 화폐 지불들을 가능하게 한다. 규정되었지만 미규정된 가능성들로부터 (예를 들어 자전거 구매를 위한) 규정된 가능성들을 선택할 수 있다. 그래서 규정되었지만 미규정된 화폐 지불 가능성들은 예를 들어 자전거 구매를 위한 화폐지불의 규정된 가능성들로 동기화하며, 이 가능성들과 이와 함께 모든 규정된 선택이 또 다른 규정된 선택들을 확실한 것으로 기대 가능하게 만들기 때문에 그렇게 동기화한다.

상징적으로 일반화된 소통 매체의 소통적인 성과는 그 성과가 자기 자신에게 적용됨을 통해, 즉 →재귀성을 통해 상승한다. 지불을 위한 지불, 사랑을 위한 사랑 등등이 그렇다. 기능 특화된 매체들(예컨대, 정치 체계를 위한 권력, 학문체계를 위한 진리)은 쌍방 서로의 경우에 개입할 수 없다(→상호침투, →전환, →연동, 구조적, →체계 관계들, →체계 경계). 그러므로 경제적 행위는 실제로 학문에 재정 지원을 할 수는 있지만, 그 자체로 매체로서의 진리로 이용될 수는 없다. 매체적이거나 초매체적인 층위의 직접적인 →전환은 배제되어 있다(→다체계 소속성). 선택을 통해 매체적으로 매개된 동기화는 과거에 화폐가 금을 통해 통제된 것처럼 그것들의 사용 가능성이 어떤 실물 보장을 통해 충분히 통제될 수 있다는 것을 통해 최종 보장될 수 없다. 그 대신 체계 신뢰(→신뢰)가 관찰될 수 있다. 그러나 신뢰의 신용은 과소 요구되거나 과다 요구될 수 있다(→인플레이션/디플레이션). 이러한 관계에서 제로 방법론(Nullmethodik)은 매체적으로 매개될 수 있는 가능성들의 요구 가능성의 관점과 관련되어 체계 내적으로 지속할 수 있는, 자기조건화의 시간화된 가능성들을 지시한다. 예컨대 통화량 조절(화폐), 폭력을 수반하는 상징적 협박들(권력), 진리인 지식의 망각 가능화(사실), 사랑 증명 포기(사랑)등이 있다.

상징적으로 일반화된 소통 매체의 효과는 관련된 →공생적 기제를 통해서도 작용하며, 특히 자기충족 금지의 형식에서 그렇다. 예컨대 화폐의 자기생산 금지, 육체적인 폭력 사용의 금지, 진리 능력이 있는 소통에서 수용될 수 없는 근거로서 개인의 명증성 체험(지각), 종교 소통에서 자기구원 배제와 같은 것들이 있다. 상징적으로 일반화된 소통 매체는 관련된 공생적 기제에 맞서 분화되고, 매체의 일반화 수준이 더 높아질수록 더 많이 분화된다. 그렇게 됨으로써 독립성과 의존성이 동시에 상승한다.

상징적으로 일반화된 소통 매체들은 전체사회적인 진화의 과정에서 생성된다(→진화, 사회적, →자기타당화). 이는 특히 특별한 사회적 상황들을 위해 특별한 소통 가능성들이 증가하는 것과 같은 의미를 지닌다. 이런 상황에서는 그때그때의 소통들이 더 이상, 사회-문화적인 자명성에 저장된 직접적-구체적인 →상호 이해 모델에 따라 전개될 수 없다. 이를 위해 요구되는 것은 특정한 코드화된(→코드) 매체들의 형식에서의 특수 언어들이며, 그것들은 비개연적인 소통들의 각각의 부분 범주들을 서로 관련지을 수 있다. 특정한 소통들에 특화된 매체들은 그 자체가 기능적으로 특화된 부분체계들의 →외부분화에서 난번에 지도 역할을 넘겨받는다(→분화, 기능적). 상징적으로 일반화된 매체"들은 기능적 체계 분화의 결과가 아니라, 기능체계들의 외부분화를 위한 촉매이다"(503: 319).

072, 109: 90ff.; 121, 129: 21장 10-13절, 191, 203: 195-206, 227: 2장, 231: 1절, 294: 36ff.; 59ff.; 297, 334: 30ff.; 52ff., 393, 417: 342-360, 462: 7, 501: 7장, 502: 319, 504: 4장, 521: 201-211

소통 불가능성 Inkommunikabilität

소통의 →역설. 소통될 수 없는 것이 어떻게 소통될 수 있는가? 정직함의 소통 불가능성이나 자아-경험(Ich-Erfahrung)의 소통 불가능성 같은 관찰들이 가장 잘 알려져 있다. 정직함의 소통 불가능성은 특별히 상호작용에 가깝게 계층적으로 분화된 사회에서 문제였다. 만약 누군가가 자신의 →동기의 정직함이나 좋은 의도의 진정성을 소통으로 가져올 때, 그가 정직하지 않을 것이라는 →기대에 직면할 것을 각오해야 한다. 그렇지 않다면 왜 그는 자신의 진정성을 강조해야 하는가? 왜 우리는 "나는 너를 사랑해!"라고 말하는가? "왜냐하면 우리가 말하는 것이 의도한 것이 아니라고 말할 수 없다면, 그 말이 의도하는 것을 다른 사람들이 알 수 없다는 것을 알 수 없기 때문이다. 우리가 말하는 것을 의도하고 있지 않다고 말할 때는 말하는 것을 의도하고 있다고 말할 수도 없기 때문이다. 왜냐하면 그렇다면 이렇게 되는 것은 불필요하고 의심스러운 중복이거나 그렇지 않으면 어차피 소통될 수 없는 부정에 대한 부정이 되기 때문이다"(129: 311). 자아-경험의 소통 불가능성은 앞서 언급한 사례를 포함한다. 그것은 간단히 말해, 자기 자신에 대한 비-선택적인 이미지의 소통 불가능성에 놓여 있다. 그 두 가지 소통 불가능성은 →기능적 분화와 →인간 측면들의 분화에서 소통에 참여하는 →심리적 체계의 우연적-선택적인(→우연) →자기관찰/타자관찰의 표현으로서 완전하게 정상화된다(→인물).

133: 373ff.; 058: 138ff.; 173: 190f.; 218: 50f.; 227: 131ff., 12장; 328: 127f.

수단 Mittel
→목적

수업 Unterricht
상호작용체계로서 →교육체계의 사회적 하위체계인 학교 내 →사회적 체계다. 수업체계에는 학생과 교사의 심리적 체계들이 →인물 형식으로 참여하지만, 그들은 서로에 대해 환경으로 남아 있다(→블랙박스). 수업의 근본적인 기능은 이해나 →학습 능력에 도달하는 →사회화에 있다. 수업에서는 이해했음/이해하지-못했음의 차이가 중요하다. 수업 사건은 이 차이에 지향하면서 교사들과 학생들을 위해 관찰 가능해진다(→자기관찰/타자관찰).

084; 086: 102ff.; 414: 97-114; 537: 248ff.; 538: 115-124; 540; 541: 46f., 50, 52

수용값 Akzeptanzwert
→코드

순환성 Zirkularität
자기 자신을 지시하는 →작동들은 순환적이다(→자기준거, 기초적). 순환성은 →자기생산적 체계들의 기본 특징이다. 예컨대 항상 생각이 생각에 연결되거나 소통이 소통에 연결되어야 하는 것은 당연하지만(→연결 능력), 이 일은 어떤 →비대칭, 예컨대 서로를 연결하는 사건들의 비동일성을 보장하는 시간적인 비대칭이 순환의 내부에 구축되어 있을 때만 가능하다.

168: 52; 373: 166f.; 504: 71f., 360, 419; 538: 38ff.

스테노그라피/에우리알레 Sthenographie/Euryalistik

스테노그라피는 →역설을 다루어낼 수 없다는 "교훈"이다. 스테노는 자신의 바라봄이 모든 죽어야 할 것들을 마비시키는 고르곤[1] 중 하나다. 만일 이를 본다면 더 이상 볼 수 있는 것은 아무것도 없고, 관찰할 수 없다. 이 모델에 따른 역설들은 오직 제시되기만 할 뿐 탈역설화되지 않는다. 에우리알레도 마찬가지로 고르곤 중 하나다. 이는 자신이 관찰하지 못하는 것을 벌한다. 그러므로 에우리알레는 볼 수 있음의 전제로서의 볼 수 없음에 관한 "교훈"이다. 역설들은 이 모델에 따라 탈역설화된다. →관찰 이론은 역설들을 피할 수 없으며 해체될 수 없지만 전개될 수 있는 것으로 붙잡는다. 모든 관찰은 관찰을 작정한 →관찰자를 통해 그 자체가 관찰될 수 없다(→맹점). 그러나 관찰자는 스스로를 관찰하거나 다른 관찰자를 통해 관찰될 수 있다(→자기관찰/타자관찰, →재진입). 그러므로 이 2계 관찰자는 1계 관찰자가 보지 못하는 것을 보지 못한다는 것을 적어도 자신의 관점에서 본다.

154; 405; 406

시간 Zeit

고전적인 시간 의미론은 시간 내에서의 시간의 구분, 즉 존재하는 것들의 영원(aeternitas)이 매 순간(tempus) 현존한다는 데 의존한다. 인간의 지각

---

[1] 그리스 신화에 등장하는 전설적인 생물, 무시무시한 외모를 가진 세 자매로 묘사되며, 머리카락 대신 뱀으로 뒤덮여 있고, 그들을 직접 바라보는 사람들은 돌로 변한다고 한다. 세 자매는 가장 강하고 불사의 능력을 지닌 스테노(Stheno), 불사의 능력을 가진 또 다른 자매로 울부짖는 소리가 무서운 것으로 묘사되는 에우리알레(Euryale), 유일하게 불사의 능력이 없는 자매로 페르세우스에게 죽임을 당한 후 머리를 무기로 사용하는 메두사(Medusa)이다.

능력에 적응된, 단지 "무한한 것의 무한한 연속"(129: 998)으로서 공간적인 운동의 구분이 여기에 맞추어져 있다. 이 시간 개념에는 선형적 시간과 순환적 시간 같은 구분들도 포함되어 있다. 시간 의미론 전환의 근본적인 출발은 새로운 것(→참신함)의 경험 가능성 증대와 함께 주어져 있다. 이에 따르면, 이미 지나간 것이나 더 이상 있지 않은 것과 아직 있지 않은 것이나 아직 있을 수 없는 것이 처음으로 구분 가능해진다. 시간은 (일어나는 모든 것의 동시성으로서의) 현재성과 (더 이상 가능하지 않거나 아직 가능하지 않은 사건으로서의) 비현재성의 구분을 통해 구성된다. 비가역적으로 일어난 것은 그러면 오직 현재적→ 과거로서만 구성될 수 있고, 우연적이고 미래적인 사건은 오직 현재적 →미래로서만 구성될 수 있다. 모든 개별 순간에 시간이 총체적으로 재생산된다는 것이 중요하다. 항상 순간적으로만 현재화된 과거와 미래의 →차이의 →통일성은 →현재 개념에서 상징화되어 있다. 현재는 시간의 시간 내부로의 재진입 형식을 지닌다(→재진입). 그렇게 시간(=현재) 속에서 →중복은 →변이와 조합 가능해지며, 시간 속에서 시간 구속이 가능하게 된다. 시간을 요구하는 것은 →자기생산적 체계들의 존재 조건에 속한다(→비대칭, →횡단, →공시화, →복잡성, ~의 시간화). 체계들과 함께 시간이 세계 내부에 들어온다. 즉, 시간은 →기억 기능/진동 기능의 구분을 통해 체계 내적으로 생산된 상태다.

138: 82ff.; 073: 195-220; 108: 159ff.; 118: 106ff., 129ff; 129: 900ff., 5장 12절; 151: 277; 5장; 294: 150ff.; 334: 82ff.; 373: 70-83, 116ff.; 380: 2장; 428; 488; 504: 103ff.; 508; 509; 512

시간 차원 Zeitdimension
의미체계들의 외부분화를 통해 접속된 세 가지 →의미 차원들 중 하나. 시간 차원은 이전과 이후의 구분을 가능하게 하며 →현재 개념에서 과거와 미래의 차이의 통일성으로서 수축된 것으로 발견된다(→시간). 결정적인 것은, 시간화된 →요소들(→사건)의 토대에서 작동하는 →자기생산적 체계들이 요소들의 관계화(→관계)의 모든 가능성과 그때그때 현재적으로 가능한 것으로 나타나는 관계화 가능성들을 동시에 현재화할 수 없다는 것이다(→시간). 시간화된 요소들(→비대칭, →복잡성, 의~ 시간화)의 선택적인 접속들(→선택성)을 통해 복잡성이 환원되거나 시간이 비축된다. 즉, 단위 시간당 가능한 복잡성이 증가한다(→복잡성, ~의 환원과 상승). 지금 가능하게 나타나는 가능성들과 나중에 가능하게 나타나는 가능성들의 현재적인 분화를 통해 현재적인 가능성 지평이 확장된다(→시간의 희소성). 사회의 자기생산과 관련하여 시간 차원은 →진화로서 구분된다.

042: 137ff.; 073: 239f.; 219: 52ff., 264ff., 900ff., 1069ff.; 285: 290ff.; 291: 228ff.; 366: 53ff.; 373: 116ff.; 380: 2장; 427: 242ff.

시간의 희소성 Knappheit der Zeit

의미체계들의 외부분화와 분화와 함께 동시적인 체험과 행위의 전형은 중단된다(→시간적 차원). →자기생산적 체계들은 자신의 환경의 완전한 →복잡성을 확실한 것으로 판단할 충분한 →시간이 없다. 그럴 시간이 있다면 그것들은 체계가 아닐 것이다. 체계들을 위한 시간은 부족하다. 체계들은 구조 형성을 통해 시간을 벌어야 하고, 희소하게 된 시간을 탈희소화해야 하며, 그렇게 하는 것은 다시금 시간 압력이나 시간 희소성을 만들어낸다. 즉, 시간이 더 많이 주어져 있을수록, 어떤 것이 연결되어 일어날 수 있도록 어떤 것이 일어나야 하는 시간은 더 부족해진다.

204, 277: 174ff.

시민 종교 Zivilreligion
→기본 가치들

시작 Anfang
시작/끝 →구분은 하나의 시작을 시작하고 다른 시작을 감출 수 있도록 한다. 따라서 시작은 시작 없이 자기 자신을 시작하며, 시작(Anfang) 없는 시작함(Anfangen)의 →역설은 해결될 수 없다. "알려진 암탉은 아무튼 자신이 출생한 알을 찾으러 가서는 안 되며, 알을 낳고 우는 편이 낫다"(187: 181).

014: 23f., 016; 108: 166f; 129: 441; 187: 181; 219: 56ff., 103f.; 277: 460

시장 Markt
→경제체계의 내적 →환경. 시장은 (→인물이나 →조직의 형식으로) 경제체계에 참여하는 체계들에 의해 이루어지는, 경제체계 참여 체계에 의해 관찰된 지불 행위들(→지불/비지불)로 구성된다. 따라서 경제체계와 시장 간 →차이가 관찰될 수 있다. 화폐 매체 내에서 서로에게 도달 가능한 소통적 행위(화폐 지불 행위들)의 총체로서의 경제체계는 모든 참여 체계가 자신의 규정된 참여 가능성들을 가지고 모든 다른 참여 체계들에 의해 산출된 규정된 참여 가능성들의 거울 속에서 자신을 관찰하는 것을 자신 안에서 가능하게 한다(→가격).

500: 208ff.; 501: 73f.; 92ff., 502: 321f.

시장경제, 사회적 Marktwirtschaft, soziale
→사회적 시장경제

신 Gott

신의 구분의 전제는, 신과의 소통 대신 신에 관한 →소통만이 가능하며 →종교체계의 코드는 →내재성/초월성의 차이에 있다는 것이다. 신은 체계이론적으로 관찰된 종교적 자기관찰에 따라 초월된 것으로서나 내재성/초월성 차이의 포함되어 배제된 제3항으로서 규정될 수 있다. 즉, "초월성과 내재성의 구분의 자기지시"(453: 253)로서 규정될 수 있다. 그러면 신의 구분은 →맹점 없는 자기준거적인 →구분에 근거할 것이다. 그렇다면 신은 관찰될 수 없으며, 자기 자신에게만 투명할 것이다. 신을 관찰하는 것은 반대로 →악마를 전제할 것이다.

027: 315ff.; 108: 126ff.; 216: 106ff.; 221; 334: 57ff.; 338: 4장

신경체계 Nervensystem

→인간

신뢰 Vertrauen

복잡성 환원(→복잡성~ 의 환원과 상승)으로서의 신뢰는 항상 체계 내부 성과로서, 기존의 정보들을 미래적 사건들의 기대 가능성 관점에서 재해석하는 데 근거한다(→신용, →책임). 신뢰의 대상들은 상징 복합들이 된다(→생활세계, →상징, →친숙성).

→기능적 분화에서 인물 신뢰와 체계 신뢰의 분화가 일어난다. 인물 신뢰는 규정된 →인물들에 대한 신뢰다(→우정). 그것은 신뢰할만한 가치가 있는 인물의 자기서술의 특정한 지속성을 전제하며, 이때 의도된 자기서술은 인물의 자기준거와 타자준거의 차이의 상대적인 안정성(→동일성)에 근거한다. 체계 신뢰에서는 추상적인 성과 연관들이 신뢰의 대상들을 표시한다. "대상들"(예컨대 전문가들, 계약들, →소통 매체,

상징적으로 일반화된)은 성과들의 기대 가능성의 확실한 등가물로서 기능한다. 모든 신뢰는 구체적인 은폐를 통해 보장될 필요가 있다. 인물 신뢰는 구체적인 인물들의 행위에 구속되어 있으며, 체계 신뢰는 모든 개별 매체들의 성과 능력의 은폐(예컨대 화폐 가치는 상대적으로 안정적이어야 하며, 권력은 남용되어서는 안 된다)에 구속되어 있다. 신뢰의 모든 형식은 →기대들의 확실성을 상승시키는 것이 아니라, 운반 가능한 불확실성을 상승시킨다(→불확실성 흡수).

027: 272f.; 098; 129: 645ff.; 223: 180ff.

신빙성/명증성 Plausibilität/Evidenz

다른 설명 없이도 자기나 다른 이들에게 명확한 →의미를 신빙성 있다고 말한다. 의미는 다른 가능성들의 배제된 지시 지평 또한 명확할 때, 명증하다.

129: 548f.; 136: 49

신용 Kredit

사회적 체계들 내의 신용은 아직 현재화되지 않은 →기대들의 현재적인 기대 가능성을 가리키는 상징이거나 비개연적인 →소통들의 →개연성을 가리키는 상징이다. 예를 들어, 경제체계에서의 신용은 →자본처럼 교환 기대들의 교환 가능성이 (지불 약속들에 대한 기억처럼) 미래적인 기회들의 현재적인 교환 가능성이 있다는 점을 가리키며, 학문체계에서는 →명성으로 인해 진리이거나 진리 능력이 있는 소통들을 기대할 수 있는 상황을 가리킨다. 신용은 항상 매체적으로(→매체) 매개되거나, 과다 요구되거나 과소 요구될 수 있다(→인플레이션/디플레이션).

504: 237ff.; 508: 322f.

신체 Körper

유의미하지 않은 생물학적-유기체적 측면. 이러한 의미에서 →인간의 →생명의 측면. 신체는 자기준거적이며 유의미하지-않은 체계이며, 전체적으로 또는 자신의 자기준거적인 부분체계들을 통해 인간의 자기준거적인 →심리적 체계의 →환경이거나 심리적 체계에 의해 그렇게 관찰된다(→자기관찰/타자관찰, →자기준거/타자준거, →체계, 자기생산적).

외부분화되고 특화된 신체성을 통해 신체 잠재의 일반화된 공급, 일반화된 신체 의미의 방출이 가능해진다(→일반화, 상징적인). 이것은 예를 들어 몸짓을 표현하는 신체 잠재력의 활용과 신체적인 젊음에 대한 평가 및 신체적인 조율(춤)의 외부분화와 스포츠 성과를 위한 신체의 특화된 요구들 같은 사태들에서 표현된다. 신체적인 자기준거의 외부분화를 통해 심리적 체계의 신체성, 즉 그것의 생명의 면을 그 체계를 위해 자기준거적으로 관련지으라는 요구가 생겨난다. 여기서 →지각, →물리적 폭력, 그리고 →성애 같은 세 가지 공생적 기제들이 언급되고 있다.

373: 331-341, 452: 164, 504: 19f.; 35; 599

신학 Theologie

→종교체계의 →성찰이론. 신학은 "다른 사람들이 믿을 때 어떻게 생각하는지를 알 수 있다는 것을 확실하게 만들고자 시도하는 노력들의 영역"(108: 216)이다.

027: 355ff.; 108: 59ff.

신화들 Mythen

결코 체험한 적이 없는 특이한 사건들을 이야기하는 형식의 신화는 주술적 실천이나 의례적 실천처럼 익숙한 것 가운데서 낯선 것을 다룬다.

"신화들은 이미 알고 있는 것을 이야기한다. 그것이 낯선 것을 친숙한 것 속에서 재생산하는 신화의 방식이다"(338: 192)(→생활 세계, →마술, →상징, →친숙함).

045; 129: 648f.; 338: 192ff.

실망 Enttäuschung

→기대들은 충족되거나 실망될 수 있다. 기대들의 기대 가능성에 있어서 체계의(systemisch) 실망 처리자는 규범적 기대들이나 인지적 기대들과 관련되어 있는지에 따라 준비되어 있을 수 있다. "실망을 다루는 데서 (...) 두 가지의 기능적으로 등가적 전략들이 있다. 그것들은 구조에 해가 되지 않는 한에서 실망을 처리하는 것과 기대들의 재학습, 즉 구조의 수정이다"(225: 234).

108: 117ff.; 113: 17장; 225: 233ff.; 324: 46ff.; 53-64; 334: 50; 373: 436ff., 452ff.

실재 Realität

전형적인 실재 이해들은 다음과 같다. "나무가 있다.", "이것은 나무다.", "기차역이 있다.", "이것은 기차역이디.", "실재가 있다.", "이것은 실재다." 이런 →형식의 실재 확인은 이미 →관찰을 참조하도록 지시한다. 어떤 것이 구분되고 지시되기 때문이다. 실재는 "이 나무는 생물학적 체계다"나 "이 기차역은 기술적인 체계(기술적인 구성)이다" 같은 실재하는 →외부 세계로시 구분된 것의 →구분들을 포함한다. 이것은 다시금 관찰들이다. 여기서 →관찰자의 구성 성과는 이미 더 명백하다. 관칠된 것이 →체계로서 관찰되기 때문이다. 실재는 또한 "생명 체계들과 심리적 체계들 및 사회적 체계들이 있다." 같은 관찰들을 포함한다. 이 관찰에서 의심 없이 독자적인 관찰자의 구성 성과를 충분히 추측할 수 있다. 언급된 모든 실재 확인들은 관찰에 기인한다. 관찰과 무관한 실재 인식은 없다.

이 모든 것의 이면에는 다음 질문이 있다. 실재로서 인식된 것은 실재를 통해 그렇게 그리고 다르지 않게 인식자가 인식하도록 주어진 것인가 (→인식이론, 고전적, →존재론, →초월)? 아니면 인식의 지도이론이나 구성 이론에 우선권을 부여할 것인가(→인식, →구성주의, 체계이론적)? 이러한 맥락에서 관찰의 세 가지 역사적-사회적인 형식들을 관찰할 수 있다. 1. 실재로서의 실재는 있는 모습 그대로 인식될 수 있다(→자연). 인식에서의 지금까지의 오류들에 대해서만 교정들이 필수적인 것이 된다(→의도성, →완전성/완전 가능성, →목적론). 2. 둘째 형식에 따르면, 실재는 인식과 대상 또는 사고와 존재가 사전에 구분되고 인식에서나 사고에서 구분된 것의 →통일성이 가시화 상태로 유지될 때만 가능하다(→합리성, 유럽적, →주체, →초월). 3. 이것과 관계를 맺는 형식은 그 다음에 구분된 것(→차이)의 통일성의 가시화 가능성을 배제하기만 한다. 실재는 이제 더 이상 관찰자 의존적이지 않은 것으로 보장될 수 없다. 실재는 지도(Instrukt)에서 구성이 되었다. 실재는 이제 단순히 실재로서 구분되는 것이며, 구분함의 실재를 포함한다(→유표 공간/무표 공간). 결국 실재가 아닐 수 있을 어떤 것도 남겨지지 않는다(→실재, 허구의/실재하는). 실재는 의미나 세계처럼 →무차이 개념이다.

실재는 관찰하는 체계들의 구성이다. 실재는 "동일한 체계의 작동들에 대한 체계의 작동들의 저항에서"(129: 127) 입증된다. 실재하는 외부 세계 대신 체계의 실재가 인식에 대한 저항이 된다. "실재는 실재를 인식할 때 인식하지 못하는 것이다"(081: 51).

081; 129: 127; 246: 44ff.; 255: 45; 319: 16ff., 12장; 504: 317f., 519, 707

실재, 허구적/실재적(실재하는) Realität, fiktionale/reale

허구적 실재/실재적 실재의 형식은 관찰 형식이다(→관찰, →형식). 이 관찰 형식은 두 가지 실재를 구분하고, 이 구분을 가지고 단순히 상상된 실재와 그 뒤에 놓인 현실적 실재가 있는 것처럼 →실재의 이중화를 투입한다(→잠재). 모든 실재는 실재적이다. 모든 허구 또는 상상은 그 자체가 실재적이다. 실제로 어떤 것은 허구적인 것으로서 관찰되기 때문이다. "허구들은 실재들로서 서술되어야 하며, 실재들로서 다루어져서는 안 된다"(113: 278). 또한 실제로 어떤 것은 실재하는 것으로 다루어지기 때문에 실재적 실재 또한 실재적이다. 모든 실재는 허구적이다. 실재는 오직 관찰하면서 허구적인 것으로나 실재하는 것으로 우대될 수 있기 때문이다. 그런 종류의 →역설들로 인해 실재가 다루어질 수 없는 것은 아니다. 실재적 실재는 친숙한 기대들의 영역이 되며, 허구적 실재는 낯선 것의 영역이 된다(→생활세계, →상징).

113: 278; 129: 218f.; 219: 229ff.; 319: 8장; 338: 58ff.; 487: 63ff.

실재, ~의 이중화 Realität, Verdopplung der

→실재는 관찰 의존적으로 생성되거나 심지어 관찰하면서 생성되기도 한다(→관찰). 관찰될 수 있는 관찰들은 관찰들이 실제로 일어나기 때문에 실재적이며, 또한 그렇게 생성된 실재들도 그것들이 실제로 생성되기 때문에 실재적이다.

219; 229ff.; 319: 8장; 338: 58ff.

실정법 positives Recht

→법, 실정적

실패 증후군 Versagenssyndrom

다수의 사회적 체계들, 특히 기능체계들의 외부분화로 인해, 어떤 체계도 다른 체계들과의 관계들을 충분히 제어할 수 없는 사정에 처하게 된다 (→분화, 기능적, →통합, →연동, 구조적, →공명, →조종). 체계들의 실패, 즉 법, 경제, 정치, 교육, 가족의 실패에 관한 소통은 극복할 수 없는 근본적인 합리성 결핍이 사회전체적으로 자기주제화된 것에 불과하다(→합리성, 체계이론적).

304: 59

심리적 체계 Psychisches System
→심리적 체계

심리적 체계 System, psychisches

사회적 체계가 현재화되고 잠재화된 소통들의 연관으로서 관찰되는 것처럼, 심리적 체계는 현재화되고 잠재화된 생각들의 연관으로서 관찰된다. 심리적 체계는 작동상으로 폐쇄되어 있고 인지적으로 개방되어 활동하는 →자기생산적 체계다.

심리적 체계의 →요소들은 생각들이다. 지불이 지불을 가능하게 하는 것과 같은 의미에서 생각들은 생각들을 가능하게 한다. 생각을 생각과 관련지음이나 생각을 통한 생각의 →관찰은 표상이며, 표상은 의식의 총괄이다.

관찰된 생각의 관찰이나 의식의 관찰은 자기의식으로서 구분된다. 여기서 의식을 통한 의식의 관찰이나 의식의 자기관찰(→자기관찰/타자관찰을 통한 의식의 관찰이 다루어진다. 2계 관찰 형식으로서의 의식의 자기관찰은 자기(예를 들어 자아 형식으로 나타나는)로서의 의식의 자기구분과 자기지시를 뜻한다. 자기성찰 또는 동일성 성찰은 차이 성찰이다.

그렇게 의식은 →차이의 역설적인(→역설) →통일성으로서 우연적-선택적으로 자신을 동일시한다(→동일성, →개인, →주체).

　작동상으로 폐쇄된 체계로서의 심리적 체계는 오직 생각만 다룰 수 있으며, 인지적으로 개방된 체계로서의 심리적 체계는 자신의 →구조와 →기억에 기초하여 자신의 환경으로부터 교란받을 수 있고, 새로운 종류의 생각들을 획득하거나 거부하도록 자극받을 수 있다(→교란, →정보). 의식이 자기 자신과 그것에 맞서 자기 자신을 가능하게 하는 체계환경들과 비-체계 환경들과 구조에 의해 인도되면서 관련되는 것은 매체적으로 매개된 →지각들과 지각된 것의 귀속들(→귀속)을 통해 내적으로 산출(算出)된 환경들로 전달된다. 의식은 특히 언어 형식으로(→언어) 매혹된다. 의식은 자신의 환경들에 직접적으로 진입할 수 없다. 의식은 단지 →상호침투나 →구조적 연동을 통해서만 환경과 결합되어 있다. 여기서 의식은 환경에 역사를 가지는 체계로서, →감정들(→면역체계)의 형식으로 고유한 자기생산에 대한 과도한 요구로부터 스스로를 방어한다.

　심리적 체계는 의미 무관하게 작동하거나 의미를 요구하는 다른 체계들의 구성요소일 수 없다. 그것은 다양한 형식을 취하는 →인물 형식으로만 다른 체계들에 참여할 수 있고, 이때 이 참여 형식 자체는 사회적 체계의 형식을 전제한다.

　의식은 비록 심리적 체계 개념과 의식체계 개념이 같은 의미로 사용되는데도, 심리적 체계의 근원적인 작동상 통일성이다. 그렇다면 심리적 체계 개념은 사회적 체계와 생명체계와의 경계를 설정할 때 주로 의미론적인 관련 기준으로서 사용된다. 다른 한편 심리적 체계와 의식의 차이는 심리적 체계의 의식 같은 개념들에서 함께 작용한다.

　심리적 체계나 의식체계 개념은 주체/객체와 경험적/초월적 같은 차이들이 여전히 근본적인 고전적인 →주체 개념과 명시적으로 관련되지 않는다. 심리적 체계는 탈주체화되어 관찰될 수 있는 관찰하는 체계다(→관찰자). 무엇보다도 그것은 인식이론을 획득할 수 있는 장소로서 생각될 수 없다. 그것은 사회적 체계가 실행하는 것이기 때문이다.

032; 073: 84ff.; 255: 34ff.; 338: 112ff.; 373: 7장; 494; 504: 19ff.

쌍안정성 Bistabilität

쌍안정성은 작동상 폐쇄성이 이항적 코드화에 근거하는 체계들을 특징짓는다(→이항화, →코드, →체계, 자기생산적). 체계들은 예/아니오, 긍정적/부정적, 1/0, 사실/거짓처럼 오직 두 가지 가능성만 가질 때는 항상 쌍안정적이다. 쌍안정성은 서로 배제하기에 서로를 포함하는 2조의 값들의 토대에서의 안정성이다. 코드의 한 면이나 다른 면에만 배타적으로 접목될 수 있다(→연결 능력). 한 면/다른 면에 대한 접목은 실행 순간에는 다른 면/한 면에 대한 접목 가능성을 배제한다. 면 교체는 시간을 필요로 한다(→횡단). 지불되거나 지불되지 않을 수 있으며, 처음에는 지불되고 그 다음에 지불되지 않는 경우나, 처음에는 지불되지 않고 그 다음에 지불되는 경우가 있을 수 있다. 그때마다 지불이 이루어지며, 후속 지불이 가능해지며, 이때 두 가지 경우에 비지불 선택이 동반한다.

032: 64ff.; 321: 176ff.

아동 Kind

→교육체계의 형식화될 수 있는(→형식) →매체(→이력). 아동은 의미론적인 관찰 구성물로 간주된다. 이 구성물은 아동/성인의 차이와 심리적 체계/유기체적 체계의 차이들을 자신의 구분으로 사용한다. 그 경우에는 →교육에서는 교육자의 소통적인 제안을 통해 유발된, 매체의 지식 형식으로의 자기형식화(→사회화)가 일어난다.

086: 086ff., 201

악마 Teufel

→관찰자로서의 악마는 관찰될 수 없는 어떤 것, 즉 →신을 관찰하려 시도한다. "악마는 신을 관찰하려는 시도로부터 생겨난다"(453: 243). 그러나 악마가 관찰할 때 — 그리고 그 일은 일어난다 —, 그는 차이를 만들어내거나 무표 공간을 절개하고 관찰 불가능하거나 무표인 →통일성을 그런 것으로 보지 않고, 단순하게 →차이의 통일성으로 볼 수 있게 된다 (→유표 공간/무표 공간). 그래서 악마의 관찰 기술은 이 통일성 안에서 이 통일성에 맞서 차이를 도입하는 데 있다. 신을 →관찰하겠다는 악마의 시도는 →역설에 직면한다. 관찰자의 관찰자는 이 모든 것을 볼 수 있지만, 그는 악마가 되는 →구분들을 다루어야 한다. 그러므로 악마는 전능자 악마이거나 악마적인 전능자. 이런 점에서 악마는 →관찰의 차이이론적인 원칙을 표현하는 다른 개념이다.

338: 163, 166f.; 348: 56; 504: 118ff.; 405: 124ff.; 406: 63ff.; 453: 243; 487: 98f.

악마적 상징화 Diabolische Symbolisierung

→상징화, 악마적

안정화 Stabilisierung

또는 정체, →진화 이론에서 체계로서의 체계의 자기생산(→체계, 자기생산적)과 관련된 새로운 종류의(→변이) 선택된(→선택) 환경 사건들의 →중복 보장.

129: 425ff., 451ff,; 136: 50f.; 219: 260ff.; 277: 354f.; 436: 184f.; 504: 554ff., 584ff.

압축 Kondensierung

언제나 가능한 유의미한 사건들의 총체 내에서 식별될 수 있고 반복될 수 있게 동일시된(→동일성) 통일성들을 의미 안에서 요구하는 →자기생산적 체계들의 유의미한 →사건들의 압축(→연결 능력). 압축은 →의미 →확인의 전제이다.

073: 322f.; 129: 73ff.; 321: 127; 504: 108, 311ff.

양심 Gewissen

심리적 체계의 압축(→압축)되고 확인(→확인)된 자기확정. 자기확정은 고유한 행동들에 대한 보다 근본적인 고유한 →기대들과 타자 기대들을 주제화하며, 통합하며 상대적으로 지속화한다. 양심은 "자기의 특이성의 일종의 분출이며, 그것은 놀라운 관용과 함께 주목받고 존경받지만 내용적으로는 검토될 수 없다"(147: 330). 인성의 자기 동일시, 인적 정체성이나 →인물의 자기주제화가 중요하며, 이 지시들은 →심리적 체계의 저 측면만 관련지으며, 이 체계는 이 측면을 가지고 →사회적 체계들이 환경과 맺는 자신의 관계를 자기준거적으로 일반화된 층위에서 규제한다. 양심은 타당한 행동 기대들의 방어 가능성이나 인생에서의 결정들을 위한 자유에서 표현된다.

106; 147; 158: 76f.; 291

언어 Sprache

체계가 아니다. 언어의 현실성은 언어 사용이 관찰 가능하다는 데 있고, 어떤 것에 의존하지 않고 실제적으로 주어진 것이라는 언어의 고유한 기능에 있지 않다(→개념들, →관찰자, →관찰, →자기기술, →의미론). 일반적으로 언어를 가지고, 그리고 특수하게는 문자 언어(→인쇄술, →소통, 구두,

→소통, 문자)를 가지고 →표시와 표시된 것의 차이의 통일성 형식이 가능하게 된다. 이에 따라 표시는 더 이상 자신의 표시된 지시에 의존하지 않을 수도 있는 어떤 것을 구분하기 위한 지시가 아니다. 그 결과 언어 이전의-지각-매체적으로 접근하는 것보다 훨씬 더 많은 지각-매체로의 해방, 일반화된 의미 가능성들로의 해방, 특히 소통 제안물에 대해 아니라고-말할 수-있음의 형식, 수용이나 거부의 형식을 통한 해방이 이루어진다. 언어는 →소통들의 가능성들을 단순하게 지각함(→지각) 너머로 확장시킨다.

언어와 사회의 진화를 추론할 수 있게 하는 것은, 압축되고 확인된 의미 형식으로 동일성들을 언어적으로 고정하는 것이다. 일반적으로 사용하는 언어는 사회 진화를 동반하고 촉진하는 현상이다(→진화, 사회적). 이 점과 관련된 언어의 역할은 언어가 문자 형식에서 →확산 매체(인쇄술과 →대중매체 체계의 순서로)를 통해 소통상 도달 가능성들의 경계들을 극복하고 자신의 문자 형식 때문에 소통의 가능성들, 바로 아니오 가능성을 무엇보다도 사회적 제한들로부터 풀어낼(→자유) 때, 특히 상승한다.

언어는 (의식을 분명하게 요구한다는 점에 근거하는) 심리적 체계들과 (높은 구분 능력을 제공하는) 사회적 체계들(→해체/재조합능력)의 외부분화를 가능하게 한다. 언어는 의식과 소통에서 →형식들의 형성에 기여하고, 그래서 심리적 체계들과 사회적 체계들의 →구조적 연동을 가능하게 하는 →매체다(→매체/형식, →상호침투).

말이라는 것이 그것이 존재하는 것으로 지시하는 것이 아니라는 점이 [그 과정에서] 뚜렷해지기 때문에, 언어를 통해 허구적 실재와 실재하는 실재의 구분 가능성이 나타난다(→실재, 허구적/실재하는). 결국 언어를 수단으로 하여 모든 실재는 실제로 구성되어 있다는 말을 할 수 있다. 또는, 언어를 통해 관찰함의 가능성이 세계에 주어진다.

073: 275-285; 086: 83ff.; 129: 108ff., 2장 3절; 219: 199ff.; 393; 455; 504: 47ff.,

187f., 623f.

에우리알레 Euryalistik
→스테노그라피/에우리알레

엔트로피/부엔트로피 Entropie/Negentropie
엔트로피는 에너지 없는 상태에서 모든 형태의 에너지가 소멸하는 물리적인 공식과 유사하게 차이들이 무차이성으로 해체되는 것으로 이해할 수 있을 것이다. 그렇다면 부엔트로피는 '생성의 개연성이 차이를 유지할 가능성으로 진화상 지속적으로 변형되는 것'(446: 19)이 될 것이다(→이중 우연성, →개연성, →우발). 체계들은 엔트로피/부엔트로피 차이의 역설적인 통일성을 다룰 수 있다. 체계들 안에서는 같은 개연성을 지닌 사건들의 →지속적 붕괴가 있다. 체계는 망각한다. 반대편에서는 이 지속적 붕괴에 지속적으로 맞서 작용하는 우연적-선택적인 사건들의 관계화 또는 사건들의 질서가 있다(→고유값, →질서, 사회적, →자기준거, 동반하는, →구조). 체계는 상기한다(→기억).

073: 44f.; 129: 64; 373: 79f.; 386; 446: 19ff., 27f.

여당/야당 Regierung/Opposition
→민주주의

여론 Öffentliche Meinung
(규정된 의미 형식들이나 →주제들의) 선별된 →소통들의 형식화를 위한 →매체. 여론은 매체와 →형식의 규정된 차이의 통일성이다(→매체/형식). 견해들은 잠정적으로 압축(형식화)되었으며, 어떤 주제에 대해 견해들로서

승인된 것으로 간주된 특화된 소통들이다. 여론 매체 내의 소통들은 주로 →합의/이의의 차이를 가지고 작동하는, 부재하는 관찰자들을 위한 부재하는 관찰자들의 관찰들이다. 여론은 "근대사회의 자기기술과 세계 기술의 매체이다. 이는 체계의 '성령'이며 소통 결과들의 소통 사용 가능화이다"(129: 1107f.).

여론 매체의 형식 부여자는 특히 대중매체(→대중매체체계), 인쇄기, 무선방송과 텔레비전이다.

사회의 여론은 일반적인 의식도, 모든 이의 의식도 아니다. 예컨대 여론은 →정치체계가 환경과 맺는 관계에서 성과들을 질서 짓는 매체의 기능을 가진다. 여론의 거울은 정치체계의 고유한 선택 역사를 가시화하기 위한 2계 관찰의 장치로서 정치체계에 기여하며(→자기관찰/타자관찰), 2계 관찰은 의식체계들의 불투명한 거울의 다른 편에 견해로서 존재하는 것을 가시화하지는 않는다. 여론은 "정치의 자폐적 세계 그 자체다"(294: 290).

40; 129: 1098ff., 1107ff.; 134; 262; 263; 294: 8장; 353: 76ff.

여성 Frau
→남성/여성

역설 Paradoxie

고전적 역설 개념은 주지하다시피 원래적인 존재가 역설과 무관하다는 것을 전제하기 때문에 부수적인 의견이 아니다. 역설은 존재하는/유효한 동시에 부재하는/무효인 어떤 것을 가리키는 일반적인 개념이다(→존재론). 논리적으로 더욱 엄격하게 말하면, '옳지 않기 때문에/옳시 않는데도' 옳은 어떤 것이다.

모든 관찰은 역설적이다. 관찰은 통일성으로서의 성찰을 벗어나는 →구분을 가지고 작동한다. 비대칭적인 구분의 양면, →차이의 →통일성을 관찰하겠다는 모든 시도, 즉 비대칭적인 구분의 양면은 역설로 나아간다. 그래서 모든 관찰함은 구분될 수 없는 구분함, 즉 바로 이 구분을 다루어내기 위해 전제하여야 하는 구분함이다. 달리 말하면, 관찰자는 자신이 알지 못하는 것을 알지 못한다는 것을 안다. "역설은 관찰함의 자기봉쇄 형식으로 나타나는 세계의 서술과 다른 것이 아니다"(219: 191)(→맹점, →차이, →형식, →유표 공간/무표 공간, →악마).

체계의 관찰과 관련하면(→체계, 자기생산적), 체계는 자기 자신을 전제한다고 말할 수 있다. 달리 말하면, 체계는 자신이라고 할 수 있다. 즉, A이기 때문에 A다. 어떤 것이 옳기 때문에 옳다. 그것은 처음에는 →동어반복일 뿐이다. 체계는 자기 자신을 '전제할 수 없기 때문에/전제할 수 없는데도' 자기 자신을 전제한다. 즉 A가-아닌-것이기 때문에 A이다. 어떤 것이 발생하지 않기 때문에/발생하지 않는데도, 발생한다. 체계는 물론 언제나 그것이 되는 것이지만, 그것이 그것 아닌 것과의 고유한 →차이라는 이유만으로 그것이 된다. 그것은 역설적이다.

역설들은 이제 회피할 수 없고, 역설들과 함께 살아야 한다. 또는, 역설들은 편재하는데도 체계들의 →작동들을 봉쇄하지 않는다. 역설들은 우회할 수 없기 때문에, 역설들을 다루는 것, 역설들을 풍성하게 하는 것이 중요하다. 따라서 체계와 환경의 역설적인 구분은 자기 자신을 전제하는 구분이다. 그러나 이것이 어떤 최후 구분으로 소급될 수는 없다. 그러나 체계와 환경의 역설적인 구분은 체계의 자기구분으로서 바로 이 체계의 작동들이 자기생산적으로 실행될 수 있도록 하는 데 적합하다. 체계는 자신의 작동들을 환경과 체계의 고유한 구분의 방향으로 향하게 하며, 이것은 가능하다(→체계, 자기생산적). 이것은 구분에 의해 구분된 것 안으로 구분이 재진입하는 것을 통한 탈역설화를 의미한다(→재진입).

이 모든 것은 그 자체로 역설적인 것으로 남지만, 그것은 기능한다. 2계 관찰에 따라서 무엇-질문(무엇이 구분되는가?)으로부터 어떻게-질문 (구분되는 것이 어떻게 구분되는가?)으로의 이행이 중요하다. 역설의 논리는 '봄 = 보지 않음'이 아니라, 보지 않음이기에 봄이 되는 것이다(→구성주의, 체계이론적, →실재, →스테노그라피/에우리알레). "역설은 논리에 있어서 (체계이론에 있어서: 저자) 이유의 원칙이며, 논리의 초월적인 기본 원칙이며 기본 원칙으로 남는다"(277: 55).

129: 1134ff.; 219: 191; 285: 292ff.; 286; 287: 37ff., 48ff.; 382: 170ff.; 405; 406; 479: 246

역설적 소통 Paradoxe Kommunikation
→소통, 역설적

역할들 Rolle
인물과 무관한, →인물들에 대한 기대 묶음이나 인물들의 수신화 가능성을 위한 →사회적 체계의 선별 도식. 사회적 체계들의 외부분화(→분화, 기능적)의 맥락에서 → 성과 역할들과 보완 역할들(생산자/소비자, 교사/학생 등)의 형식으로 나타나는 역할 분화는 매체 분화와 유사하게 준비하며-동반하는 기능을 수행한다(→전적응적 진전).

063: 82f.; 073: 251; 108: 237f.; 129: 725, 738f., 771f.; 113: 3장, 20장; 219: 325, 385f.; 225· 47ff., 82ff; 277: 81ff.; 324: 86f.; 373: 429ff.; 379: 163f.; 541: 41

연대 Solitarität
연대는 사회적 체계 일반의 관찰 가능한 외부분화와 이때 특별하게 상호 작용체계들과 사회체계들이 서로 맞서면서 강화되는 분화를 고려할 때 더 이상 상호작용을 통해 보장될 수 없기 때문에, →사회적 통합이나 심지어 사회(societal)통합의 더 이상 실행하거나 기대할 수 없는 형식인 것으로 입증된다.

063: 79f., 88ff.

열정 Passion

처음에는 아직 채워지지 않은 →사랑을 감수하는 형식이며, 그 다음에는 열정적인 소통적인 행동의 동기로 변형되며, 이때 정복하는 자기복종, 행복한 고통의 역설이 된다. 열정은 사랑하는 남녀의 주체화, 감정화, 그리고 연애 관계가 깊어지면서 사실적 제한들과 사회적 제한들이 자유로와지기 시작한다는 점과 결합되어 있다(→친밀성). "'열정'은 파트너 선택이 사회(societal)통제로부터 해방된다는 것을 상징한다"(180: 38). 그렇게 한계를 벗어난 열정은 사랑하는 남자/여자들에게 사랑받는 남자/여자의 거의 모든 측면을 총체화하며, 중요한 것으로 만들며, 그런 기대들(Zumutungen)의 관점에서 시간화된다.

180: 38; 227: 6장

예술 Kunst

→예술체계(→의존 맥락, →장식)

역사 Geschichte

이전/이후의 의미에서 →시간의 구분을 사용하여 다른 것의 통일성들을 사회전체적으로 중요한 사건들의 형식으로 부각시키는 관찰에 관심이 있다. 체계이론적으로 역사는 가능성 지평들(→진화, →진화, 사회적, →진보)로부터의 선택으로 나타난다. 그러면 체계의 역사는 체계 선택의 역사(→기억, →구조)로, 세계의 역사(→세계)는 체계 자체로부터 실행되지 않은 선택들의 역사로 서술될 수 있다.

018; 065; 096; 123; 129: 3장 7절; 241; 488

역사적 기계 Historische Maschine

고유하고 우연한 계산들을 우연적으로 계산해야 하는 단순하지 않은 기계. 역사적 기계들은 자신의 모든 작동에서 언제나 처음에는 자기 자신이 처한 상태를 확인해야 한다. 그리고 모든 작동은 역사적 기계를 변화시킨다(→체계, 자기생산적).

073: 97ff.; 086: 77ff.; 277: 73f.; 504: 277f.

연결 능력 Anschlussfähigkeit

모든 종류의 체계에서 발생하는 →사건들은 자기 자신들을 사건들로서 자기생산적으로 계속 생산할 수 있기 위해(→체계, 자기생산적) 기본적으로 서로 관련될 수 있어야 한다. 즉 서로 연결될 수 있어야 한다. 그래서 모든 사건은 모든 다른 사건들로부터 달리 구분될 수 있어야 한다(→비대칭, →지속적 붕괴, →구분). 예를 들어 어떤 규정된 행위(→행위)가 주어져 있다면(현관에서 초인종 누르기), 다른 규정된 행위가 그에 연결될 수 있다(대문 열기). 연결 능력은 구분들에 연결하는 구분들의 다음 사례에서도 주어질 수 있다. 체계라는 구분에는 체계/환경 구분이 접목될 수 있다. '병든'이라는 구분은 예를 들어 '치료 가능한 질병/불치의 질병'의 구분의 출발점이 될 수 있다. 합법/불법 같은 →코드에서는 긍정 면인 '합법'에의 연결 능력이 중요하다. 따라서 연결 능력은 부정적인 연결 능력으로서 ― 고려되지 않는 모든 것으로서 ― 구분되며, 또한 긍정적인 연결 능력으로서 ― 고려되는 것이나 →정보가 되는 것으로서 ― 구분된다.

연결 능력이 필요하다는 것은 사건들이 무조건 항상 서로 연결 가능해야 한다거나 누구나 그 순간 모든 체계에 참여할 수 있어야 한다고 말하는 것은 아니다. 법 지식이 제한된 경우에 법을 집행할 수 없거나, 지불 능력이 불충분한 경우에 사고 싶어 하는 재화의 구매가 불가능할 수도 있다(→포함/배제).

129: 363; 338: 20ff.; 373: 62; 378: 65ff.; 438: 132; 504: 200ff.

연결 합리성 Anschlussrationalität

행위들(→행위)이 시간(→복잡성, ~의 시간화)의 도움으로 →결정들로 전환되면, 자기 자신을 행위체계들로 기술하는 사회적 체계들에 연결 합리성이 주어진다.

373: 399ff.

연동 Kopplung

관계 개념의 대안으로서, →자기생산적 체계들이 →관찰자 관점에서 그 환경과 결합되어 있다는 사실과 방식, 또는 그 자신의 관찰자로서나 관찰된 관찰자로서 그 환경들과 관련된다는 사실과 방식을 가리키는 일반적인 개념이다(→체계 관계들, →체계 경계). →작동상 연동, →구조적 연동, →느슨한/단단한 연동, 일시적 연동과 지속적 연동이 구분될 수 있고, 연동의 →매체와 →형식이 구분될 수 있다(→매체/형식).

129:100-120, 780ff.; 373: 300ff.; 504: 30ff., 38ff., 163ff.

연동, 구조적 Kopplung, strukturelle

자기생산적 체계들이 비-체계환경들과 체계환경들과 맺는 매체를 통해(→매체, →형식) 매개된 관계들(→상호침투, →물질성 연속체, →체계 관계들, →체계 경계)과 관련한다. 체계 환경들은 유의미하지 않게 존재하거나 유의미하게 존재할 수 있고, 이때 각각 상이하거나 같은 종류일 수 있다. 구조적 연동은 체계가 자신의 구조 유도된 자기생산을 보장하기 위해 필요로 하는, 체계의 환경 내에 있는 상대적으로 불변적인 전제들이나 다양한 방식으로 변화할 수 있는 전제조건들을 의미한다. 체계들의 자기생산의 정상 과정에서 구조적 연동은 체계-환경-관계들을 위해 상대적으로 존속하며 눈에 띄지 않게 작용하는, 체계-환경-관계들의 구성 연관이며, 이것은 매우 상이하게 형성될 수 있다.

개별적으로 보자면, 중력 매체가 없다면 걷기는 불가능하다(신체와 무기적인 환경의 구조적 연동). 영양 매체 없이는 생명이 생존할 수 없다(삶과 유기적인 환경의 구조적 연동). 공기 매체 없이 들을 수 없을 것이고, 빛 매체 없이 볼 수 없을 것이다(지각 기관들과 살아 있는 환경들이나 살아있지 않은 환경들의 구조적 연동). →심리적 체계는 어떤 것을 자신의 내적 작동들에 관련시킬 수 있도록 하기 위해 자신의 환경 내의 어떤 것을 지각해야 한다(→지각)(심리적 체계와 지각 기관들의 구조적 연동). 인물들의 형식으로 →사회적 체계들에 참여하는 심리적 체계들은 지각된 것의 통보 가능성을 필요로 하며, 특히 자신의 입장에서 듣거나 볼 수 있는 언어 매체로 통보될 가능성을 필요로 한다(심리적 체계와 사회적 체계의 구조적 연동). 또한 사회적 체계들 사이에도 구조적 연동들이 있다. 예를 들어, 세금과 납세를 통한 경제와 정치의 연동, 헌법을 통한 법과 정치의 연동, 사유재산과 계약을 통한 법과 경제의 연동, 자격을 갖춘 전문 인력과 전문가 조언을 통한 정치와 학문의 연동, 증명서와 자격증을 통한 교육과 경제의 연동 등등이 있다. 체계들 간의 구조적 연동들은 →프로그램들, 고유한 사회적 체계들(예컨대 치료 체계, 작업팀), →인물들 또는 →조직들을 통해 일어난다.

사태들이 개별적으로 어떻게 발생하든, 언제나 중요한 것은 체계들을 무기한으로 그것들의 외적 존재 토대로서의 비-체계환경들과 체계환경들 내에서 근본적으로 가능하게 하기 위해, 느슨하게 연동된 요소들의 소비될 수 없고 공통으로 사용할 수 있는 매체가 필요하다는 점이다. 언급된 환경들은 인과적인(→인과성, 연동, 느슨한/단단한) 얽힘들을 발견할 수 있는, 각각의 작동상 가능성 지평들과 구조적인 가능성 지평들을 제한하는(→구조적 표류) 방식으로 매체적으로 매개되어 각각의 체계들에 작용한다. 체계들은 자기편에서 결국 접근할 수 없는 환경들(→블랙박스)에 대한 자기준거적인 탐색에서 작동상 가능성 과잉들을 제공한다(→연동, 작동상)는 이유만으로 그런 종류의 제한들에 대처해나갈 수 있다. 걷기는 아주 다른 종류일 수 있으며, 인물 형식으로 참여한 심리적 체계들의 기여로 나타나는 것은 소통적 사건으로서의 대화의 진행에 달려 있다.

구조적 연동은 체계가 고유한 자기생산의 속행에 필요로 하는 모든 것을 포함한다. 구조적 연동은 체계가 파괴하기만 할 수 있는 모든 것을 배제한다.

073: 118ff., 268f., 083; 128: 480; 129: 100-120, 130, 532, 601, 780ff.; 151: 102ff.; 153: 298ff.; 271: 30ff.; 277: 397ff.; 294: 10장; 313: 16f.; 319: 9장; 321: 10장; 354: 13f.; 373: 300ff.; 448: 165ff.; 459: 204ff.; 504: 30ff., 38ff., 163ff.

연동, 느슨한/단단한 Kopplung, lose/feste

연동은 체계-환경-관계들(→체계 관계들)에 참여한 →자기생산적 체계들이 교란된다고(→교란) 느끼는 환경들에서 자신들의 작동을 기준으로 자신들의 매체들(→매체)을 사용하면서 정보를 탐색해나갈 때 느슨하다. 느슨한 연동은 →요소들의 공통성을 배제하는, 비교적 지속적인 것으로 만들어진 구성 관계로 볼 수 있다(→상호침투, →연동, 구조적). 연동은 특히 체계들이 자신들의 체계-환경-관계들이나 다른 체계-환경-관계들을 →인과성 매체에서 관찰할 때 단단하다. 이 →관찰은 사건들의 동시성이 일시적으로 생성되는 것처럼 관찰될 수 있다. 예를 들어 말해진 문장이 대화에 참여한 두 인물에 의해 같은 의미로 이해될 때나, 지불이 실행되는 그 순간에 법적 의무의 충족으로 나타날 때, 사건들의 일시적인 동시 생성을 관찰할 수 있다(→투입-산출-모델, →전환, →다체계 소속성). 각각 상이한 중요 사건의 동시적인 관련은 체계들을 위해 특화된 요소들의 토대에서 참여 체계들의 작동상 자율과 무관하게 일어난다.

073: 227ff.; 099: 31f.; 129: 196, 198ff., 525f.; 345: 109ff.; 504: 183f.

연동, 작동상 Kopplung, operative

예를 들어 생각들의 생각들에의 연결이나 소통들의 소통들에의 연결에서처럼, 체계 특화된 →작동들이 체계 특화된 작동들로 연결될 때 발생한다(→연결 능력). 작동상 폐쇄성은 인지적 개방성 없이는 가능하지 않기 때문에, 작동상 연동은 체계의 →환경, 즉 체계가 구조적으로 느슨한 형식으로 연동되어 있는(→연동, 느슨한/단단한) 환경을 다룰 때 체계에 의한 정보의 생산을 전제한다. 그러므로 작동상 연동은 실행 과정에서는 →구조적 연동이며, 구조 결정되었으며 환경 적응된 자기생산체계가 환경을 다룰 때 실행하는 자기유지 작업을 기술한다. 심리적 체계는 예를 들어 다른 심리적 체계와의 관계에서 언어 형식의 통보, 즉 문장을 언어 매체 내부에 새겨진 →형식으로서, 행위나 체험으로서 귀속할 수 있기 위해 →언어 매체에 의지한다(→귀속, →인물). 심리적 체계는 이 방식으로 시간적인 사건을 통해 자신의 구조를 자신의 환경에 단단히 연동시킨다(→폐쇄, 이중적). 이런 의미에서의 작동상 연동은 그것이 발생하는 순간 단단한 연동 형식을 취하는 타자 구조들과 맺어지는, 고유한 구조들의 연동에 놓여 있다. 그런 연동은 예를 들어 의식된 소통이나 법적 의무를 충족하는 지불로서 일어난다(→전환, →다체계 소속성). 작동상 연동들은 느슨하게 연동된 구조들을 현재화하지만, 요소들의 공통성을 생산하지는 않는다(→체계 경계).

129: 788; 321: 440f.; 504: 638

연속화(순차화) Sequenzialisierung

모든 →자기생산적 체계에서는 일어나는 모든 것이 모든 순간 동시에 일어나지만, 모든 작동은 →시간을 필요로 하며, 복잡하고 유의미한 체계들에서는 상이하고 회귀적인 선택들로서 유의미한 작동들이 시간을 사용하지 않고는 성취될 수 없다. →복잡성은 연속화를 강요한다(→복잡성, ~의 시간화). 말해질 수 있는 모든 것이 순간적으로 동시에 말해질 수 없다. 그러므로 연속화는 →비대칭화의 시간적인 형식들(→시간차원), 즉 →연결 능력과 역설 전개의 가능화를 가리킨다(→역설).

129: 75; 373: 76ff.; 427

영향 Einfluss

유의미한 체계들 사이에서의 선택성과 전달의 일반화된 형식. 영향은 소통적 상황들이나 →소통들의 귀속(→귀속)을 →체험이나 →행위로 전제한다. 시간적(→권력), 사실적(→권위, →평판) 또는 사회적 일반화(→지도)를 일반화된 영향 형식들로 구분할 수 있다. "영향은 반복적인 수용이 기대될 수 있을 때와 기대되는 한에서 권력(Power)이 되고, 다른 소통들의 수용도 기대될 수 있을 때와 기대되는 한에서 권위(Autorität)가 되며, 또한 다른 사람들이 영향을 수용할 때와 수용하는 한에서 지도(Führung)가 된다"(113: 124). 일반화(→상징적 일반화)의 특징은 특정한 유형의 소통들에 참여하는 특정한 →동기의 예측 가능성과 관련한다.

113: 123ff.; 231: 74f; 294: 39ff.

영혼 Seele
→종교체계

예술체계 System der Kunst
→자기생산적 체계로서의 예술은 우연적-선택적인(→우연성, →선택성) 예술 소통들로 구성된다(→소통). 예술은 관찰되는 →세계 →관찰들을 세계의 관찰로서 관찰되는 것으로서 관련짓는다. 따라서 예술은 2계 관찰 형식이다. 예술체계의 소통상 최종 요소들이나 바로 그 예술 소통들이 예술작품들이다. 예술은 예술작품들을 통해 소통하며, 예술가들과 예술 관찰자들은 →관찰자로서 예술 소통에 참여한다. 따라서 예술 소통은 예술을 통한 소통이며 예술에 관한 소통이다. 예술작품을 통한 소통에 있어서 작품 속의 정보는 외부화되며, 작품이 완성되어 있음에 대한 통보를 인식할 수 있으며, 이해는 이 차이의 선택적인 추체험 가능성과 관련된다. 모든 예술작품은 그 외에도 소통적인 →대상으로서 자신의 지각 가능성/직관 가능성과 구분될 수 있고, 자신의 물질적인 실현과 구분될 수 있다. 즉, 예술체계도 자신의 환경과의 →구조적 연동(→물질성 연속체)을 필요로 한다. 관찰 불가능한 세계의 관찰 가능성, 세계의 관찰 가능성과 관찰 불가능성의 차이의 통일성을 예술작품 속에서 볼 수 있도록 만드는 것이 예술체계의 사회의 →기능으로 간주된다. 예술의 →매체는 형식 형성의 자유, →형식으로부터 형식의 창조이거나 일반적으로는 매체-형식 차이다(→매체/형식). 예술체계는 조화로운/조화롭지 않은의 추상화된 의미에서의 미/추 차이를 통해 코드화된다(→코드). 이 프로그램화(→프로그램)는 예술작품으로서 예술작품에 주어진 참신한/진부한의 구분에서 표현된다. 모든 예술작품은 자신의 고유한 프로그램이다. 예술 교의학은 예술체계의 성찰이론일 것이다.

예술체계는 사회의 다른 기능체계들과 비교했을 때, 제한되고 자유로운 포함과 더 낮은 환경 적응 상태라는 특수한 속성을 가진다.

023; 023; 030; 173: 200ff.; 189; 191; 219; 220; 237; 367; 476; 484; 487; 507: 68ff.; 526

와부와부 Wabuwabu

와부와부는 "도보(Dobo)-민족의 언어에서 먼 곳에 있는 사람들에 대해 날카로운 책략을 적용하는 것을 뜻한다"(473: 30). 와부와부는 집단 보편성을 기술하는 재치 있고-신랄한 개념이다. 대학 구성원들이 집단들을 중심으로 자기질서화와 타자질서화를 형성하는 것은 집단들 간의 거리를 확대하며, 민주화로 인한 관료주의화로 동반된다.

473

완전성/완전 가능성 Perfektion/Perfektibilität

부정된(→부정) →우연성. 완전하다는 것은 고전적인 이해에서 단순하게 완성된 것(→자연)을 의미한다. 아직 도달되지 못한 완전성은 완전 가능성을 가능하게 한다(→목적론). 자연 합리적 완전성/완전 가능성의 반대 개념은 완전성/완전 가능성의 실패(Verfehlen)의 의미에서 부패. 완전성과 완전 가능성 이념은 →인간을 관련 단위로 취한다. →근세 초기 인간학에 따르면 인간의 완전 가능성은 인간적인 것의 부정을 — 자기주의적인 인간 자연의 형식으로 — 부정하는 추구할 만한 목표다. →사회학적 계몽은 인간적인 것의 부정의 부정을 부정한다.

108: 130ff., 218ff.; 129: 916f.; 144: 17; 149: 8f.; 343: 37f.; 358: 10ff.; 495: 212ff.; 504: 211f.; 538: 63-73

외부분화(독립분화) Ausdifferenzierung

우연적-선택적이며(→우연성) 대개 코드에 의해 주도되며(→코드) 체계를 형성하는 경계 설정(→경계, →체계, 자기생산적, →체계 경계). 외부분화는 일반적으로 체계-환경-분화로서의 체계 형성(→분화, →체계분화, →체계-환경-이론)과 관련되어 있다. "외부분화는 환경을 통해 임의적인 제한들이 독자적인 것이 되며 규정된 제한들이 의존적인 것이 되는 것"(436: 189)을 뜻한다. 외부분화는 임의적인 환경 사건들에 대한 둔감성과 특정한 환경 사건들에 대한 민감성을 수립하고 상승시킨다(→정보).

086: 111ff.; 108: 101-114; 129: 4장 7절; 378: 88ff.

외부 세계 Außenwelt

"외부 세계가 있다(...)"(081: 33). 이 진술은 →관찰자의 →관찰이다. 그럼으로써 관찰하는 체계와 환경(여기서, 외부 세계) 간 차이가 주어진다. 외부 세계는 이런 의미에서 관찰에 선행하여 관찰될 수 있는 것으로서, 즉 관찰과 무관하게는 관찰될 수 없는 것으로서 관찰될 수 없다(→인식, →실재). 외부 세계의 관찰은 어떤 것의 →지각을 전제한다. 관찰하는 심리적 체계들이 중요하거나 심리적 체계들에 의한 사회적 체계들에의 참여가 중요하다는 점에서, 지각된 어떤 것은 그 자체가 의식을 요구하는 관찰하는 체계에 고유선택적으로 접근 가능한 관찰 성과로서나 두뇌의 구성으로서 관찰될 수 있어야 한다. 또는 자기준거/타자준거의 구분을 가지고 작동하는 의식은 두뇌의 신경생리학적 작동들의 결과를 자기 자신에게 외부 세계로서 나타나도록 할 수 있다. 모든 지각함(Wahrnehmen), 그 중 의식된 의미를 요구하는 지각함과, 그 중 언어 형식으로 매개된 시각함은 결국에는 형식에 의해 주도되며 형식을 형성하는 작용을 한다. 결국에는 돌들, 나무들, 동물들, 인간들, 사회적 체계들, 세계와 같은 개념들의 →형식으로 그렇게 한다. 외부 세계는 →세계처럼 관찰 개념이나 형식 개념이나 상관 개념이지, 본질 개념이나 존재 개념이나 실체 개념(→구성주의, 체계이론적)이 아니다. 실재하는 실재(→실재, 허구적/실재하는) 그 자체는 '오직' 실제적인 관찰일 뿐이며, 그렇게만 남는다.

081; 382: 155ff.

외부화 Externalisierung

→자기생산적 체계들이 순수하게 자기준거적으로만 작동하지 않기 때문에(→자기준거, 기초적) 폐쇄성은 개방성을 통해서만 가능하다. 자기 자신을 관찰하는 체계들은 내부화(자기준거)와 외부화(타자준거)를 균형 있게 유지해야 하며(→자기준거/타자준거), 환경에 역사를 가진 체계들로 이해되어야 한다(→기억, →구조). 외부화는 체계가 자신의 고유한 행위와 체험 내에서 관계할 수 있는 →환경들로의 체험과 행위의 체계적인 귀속들을 나타낸다(→귀속). 여기서 환경(들)으로의 귀속은 다시금 다른 체계들을 통해 매개될 수 있다. 예를 들어, 좁은 의미의 정치체계는 대중매체 체계를 통해 대중에 귀속된다. 심지어 여론 매체에서도 그렇다.

304: 61ff.; 348: 8ff.; 358: 33; 359: 443; 405: 73; 479: 245f.; 501: 174ff.

요소들 Elemente

요소들은 각각의 →자기생산적 체계들을 형성하고 자신에 대해 더 이상 분해될 수 없는 단위들이다. 이러한 것으로서의 →형식들로는 예컨대 소통들, 행위들, 지불들, 생각들이 있다. 자기생산적 체계들의 요소들은 항상 →사건들이다. 체계들 간 요소들의 공통성은 분리되지만, 사건들의 공통성은 분리되지 않는다. 이 사건들은 체계에 따라 달리 코드화(→코드)된다(→전환, →다체계 소속성 →체계 관계들, →체계 경계).

073: 173ff.; 129: 65f., 137f., 373: 607f.; 369: 794ff.; 427: 241ff.; 504: 65f, 364f.

요구들 Ansprüche

충족될 것을 요구하는 압축된 유형의 →기대들. 요구들은 그래서 소통적 상황에서 →심리적 체계들에 의해 유효해지는, 심리적 체계들의 구조들이다(→인물). 개별성 관점에서 심리적 체계들의 →자기관찰/타자 관찰을 전형적인 사례로 취할 수 있다.

017; 373: 362ff.

욕구 Bedürfnis

지불(→지불/비지불)을 위해 자신의 환경에 있는 이유들이나 →동기들을 표현하는 →경제체계의 개념이다. 중요한 환경 정보의 이러한 자기선택적인 지각을 통해, 경제체계는 체계 자신이 자기 자신에게 의존적이 되도록 욕구들의 자기산출 연관에 스스로 구속된다. 여기서 고려해야 할 것은, 욕구가 결국 효과적인 지불 능력의 형식으로만 경제적 코드를 교란할 수 있다는 점이다.

501: 59ff.; 502: 315f.

우발 Zufall

의외의 →사건들이 자기생산적 →체계의 환경 내부에서 가능하다(→정보, →교란)는 것과 환경이 체계를 연결 능력이 있는(→연결 능력) →작동들이나 구조 변경들(→기억, →자기조직, →구조)로 전환할 수 있다는 것을 뜻한다. 더 정확하게는, 체계 편에서 원래 예견되지 않지 않으며 그 구조화된 상태와 체계적인 연관에 있지 않은 사건이 우발이다. 사전 조율의 특징은 없다(→변이). 이 관점에서 우발은 결코 임의적으로 일어나는 어떤 것이 아니다. 체계의 입지에서 사건으로서 우발적인 것으로 간주되는 것만이 우발적인 사건이다. 우발은 자기생산적으로 작동하는 심리적 체계와 사회적 체계의 조건들과 아직 거의 제한되지 않은 사고 가능성들(→해체/재조합 능력)과 소통 가능성들의 조건들 하에서 바로 체계들의 →진화의 원칙이다 (→엔트로피/부엔트로피, →진화, 사회적, →정상성, →질서, 사회적, →개연성).

129: 417, 426, 338ff., 502.; 373: 165f., 170f., 236f., 250f., 485; 504: 466f., 563ff.

우연성 Kontingenz

필연성과 불가능성의 부정. 구분되는 모든 것은 구분의 다른 가능성들의 관점에서 구분된다(→구분). 우연성 개념은 가능한 것과 현실적인 것의 →차이의 →통일성을 지시하는 것이 아니라, 오직 현실적인 것의 가능성과 불가능성의 차이의 통일성만 지시한다. 이 개념은 행위와 체험의 유의미한 가능성들을 향해 일반화되며, 이때 규정되어 가능한 것이기만 한 현실적인 것으로부터 거리를 둔다. 거기서부터 임의성(→자의)이 이어지지는 않으며, 가능한 것의 우발적인 →조건화와 비우발적인 →조건화가 있기 때문이다. 우연성 개념은 우연적-사회전체적인 발전을 전제하며, 그 발전은 통일적이며 유일하게 옳으며 그렇게 가능하지 다르게는 가능하지 않은, →세계나 →실재(존재하는 것)의 관찰 가능성의 근거를 박탈한다. 따라서 이 개념은 →2계 관찰 개념이다. 이러한 우연성 개념은 2계 관찰 개념으로서 규정 가능성과 규정 불가능성의 →차이의 →통일성을 지시한다.

012: 40; 108: 187ff.; 121: 506f.; 216: 93ff.; 326: 200ff.; 366: 32f.; 373: 152; 469: 14

우연성, 이중(의) Kontingenz, doppelte
→이중 우연성

우연성 공식 Kontingenzformel

(특히) 규정 불가능한 →우연성이나 →복잡성이 규정 가능한 우연성이나 복잡성으로 전환된다는 것을 표현하는 개념. "우리는 특별한 기능 영역의 미규정된 우연성을 규정된 우연성으로 전환하는 데 기여하는 상징들을 (...) 우연성 공식이라고 명명하고자 한다"(108: 201). 이를 위해 →코드들의 선택 기능은 충분하지 않다. 그래서 우연성 공식들은 무규칙적인 임의성에서 규정 가능한 가능성으로의 전환에 기여한다. 중요한 우연성 공식들은 경제체계에서는 희소성, 법체계에서는 →공정성, 정치체계에서는 →정당성, 교육체계에서는 →학습 능력, 종교체계에서는 →신, 학문체계에서는 →제한성, 도덕에서는 개인의 →자유가 있다. 우연성 공식은 소비될 수 없는 촉매자처럼 사회적 우연성의 해당 영역에서 작용한다. 그래서 희소성에 대한 지향이 미규정된 것을 항상 다시 규정 가능하게 만들기 때문에, 희소성은 경제체계의 우연성 공식이며 오직 경제체계만의 우연성 공식이다. 왜냐하면 인물 형식으로 참여한 모든 체계는 자신의 화폐 지불 태세를 지향하는 개별적인 행위를 항상 그 일에 적합하며 일반적인 지불 기대들로서의 화폐 가격 형식으로 신호화된 그 순간의 희소성들을 신뢰하며 지향할 수 있으며, 이때 상응하는 또 다른 행위들이 배제되거나 희소성이 제거되지는 않을 것이기 때문이다(→소통 매체들, 상징적으로 일반화된).

028: 118f.; 086: 183ff., 108: 82f., 126ff., 187ff., 201ff.; 294: 120ff.; 321: 5; 334: 22f., 29f., 338: 147ff.; 378: 61ff.; 501: 64f., 190ff.; 504: 396f.; 538. 58ff.

우정 Freundschaft

개별 인간-존재라는 점과 공동체-의-구성원이라는 관점에서 후기 고대 사회를 지시하는 분화 경험에 본래적으로 통일성을 부여하는 윤리적-도덕적인 기초의 대답. 우정은 이 차이를 진정으로 매개하는 것으로 생각되었다. 우정은 계층화된 분화에서 기능적 분화로의 이행 영역에서 인물들 간 자유롭게 이해되고 압축적인 소통적 상호 호혜성 관계의 특수 형식이 되었다. 여기서 우정은 도움을 제공하는 성격을 지닌 사회적인 것의 완전한 사적 형식이다. 우정은 한 면에서는 아직 완전하게 발전되지 않은 개별성을 전제하고, 다른 면에서는 더 이상 사회적 전체를 대표할 수 없다. 친구들은 그들의 매우 개인적인 상호작용을 그 밖의 사회적 행동기대에 대한 쌍방 존경에 기초하여 구축한다. 주로 기능적으로 분화된 →사회(→분화, 기능적)는 우정 유형의 구체적인 통합 내지는 →사회적 통합을, →도덕이나 →규범 또는 →가치들을 수단으로 하여 배제를 통한 포함의 추상적이고 몰사회적인 형식으로 대체한다(→포함/배제).

181: 146ff.; 227: 7장; 495: 213ff., 225ff.

운동, 사회(적) Bewegung, soziale

→사회(적) 운동

원칙들 Prinzipien

표준화된 체험 처리 →도식 또는 →체험의 귀속 형식 도식화의 고도 양식화된 형식들. 정의, 계약의 자유 또는 거래에서의 신의와 믿음과 같은 원칙이라고 말할 수도 있다. 원칙들은 체험 영역에서 우연성 차단(→우연성) 기능을 가진다. 그것들은 사전에 미규정된 규정 가능성들(→기대들)을 제한하는 규정된 형식들이다. 예를 들어 의지를 일치시키는 과정에서 선택의 자유라는 규정된 원칙은 어떤 형식의 일치가 선택될 것인지 아직은 미결정 상태에 두고 있다.

321: 347f., 369f.; 326: 225f.

위계 Hierarchie

유의미한 사건들의 일종의 질서화 형식으로서, 전체(→전체-부분-도식)를 대표하는 무차이 정점("상부")을 전제한다. 기능적으로 분화된(→분화, 기능적) →사회는 이렇게 이해된 위계화와 양립할 수 없다. 하나의 →대표 대신, 다수의 등위지배적이며 부분체계 특화된 '전체' 대표(→다중심성)를 해낼 수 있다. 부분체계들 내부의 위계화, 특히 그것들의 조직화된 중심들에서의 위계화는 과도한 →복잡성 처리 기대에 대한 기생적인 체계 내적 반응들로 이해할 수 있다(→불확실성 흡수). 안정적인 위계는 최소한 3개의 층위여야 하며, 물론 차이들의 차이를 관찰할 수 있기 위해 단순한 →차이가 두 번 적용되어야 한다는 이유로 그렇다. 결정 구조들이 점점 복잡해질 때는 과도한 요구를 받는 위계는 특히 문제 있는 결정 상황에서의 임시 방편으로서의 등위지배에 의해 점점 더 배경으로 밀려나게 된다.

104: 116ff.; 113: 161ff., 197ff., 353ff.; 181: 75ff.; 202: 160f.; 285: 300f.; 304: 42ff.; 353: 71f.; 501: 117f.; 504: 490f.; 513: 124; 520

위기 Krise

→비판과 위기의 일반적인 의미론은 관찰 의존적으로 주어진 대상으로서의 →사회를 전제한다. 여기서 위기들은 위기 없는 것으로 생각된, 사회의 가능한 실행의 변형에서 비롯하는 현상들로 간주된다(→사연, →안전성/완전 가능성, →목적론). "당위 가치와 역사 의식의 쌍안경으로 사회를 조망할 때는 언제나 위기를 볼 것이다"(378: 38). 위기는 "오지 않는 구세주를 위한

대본"(294: 300)이다. 기능적으로 분화된 사회도 학문적인 위기 의미론의 근거를 박탈하지 못한다. 위기들은 "체계나 중요한 체계 구조들의 존속을 시간 압력을 받는 가운데 의문시하는 민감한 상황"(521: 373)으로 남는다. 쌍방 고조시키는 부분 특화된 강한 →공명들(→통합, →조종)을 체계들 내부에서 철 지난 구조 변경들의 표현으로서 관찰할 가능성을 배제할 수는 없다. 이 경우에는 체계들(→체계, 자기생산적)의 자기생산의 정상화된 것 같은 비정상적인 동반 현상으로서의 위기 의미론들이 관건이다. 체계가-아닌 환경들에 미치는 체계 행위의 효과들을 체계 내적으로 주제화하는 것도 여기에 속한다(→초복잡성, →생태학적 소통, →항의).

073: 169f.; 129: 1115f.; 521: 326ff.

위선 Heuchelei

위선은 도덕적 소통과 관련이 있다. 즉 도덕을 더 이상 도덕적으로 구분할 수 없는 역설의 전개와 관련이 있다(→도덕). 예를 들어 여론 매체에서 도덕화되면서 자기 자신을 도덕적 소통의 대상으로 포함하지 않을 때 위선을 말할 수 있다. 사람들은 어떻게든 확정하지 않은 채 가치들을 마찬가지로 근거로 삼을 수 있다. "그로써 위선은 탈-인물화된다. 그것은 2계적인 위선이다. 즉 탈위선화가 장착된 위선이다"(293: 24).

위치 Stelle

가장 중요한 우연적-선택적이고(→우연성) 결정 의존적인(→결정) →조직의 장치들 중 하나. 사안 과제들, 소통 위임들, 관할 책임성들과 특히 인적 점유들의 묶음은 변경될 수 있다. 내용들의 변이를 위한 형식으로서의 위치는 조직된 사회적 체계들의 →매체로서 기능하는 한 추상적인 동일시 관점으로서의 구성원 역할을 위해 기능한다.

113: 141ff.; 227: 231ff.; 294: 91ff., 240f.

위해 Gefahr
→위험/위해

위험/위해 Risiko/Gefahr

"위험과 위해의 구분은 귀속 과정에 기초한다. 즉, 그 구분은 있을 수 있는 피해들이 누구에 의해 그리고 어떻게 귀속되는가에 달려 있다. 귀속은 자기귀속(체계에의 귀속, →행위로서)의 경우에는 위험이며, 타자 귀속(환경에의 귀속, →체험으로서)의 경우에는 위해가 된다"(346: 148). "비에 젖을 수 있을 위해는 우산을 들고 집을 나서지 않을 경우에 감수해야 하는 위험이 된다"(365: 64).

근대사회에서 일어나는 것을 사회 자신(→자기관찰/타자관찰)에 귀속하며 물론 고유한 →결정에 귀속하는 것은 근대사회[의 속성]에 속한다. 개별 결정들로 귀속될 수 있는 것은 그 근대사회 내에서 위험으로 나타난다. 이전에 외적 위해로 나타난 많은 것은 내적 위험으로 전환된다. 위험 계산조자 그 변화에 아무런 영향을 미칠 수 없다. 그 계산들은 미리 이루어진 사후 평가들일 뿐이다. 그래서 위험을 계산하는 보험들과 잠재적인 피보험자들은 위험들을 줄이기보다 오히려 상승시킨다. 위해도 새로운 방식으로 외부화된다. 어떤 이에게 위험인 것은 다른 이들에게는 위해가 된다. 위험/위해 구분에는 결정자/당사자라는 연결하는 구분이 조응한다. 점점 더 많이 실정들에 귀속할 수 있게 된 데는 결정들을 점점 더 위해들로서 체험할 수 있게 되는 사정이 작용한다. 특히 미지의 미래적 현재에서의 현재적 미래(→시간)는 결정 의존적이다. 결정이 옳았는지 틀렸는지에 대한 판단은 모든 결정의 경우에서처럼 나중에, 즉 미래적 현재에 비로소 제기될 수 있다.

위험과 위해를 사회에 귀속하는 것은 [사회가 기능 수행을 통해 해결을 도모하는] →"문제"다(→사회운동). "문제"는 더 이상 외적 위해들에 맞서는 호혜적-연대적인 방어라는 구체적인 모델에 따라 해결될 수 없다. 그것은 기능적 부분체계들을 통해 내적 위해들의 완충이나 균형 잡기를 통해 해결할 수 있다(→분화, 기능적, →통합, →공명).

042: 141ff.; 117; 156; 248: 327ff.; 277: 273; 346; 347; 365; 380; 426: 225ff.; 461: 88ff.; 504: 661ff.

유럽적 합리성 Europäische Rationalität
→합리성, 유럽적

유출 Emanation

유출은 모든 것의 생성이 최고나 최후의 존재(예컨대 신이나 자연)에서 비롯된다고 전제한다는 것을 표현한다. 시작함의 시작함(예컨대, →신, →자연, 공동 소유)을 전제하는 것, 시작의 그때마다의 시작을 동반하는 것은, 태초에는 없었지만 시작으로부터 위계적으로 이어지는 것의 →구분이라는 점이 특징적이다(예컨대 →악마, 문명, 사적 소유). 유출의 이러한 →의미론은 체계이론적으로 시작 없는 시작함(→차이)의 의미론을 통해 해체된다(→시작, →차이). 시작하는 것이 무엇이든, 언제나 시작이 이루어지며 모든 다른 시작함이 [그 시작에] 포함되어 있다(→진화). 사람들은 항상 그 속에 있다. 자기생산적 순환은 해체될 수 없다. 체계이론이 체계와 함께 시작한다면, 체계이론은 체계와 함께 시작을 시작(체계를 구분)하지 않고도 체계와 함께 시작한 것이다(→관찰자, →관찰, →형식, →구성주의, 체계이론적, →역설). 연결하고 구분하는 모든 작동에서 이것이 반복된다. 결과적으로 그 자체로 역설적인 유출 위계를 얻게 된다.

014: 13f.; 027: 279f.; 104: 115f.; 129: 913f.; 398: 132f., 141f.; 504: 488ff.

유토피아 Utopie

"(...) 정확하게 말하면, 어디에도 존재하지 않는 장소다. '토포스'(논쟁을 위한 공통의 주제나 원천으로서 사용될 수 있는 일반적인 논리적 장소: 역주)의 수사학적 의미를 함께 듣는다면, 유토피아는 발견될 수 없는 곳, 즉 어떤 것도 상기시키지 않는 기억의 장소다"(294: 127).

199; 245: 126ff.; 294: 126ff.; 467

유표 공간/무표 공간 Marked space/unmarked space

→관찰을 통해 산출되는 우연적-선택적인(→우연성) 가능성들의 →지평(→의미, →세계).

가능성들의 표시된 지평과 표시되지 않은 지평의 관계는 삼중적인 관점에서 생각할 수 있다. 즉, 관찰할 수 있다. 1. 관찰되지 않으면, 표시는 없다. 이것은 모든 관찰에 전제된 관찰 가능성 지평에서 관찰한다면 관찰 불가능한 세계일 것이다. 그러나 유표 공간이 관찰될 때 산출되는 것이라면, 표시된 무표 공간의 세계는 고유한 →역설일 것이다. 2. 관찰된다면, 다른 관찰에 힘입어 관찰될 수 있을 것은 관찰 불가능하며 그렇게 남는다. 존재/부재 같은 관찰은 체계/환경 관찰과는 다른 가능성 지평을 표시한다. 존재/부재 관찰이나 체계/환경 관찰은 무표 공간을 표시하거나 절개하며, 이때 그 관찰들은 관찰들로서 관찰될 수 없다. 즉 적어도 관찰함의 작동 순간에는 무표 상태로 남는다(→맹점, →횡단). 이것은 나시 하니의 역설이다. 3. 2에 따르는 체계/환경-구분은 환경을 가진 체계로서 자신을 구분하는 체계를 함의한다. 출발점은 체계이지, 환경이 아니다. 그 경우에는 환경은 구분되어 있지 않지만 구분될 수 있다. 그것은 표시될 수 있는 무표 공간이다. 부재에 대해서는 이 관찰을 적용할 수 없을 것이다.

관찰은 무표 공간에 대한 표시라는 역설적인 작동으로 이해될 수 있다. 모든 것은 관찰 이전에 표시되어 있어야 하며, 그것은 표시될 수 있는 상태에 있을 것이다. 그것은 표시된 어떤 것일 것이기 때문이다. "(표시가 없다면 '표시되지 않은 어떤 것'도 당연히 없을 것이다. 세계는 언제나 유표/무표의 구분을 통해 먼저 상상적 공간으로 전환되어야 한다)"(338: 53). 관찰은 무표/유표의 구분을 산출한다. 관찰은 관찰을 산출한다. 구분을 하나 그려라.

129: 5장 11절; 146: 82; 219: 51f.; 287: 41ff.; 338: 36ff., 53; 479: 257f.; 506: 60ff.

유행 Mode

일과성(一過性) 가치를 통해 부각된 새로운 것(→참신함). 그것은 →타당한 기간 동안 견해들과 습관들을 구속한다. "모방하지 않음"을 통해 "모방하는 경우에 대해 이러쿵저러쿵 추측하는"(265: 196) 일이 성공적으로 이루어질 때, 유행이 만들어진다. 유행이 순응을 유발할 기회는 이전에 타당했던 것과의 차이에 기인한다.

038: 79ff.; 173: 255f.; 265: 192f.

윤리 Ethik

윤리는 지배적인 이해에서 도덕적인 판단을 위한 도덕적인 정초들을 제공할 수 있는 →도덕의 →성찰이론이라고 주장한다. 체계이론적으로는 1계 →관찰의 층위에서 작동하는 윤리는 어떤 것이 좋은지 또는 나쁜지 같은 →구분 자체가 좋은지 또는 나쁜지를 구분할 수 없다(→맹점). 도덕의 성찰이론으로서 윤리는 도덕을 정초할 수 없고, 오히려 도덕의 →차이의 →통일성, 즉 무시/존중의 차이의 통일성을 관찰할 수 있다. 윤리의 이 →관찰은, 예를 들어, 심정윤리는 합의 능력이 있는 기준이 결핍하며, 책임윤리는 행동 결과의 예측이 부족하다는 결정적인 한계가 있다. "이러한 사태의 관점에서 윤리의 가장 긴급한 과제는 도덕을 경고하는 것이다"(282: 12).

088: 370-380, 433ff.; 089; 129: 405, 1039f.; 248: 333ff., 281; 292: 30f.; 371:32ff.; 461: 92ff.

은행들 Banken

은행은 경제적 위험(→위험/위해)의 조정이라는 위험스러운 과제, 즉 경제적 작동들 간 시간 차이들의 조정 관리를 경제체계를 위해 떠맡는다. 은행들은 인물들 또는/그리고 조직의 형식으로 참여하는 다른 체계들이 생산한 지불 능력을 적어도 자신들의 지불 능력의 충분히 개연성 있는 →기대에서 다른 경제체계(→경제체계) 참여 체계들에 넘겨줌으로써 경제체계에 참여한다(→지불/비지불, →화폐). 지불들이 자기 자신에게 적용되는 이런 경우에 지불 매체의 과도 요구나 과소 요구(→인플레이션/디플레이션, →소통 매체, 상징적으로 일반화된)의 충분한 제한 가능성이 부재하기 때문에(→신용, →재귀성), 지불늘을 지향하는 지불들을 지불들/비지불들로 제한하기는 하지만 자기 자신을 충분하게 제한할 수는 없는 체계 내적인 재귀적인 →관찰자를 필요로 한다(예컨대, 중앙은행).

380: 192ff., 470; 501: 144ff.

의견(견해) Meinung

의견은 "옳은 것에 대해 일시적으로 단단해진 견해"(262: 10)다(→여론).

의례들 Rituale

지각을 지향하여 연출된 소통들로서 의례들은 주술적 관행들이나 신화들처럼 낯선 것을 친숙한 것 안에서 다루어낸다(→생활세계, →상징). "의례들은 지각과 관련된 연출로 이루어지는 소통 형식들로 파악되어야 한다"(338: 190). 의례들은 소통을 회피하는 소통을 가능하게 한다. 신체의 참여, 탈언어화, 리듬화와 전형화는 그러한 부정적인 차단에 기여한다.

129: 235f.; 324: 160; 338: 190ff.

의도성 Intentionalität

사물의 본질(→자연, 완전성/완전 가능성, →목적론)이나 인간 본질의 표시로서, →주체의 속성(→초월)으로서, 또는 행위자들을 통한 효과들의 유발 가능성에 대한 생각으로서의 의도성은 체계이론적 관찰함의 출발점이 아니다(→계몽, 사회학적). 의도성은 처음에는 문제 기능적 관점에서 상대화되고(→방법, 기능적), 그 다음에 유의미하게 작동하는 체계의 이차적이며 단순화하는(→자기단순화) →자기기술의 층위로 등급이 낮아진다. 이 체계가 비로소 의식된 →행위로서 자신이나 다른 체계에 행동을 귀속할 수 있고(→귀속, →소통) 행위를 동기화된 것으로(→동기) 관찰하고 이런 의미에서 해석적으로 →이해할 수 있다.

255: 30ff.; 390: 66ff.; 504: 60f.; 521: 13ff.

의미 Sinn

일반적으로 →자기생산적 체계들로서의 →의미체계들 내에서 가능한 유의미한 체험과 행위의 현재성과 가능성의 차이의 통일성(→지평, →세계). 의미는 모든 심리적 체계들과 사회적 체계들의 보편 매체이지만(→매체), 고유한 유형의 체계를 형성하지는 않는다.

현재성과 가능성의 차이 통일성으로서의 의미는 이 차별적인 통일성으로서의 그것의 입지에서 다른 어떤 것, 예를 들어 비-의미와 자연과 다른 것으로 만들어져 있는 것은 아니다. 차이의 통일성으로서의 의미는 그 자체로 관찰될 수 없다(→관찰). 그래서 의미는 오직 의미를 통해서만 부정될 수 있으며(=유의미한 작동), 의미는 무차이 범주다(→개념들, 무차이). 의미는 오직 의미체계들에서만 가능한 유의미한 체험과 행위의 형식을 위한 지시로서 양상 범주다. 이것이 현재적인 유의미한 체험이나 행위가 항상 가상적인 유의미한 체험이나 행위의 관점에서만 의미를 생산한다는 것을 진술하기 때문이다. 의미는 모든 순간 전체 세계를 제시하며, 물론 언제든 현재화된 의미의 관점에서 전체 세계로서 제시하는 것처럼 전체 세계를 나타낸다.

진화상 성취(→진화, 사회적)로서의 의미는 의미처리 체계들의 매체로서 제공된다. 즉, 운반자 없이 설치된다. 의미를 가지고 작업하는 체계들은 소모될 수 없는 의미 매체 내에 원칙적으로 임의적인 형식들을 기입한다(→매체/형식). 구분이 비로소 규정된 의미와 미규정된 의미를 동시에 생산하기 때문이다. 물론 자기생산적 의미체계들의 경우에는 허용되었으며 규정된 의미의 제한은 기본적으로 없지만, 보전할 가치가 있는 의미 구분들과 관련하여 상기함과 망각함의 통일성으로서의 →기억을 통해 체계가 자신에게 부과하는 제한들은 있다.

이 의미 개념은 전승된 이해에서 일차적으로 의미 질문의 재평가와 대답을 지향하는 것으로 구성되어 있지 않다. 의미는 정초가 포함된 사태가 아니다. 또한 "의미가 인간의 욕구라는 생각은 일상적으로 입증될 수 없을 것이며, 의미는 어떤 것을 위해 좋은 사람이 되고 의미 상실로 고통받는 인간을 도와주기를 원하는 지성인들의 당황스러운 몸짓으로 나타난다"(129: 987).

073: 229-242, 245f.; 129: 1장 3절; 180: 29; 219: 173ff.; 247: 12f.; 287: 41ff.;

333: 183ff.; 338: 25ff., 129ff.; 366; 368: 10; 373: 2장; 444; 495: 279ff.

의미론 Semantik

보전 가치가 있는 것으로 특징지어지며 압축되고(→압축) 확인된(→확인) →관찰들. 또는 간략하게 말해서, 특히 텍스트 형식에서의 반복 사용을 위해 의미가 고정된 것이다. 의미론은 개별적인 →의미를 현재화하는, 체험과 행위의 사건들과 달리 "더 높은 단계에서 일반화되었으며 상대적으로 상황 독립적으로 사용할 수 있는 의미"(136: 19)를 위해 존재한다. 의미론은 모두가 활용할 수 있는 일상적인 의미 사용과 관련될 수 있다. 보전된 의미론은 텍스트 형식으로(→소통, 문자적) 압축되고 확인된, 개념적으로 추상화된 의미와 관계가 있다(→개념들, →지식). 그때그때의 의미론은 사회전체적인 구조와 상관관계에 있다. 의미론은 관찰될 수 있다. 그러므로 의미론적 변화들에 대한 관찰들은 사회전체적인 구조 변화들에 대한 관찰들이다 (→진화, 사회적, →자기기술, 사회의).

129: 436ff.; 136: 19f., 34; 321: 126f.; 504: 107f.

의미 차원들 Sinndimensionen

무차이 의미 개념에 접목된(→의미) 구분들(→관찰자, →관찰)로부터 나타난다. 의미 차원들은 →사회적 차원, →시간적 차원, →사실적 차원으로 생겨난다. 이 의미 차원들은 한 사건의 모든 현재적인 의미에서 동시적으로 주어진다. 사회의 자기생산의 사회적 관점은 의미 차원들의 구분에 따라 →소통으로서 구분되고, 시간적 관점은 →진화로서 구분되고, 사실적 관점은 분화로서 구분된다(→분화, 사회의, →공간).

073: 238ff.; 129: 1136ff.; 136: 35ff.; 324: 94ff.; 373: 112-135; 380: 59ff.

의미체계 Sinnsystem

→의미를 관련짓지 않고는 작동할 수 없는 모든 →자기생산적 체계. 의미체계들로는 공-진화적으로 외부분화되었으며(→진화, →진화, 사회적) 직접적으로 →요소로서의 생각을 가지고 작동하는 →심리적 체계들과 직접적으로 요소로서의 소통을 가지고 작동하는 →사회적 체계들이 있다. 의미 자체는 체계가 아니다.

108: 20ff.; 129: 44ff

의식 Bewusstsein

→심리적 체계

의존 맥락 Anlehnungskontext

특화된 소통들이 기능체계들(→분화, 기능적)의 외부분화가 이루어지기 전에 사회적으로 가능하다는 것을 가리킨다. 예술가들이 비호 귀족이나 후원자나 예술 시장에 의존하는 상태를 보기로 들 수 있다. 의존 맥락들, 예를 들어 시장을 통한 예술 보호(Mäzenatentum)가 진화상 대체되는 것은 해당 소통들의 자율의 전개, 그 소통의 비의존적인 작동함의 전개로 이해할 수 있다.

023: 134ff.; 024: 13, 21f.; 219: 256-271

의지 Wille

체계의 소통적 행위의 측면이며, 정보상으로(→정보) 행위하는 체계의 →고유값들이나 →기억에 기초하지 그 체계의 환경에 기초되지는 않는다. →자기생산적 체계의 의지로서 행위의 →의도성은 이런 점에서 구조 결정되어 있으며, 환경 정보들을 다룰 때 입증에 맡겨져 있는 것으로 간주할 수 있다.

105: 217ff.

의학 Medizin
→치료 체계

2계(2차 질서) 사이버네틱스 Kybernetik zweiter Ordnung
→방법, 사이버네틱스적

이념 진화 Ideenevolution
이념으로 간주되는 것은, 그때마다의 사회전체적인 관계들과, 특히 변화되거나 자신을 변화시키는 사회전체적인 관계들에 적용된, →자기기술의 →의미론이다(→자기기술, 사회의). 그러면 이념 진화는 이념들의 →변이를 의미한다. 이념들은 텍스트에서의 텍스트 생산을 통해 변화된다(→소통, 문자적). 이념들의 선택은 신빙성과 명증성으로 보호되고 있다(→신빙성/명증성). 기능적 분화의 조건하에서 이념 진화는 점점 기능체계들의 성찰 체계들로 옮겨지며(→성찰이론), 그 결과 전체사회적으로 수렴하는 이념들의 형성은 갈수록 비개연적인 것이 되며, 그렇게 되는 것은 그 자체가 이념으로서 진화할 수 있을 것이다.

129: 3장 10절; 362: 45ff.; 168: 52ff.; 436: 108ff.; 501: 172f.

이데올로기 Ideologie
이데올로기 개념은 →가치들의 평가를 기술한다. 또는 가치들의 재귀화(Reflexivwerden), 정초들을 위한 정초들의 재귀화를 상징화한다. 이에 따라 이데올로기는 유발할 수 있는 효과들의 수를 규정된 행위를 통해 가치 관점에서 제한하는 기능을 가진다(→목적). 이데올로기적으로 정치적인 가치를 인정받지 못한 행위 귀결은 중립화된다. 또는 이데올로기는 대항-이데올로기를 배제하여 포함함으로써 안정화된다. 이데올로기의 전환은 주로 →목적 프로그램을 통해 일어난다. 사람들은 특별히 이데올로기의 합의 능력 때문에 이데올로기를 반(反)사실적으로 고수한다(→합의).

136: 56; 277: 221; 298; 306: 182ff.; 475

이력 Lebenslauf

교육체계/도야체계/평생교육체계의 가장 일반적인 →매체로 구분된다(→교육체계, →아동). 그때그때 갱신하고 변화하는 →형식들이 이 매체에 기입된다. 형성될 수 있는 매체로서의 이력은 인물들의 자기관찰/타자관찰에 기여한다(→전기, →경력).

043: 16, 32; 085, 086: 93ff.; 277: 104

이론들/방법들 Theorien/Methoden

→진리 매체에서 진리 능력이 있는 법칙들의 형성을 가능하게 하는 기능을 지닌, 사회의 →학문체계의 우연적-선택적인(→우연성) 프로그램. 여기서 이론들은 개념적으로(→개념들) 정식화된 진술들이거나 이론적인 법칙들이다. 그것들은 옳은과 그른의 →구분을 가지고 진리 능력이 있는 사건들을 진리 코드(→코드)의 긍정적인 면이나 부정적인 면에 할당하는 데 기여한다. 이론들은 결과들의 옳음(Richtigkeit)을 목표로 삼는다(→지식). 이론들이 대상들의 통일성을 보장하는 것이지(배제된 3항의 포함), 역으로 대상들이 이론들의 통일성을 보장하는 것은 아니나. 이론들의 설명 기능은 설명되어야 할 것, 즉 대상이 구성된 이론적인 고유 성과로서 파악될 수 있다는 데 있으며, 이것이 그러하다면 고유 성과가 많을수록, 자기 자신에

대한 의존은 더욱 커진다(→구성주의, 체계이론적, →객체들). 방법들은 옳은과 그른의 구분에 관한 옳은 결정들에 어떻게 이르는지에 대해 개념적으로 정식화된 지침들이다. 방법들은 결과들에 이르는 경로들이 옳아야 한다는 점을 지향한다. 그래서 방법을 2계적 이론들로서 이해할 수 있다 (→구성주의, 체계이론적, →방법, 기능적, →방법, 사이버네틱스적). 이론들은 학문체계의 비대칭적인 자기프로그램화나 자기조건화에 기여하며, 방법들은 학문체계의 대칭적인 자기프로그램화이나 자기조건화에 기여한다.

028: 115ff.; 378: 13f.; 436: 114ff.; 504: 403-419

이론 대체 Theoriesubstitution

진화를 촉진하는 사회전체적인 사건들이 사회전체적인 분화의 변화된 형식으로 압축되고 이를 통해 그 사건들에 대해 새로운 기술하는 거리가 가능하고 필수적인 것이 되면, →이론들/방법들이 생겨나고 서로 대체된다 (→지식의 진화). 여기서 점-대-점 조응은 전제되지 않는다. 특히, 사회전체적으로 의미 있는 중요한 구체적인 사건들(예: 프랑스혁명)은 이론 대체의 원인들로 간주되지 않고, 이론 대체의 신빙성 기회만 높일 뿐이다. 이론대체에서는 이념들의 선택이 변화된 조건에서 이루어진다(→이념 진화, →선택성)는 것이 특히 중요하다. 디플레이션시키며 진리를 소통하는 상황에 대해 인플레이션시키는 반응이 이루어진다(→인플레이션/디플레이션). 이론적으로 확실시된 →지식으로서의 →안정화는 그런 사정으로부터 구분될 수 있다. 새로운 지식의 선택과 안정화 사이에도 점-대-점 조응은 없다 (→자기기술).

436

이성 Vernunft

위계적으로 질서화된 전승된 인식 능력으로 규정될 수 있다. 그 능력은 주어진 것의 실재를 확실한 것으로 취하고, "목적들과 수단들 사이의 모순들과 관련된 순진한 예견 불가능성"(336: 301)의 보전을 허용한다(→계몽, 사회학적, →인식, →인식론, 고전적, →주체, →초월성). "야만인들은 그들의 감각을 통해서 세계를 바라보고 그런 이유에서 다른 것들이 잡다하게 있는 것으로 세계를 경험한다. 야만인들은 이성을 따른다. 그들은 현상의 다양성과 개별성 이전에 이성의 통일성에 무조건적인 우선권을 부과한다"(192: 219).

028: 128; 088: 372f.; 105: 217f.; 129: 186f.; 192: 138f., 219f.; 227: 119ff.; 317: 45, 53; 336: 301; 353: 68f.; 390: 66ff.; 415; 203; 461: 94

이성법 Vernunftrecht

이성법은 자연법적으로 정초된 권리들(→자연법) 및 →자유와 →평등에서 선천적으로 평등한 인권을 만들어낸다(→인권/기본권). 그래서 권리들의 정초를 위한 최종 주소지는 →이성이 되며, 합리성을 →주체 내에 두면서 주체가 된다.

321: 27f., 233f.

이유들 Gründe

최종적으로 주어진 것이 아니며, 최종적으로 보장된/보장 가능한 출발 구분들이 아니라, 구분들의 지시된 결과들(→관찰)이다. 따라서 이유들은 타당성 요구들의 소통적인 지지 논거(→논증)로 간주된다(→타당성). 타당성 그 자체는 정초될 수 없으며 그러므로 아무것도 정초할 수 없다.

193; 348: 39ff.; 405: 132f.; 406: 75f.

이의 Dissens
→합의

이익 Profit
지불(→지불/비지불) 때문에 일어나는 지불을 가리키는 개념(→재귀성). →경제체계 참여 체계는 고유한 지불 능력을 '다른 체계/다른 체계들'에게 양도하며, 최소한 고유한 지불 능력의 재생산을 기대하면서 양도한다.

501; 55ff.; 502: 313f.

이중 순환 Doppelkreislauf
예컨대 경제체계에서 모든 지불은 생산의 과제와 지불 능력의 과제를 의미한다. 내적 순환은 지불 능력을 넘겨주는 것으로, 외적 반대 순환은 지불 불능을 넘겨주는 것으로 관찰될 수 있다. 후자는 시장 참여, 노동, 세금 등을 통해 경제체계에 참여하는 체계들의 지불 능력의 지속적인 재생산을 전제한다. 두 순환은 동시에 운동 상태에 있어야 하며, 그래서 그 자체가 성과 순환들을 운동 상태로 유지할 수 있다(→권력순환).

268: 110ff.; 294: 264; 501: 4장

이중 우연성 Doppelte Kontingenz
이중 우연성은 한편으로는 →체험과 →행위의 각각 고유한 →선택성을 가진 →심리적 체계들, 다른 한편으로는 그 체계들과 구분된 →사회적 체계의 구성에의 심리적 체계들의 자기준거적인 참여를 전제한다(→인물, →자아/타자). 이중 우연성은 2조로 된 체험-우연적이며 행위-우연적인 심리적 체계들의 단순한 상이성을 지시하지 않으며, 두 체계들의 상이한 우연적인 관점들의 이중화를 지시하지도 않으며, 그런 →차이들을 그 어떤

사회적인 →통일성(→사회적인 것) 안에서 지양하는 것을 가리키지도 않는다. 이중 우연성은 의미체계들 간 관계들의 구성적이며 영구적인 쌍방미규정성과 규정 불가능성이다. 이중 우연성은 체험과 행위의 우연적-선택적인(→우연성) 가능성들의 보편성, 간단히 말해 의미의 보편성을 표현한다.

이중 우연성은 동시에 →사회적 질서 문제의 기초이다. 심리적 체계들의 작동상 폐쇄성과 인지적 개방성(→체계, 자기생산적)이 있을 때 그리고 그 때문에, 언제나 고도로 비개연적이고 상호주의적인 사회적 체계들의 구성이나 참여한 심리적 체계들과 관련하여 →기대들의 자기수신화와 타자수신화를 위한 사회적 체계들의 →준거에 이른다. 이중 우연성의 기본 조건을 허용하라는 강제는 체계 형성자들의 서열에서 우발에 의해 생성된 계기들을 고양하며, 물론 그 계기들이 연결값을 가진 자기준거를 지속적으로 생산함을 통해 그렇게 한다. 사회적 체계들은 이중 우연성의 토대에서 스스로를 자가 촉매한다. 그러나 사회적 체계들의 형성은 이중 우연성의 문제도 사회적 질서 문제도 청산하지 못한다.

186: 32ff., 315ff.; 121: 509ff.; 129: 332ff.; 186: 161; 324: 32ff.; 366: 62ff.; 373: 3장; 378: 45f.; 469: 14f.

이중직 폐쇄 Doppelte Schließung
→폐쇄, 이중의

이차 코드화 Zweitcodierung
일차 코드화에 접목하는 이차 코드화. 예컨대 구두 언어는 문자 언어를 통해 코드화되고, 소유/비소유(사유재산) →코드에 지불/비지불(화폐)가 연결되고, 권력 있음/권력 없음 코드(정치)에 합법/불법과 여당/야당 코드가 연결된다. 그리고 진리/허위 코드에 명성 있음/명성 없음 코드가 연결되고, 내재성/초월성 코드(예컨대, 구원/저주)에 좋음/나쁨의 (전통적인) 도덕적 코드(예컨대, 개별화하면 좋은/나쁜)가 연결된다. 또한 질병/건강 코드에 '치료 가능한 질병/불치의 질병' 코드가 연결되고, 교육을 기술하는 보조 코드인 '중개 가능한/중개 불가능한'에 '더 좋은/더 나쁜 코드'가 연결된다(→양갈림, →분해). 양면에 연결하는 코드화나 이중화(예컨대, 재산-화폐) 또는 한 면으로의 연결(질병 — 치료 가능한/불치의)이 다루어질 수 있다. 연결하는 것은 이전에 진행된 코드화들과 직교한다. 지배자들과 피지배자들은 권리를 가질 수 있으며, 옳은 진술이나 잘못된 진술이 명성을 얻을 수 있다. 예를 들어 이차 코드화(즉, 문자를 통한 언어의, 인쇄술을 통한 문자의, 디지털화된 정보체계들을 통한 인쇄술의)와 다중 코드화는 →해체/재조합 능력과 →분화된 사회적 부분체계들의 →상호의존들을 상승시키며, 이것은 사회전체적인 소통 잠재가 된다.

086: 73f.; 129: 367f.; 268: 102ff.; 433: 26; 504: 247

이치적 논리 Zweiwertige Logik
→인식론, 고전적, →논리, 이치적, →목적론

이항화 Binarisierung
이항화 또는 이항 도식화는 특별한 종류의 →구분들을 구분하고 지시한다. 이항화는 둘 중 하나의 지시된 면이 다른 지시된 면을 부정적으로 함께 뜻하는(→코드) 이중에 관한 것이다. 이항 유형의 구분들에 있어서는 하나의 양의 값을 갖는 면을 연결할 수 있는, 즉 옳은 것(과 옳지 않은 것), 진리인 것(과 허위인 것), 아름다운 것(과 추한 것)을 구분할 수 있는 것이 일차적으로 중요하다. 이항화는 제3항의 배제를 함의한다. 이항적 코드화들은 체계들의 →외부분화를 인도하고 체계들의 자기생산을 가능하게 한다(→소통 매체들, 상징적으로 일반화된, →체계, 자기생산적).

066; 129: 364ff.; 170; 268: 13장; 357: 311; 373: 311ff.

이해 Verstehen
→소통의 요소이며 심리 내부 사건이 아니다. 통보된 정보는 이해될 수 있거나 이해되지 못할 수 있다. 정보는 이해하는 체계가 자신의 고유한 작동을 매개로 하여 다른 체계의 소통적 이해와 관련하여 정보와 통보를 구분할 수 있을 때, 이해될 수 있다. "이해는, 다른 체계의 자기준거와 관련하여 자기준거적인 위치에서의 관찰함을 뜻한다"(414: 112). 그리고 이해는 다른 자기준거적인 관찰함이 사회적으로 조건화된 자기준거적인 관찰함이다. 즉, 통보 행위(→행위)의 의미 규정은 소통에 참여하는 체계, 즉 →관찰자의 고유성과를 항상 서술한다(→귀속, →자기관찰/타자관찰, →인물). 참여 체계들이나 참여 관찰자들은 서로에게 간파될 수 없는 상태로 남는다(→블랙박스). 체계들과 관찰자들은 공통의 요소들에 근거하여 이해에 적합하게 단락적(短絡的)으로 접속될 수 없다(→상호침투, →연동, 구조적). 이해 불가능성은 이해함의 왕도다. 이에 따르면, 이해함은 함께 공유된 기본 신념들의 선험적인 은유가 아니다(→체험, →상호 이해, →사실). 이해는 기껏해야 사회적으로 구성된 상호 이해의 형식으로 도달할 수 있다.

이 모든 것은 →지각으로서의 이해(어떤 이가 대문 앞에서 열쇠를 찾고 있다는 사실과 그 이유를 이해한다), 상호작용 없는 소통으로서의 이해(기록된 문장이 텍스트에서 무엇을 의미하는지를 이해한다)와 언어적 상호작용 사례에서의 이해(무엇이 말해졌는지 이해한다)에 있어서 유효하다. 이해는 어떤 경우든, 불투명한 것의 투명성 →역설의 해체와 의미가 같다. →소통적인 행위의 정상 과정에서 이해의 확실성은 소통 참여 체계들의 이해와 소통의 이해의 차이를 가리키는 지시를 포함한다. 소통에 참여한 체계들의 이해의 경우에는 상황의 불투명성이 극복될 수 없다 (→블랙박스, →이중 우연성). 소통의 이해의 경우에는 상황이 투명해진다. 무엇이 진행되는지 이해할 수 있다.

073: 296ff.; 129: 73; 373: 110f., 130, 198f., 217f.; 414; 504: 25ff.

이해관심 Interesse

체계는 자신이나 다른 체계의 →행위를 이해관심과 관련된 행위로서 체험하고 조응하는 귀속들을 작정할 수 있다(→귀속). 그러므로 이해와 관련된 행위는 의도적 행위이다(→의도성). 이것은 그 자체로 이해관심 행위인 것이 아니라 관찰자의 →관찰을 통해 이해관심 행위가 된다. 체계는 자기조직의 계기로서의 이해관심을 가지고 타자준거를 자신에게 갖추어준다. 즉, 이해관심들은 체계 내적 구성물이며 체계환경들로부터의 수입물이 아니다. "법체계는 아내를 살해한 남편의 그렇게 분명하고 자명한 이해관심에 귀를 기울이지 않을 것이다"(184: 10). 이해관심에 관심이 있는 모든 체계는 이해관심자들로서 관찰될 수 있다. 그 경우에 그리고 오직 그 경우에만 이해관심자들은 행위의 동인으로 관찰될 수 있다(→동기). 이 이해관심 개념은 이해관심자들을 자신들의 이해관심에 관한 정보를 위한 유일한 이해관심자들로 보거나 이 구도를 그대로 관찰하는 고전적 개념과 결별한다.

116: 113ff.; 184; 294: 177ff., 181ff., 304: 30ff.; 427: 282ff.; 504: 100f.

인간 Mensch

처음에는 상이한 것(신체, 심리)에 대해 생각된 →통일성 모델(신체, 영혼)에 따라 여전히 개념적으로 사용되거나 그렇지 않으면 이미 인적 체계(인성체계) 형식으로 환원되지만, 그 두 경우에 이미 →사회의 환경으로 추방된다.

　나중에는 더 이상 관찰될 수 없으며 자기생산적으로 작동하는 체계(→체계, 자기생산적)들의 앙상블로 해체된 경험적인 인간들의 분화된 측면들을 특징적으로 표현하기 위한 집합 개념으로만 사용된다. 자기생산적으로 작동하는 체계들의 보기로는 유전자 체계, 유기체적 체계, 정신적 체계, →심리적 체계들과 그 밖의 비슷한 것을 꼽을 수 있으며, 여기서 심리적 체계는 사회의 유의미한 외적 환경에 배치되며 생명 체계는 사회와 심리적 체계의 유의미하지-않은 외적 환경에 배치된다. 이런 점에서 상이한 모든 체계는 서로에 대해 쌍방 불투명하다.

　인간 관점들의 분화라는 지시는 다른 것의 기초에 놓여 있는 →통일성을 가리키는 것으로 오해되어서는 안 된다. 그것은 지시된 통일성이나 인간이라는 단어를 공-진화적으로 산출된 다수의 차이들이나 다수의 준거들로 대체한다. "대상의 통일성으로서 그 단어에 상응하는 어떤 것도 있을 수 없다" (482: 52). →인물이라는 지시도 오직 심리적 체계의 사회적인 관련성만 가리킬 뿐이다(→개인).

　073: 256f.; 086: 21f., 26ff., 82; 112: 46; 291: 230; 373: 286ff.; 378: 29ff.; 381; 427: 271-281; 443: 167; 466: 49f.; 494; 497: 72f.

인간학, 근세 초기 Anthropologie, frühneuzeitliche

　주로 계층화된 사회 분화에서 주로 기능적 사회 분화로의 이행에 접속된, 주로 종교적인 →인간 규정에서 주로 인간학적 인간 규정으로의 이행을 주제화한다. 인간은 점차 내인적으로 불안정한 자기준거적인 자연으로 관찰된다. 이러한 인간의 자연은 자신의 규정 불가능성과 무(無)경계성과 관련하여 부정적인 것으로 여겨진다. 부정적인 것을 종교적으로 부정하는 시도(신이 원한 긍정적인 통일성으로서의 좋은과 나쁜의 차이의 지양)나 부정적인 것을 인간학 중심적으로 부정하는 시도(자기사랑을 인간 사랑에 역구속시키거나 이기주의를 이타주의에 역구속시킴)는 사회전체적인 분화의 변화된 형식과의 관련이 포함되어 있지 않기 때문에 너무 협소하게 파악하는 것이다. 부정성의 부정은 심리적 체계들이 사회적 체계들에 참여하겠다는 심리적 체계들의 '무도덕적'이며 '비인간적인'(inhuman) 결정들로 전환된다. 근세 초기 인간학은 이 단계를 준비하기는 하지만, 그 전환을 아직 실행하지는 못한다. 인간학은 인간을 지향하는 상태로 남는다.

105: 172, 178-219, 228ff.; 181: 88ff.; 228: 339ff.; 378: 32ff.; 495: 242ff.

인과성 Kausalität

일반적으로 이해되는 것처럼, 존재자의 존재에 적합한 얽힘을 존재론적으로 고정된 인과과학적 기능주의에 구속되어 관찰하는 형식으로 관찰될 수 있다(→인식론, 고전적, →존재론). 인과성의 범위에서 사고하는 것은 효과들을 유발한 결과 상태에 대한 생각과, 효과들을 유발한 결과 상태에 대한 생각에 충실해야 한다(→의도성, →완전성/완전 가능성, →목적).

인과성은 관찰자에 의해 일련의 가능한 사건들로부터 소수의 규정된 사건들이 선택되고, 대개의 경우 다시 그 사건들로 이루어진 선별 범위에서 규정된 접속들, 예를 들어 규정된 후속 사건들의 규정된 선행 사건들에의 의존이 생산되는 경우에 중요해진다(→입력-산출-모델, →점-대-점-대응, →평범한 기계). 인과성은 사건들을 서로에게 단순화하여 귀속하는 것이다(→자기단순화). 그런 귀속들이 더 복잡한 방식으로 작동하지 않을수록, 귀속들의 인과적인 특징들은 더 비개연적이게 된다(→초복잡성). 이런 점에서 인과성은 도식화된(→도식들) 무지이다.

체계이론적으로 인과성은 존재하는 것으로 전제할 수 있는 외부 세계의 식별 가능한 사태가 아니라, 관찰 의존적인 구성이다(→구성주의, 체계이론적). 인과성에서는 언제나 작동상 투입되는 복잡성 환원이 관건이다. "자기준거적 체계들만이 자기 자신과, 그것들에 대해 환경인 것과의 관계를 인과 도식들을 가지고 비대칭화한다"(468: 47). 이런 의미에서, 자기 자신의 →관찰자로서의 체계는 인과에 대한 법칙적인 의미에서도 자신의 체계-환경-관계들이나 다른 체계와 이 체계환경(들)과의 관계들(→체계 관계들, →체계 경계)을 아주 잘 귀속시킬 수 있다(→귀속, →자기관찰/타자관찰).

체계이론적으로 인과성은 →매체와 →형식의 →차이의 →통일성으로서 가장 적절하게 자리매김할 수 있다(→매체/형식). 그 경우에는 인과성은 매체, 즉 느슨하게 연동된 요소들의 집합이며, 형식들을 언제나 선택적으로 그리고 종결할 수 없도록 그 안에 새겨 넣을 수 있는 매체다. 인과성 모델이 목적-수단-통일성에서 매체-형식-차이로 전환되는 것은 상기를 부담으로 취하며 망각하라는 자극(→기억)을 촉진한다 — 인과성 매체 내에 새로운 인과성 형식들을 그려 넣으라는 자극을 촉진한다.

그런데도 인과성은 언어를 느슨하게 사용하는 가운데 특히 →구조적 연동과의 연관에서 해체 인과성으로서나 체계 파괴적인 환경 개입들을 의미하는 개입 인과성으로서 발견될 수 있다(→해체인과성/개입인과성).

073: 94f., 129: 130; 1011, 200, 277: 178ff., 452ff., 294: 402ff., 313: 15f., 345, 468, 521: 24ff.; 194ff., 540: 18ff.

인권/기본권 Menschen-/Grundrechte

법적으로 보면 인권/기본권은 해체된 →자연법, 문명 상태로의 이행을 통해 구출된 자연법, →이성의 힘에 의존한 법, 객관적 권리들로 선언된 주관적 권리들로서 관찰될 수 있다(→권리, 주관적). 인권들/기본권들의 합헌적인 텍스트화는 사전-실정화된 권리들의 실정화의 근거가 된다. 정치적 관점에서는 인권/기본권의 기원에 국가와 사회의 차이가 있으며,

사회는 이 차이를 가지고 자신의 행위 능력을 국가로서 구성한다. 사회는 인권/기본권의 (헌법에 따른) 보장을 통해 자신과 자신의 개인들을 자기 자신으로부터 자유로워진 국가로부터 보호하며 개인에 대한 사회의 고유한 기대로부터 보호한다. 사회학적으로 보면, 인권/기본권의 근거는 개인의 비사교성, 개인과 (기능적으로 분화된) 사회의 차이다. 이 차이에 인물들 (인성들)과 사회적 부분체계들(몰인성들) 사이의 분명한 경계들이 설치된다. 인권/기본권은 이 경계들에서 쌍방 과도 형식화 위험과 예견할 수 없는 포함들의 위험에 맞서 작용해야 한다. 이제 인권/기본권은 →기본 가치들의 형식으로 소통 기회들의 미결정 상태 유지에 기여한다.

158; 283

인물 Person

처음에는 인적 체계나 인성 체계의 의미에서 다루어진다. 나중에 인물은 행동 가능성(→행동)들의 개별적(→개인)으로 귀속된(→귀속) 사회적 제한으로 규정된다. →심리적 체계는 인물 →형식에서 자신을 지향하는 사회적 →기대들을 식별할 수 있고, 인물 형식은 역방향으로 심리적 체계의 중요성을 신호화한다. 인물들은 결국 →이중 우연성 상황에서 행동 가능성들의 질서화와 제한을 위해 사회적 체계들의 장치를 설치하는 것이다. 인물들은 체계들이 아니다. 인물들은 심리적 체계들도 →사회적 체계들도 아니지만, 소통적 현실들이나 →소통을 위한 사회적인 주소들을 나타낸다. 인물들은 "살아있지 않다, 그것들은 생각하지 않는다, 그것들은 소통 목적들을 위한 소통의 구성물들이다"(277: 90). 인물들은 이런 의미에서 심리적 체계들과 사회적 체계들의 →구조적 연동에 →매체로서 기여한다 (→상호침투). 조직된 사회적 체계들(→조직)도 그것들의 →행위에서 서로 관련되거나 ("자연적") 인물들과 관련되는 경우에는 스스로를 인물들처럼 허구적으로 다루어낼 수 있다.

086: 28ff.; 100; 129: 106f., 642ff.; 225: 249f.; 227: 1장; 244: 343ff.; 277: 88ff.; 375: 200ff.; 412: 122ff.; 504: 33f.

인물 신뢰 Personenvertrauen
→신뢰

인본주의 Humanismus
인간의 →완전성/완전 가능성에 의무감을 느끼는 의미론(→자연, →목적론).

378: 36ff.

인성 Persönlichkeit
부분적으로는 인성 체계의 의미에서 구분되고, 부분적으로는 →심리적 체계의 자기동일시(→동일성) 형식으로서 구분된다.

147; 291; 537

인쇄술 Buchdruck
부재자들에 의한 부재자들을 위한 소통 형식으로서 인쇄술은 →소통 참여자들의 범위를 확장하며(→확산 매체), 이러한 확장에는 읽기와 쓰기 기술들의 기능적인 촉진과 소통을 수월하게 하는 언어적인 표준화 또한 작용한다. 인쇄술은 →문자적 소통을 가능하게 하는 분리를 통해 상호작용, 시간, 공간이라는 대화공간의 소통적인 경계를 증대시킨다. 인쇄술은 새로운 지식을 포함하여 모든 →지식의 통보를 보편적으로 가능하게 하며, 일관성 검증을 자극하고 그로 인해 모든 지식의 가능성을 자극하고, →관찰 형식을 확실한 지식의 지식화 불가능성의 확인 가능성 형식으로 추대하는 데 결정적으로 작용한다.

129: 2장 6절; 373: 222ff.; 504: 597ff.

인식 Erkenntnis

체계이론적인 관점에서 인식은 항상 관찰들의 →관찰을 통해 →실재로서 구분될 뿐이다. 관찰들의 체계로서의 인식은 모든 체계처럼 항상 자신을 관련짓기만 할 수 있으며, 즉 실재 접촉으로서의 환경 접촉은 자신과의 접촉을 통해서만 생성되며, 실재의 고유한 구분에 실제로 기여한다(→체계, 자기생산적). 총체적으로 체계로서의 인식은 인식된 실재에서 체계로서 회귀적으로(→회귀성) 보장된다(→순환성). 인식은 관찰들의 관찰에 정초하지만, →이유들에 정초하지 않으므로(→인식론, 고전적), 인식은 맹목적으로 작동한다(→맹점, →역설). 구성으로서의 인식은 하나의 구성이다(→구성주의, 체계이론적).

028; 073: 60ff.; 080

인식론, 경험적 Erkenntnistheorie, empirische

경험적 인식론은 자기 자신을 대상으로 하는 이론이지만, 그것의 인식 대상들은 경험적으로 인식된 것들의 범위에 의존하며, 그런 한에서 자기 자신을 제한한다(→경험적 사회연구, →가설, →비판적 합리주의).

005; 015: 148f.; 039: 142ff.; 129: 36ff.; 504: 369ff.

인식론, 고전적 Erkenntnistheorie, klassische

고전적 인식론은 자신의 →인식 가능성 조건들을 자신의 인식 대상으로 만드는 것을 배제한다. 체계이론 이전이나 존재론적(→존재론) 인식 태도,

또는 구유럽적(→합리성, 유럽적) 인식 태도에서는 인식하는 →주체를 인식된 대상이나 객체로부터 분리하는 전제, 물체 내지는 존재하는 것의 본질의 직접적인 인식 가능성의 전제, 또는 존재를 인식할 능력이 있는 초월적인 주체(→초월성)를 설정하는 전제를 그 자체로 설정된 전제들로서 →문제로 보지 않았다.

080: 219ff.; 129: 5장 2절, 4절; 504: 493ff.

인식론, 체계이론적 Erkenntnistheorie, systemtheoretische
→구성주의, 체계이론적(→관찰자, →관찰, →차이, →인식, →인식론, 고전적, →형식, →유표 공간/무표 공간, →방법, 기능적, →방법, 사이버네틱스, →존재론, →합리성, 유럽적, →실재, →성찰이론, →사회학, →주체, →학문체계, →보편이론, →사실, →지식)

인원 Personal
→조직의 구성원으로 형식으로 등장하는 →인물들. 인원은 인물들의 주소로서 그리고 인물들에 관한 결정자로서 →불확실성 흡수의 매체로서 기여하는 인물들이다. 인물들에 관한 결정들은 채용 결정들, 조직 내 위치 지정 결정들, 선보 결정들로서 실행된다.

249; 277: 9장; 304: 116ff.; 519; 530; 531

인지 Kognition
모든 인지는 관찰이다(→지능). 그러면 인지는 "구성이며, 물론 인지로서의 구성"(246: 23)이다. 그리고 다음을 말할 수 있나. "인지는 관찰들(이나 기술들)에 근거한 체계 상태의 변화다"(031: 143). →자기생산적 체계들은 →작동과 인지의 차이의 통일성을 조직한다. 유의미한 인지의 경우에는 다음이 타당하다. 그것은 유의미한 체계들의 자기준거적으로 투입할 수 있는 능력, 새로운 작동들을 상기된 작동에 연결할 수 있는 능력(→연결 능력), 즉 →중복들을 구축할 수 있는 능력이다.

인지 개념은 학습 준비가 된 →기대들의 함께 포함된 좁은 의미에서도 발견할 수 있다. →실재의 인식(Erkenntnis) 문제와 관련해서는 학습 준비가 된 기대들은 실재 구성의 변화들을 수용하는 그런 인식 양식들로서 나타난다 (→구성주의, 체계이론적, →지식).

013: 143, 129: 120ff.; 867; 875, 246:23, 338:44ff., 373: 436ff., 504: 150f.; 321; 523, 508: 308

인플레이션/디플레이션 Inflation/Deflation

소통을 수용하도록 동기화하는 기능과 관련된 가운데, →상징적으로 일반화된 소통 매체를 과도 요구함/과소 요구함.

자기 자신을 행위체계로 기술하는 각각의 소통적 체계(→체계, 사회적)의 상징화된 자원이나 잠재력과 동기화된 자원이나 잠재력 사이의 차이들이 제시된다. 선택을 통한 매체적인 동기화는 동기화를 요구할 가능성이 실물 보장을 통해 충분하게 통제될 수 있다는 것을 통해 최종 보장될 수 없으며, 이것은 과거에 금을 통한 화폐 통제의 경우에도 동기화 요구 가능성의 최종 보장이 이루어질 수 없었던 것과 마찬가지로 그렇다. 그 대신 체계 신뢰(→신뢰)를 관찰할 수 있다. 신뢰에 대한 신용(Kredit)은 과도하게 요구되거나 과소하게 요구된다. 인플레이션의 경우에는, 전망된 인플레이션이 지각 가능한 소통 기회들을 상회한다. 학문적 이론의 성취 능력에 대한 너무 큰 →기대들이 있을 수 있다(수요 과잉). 디플레이션의 경우에는 전망된 디플레이션이 지각 가능한 소통 기회들보다 더 경미하다. 학문 이론의 성취 능력은 과소평가된다(공급 과잉). 제로 방법론(Nullmethodik)은 체계 내적으로 준비할 수 있는, 체계의 자기조건화의 시간적인 가능성들을 매체를 통해 중개할 수 있는 요구 가능성들의 관점에서 관련짓는다. 통화량 규제(→은행들, →화폐), 폭력에 근거하는 상징적인 위협들(→폭력, 신체적, →권력), 진리인 지식의 망각 가능화(→사실), 사랑 증명 포기(→사랑) 등등을 언급할 수 있다.

108: 123f.; 129: 382ff.; 294: 63f.; 359: 435ff.; 380: 189f.; 436: 111ff., 120; 158f., 190ff.

일반화, 상징적 Generalisierung, symbolische

일반화들은 특화 가능성들의 중개를 위한 자신의 잠재성 척도에 따라 발생한다. 모든 일반화는 그 자체가 특화를 위한 가능성들을 상승시킨다. 일반화는 처음에는 더 불명료했지만 더욱 직관적으로 일반적으로 기대 가능한 →기대들로의 의미의 압축으로서, 또는 일반화들의 일반화로서 파악되었다. 나중에는 다수성(Vielheit) 내의 통일성을 더 정확하지만 더 추상적으로 서술하는 개념인 상징적 일반화로 파악된다. 유의미한 체계들의 경우에 상징적 일반화는 통일성을 대표하는 →상징에서의 →의미를 고정하는 데 사용될 수 있으며, 이때 상징화된 의미는 상황적인 체계-환경-상태들의 다양성과 양립할 수 있다(→소통 매체, 상징적으로 일반화된). 상징적으로 일반화된 의미는 기대 가능한 것으로 만들어진, 가능한 것의 제한으로 이해될 수 있다. "상징적 일반화를 통해 동일성과 비동일성을 조합하는 것, 즉 다양성(Mannigfaltigkeit) 내의 통일성을 서술하고 가능한 것의 제한으로서 기대 가능하게 만드는 것이 가능해진다"(072: 177).

072: 177; 113: 4장; 125: 968f.; 129: 318f.; 258: 58ff.; 324: 208ff.; 373· 135ff.; 444ff.; 376: 120ff.

일상 Routine

통상 반복적인 행위로서, 노동하는 인물의 희생을 대가로 하여 분업적인 전문화 이득이 가능해지는 반복적인 행위를 뜻한다. 그러면 합리성은 병리학으로 전환된다. 일상(Routine)은 더 정확하게는, 특별한 종류의 프로그램화된 결정 행위로서 체계가 고도로 단순화되었으며 도식적인 환경 서술을 실행하며 자신의 행위를 그 서술에 조건적으로 지향하는 것이라고 생각할 수 있을 것이다(→조건 프로그램). 바로 그곳에 합리성 획득(→합리성, 체계이론적)의 근거가 있다. 그 이면에서는 자기서술 기회들이 차단 된다.

230

일탈행동 Abweichendes Verhalten

도덕적인 성질 대신 체계의(systemisch) 성질을 가진다. 일탈행동은 사회적 체계들의 행동기대들(→정보, →교란)로 인해 교란된 심리적 체계들이 그들의 행동을 통해 →인물들의 형식으로 사회적 체계들을 교란할 때 생겨난다. "청소년들은 질서가 그들에게 방해가 되기 때문에 질서를 침해한다" (324: 116). 사회적 체계 또는 소통적 현실만이 가장 포괄적인 의미에서 규범적으로 조건화되며 이와 함께 규범 순응적인 행위와 →규범으로부터 일탈하는 행위의 차이를 방출하는 가능한 행위의 열린 영역을 제도화한다.

113: 304ff.; 324: 116-126

임의성 Beliebigkeit
→자의(恣意)

입법 Gesetzgebung

입법은 "총괄하는 처리와 법규에 따르는 정식화에 부합하는 일종의 결정 전제들"(324: 235)을 서술한다.

자기기술 Selbstbeschreibung

다시 사용될 수 있는 텍스트 형식으로 이루어지는 체계의 자기구분과 자기지시. 자기기술은 타자기술의 가능성, 예를 들어 자기기술의 타자기술을 함의한다. 자기기술(→관찰, →자기관찰/타자관찰) 형식은 자기구분과 자기지시의 두 면과 함께 전제되어 있다(→지시, →구분). 자기지시를 자기기술로서 관찰하는 것은, 구두 텍스트나 문자 텍스트 형식 이전에 작성된 압축되고 확인된 의미론적 인공물들(→의미론)이 체계 기억들(→기억)의 표현으로서 그 자체로 진행되는 자기기술 가능성들을 자기 관점에서 지휘할 능력이 있는 상태를 특별히 목표로 삼는다. 자기기술은 체계 기억들의 더 높은 단계의 구조화에 기여한다. 유일하게 올바른 자기기술 가능성은 있을 수 없기 때문에, 텍스트화된 자기기술 들이나 바로 자기기술들이 새로운 텍스트화들이나 지금까지의 텍스트화들의 새로운 텍스트화가 제공될 때만 적절한 관찰들로서 관찰될 수 있다는 것을 고려할 수 있다.

129: 5장 3절, 277: 14장; 294: 319ff.; 321: 11장; 338: 9장; 501: 33ff.

자기기술, 사회의 Selbstbeschreibung, gesellschaftliche

사회 안에서 이루어지는 사회의 →관찰/기술이다(→자기기술). →사회학은 사회의 →성찰이론이다. 개인/사회나 노동/자본 같은 차이들에 관한 사회의 특정한 자기기술과 후기자본주의 사회나 후기산업 사회 또는 후기?-사회로서의 사회의 자기기술들은 기술들로서 기술할 수 있으며, 그 기술들은 관찰 가능한 분화들 때문에 분화들의 재통합이나 전승된 분화들이 불분명해지면서 아직 자세하게 규정되지 않은 사회전체적인 새

로운 →통일성을 시야에 두고 있다. 즉 궁극적으로 존재론적(→존재론)
→의미론에 의무감을 가진다. 산업사회, 소비사회, 정보사회, 위험사회 또는
?사회로서의 사회의 기술은 단일 맥락영역적인 기술에서 다맥락 영역적인
(→다맥락 영역성) 기술 가능성들을 보고하기는 하지만 아직 스스로 기술할
능력이 없는 기술들로서 기술될 수 있다. 사회를 →자기면제 금지에 부합하
게 사회를 기능적으로 분화된 사회로서 기술하는 것은 →동일성과 차이의
→차이의 역설에 자신이 의무감을 느낀다는 것을 알고 있는 기술로서 기술
될 수 있다.

사회 내에서의 사회의 관찰 개최로서의 사회 관찰에는 결코 자의적인 기
술(→자의)이 주어져 있지 않다. 기술들은 계속 기술들에 접목되어야 한다.
따라서 사회구조와 의미론의 상관관계는 감추어질 수 없다. 바로 이 때문에
사회구조와 의미론의 →일-대-일-일치는 없다.

129: 5장 11절, 12절; 316; 479; 492

자기관찰/타자관찰 Selbst-/Fremdbeobachtung

자기관찰은 자기 자신과 관련하여(→준거, 체계준거) 자기의 구분(→체
계, 자기생산적)을 사용한다는 것을 가리킨다. 자기관찰은 관찰자 자신을 통
한 관찰자(→체계)의 →관찰 사건(Vorgang)이다. 관찰자(체계, 체계로서의
관찰자)는 자기 자신을 관찰자로서의 자기 자신, 즉 환경 내부에 있는 관찰
자로서의 자기 자신을 볼 때, 자기 자신을 관찰한다(→자기준거/타자준거).
이것은 →형식의 형식으로의 →재-진입 사례이며, 이 사례에서 체계(관
찰자)는 그것(그)에게 접근 불가능하게 남겨진 구분(→맹점)을 체계로서
자기 자신 안에서 반복한다. 그것은 다시금 →역설의 전개라고 불린다.
관찰자(체계)는 자기 자신을 관찰자로서(체계로서) 동일시할 수 없는데도
또는 동일시할 수 없다는 이유로, 자신을 관찰자로서(체계로서) 동일시

하기(→동일성) 때문이다.

타자관찰에서 체계는 다른 체계를 관찰한다. 체계들은 자기 자신을 체계로서 정초하는 구분 작동들(→요소들)의 도움을 통해서만 다른 체계들을 관찰할 수 있다. →심리적 체계 A는 생각 작동들에 기초하여 심리적 체계 B를 관찰하며, →사회적 체계 X는 →소통들에 기초하여 다른 사회적 체계 Y를 관찰한다. 심리적 체계는 어떻게 소통을 통해 소통되는지를 생각으로 관찰할 수 있다. 심리적 체계들의 생각 작동들을 통해 소통이 이루어질 수 있다. 타자관찰은 항상 자기관찰 조건에서 가능한 관찰이다.

또한 사건들(요소들이 아니라)의 다수 체계들에의 소속성도 (자기)관찰되고 (타자)관찰될 수 있다. 예를 들어 의식된 소통들이 심리적 체계에 속하는 것으로 그리고 사회적 체계에 속하는 것으로 관찰될 수 있다 (→다체계 소속성, →체계 관계들, →체계 경계).

129: 4장 3절; 277: 72f.; 294: 319ff.; 304: 50ff.; 373: 227ff.; 504: 83ff., 362ff.

자기단순화 Selbstsimplifikation
→자기생산적 체계는 자기성찰을 거쳐 자신 안에서 자신의 완전한 기술을 수행할 수 없다(→성찰이론, →자기관찰/타자관찰). 모든 자기형식은 단순화하는 형식들이다. 체계 층위에서 자기단순화는 환원된 복잡성 환원, 그리고 합리성 상실을 통한 합리성 획득으로 불린다(→합리성, 체계이론적). 중요한 보기로는 소통체계의 행위체계로서의 자기단순화를 들 수 있다.

537: 235ff.; 538: 349ff.

자기대체 Selbstsubstitution
다른 체계를 통해서가 아니라 오직 자기 자신을 통해서만 대체될 수 있는 모든 체계(→체계, 자기생산적)는 자기대체적이다. 자신을 통해 대체될 수 있다는 것은 자기 자신을 변경시키거나 발전시킬 수 있다는 것이다. 세계는 오직 세계를 통해, 사회는 오직 사회를 통해, 법은 오직 법을 통해서만 대체될 수 있다.

108: 48; 122: 378ff.; 129: 373, 753; 170: 206ff.; 334: 61f.; 504: 342

자기동일성 Selbstidentifikation
→동일성

자기면제 금지 Selbstexemptionsverbot
관찰함(→관찰) 이론에서 외부나 여타 →관찰자 지위가 있을 수 없다는 것을 뜻한다. "관찰자는 더 이상 초월적으로 정초된 특권을 안전하게 가진 주체가 아니다. 관찰자는 자신이 인식하는 세계에 넘겨져 있다. 관찰자에 게 자기면제는 주어지지 않는다"(129: 1118). 모든 관찰에 있어서 오직 보여지는 것만이 보여진다는 것이 타당하다. 어떤 관찰 — 체계이론적 관찰을 포함하여 — 도 관찰이 아니라거나 바로 관찰될 수 없는 상태에 있다고 혼자서 주장할 수 없다.

038: 96; 129: 1118; 371: 28ff.; 446: 29

자기부정 Selbstnegation
→부정

자기생산 Autopoiesis
→체계, 자기생산적

자기성찰 Selbstreflexion

→성찰이론(→구성주의, 체계이론적, →합리성, 체계이론적, →자기관찰/타자관찰, →자기면제 금지, →자기준거/타자준거, →사회학, →주체, →보편이론)

자기조직 Selbstorganistion

자기생산과는 달리, 여기서는 체계를 통해 체계의 재생산에 필수적인 →요소들(→체계, 자기생산적)이 생산되는 것이 아니라, 요소들(→사건들)과 관계들이나 구조들(→접속된 사건들)의 선택적인 관계화를 통해 →구조들이 생산된다. 자기조직은 체계들의 자기준거적인 생산과 변경의 측면으로서, 환경 사건들이 구조들로 전환되는 것과 관련이 있다(→폐쇄, 이중적, →선택, →안정화).

073: 100-109; 074: 132; 129: 64f.; 219: 64f.; 219: 301

자기준거/타자준거 Selbst-/Fremdreferenz

자기준거(→관찰자, →체계, 자기생산적)는 구분하며 구분된 것을 지시하는, 자기(Selbst)에 의한 자기 자신의 관련지음(→관찰)이다(→준거, →체계준거, →자기관찰/타자관찰). 자기준거는 →요소들(→사건들)이 자기 자신과 관련됨을 통해 가능해질 때(요소가 될 때) →기초적 자기준거다. 자기준거는 관계화된 요소들이 자기 자신에 관련될 때(관계화된 사건들이 관계화된 사건들에 관련될 때), →재귀성(→자기조직)이다. 자기준거는 체계가 분리될 수 있으며 자기 자신을 가능하게 하는 요소(사건) 연관으로서 체계로서의 자기 자신과 관련될 때 성찰(→성찰이론)이다(-'합리성, 체계이론적). 순수한 자기준거가 가능하지 않다는 것은 자기준거 개념에 속한다. 자기는 물론 자기가 아닌 것으로 구분되는 것이 아닌 것일 때만, 자신의 현재

모습이 될 수 있다. 자기는 자기준거/타자준거 구분을 다루어내어야 한다. 그래서 자기준거는 자기준거와 타자준거의 →차이의 →통일성인 것이다 (→형식).

타자준거는 자기 자신을 관련지음을 관련지음을 통해 다른 것을 관련짓는 것이다. 이것은 작동상 폐쇄성/인지적 개방성의 차이의 통일성에서 표현된다. 체계로서의 자기는 자기 자신만으로부터 가능하지 않고, 자신의 내부를 향하는 작동상 폐쇄성과 외부를 향하는 인지적 개방성을 필요로 한다. 즉 자신의 환경으로부터 자신에게 중요한 것으로 선별된 →정보들 (→교란들)의 내적 처리 능력이 보장될 것을 필요로 한다(→폐쇄, 이중적, →폐쇄, 작동상, →체계, 폐쇄된/개방된). 또는 간단히 말하면, 자기 준거는 타자준거 없이 가능하지 않다(→자기준거, 동반하는).

027: 267ff.; 028: 103f.; 032: 64ff.; 039: 141f.; 073: 81ff., 151f.; 129: 97ff., 754ff.; 214: 93; 357; 358: 29ff.; 373: 57ff., 600ff., 653ff.; 378: 39ff.

자기준거, 기초적 Selbstreferenz, basale

체계 →요소들과의 관련됨을 통한 체계 요소들(→사건들)의 가능화 (→체계, 자기생산적). 예를 들어, 소통을 통한 소통의 가능화, 행위를 통한 행위의 가능화, 지불을 통한 지불의 가능화가 있다(→연결 능력). 자기 준거는 스스로 가능해진 요소들의 자기가능화 측면에서만 체계의 →작동들을 다룬다는 이유로 기초적 자기준거로서 구분될 수 있다.

373: 59f., 199f., 600ff.

자기준거, 동반하는 Selbstreferenz, mitlaufende

일반적으로 →자기생산적 체계의 →작동들에서 지속적으로 현재화되는 자기준거/타자준거 →차이의 →통일성과 관련한다. 체계들은 또한 자기 자신과 관련됨을 통해 그것들의 세계, 즉 그것들의 현재화된 가능성들과 현재화되지 않은 가능성들의 역사를 끌어들인다는 점에서도 동반하는 자기 준거로서 기술된다(→기억, →구조).

373: 604f., 623ff.; 501: 15f.

자기충족금지 Selbstbefriedungsverbote
→소통 매체, 상징적으로 일반화된

자기타당화 Selbstvalidierung
→상징적으로 일반화된 소통 매체들은 형식 형성에 계속 사용될 수 있으며, →자기생산적 체계들은 일반화와 특화(→상징적 일반화)의 차이 처리를 계속 가능하게 한다. 이 고유 가치성(Eigenwertigkeit)(→고유값)은 이미 체계의 확실한 자기보장으로 읽힌다. 그러나 원래의 자기보장은 자신의 일시적인 본성에 있다. 즉, 자기보장이 그때의 현재적인 정식화를 지속적인 것으로 만들지 않으면서 그 정식화를 위해 사용 가능하다는 데 있다. 이는 고유한 가능성들의 시간적인 →외부화를 통한 자기타당화의 위험한 시도다.

129: 393ff.

자기(포함)론 Autologie
자기론은 어떤 진술이 고유한 진술 연관에 관련되거나 자기 자신에게 적용되는 것을 뜻한다. 자기론은 →자기준거/타자준거의 자기준거적인 구분함의 문제이다. 그것은 스스로 이 구분으로부터 벗어날 수는 없다. 체계이론은 자기론적 이론 또는 →보편이론이다. 지기론은 자신의 진술 연관의 구성요소이며 그래서 자기면제가 배제된다(→자기면제 금지). 체계이론적으로 다른 이론에 대해 말해지는 것은 또한 체계이론에 대해서도 타당하다. 달리 말하면, 사회의 관찰은 사회 안에서만 일어날 수 있다 (→사회학).

073: 63; 129: 64, 187, 1081f., 1117f., 5장 22절; 504: 360; 484f.

자명성 Verständlichkeit

학문의 자명성은 역설적인 계기다. 학문의 대상이 복잡하고(→복잡성) 역설적이기(→역설) 때문에, 이 속성들은 학문의 →언어(→개념)로 표현되어야 한다. 모든 것을 한 번에 말할 수는 없지만, "복잡한 사태들의" 충분한 "동시 현존"(455: 175)[의 개념적인 포착]에 성공해야 한다. 이 일에 성공함으로써, 언어는 이해 가능해지는 동시에 이해 불가능해진다.

226; 455

자본 Kapital

→경제체계가 외부분화된 조건에서 화폐 코드(→화폐)에 의해 주도되며 화폐 지불(→지불/비지불)이 정상화된 조건에서 "화폐 사용 가능성들의 비교적 고정된 시간적인 존속"(278: 399)으로서, 시간 거리들의 극복을 위해 지불들을 사용할(→신용) 가능성과 필연성(→희소성)을 표현한다.

199: 190f., 268: 109, 278: 399, 501: 307

자본/노동 Kapital/Arbeit

역사적으로 선행한, 부유함과 가난함의 대립은 노동을 배제된 제3항으로 포함했다. 반면 역사적으로 이어지는, 노동과 자본의 대립은 마르크스주의의 이해에 따르면 자기 자신을 생산하며(→자기준거/타자준거) 마지막에는 지양하는 차이의 그 자체로 완전하게 폐쇄된 →통일성을 서술한다. 즉 임노동은 대상화된 노동으로서의 자본을 전제하며, 대상화된 노동으로서의 자본은 임노동을 전제한다. 이것은 체계이론적으로 보면, 자기 자신을 전제하는 적대적인 관계이거나 체계 내에서의 대표를 통해 체계가 →대표되는 것이다. 이런 의미에서 폐쇄된 자본과 노동의 체계는 한 면(노동의/노동자의)이 다른 면(자본/자본가들)을 통해 착취된다는 논리에 따라 다른 면의 자기황폐화가 동시에 속행되면서 그 결과 무계급 사회 내에서의 체계의 자기지양에 이르게 된다. 많은 가난한 피착취자들의 노동과 소수의 부유한 착취자들 사이의 통일성을 제공하는 차이가 사라진다면, 더 이상 체계 내부의 체계의 전제된 통일성도 있을 수 없을 것이다. 그러면 차이의 오래된 폐쇄된 통일성에 더 이상 차이들에 근거하지 않는 새로운 폐쇄된 통일성이 연결되어야 하며, 어쨌든 체계의 고유 논리에 따라 그렇게 되어야 한다. "하나의 계급만 사라져도 다른 계급들은 더 이상 계급이 아니게 된다. 평등이 만들어질 것이다"(523: 124).

자본 관계는 자신의 내부에서 폐쇄된 체계의 특징들을 기껏해야 역사적으로 임시적으로만 유지했다. 체계의 비일관성들은 많건 적건 성공적으로 외부화되었다. 그래서 →복지국가가 나타난 것이다. 일반적으로는 인간의 생활 관계들이 노동의 면에서보다 소비의 면에서 더 많이 특징지어진다는 것을 관찰힐 수 있다. 그래서 소비는 원래 자본과의 대립에서 나타나고, 노동은 (체계이론적으로 관찰한다면) 포함된 채 배제된 제3항으로 나타난다.

→자기생산적 체계 이론으로서의 체계이론은 비일관성들의 외부화를 전제하여 작업하며, 그것은 사회적 분화가 →기능적 분화로 전환한 결과 부분체계 특화된 소통함의 이항적 코드화(→코드)에서 생겨난다. 이 모델에 따르면, 마르크스 이론은 비일관성들의 →외부화를 내부화하는 전제(자본 관계로부터 분리될 수 없이 나타나는)를 가지고 작업힌다. 자본과 노동의 긴밀한 관계화는 이론과 현실의 단락, 이론적 체계와 경험적 체계의 단락을 뜻한다. 현실의 예상하지 못한 변화들은 폐쇄성을 통한 개방성에 맞추어지

지 않은 비현실적인 이론으로는 파악할 수 없다.

197, 198, 199, 501: 5장; 210ff., 513

자아/타자 Ego/Alter

자아와 타자의 구분은 이 구분을 사용하는 →관찰자를 전제하며(→귀속), 그 관찰자의 입장에서 자아이거나 타자이다. 자아와 타자는 심리적 체계로 구분되는 것도 아니고 인물들로 구분되는 것도 아니다. 그것들은 어떤 의미에서 상호작용적인 상황들의 분석을 위해 오직 구분되기만 한 추상적인 비교 관점들을 표현할 뿐이다. 중요한 것은 한 면, 즉 자아나 다른 면, 즉 타자에 연결 능력이 있게 접목하여, 예를 들어 →이중 우연성 문제나 →사회적 질서의 가능성의 문제(→체계, 사회적), 비교적 실망에 견고한 우연적-선택적인 타자-자아와 자아-타자 관점들의 형성 문제(→실망들, →기대들)를 관찰할 수 있게 되는 것이다.

082; 129: 322ff.; 349; 378: 45; 501: 236ff.; 504: 18f.

자연(본성) Natur

구유럽적 자연 개념은 다음을 의미한다. 자연은 현재의 모습대로 있으며 자신의 자기운동과 생성과 소멸 및 본질에서 실현되는 것의 자기운동의 통일성이다. 자연은 예컨대 자연적인(완전한) 상태와 비자연적인(부패한) 상태를 전제할 수 있다(→완전성/완전 가능성, →목적론). 그렇지 않으면 자연은 인간 →이성의 자연과 관련된다. 모든 사물이 최종적으로 자연적이며 죄 없이 그리고 역설 없이 시작한다는 전제가 언제나 중요하다 (→시작, →인식론, 고전적, →존재론, →합리성, 유럽적). 이러한 의미에서 자연은 생산될 수 있는 것이 아니며, 이 점에 있어서 기술(Technik)과 구분된다. 따라서 고전적인 자연 개념은 종국적으로 구성되어 있으며, 자기 자신을 인식하고 완전화하는 자연의 가능성을 전제한다.

체계이론적인 관점에서 자연 의미론은 →관찰자를 확실하게 가르치거나 자기 자신을 가르치는 관찰자가 자기 자신을 확신시키는 것으로서의 자연 이해를 →엔트로피/부엔트로피 차이의 통일성의 그 자체로 관찰 의존적이며(→관찰) 역설적인 구성물로서의 자연 이해로 전환될 수 있다(→역설, →실재). 자연은 느슨하게 연동된 요소들의 →매체처럼 된다.

014; 086: 170ff.; 088: 382ff.; 129: 908f., 914ff., 914ff., 989ff.; 149: 8f.; 308: 120f.; 342: 44f.; 446; 448: 160ff.

자연법 Naturrecht

(자연법은) 본래 자기 자신으로부터 생성되었으며 자기 자신을 통해 진리인 것으로 정초되고 (자기 자신을) 구속하며 변경할 수 없는 법으로서 관찰된다. 자연법은 근세 초기에는 사회를 추상화한 가운데 →자연 상태에 있는 모든 인간에게 부여되는 권리를 인정하는 개념이다. 자연권들(natural rights)은 처음에는 고유한 경계가 없는 법이다. 경계들은 자연법(natural laws)에 대한 지시를 통해 획득된다. 그래서 자연법은 정치적으로 통제할 수 없는 법 결정을 위한 상징이 된다. 자연적 권리는 역사적으로 →주관적 권리를 향하는 방향으로 정상화된다(→인권/기본권). 자연법은 결국 법의 비사회성 전제, 사회전체적인 구성으로서의 법을 부정하는 전제가 된다.

016: 27ff.; 137: 48; 149: 8ff., 12ff.; 307: 11ff.; 308: 119ff.; 321: 233f.; 324: 10f.; 327: 158ff.; 348: 13ff.; 432: 135ff., 145ff.

자유 Freiheit

가능성들을 스스로 제한할 수 있는 가능성을 생각하는 것. 자유는 구분될 수 있는 지시(Weisung)를 통해 자유롭지 않게 창출된다. 가능성들의 제한

없이는 선택 가능성들이 없고, 자유가 없다. 따라서 자유는 귀속 가능한 행위 영역의 제도화를 기술하며(→귀속, →우연성, →선택성), 행동 가능성들의 제한 부재(강제의 부재)로서는 충분하게 규정된 것으로 볼 수 없다. 자유는 오히려 일반적으로 →소통에 구축된 능력, 즉 '아니오'를 말할 수 있는 능력이다.

자유는 평등과 정의처럼 통일성에서 지양될 수 없는 가치중립적인 차이 개념(그것의 다른 면이 연결을 통해 포함된 비(非)자유가 되는)으로 간주할 수 있다. 이 차이 개념의 반대 면은 배제를 통해 포함된 비(非)자유이다. 자유는 모든 체계에 그것의 자기준거적인 동일시의 관점에서 규정성들과 미규정성들이 주어져 있다는 의미에서 체계의 존재 조건이다. 규정성들은 구조의 확정에서 비롯되고, 미결정성들은 자기준거적인 구조 변경의 필요들에서 비롯된다(→체계, 자기생산적). 이는 사회적 체계들과 심리적 체계에도 적용된다. 지식과 관련하여 표현하면, 자유는 →인지의 순간이다. 기대와 관련하여 표현하면, 사회적 체계들에서의 자유는 일반적으로 →기대들의 실망 가능성에서 나타나며, 특히 고유한 행동에 대한 기대들의 의도적인 →실망에서 나타난다.

자유는 도덕의 →우연성 공식이고, 정치적인 자유는 정치체계의 우연성 공식이다.

088: 438f.; 129: 1026f., 1032f., 1075f.; 200: 14ff., 26f.; 227: 5장; 245: 119ff.; 317: 52f.; 317: 52f.; 345: 116f.; 378: 59ff.; 408: 59ff.; 482: 32ff.; 496: 76ff.; 507: 57ff.

자율 Autonomie

자신의 환경에 구조적으로 연동된 →자기생산체계의 자율은 상대적인 환경 독립성(→환경)으로서 보다는 고유한 독립성과 의존성(→자기준거/타자준거)의 동시적인 자기규제로서 더 잘 이해될 수 있다. 그래서 자율의 상승은 '독립성 상승/의존성 감소' 대신 두 가지 준거들의 관점에서의 상승을 뜻한다. 자율은 갈수록 체계의 →작동상 폐쇄를 뜻하는 좁은 지시로 나타난다.

023: 143; 086: 113f.; 225: 69ff.; 320: 4; 367: 202f; 379: 156ff.; 504: 289ff.; 538: 46ff.

자의 Willkür

관찰함의 구성적인 이론으로서의 체계이론(→관찰, →구성주의, 체계이론적, →실재)에 대해서는 그 이론의 모든 구분과 지시가 자의적이라고 전제할 수 있을 것이다. 1계 →관찰 층위에서는, 관찰되는 것이 관찰된다. 무엇-질문은 실제로 기본적으로 다르게도 제기될 수 있다는 점에서 자의적이다(→우연성, →선택성). 모든 →관찰자는 물론 작동상 폐쇄적이며 인지적으로 개방적이며 구조가 결정되어 있고 환경 적응된 →자기생산 체계이며 그런 체계로서 그렇게 조건화된(→조건화) 관찰들에만 끊임없이 회귀적으로 접목될 수 있다(→회귀성, →순환성). 2계 관찰자는 그 점을 보며, 관찰자에게 있어서는 다른 어떤 것도 타당하지 않다. 환경 내에 역사를 가진 체계들로서의 자기생산 체계들에는 물론 많은 것이 가능하지만, 어떤 것도 임의적으로 가능하지 않으며 그런 점에서 어떤 것도 자의적으로 가능하지 않다. 그래서 다음을 말할 수 있다. "실재(나의 작동함을 포함하여)에는 임의성이 없다. 언제나 일어나는 것이 일어나며, 다른 어떤 것도 일어나지 않는다"(403: 382).

073: 203; 129: 876; 294: 140ff., 342ff.; 504: 99f.; 506: 57

작동 Operation

순간적이며 구분으로서 반복될 수 없는 순간적인 구분의 실행. 하나의 작동은 하나의 →사건이다. 작동들은 항상 작동들에 접목되며(→연결 능력), 항상 회귀적이다(→회귀성, →순환성).

모든 →자기생산적 체계(→관찰자)는 작동을 통해 자신을 생산하며, 작동을 통해 자신의 관찰 의존적인 환경에 착근되어 있다. 작동들은 체계 생산자들이다.

모든 관찰은 연결될 수 있으면서 연결하는 작동이다. 작동은 단순하게 일어나며(생각, 소통, 지불), 맹목적이거나 단일 가치적이다. 그리고 관찰은 실행된 것과 구분되며, 양가적이다(생각들이며 생각이-아닌-것이 아니며, 소통이며 소통이-아닌-것이 아니며, 지불이며 지불이-아닌-것이-아니다).

1계 관찰은 어떤 →구분의 단순한 작동상 실행일 뿐이다. 2계 관찰 자체는 한편으로는 구분의 단순한 작동상 실행이며 다른 한편으로는 동시에 구분의 재귀적인 실행이다. 즉, 관찰들은 항상 회귀적이며, 재귀적일 수 있다(→재귀성). 여기에 관찰과 작동의 →차이의 핵심이 있다.

073: 77f., 88; 219: 65ff.; 354: 14f; 504: 60f., 271

작동상 연동 Operative Kopplung

→연동, 작동상

작동상 폐쇄 Operative Schließung

→폐쇄, 작동상

잠재 Latenz

관찰 가능한 관찰 불가능성(→관찰자, →관찰, →인식, →구성주의, 체계이론적, →유표 공간/무표 공간, →실재, →세계). 잠재 또는 잠재적 구조는 구분을 구분으로서 다루는 것이 보일 수 없게 남아야 한다는 것, 즉 관찰될 수 없는 것은 관찰될 수 없다는 것과 관련된다(→맹점, →역설, →스테노그라피/에우리알레). 따라서 잠재는 구분 뒤의 더 나은, 더 올바른, (더) 진리인 구분 가능성을 암시하지 않는다. 고전적인 잠재 문제(→인식론, 고전적, →자연, →존재론, →합리성, 유럽적, →초월성)는 정확하게 반대로, 모든 것 뒤에 어떤 것이 숨어 있고, 필연적인 것으로서 전제된 것이 있다는 것을 전제하는 데 근거한다. 또는, 잠재에 대한 고전적인 상상은 "지향 가능성과 동기화 가능성을 잃어버리지 않기 위해 인간 행위가 그 사회적 현실의 부분 관점들을 자신에게 은폐해야 한다"(390: 60)는 것을 의미한다. 따라서 전통적 →사회학은 자신이 관찰하는 모든 것 내에서 기능적으로 잠재화된 의미까지 탐구한다.

체계이론적으로 이러한 종류의 구조적 잠재는 작동상 잠재로 전환되며, 모든 구분과 함께 선택되고, 모든 다른 구분과 함께 다르게도 선택 가능한 잠재로 전환된다. 관찰자가 작동에서 사용하는, 구분의 구분 불가능성으로서의 잠재는 그렇게 인식 가능성의 조건이 된다.

129: 1121f.; 208: 216; 373: 456 470; 390: 69f.; 479: 257f.; 497: 68; 504: 89ff.

장식 Ornament

→형식들에서 형식들로 발전함의 기본 형식(→매체, →매체/형식)으로서의 장식은 →변이와 →중복을 가지고 공간과 시간 매체의 내용을 조직한다. 사회의 진화에 있어서 언어에 할낭되는 것과 같은 의미가 →예술체계 진화의 경우에는 장식에 할당된다. 장식은 단순하게 꾸미는 것에서부터 형식 조합으로서의 형식 조합에만 의존하는 지점까지 변화된다. 그것은 장식성의 상승에서 자기 자신을 지휘하는 형식 조합으로 이어지는 경로일 것이다.

219: 185f., 193ff., 348-360

재-진입 Re-entry

구분 내에서의 →구분의 재사용/반복, 구분이 자기 자신 내부에 다시 들어섬, 또는 구분의 구분으로서의 자기가능화, 또는 →형식이 형식 내부에 다시 들어섬(→유표 공간/무표 공간). 어쨌든 역설(→역설) 전개의 형식(이 생겨난다).

다음 →작동을 관찰할 수 있다. →체계는 자신을 체계로서 자신의 →환경으로부터 구분한다. 그것은 자신을 체계로서 자신의 환경으로부터 구분할 수 있기 위해 하나의 구분, 즉 체계와 환경의 구분을 사용한다. 간단히 말하면 다음과 같다. 체계는 자신을 체계로서 구분할 수 있기 위해, 체계로서의 자신의 구분을 전제한다. 체계-환경-구분을 사용하는 체계는 이 모든 것을 실행하는 순간에는 물론 그것을 볼 수 없다(→맹점). 체계는 1계 →관찰층위에서 작동한다. 체계가 자신을 관찰하거나 다른 체계(→관찰자)에 의해 관찰되며(→자기관찰/타자관찰) 이렇게 하는 것이 어쨌든 시간을 필요로 하면, 체계는 그 다음에야 비로소 자신이 행하는 것, 즉 구분을 위해 하나의 구분을 사용하는 일을 어떻게 행하는지를 볼 수 있다. 재진입은 2계 관찰이다. 재진입은 오직 이 층위에서만 일어날 수 있는 관찰 개념이다.

재진입은 역설 전개 또는 역설 관리다. 구분될 수 없는데도/구분될 수 없기 때문에 구분된다. 재진입은 역설적인 역설 관리다. 구분되는 것은 상이하면서도 동일하다(→차이의 →통일성). 같은 것은 다르다.

073: 87f., 166f.; 091: 72ff.; 261; 265: 215f.; 277: 72ff.; 294: 150ff.; 319: 24f.; 321: 174, 204ff.; 338: 32ff.; 342: 39; 405: 131; 406: 74; 459: 187

재귀성 Reflexität

(재귀성은) 과정적 자기준거이며, →작동이 관련되는 자기(→준거, 자기준거/타자준거)가 자기편에서 작동상 접속된 요소들로 구성되는 과정이다. 여기에 이전과 이후의 구분이 기초가 된다. 그러면 재귀적 기제는 →복잡성을 환원시키는 동시에 상승시키는(→복잡성, ~의 환원과 상승), 과정들의 자기 자신에의 적용들과 관련된다. 그런 적용들의 보기로는 사랑을 사랑함(열정), 학습함을 학습함(학습 능력), 교환 기회의 교환(구매/판매, 신용), 규범 설정의 규범화(법 실증주의), 연구에 관한 연구(방법론), 결정에 관한 결정(계획함), 가치의 평가(이데올로기), 사고함의 사고함(성찰) 등을 들 수 있다.

121: 524; 129: 372f.; 231: 40f.; 294: 64f.; 330; 373: 601, 610ff.; 462: 71ff.; 504: 333ff.

재조합 능력 Rekombinationsvermögen
→해체/재조합 능력

재판들 Gerichte
→법체계

적응 Anpassung
→진화, →연동, 구조적, →물질성 연속체, →체계, 자기생산적, →체계-환경-이론

전기 Biographie
"전기는 우발들의 모음이다. 지속적인 것은 우발들의 민감성으로 구성된

다 (…) 전기들은 어떤 것으로 조직되는 우발들의 연쇄이며, 그 어떤 것은 그 다음에는 점점 덜 유동적인 것이 된다"(043: 15)(→경력, →이력).

043: 16, 32; 085; 086: 93ff.; 104: 277

전문가 Experten

전문가는 1계 →관찰자로서, →우연성과 위험(→위험/위해)의 조건하에서 답할 수 없는 질문을 받을 수 있는 사람이다(→지식).

294: 161ff.; 448: 173

전적응적 진전 Preadaptive advances

규정된 사회전체적인 분화 형식의 틀 안에서 나타나기 시작하지만, 연결되는 분화 형식에서 비로소 완전하게 발전하며 변경된 독자적인 위상을 획득하는 →진화상 성취들(→창발, →진화). 전적응적 진전은 말하자면 아직 존재하지 않는 →문제들을 위한 문제 해결들이다.

129: 392f., 512f.; 024: 9f.

전환 Konventierung

전환은 매체를 통해(→매체) 매개된 특별한 →체계 관계들과 관련된다. →자기생산적 체계의 자기준거적인 작동 방식으로 인해, 외적 정보들은 체계 내에서 오직 내적 →정보들로만 처리될 수 있게 되는 결과가 도출된다(→자기준거/타자준거). 즉, 체계는 타자 매체적으로 코드화된 정보들을 구분하고 고유한 매체적 →코드로 "번역해야" 한다(→상호침투, →연동, 구조적). 예컨대 학문체계는 화폐 지불이 진리 능력이 있는 지식의 생성을 교란할 때만 화폐 지불로 무엇인가를 시작할 수 있다. 참여 체계들은 각각의 작동상 층위에서, 그것들의 요소들의 층위에서 사건의 동시적인 관련성에도 불구하고 완전하게 분리되어 있다(→다체계 소속성). 그래서 예를 들어 화폐의 진리로의 전환은 가능하지 않다. 학문체계가 경제체계와의 관계를 관찰한다면(→관찰, →자기관찰/타자관찰), 학문체계가 지식을 화폐와 "교환한다"는 것을 볼 수 있다(→성과, →연동, 느슨한, 단단한). 제3의 체계도 학문체계와 경제체계 간 관계들을 성과 관계들로 관찰할 수 있다. 그런데도 양측의 항들에 따라 하나의 매체가 다른 매체로 직접 전환되 는 것은 아니다. 2계 관찰자 관점에서는 기껏해야 "정산이 이루어질" 뿐이며, 이를 통해 참여 매체들이 공통의 제3 매체로 전환될 수 있는 것은 아니다(→체계 경계).

231: 101f.

전체주의 Totalitarismus

"체계 내부로의 체계 기술의 도입이 유일하게 옳으며 그래서 관철되어야 한다는 기준에 따라, 그렇게 도입하는 것을 뜻한다"(078: 135).

전체-부분-도식 Ganzes-Teil-Schema

존재하는 것의 존재를 구분하고 지시하는 관찰에 의무화되어 있다(→존재론). 이에 따르면, 전체는 존재자로서 그리고 모든 부분은 전체적인 것의 →재현으로서 파악되거나, 전체가 존재한다는 것이 전체의 부분들의 존재로 소급된다. 그러나 전체와 부분들의 동일성은 그것들의 분화를 통해 서로에 대해 배제되어 있다. 그래서 복합적 통일성이라는 역설을 부분들과 이 구성물(통일성)의 의미론적으로 부각되는 측면의 다가치를 생산하는 공동 작용의 형식으로 선세의 구분 경로에서 전개하는 것만을 유일하게 자연스러운 것으로 생각할 수 있다. 이에 따라 전체는 자신의 부분들의 층위에서 한 번 더 나타날 수 없거나, 어떤 부분도 전체 내에서 전체일 수 없다. 그런데도 부분들은 함께 뒤섞인 가운데 상이한 완전성에 상응할 수 있다.

그리고 다른 부분들보다 전체를 대표하거나 그런 능력이 있거나 권한이 있는 것으로 구분될 수 있는 부분들이 있을 수 있다.

전체/부분-구분은 서열적이거나 계층적으로 질서화된 사회들의 자기기술의 기초를 이루는 기술로 기술될 수 있다(→자기기술, 사회의). 이렇게 기술하는 것은 존재론의 의미론과 상관관계가 있고 이것을 통해 이치 논리 와 상관관계가 있다. 그것은 자기를 확신하며 경쟁 없는 세계 기술과 사회 기술 장치이기 때문이다.

체계-환경-이론으로의 패러다임 전환과 →자기생산적 체계들의 이론으로의 →패러다임 전환과 함께 전체-부분-도식은 더 이상 타당한 것으로 취하지 않는다.

129: 5장 5절; 282: 308ff.; 284: 409ff.; 373: 20ff.; 294: 324ff.; 521: 171ff.

전통 Tradition

"사용되고 있는 관계화들이 알려져 있고 자명하다는 것, 그래서 사용 전에 먼저 선택되어야 할 필요가 없다는 것을 뜻한다"(160: 68). 전통은 "기존의 것을 보전한다는 의미나 과거의 것을 반복한다는 의미에서 선호 규칙을 제시한다"(369: 16). 즉 전통은 →문화 관찰의 특수 형식이다.

절차(재판) Verfahren

집합적으로 구속력 있으며 수용 가능한 →결정들을 위해 →상호작용체계 형식으로 개최된 삽화적인(→삽화) 사회적 체계. 특히 절차의 종류들은 →정치의 선거, 입법 절차(→입법), 행정 절차(→행정)와 재판 절차로 구분될 수 있다. 절차의 의미는 절차에 대한 고전적인 독단이 의미하는 것처럼 진리 발견이나 진리이거나 정당한 결정의 기여에 있지 않다. 절차는 다른 문제들의 해결을 지향하여 구조화되어 있다. 즉 결정들의 생산에 시간적으로 구속된 절차에 참여 체계들이 의무적으로 참여해야 하는 사정은 결정들의 지연을 통한 불확실성 생산 기능을 가진다. 이런 사정에서 절차는 불확실한 절차 출발점의 관점에서 현재적인 행동 확실성을 생산하면서, 도구적인 기능보다 표현적인 기능을 가진다. 절차를 통한 정당화 (→정당성)는 절차와 관련된 사실적 합의와 절차를 통한 합의 생산에 관한 질문이라기보다, 절차에 적합하게 생산된 결정들의 일반적인 수용을 직접적인 결정 당사자들의 승인 태세로부터 분리하는 질문이다(→타당성).

225; 308: 133; 321: 201ff.; 324: 141ff.

점-대-점-조응 Punkt-für-Punkt-Entsprechung

→자기생산적 체계들과 그것들의 →환경과의 관계에서 환경 내의 어떤 →사건이 체계의 사건이 될 수 없다는 것은 타당하다. 모든 체계는 고유한 사건들과 스스로 생산되고 재생산되는 →요소들을 가진다. 그리고 그것은 환경 사건들, 즉 체계가 고유한 사건 흐름(→연결 능력)에 적응시키고 체계가 사건 구조(→기억, →구조)의 변경들을 통해 반응할 수 있는 사건들을 선택한다(→선택성). 그래서 자기생산적 체계들은 공통의 사건 적실성에도 불구하고 요소들의 공통성을 포함하지 않는다는 의미에서 체계와 환경 간 점-대-점 조응을 배제한다(→투입-산출-모델, →전환, →성과, →체계 관계들, →체계 경계).

108: 23; 129: 120; 304: 57f.; 369: 803f.; 427: 235

점화 Punktualisierung

→자기생산적 체계 내부의 모든 →사건은 순간석으로 일어나며 그 다음에 사라진다. 모든 사건은 일회적이고, 지속적으로 사건들을 생산하며 그래서 기초적으로 불안정적인 →자기생산적 체계의 자기생산의 단순한 순간일

뿐이다(→연결 능력, →지속 붕괴).

129: 52f., 71, 116; 277: 45f.; 373: 102, 389; 501: 277; 504: 37

정당, 정치적 Parteien, politische

→정치체계 내에서 자기준거적으로 작동하는 →조직들로서 집합적으로 구속력 있는 결정의 준비에 참여하는 주된 기능을 가지며, 이 일은 정부냐 야당이냐의 선택으로서의 정치 프로그램화를 통한 결정들을 포함한다(→민주주의, →선거, 정치적).

288; 294: 266ff.; 311; 449

정당성 Legitimität

전통적으로 →결정들과 그것들의 정당화하는 토대의 타당성에 대한 순수하게 사실적으로 확산된 확신(→타당성). 어떤 결정 행위의 정당성은 지배적인 기능적 체계분화와 체계분화에 상응하는 자기준거적인 관찰들의 다양성에 있어서 더 이상 외부로부터(신, 공덕, 원칙, 사실성, 합의를 통해) 정초될 수 없다(→이유들). 결정 행위의 정당성은, 즉 정치적이며 법적인 결정 행위의 정당성은 오히려 자기 자신을 통해 정초된다. 이것은 특수한 방법으로 연결 능력이 있는 것으로 입증됨을 통해 정초된다. 모든 정당성은 자기정당성이다. 결정자와 결정에 관련된 자들에게 결정들과 관련하여 인지적 기대 유지(학습)가 요구된다(→기대들). 이에 따르면, 다음과 같은 조건들을 전제할 수 있는 결정들은 정당하다. 그것들은 결정자들이 규범적 기대들로서 결정 형식으로 통보하는 것에 결정 당사자들이 인지적으로 맞출 것을 임의의 제3자들이 규범적으로 기대한다는 것을 전제할 수 있을 때 정당하다(→인지, →규범). 결정이 상대에 의해 수용될 것을 전제할 가능성은 정당성의 제도화의 근거가 된다(→절차). 합법성은 정치체계의 우연성 공식으로서 기능한다.

158: 144ff.; 225: 27ff.; 289; 294: 112f.; 358ff.; 324: 259ff.; 353: 65ff.; 79ff.; 395: 348ff.; 493: 165

정보 Information

→차이를 생산하는 차이. 또는 →구분은 정보를 생산한다. 모든 →구분은 구분하기 때문에 정보를 창출한다. 달리 말하면 어떤 사건에 대한 의외의 선택이다. 정보들은 항상 구분하는 통일성의 고유 성과들이다(→관찰자, →체계, 자기생산적). 즉, 결코 외부로부터 주어지지 않는다. 체계의 외부나 환경에는 그 체계에 대해 오직 잠재적으로만 정보 가치가 있는 특화되지 않은 소음(Rauschen)이 있다. 정보는 긍정적인 선택이나 →연결 능력의 조짐을 보여준다. 이 경우에 의외의 것이 아닌 어떤 것도 배경 막으로 있지 않으면, 어떤 것도 의외의 것이 될 수 없다(→기억, →구조). 반복되는 정보는 더 이상 정보가 아니다. 그러므로 정보는 항상 무엇인가 새로운 것(→참신함)을 지시해야 한다. 의외이지 않은 것은 정보적인 체험의 정상화와 사건의 처리와 내면화에 기여한다.

정보는 소통 과정에서 세 가지의 우연적인 선택들 중 첫 번째 선택이다(→소통). 정보/비정보 차이는 →대중매체 체계의 코드를 지시한다.

073: 69f., 128ff., 293ff.; 129: 71f., 1091f.; 168: 53ff.; 227: 28; 277: 56ff.; 319: 33f.; 321: 352ff.; 354: 15ff., 21ff.; 366: 39ff.; 373: 102ff.; 427: 296ff.

정상성 Normalität

진화이론적으로(→진화) 모든 체계 형성은 고도로 비개연적이며, 그런데도 지속적으로 일어난다(→이중 우연성, →질서, 사회적). 정상성은 비개연적인 정상성이다(→개연성, →우발). 정상성은 돋보이지 않으며, 돋보임이 부재하다는 것이다. 따라서 빈번하게 일어나거나 전형적으로 일어나곤 하는 어떤 것이 정상적인 것이 아니라, 이런 일이 일어난다는 것이 정상적이다. 정상성은 규정된 상황적인 유형들에 직교하여 일어나는 기대된 사건의 일반화(→일반화/특수화) 도식이다.

321: 138; 324: 46f.; 373: 162ff., 217ff.

정의 Gerechtigkeit

정의는 기능도 코드도 아니고, →법체계의 →우연성 공식일 뿐이다. 정의는 법적 결정들이 법체계 내에서 서로 들어맞을 때 언급된다. 따라서 정의는 추상적인 비교 관점, 즉 법적 일관성 또는 법적 결정함의 →중복을 지시하지만, 포괄적인 결정에 관여하는 목적으로서 내용적인, 도덕적인 또는 특별한 가치 관점들을 나타내지 않는다. 일반적으로 정의는 →자유와 →평등처럼 사회와 관련되며 사회 내에서 법체계를 포함하면서 통일성으로 단락(短絡)될 수 없는 가치중립적인 차이 개념(그것의 다른 면이 배제를 통해 포함된 불의가 되는)으로 보아야 한다.

122; 158: 180f.; 321: 5장; 391: 38ff.

정체 Retention

→안정화

정치 Politik

→정치체계(→민주주의, →입법, →폭력, 물리적, →합법성, →권력, →권력 순환 →권력이론, 고전적, →민족국가, →여론, →정당, 정치적, →정치 정당화, →진보적/보수적, →공중, →법치국가, →대표, →국가, →주권, 정치적, →사회적 시장경제, →사회복지국가 →헌법, →선거, 정치적, →복지

국가)

정치 정당화 Politikbegründung

고전적으로 (공공선, 지배에의 참여 또는 지배로부터의 해방, 규범적 민주주의 이해의 실현, 인간적으로 종국화된 사회의 총체성에 대한 의무처럼) 정치 공동체를 위해서나 사회를 위해 포괄적인 →가치들의 실현을 지향하는 행위로서 일어난다(→기본 가치들, →이데올로기, →인권/기본권). 근세에 들어서서는 이때 →국가와 사회의 분리는 전체의 통일성의 대표자와 보증자로서의 국가를 통해 타당해진다(→전체-부분-도식, →대표, →주권, 정치적).

반면 발전된 →기능적 분화의 경우에는, 우연적-선택적이며(→우연성) 권력 관련(→권력) →소통들이 어떻게 유지되며 지배 가능하게 유지될 수 있는지의 질문으로 주도되는 형식적인(formal) 정치 정당화가 적절하다. 2차적인 위치에서야 비로소 정치적 행위의 우연적-선택적이고 내용적인 지향이나 프로그램화 가능성(→프로그램)에 대한 질문이 제기된다. 이 질문에서 주도 전제는 →정치적 체계와 사회의 차이와 자신을 국가로서 자기서술하는 정치체계(→자기기술)를 통한 사회의 통일적인 대표 가능성이다(→다중심성).

129: 5장 6절; 245; 294: 1장; 398

정치 정당들 Politische Parteien

→정당들, 정치적

정치체계 Politisches System

→정치체계

정치체계 System, politisches

아직 미규정된 집합적으로 구속력 있는 →결정들을 위해 →권력을 관련 지으면서 사회 내에서 개최되는 소통은 정치적이다. 권력 →매체에서 →형식들의 형성은 정치적이다. 정치체계는 작동상으로 폐쇄되어 있고, 인지적으로 개방되어 활동하는 →자기생산적 체계다.

권력은 정치체계의 →상징적으로 일반화된 소통 매체다. 이는 권력/비권력의 →차이로 코드화되어 있다(→코드). 이 코드의 첫 번째 특수성은 권력 사용의 경우에 양쪽 면이 현재화된다는 것이다. 두 번째 특수성은 면 횡단의 기술화(Technisierung) 가능성의 조건으로서 여당/야당 (→민주주의)의 이차 코드화다. 권력 매체 내의 소통에 있어서 세부적으로 합법적인 권력의 형성, 이해관심의 절합(Artikulation)과 일반화, 인물들과 프로그램들을 위한 합의의 창출, 지도 능력의 검증과 결정 대안들의 수용 테스트들이 중요하다. 사회를 위한 정치체계의 →기능은 집합적으로 구속하는 결정이나 그 가능화를 위한 관철 능력을 준비하는 것이다. 정치체계는 부합하는 결정의 기초들을 다른 체계들에게 효과적으로 제공할 때, 그 체계들을 위해 →성과를 제공한다. →정당성은 우연성 공식의 특징을 표현한다. 특히 이전에 정치적으로 우선시된 선호들은 가치들과 이해관심들의 형식, 즉 정치체계가 주로 자신의 환경을 관련지을 때 사용하는 대본들의 형식으로 정치체계의 →기억으로서 기능한다. 정치이론은 정치체계의 →성찰이론이다.

정치체계는 조직화된 부분체계들과 비-조직화된 부분체계들, 즉 정치체계의 행정과 정당 및 정치 →대중들로 구분된다. 집합적으로 구속하는 결정 생산에 전념하는 부분체계로서의 정치체계의 행정은 국회, 정부, 행정관료라는 부분체계들로 분화된다. 정치의 부분체계는 좁은 의미에서 조직화된 부분체계들로서 정치 정당들(이익 집단을 포함해서)이다. 이 부분체계들은 "주제들의 준비와 인물들의 선별, 합의 기회 검증과 권력의 형성"(234: 148)을 담당한다. 결국 정치 대중은 특히 구속하는 결정의 주소지로서, 그리고 →정치 선거의 참여 형식으로 고유한 부분체계를 형성한다. 이 모든 것은 내적 경계 설정으로서의 정치체계의 자기관찰을 지시한다(폭력의 배분과 통제). 그렇다면 외적 경계 설정으로서는 제한된 소통 가능성들의 제한을 언급할 수 있을 것이다(기본권). 국회와 공적 직무들에 인물들을 배치하기 위한 선거 같은 →절차(→선거, 정치의)와 →입법 절차는 정치 공중의 참여(→권력순환)에 기여하고, →여론은 정치 행위를 정치 공중과 자기조정을 위한 매체 기능을 담당한다.

정치체계는 중심/주변 도식에서 분화된다. →국가를 단순화하는 정치체계의 자기기술은 이 도식에서 국가의 행정을 포함하면서 자신의 주변에서 정치에 참여하는 모든 조직(정당들, 연합들 등)과 사회적 체계들(저항 운동)을 위한 지향 중심이나 중앙 조직으로서 기능한다. 중심 자체는 우선적으로 위계적으로 조직되고, 주변의 체계들은 등위지배적-분절적으로 분화된다.

067; 069; 112; 158: 151ff.; 245: 127ff.; 268: 8장; 292; 294; 296; 297; 302; 303; 304; 305; 311; 321: 9장; 324: 245ff.; 353: 71ff.; 354: 20ff.; 379; 380: 8장; 398; 433; 449; 459

제도 Institution

제도화된 →기대들의 형식을 위한 오래된 구분, "제도들은 시간적으로, 사실적으로, 그리고 사회적으로 일반화된 행동기대들이며 그런 기대들로서 사회적 체계들의 구조를 형성한다"(158: 13).

158: 13, 179, 180; 324: 64-80

제로 방법론 Nullmethodik
→소통 매체, 상징적으로 일반화된

제재 Sanktion
규범적이고(→규범) 도덕적으로(→도덕) 통제된 행위의 조건들에서 실망 해결을 위해 규범화하는 것으로 이해될 수 있다(→실망). 제재가 긍정적으로 체험되는지 부정적으로 체험되는지는 →기대의 종류에 달려 있다. 긍정적 제재들은 일반적으로 화폐 매체에서의 소통들과 관련되고, 부정적 제재들은 권력 매체에서의 소통들과 관련된다.

13: 17장; 233: 45f.; 234: 60f., 102f.; 294: 44ff.

제한성 Limitationalität
부정 사용의 비임의성. 제한성은 어떤 것이 A가 아니라는 진술(→환경)이 A의 규정(→체계)에 기여할 때 항상 존재한다(→비대칭). 반대로 A의 규정은 A가-아닌-것을 제한한다. A가 아닌 것은 →자기생산적 체계 이론의 프레임에서 체계(A)를 위해 체계의 환경(A가-아닌-것)으로 나타나기 때문이다(→이항화). 따라서 제한성은 체계와 환경 차이와 함께 주어진, 체계 가능성들의 제한이다. 모든 체계는 연결하는 분화들을 통해 자신의 코드화된(→코드) 가능성들을 계속 제한한다(→분해). 제한성은 →프로그램 사용의 결과 특별히 광범위해진다. 진리 능력이 있는 소통의 가능화에 학문체계를 제한하는 것은 진리값들의 할당을 위한 선택적인 프로그램으로서의 →이론/방법론들을 통해 더 제한된다. 제한성은 →학문체계의 →우연성 공식으로서 분명하게 규정된 것으로 발견된다.

028: 155, 117ff.; 136: 40f.; 294: 120ff.; 378: 14f.; 504: 391ff.

조건 프로그램 Konditionalprogramm

→결정들(→행위)의 프로그램화(→프로그램)의 특별 형식, 의미에 기초하여 작동하는 체계의 인지적 개방성과 규범적 폐쇄성의 조합의 특별 형식. 조건 프로그램은 조건-결과-도식에 기초한다(→투입-산출-모델). 프로그램상으로 규정된 이유들이 있다면, 규정된 결정 행위가 야기된다. 규정된 결정을 유발하는 규정된 →사실이 있다면, 규칙에 묶인 결정은 규범적으로(→규범) 가능하고, 결정에 전제된 사실 동일시는 인지적으로만(→인지) 가능하다.

073: 50f.; 225: 131ff.; 230; 277: 263ff.; 308: 140ff.; 321: 195-206; 324: 227ff.; 521: 101ff.

조건화 Konditionierung

→요소들의 규정된 접속 또는 선택적(→선택성) 접속(→관계). 조건화는 의미를 요구하는 모든 체계 형성의 전제이다. →자기생산적 체계들은 단순히 요소들 간의 관계가 아니며, 기본적인 사건들을 가능하게 하는, 사건을 통해 관계화된 요소들 간의 관계들이다(→중복). →프로그램들은 조건화의 중요한 형식이다.

073: 107; 074: 143ff.; 373: 185ff., 536ff.; 538: 294ff.

조종 Steuerung

조종은 의도된 체계 사건이나 계획하는 체계 사건으로서 차이의 변화를 위해 설계되었지, 규제된 이상들이나 목표 가치들을 지향하는 체계 상태들의 변화를 위해 설계되지 않았다. 조종은 이러한 의미에서 인과 과학적인 프로그램을 따를 수 없다(→인과성, →방법, 기능적, →목적).

조종의 행위자나 →관찰자는 →자기생산적 체계이며, 그 체계는 자기 자신일 수도 있는 체계와 다른 체계 사이에서, 규정되고 구성된 사태나 사건에 관련된 차이를 구성한다(→자기관찰/타자관찰). 한 →사건의 최소한 두 상태 사이에서 선취된 격차는 사건을 통해 감소되어야 한다(또는 확장되어야 한다)(→계획, →합리성, 체계이론적, →목적 프로그램). "예방접종법은 환자들과 건강한 이들 사이의 차이를 감소시킨다"(404: 143).

특수하게 생성된 차이와 특수하게 생성된 차이들의 감소/확장에도 불구하고 우연적인(→우연성) 사태들이 관건이기에, 차이의 동시적인 상승 공식은 중요하다(→복잡성, ~의 환원과 상승). 조종은 가능하다. 자기제한은 제어될 수 있는 →복잡성에 있다(→미결정성). 사회전체적인 조종의 관점에서 주의해야 할 것은, →기능적 분화에서 부분체계는 자신이 다른 부분체계들과 맺는 관계들을 오직 자신의 작동상 →코드의 척도에 따라서만 통제할 수 있으며, 그렇게 되면 과도한 →공명이나 과소한 공명이 이어진다. 특히 기능적 부분체계들 내부의 →조직들은 해당되는 조종 과제들이나 누락되는 조종 과제들을 상당 부분 넘겨받는다(→포함/배제, →연동, 구조적). 이 모든 것은 기능적 사회 분화에서 근본적인 사회의 통합 결핍과 조종이 일어난다는 사실에 있어서 근본적으로 아무것도 변화시키지 않는다(→통합, →다중심성, →실패 증후군). 여기서 결국 →진화만이 체계 상태들의 변화라는 의미에서 "조종할" 수 있다.

그 외에도 이러한 의미에서 모든 체계는 스스로 →자기준거/타자준거를 구분하고, 자신의 작동에서 자신을 그 구분에 지향시키도록 강요받는다는 점에서, 자기-자신을-조종하는-체계다.

073: 52ff.; 055: 367ff.; 083; 129: 4장 11절; 229; 277: 400ff.; 279; 302; 303; 304: 94ff.; 324: 298-325; 404; 426: 227f.; 481: 11ff.; 501: 10장

조직 Organisation

조직이나 조직된 사회적 체계 또는 공식 조직은 일반적으로 →소통들로서 →결정들에 기초하여 분화되었으며, →요소들로서의 결정들에 기초하여 작동하는 →사회적 체계다(→체계, 자기생산적). 조직들은 상호작용들에서처럼 사회의 자기생산을 실행한다.

조직은 특별한 체계-환경-관계(이 관계들은 →인물들처럼 소통들의 저자나 주소지로서 관찰되며, 자신의 체계-환경-관계를 특히 인과성 매체로 관찰한다), 공식화된 기대구조, 그리고 자신의 결정 행위의 특별한 프로그램화를 통해 특징지어진다(→결정 전제들).

조직은 자신의 →목적 관점에서 우연적인(→우연성) 결정을 토대로 구성된다. 그것은 자신의 체계-환경-관계에서 자신을 →인과성 매체에서 우연적으로 작동하는 체계로서 관찰한다(→투입-산출-모델, →성과). 이는 외부의 체계환경들과 내부의 체계환경들과 관련한다(→체계 경계). 고전적인 목적-수단-도식의 전제와는 달리 조직은 근본적으로 천이적(遷移的)인 가치 질서나 목적 질서를 필요로 하지 않는다. 외적 목적은 목적들로서의 수단들의 내적 다양함과 모순되지 않을 수 있으며, 내적 목적-수단-관계들의 특징은 광범위하게 비의존적이고 다양한 목적들과 수단들의 외적 목적들과의 교환 가능성이다(→방법, 기능적). 조직은 특히 자신의 목적이나 목적들을 구성원자격 형식으로 참여하는 인물들의 목적들이나 동기들로부터 분리한다(→목적과 동기). 목적 추구의 합리성에는 불확실성과 관련되어 결정 능력을 유지하는 합리성이 갈수록 덧씌워진다. 위계적으로 구조화된 합리성(→지배, →위계)의 전제도 결정함과 →불확실성 흡수의 역설 전제들에 의해 밀려난 것으로 관찰될 수 있다.

조직의 공식성은 규정된 인적 구성원자격들과 동기화들(→동기)에 대한 체계 특화된 →기대들의 불변성이나 구성원들의 지향에서 식별할 수 있다.

조직 공식성의 핵심은 구성원자격 규칙들을 존중하라는 기대들을 승인하는 데 있다. 기대들은 구성원자격의 조건이 되었다면 공식화된 것이다. 기대 공식화는 시간적 관점에서 체계의 존속에 구속된다는 것이며, 사실적 관점에서 몰인격성과 역할 분리의 제도화이며, 그리고 사회적 관점에서 공식화된 기대들에 대한 합의가 이루어졌다는 전제이다. 공식 조직은 직접적으로 →행위를 조종하지 않으며, 가능한 것의 현존이 기대구조 내에서 제도화되어 있음을 통해 작용한다.

결정 기반 체계들로서의 조직들은 기능체계들처럼 이항 코드를 사용하지 않는다. 이항 코드의 기능적 등가물로서 →결정 전제들을 전제할 수 있다. 조직들은 결정들에 관한 결정들을 통해 결정들이 수용될 것을 보장한다. 결정들은 결정 전제들(→조건 프로그램, →계획, →재귀성, →목적 프로그램), →위치들, 소통 경로들과 인물들에 관한 결정들의 형식으로 수용된다. 소통 경로들에 관한 결정들에서 결정의 사실적 차원과 시간적 차원들이 결정 순차화의 사회적 차원에 비해 주도적인 관점이 된다. 인물들에 관한 결정들은 인물을 결정자로서 임명하는 것과 그중 근본적으로 인물들의 구성원자격과 관련된 인사 결정자로서 임명하는 것을 포함한다. 조직은 순차화된 선택적인 결정들(소통 경로들이나 조직 기법)을 특별히 긴밀하게 연동시키며, 그래서 자기변경 가능성의 높은 문턱을 가진다. 이때 조직의 기억은 문자적이며 구두로 상기될 수 있는 결정 역사로서 높은 위상을 가지며, →조직 문화는 결정 불가능한 결정 전제로서 고려되어야 한다.

조직은 기능적으로 외부분화된 거의 모든 부분체계에서 기능 충족과 성과 제출의 주도 형식이다(→분화, 기능적). 예컨대, 경제체계에서의 기업과 은행, 정치체계에서의 관료들과 정당들 및 이익단체들, 학문체계에서는 대학이 그러하다. "대부분의 조직은 자신의 목표들을 특정한 기능체계들의 기능들에 지향한다"(277: 405). 조직들은 특히 기능체계들이 스스로 만들어낸 불확실성을 흡수하도록 도와준다. 조직들은 심지어 기능적인 사회 분화를 일정한 규모로 무력화시키기까지 한다. 조직의 환경과의 자기준거적인 관계들을 수용할 수 있고 이런 점에서 상호의존 중단자로서 그리고 그 다음에는 구조적 연동자로서 작용할 수 있는 가능성을 통해서, 그리고 포함들을 불평등 관점에서, 즉 배제로서 실행할 수 있는 가능성을 통해서 무력화시킨다(→포함/배제). "사회는 자신의 조직들의 도움으로 사회가 부정할 수 없는 자유와 평등이라는 기본 원칙이 실패하도록 만든다"(277: 494).

사회 내에서의 기본 원칙들의 중요성과 사회의 초-코드화 경향에도 불구하고 이 현상들로 인해 사회가 조직화된 사회나 조직 가능한 사회로 변환되지는 않는다.

012; 086: 158ff.; 108: 5장; 113; 129: 4장 14절; 231: 9장; 265: 203ff.; 273; 274; 275; 276; 277; 280: 255-271; 294: 228ff.; 304: 103ff.; 331; 380: 10장; 504: 672ff.; 521: 337ff.; 531

조직, 공식적 Organisation, formale
→조직

조직, 비공식적 Organisation, informale

지배적인 이해와는 달리 비공식적 조직은 공식적 조직의 역기능적 결과로 간주할 수 없다. 비공식적 조직은 공식적 조직의 기능적 등가물보다는 오히려 기능적 보충이다. 비공식적 조직은 상황에 제한된 기능에 있어서 필수적이지만 감정이 킹조된 상호작용적인 직접성을 조직화된 사회적 체계의 층위에서 작용하도록 옮기지는 못한다. 비공식적 소직 개념은 근본적으로 →상호작용체계 개념을 통해 포착된다.

113: 20장.; 277: 22ff.; 392

조직 문화 Organisationskultur

조직 문화는 →조직들에 있어서, 결정될 수 없는 →결정들의 위상을 가진다. 조직 문화는 →문화로서 결정될 수 없지만 그런데도 결정에 중요한 모든 것을 특히 조직이 그 환경 내에 있는 체계들(그중 조직상 체계들)로부터 구분하도록 만드는 것을 구분하기 위해 관련짓는다.

277: 239-249

조직체계 System der Organisation

→조직(→관료제, →민주 관료화, →결정, →결정 전제들, →계층, →조건 프로그램, →조직, 비공식적, →조직 문화, →개혁, →위치, →불확실성 흡수, →목적, →목적과 동기, →목적 프로그램)

존경 Respekt

"존경은 일종의 두려움 없는 관용이다"(113: 169).

존속 공식 Bestandsformel

존속 공식은 최종적으로 존재론적 전제들(→존재론)에 근거하며, 그 전제들은 존재와 존재의 요소(그것의 불변적인 본질)의 불변성을 전제한다. 초기 기능주의와 구조기능주의의 존속 공식들은 그 발상에서 보건대 효과들의 작용이라는 생각에 여전히 묶여 있다. 기능주의적 →체계-환경-이론(→방법, 기능적)에 와서야 체계의 존속은 열린 →문제가 되고, →자기생산적 체계 이론에서 존속 공식은 존속에 대한 위협으로 인해 자가 개최된 존속 보장이라는 역설적으로 구조화된 공식이 된다. 존속의 보장이 중요한 것이 아니라, →차이의 유지가 중요하다.

373: 117f.; 462: 8ff.; 521: 62f., 143-156

존재/비존재 Sein/Nichtsein
→존재론

존재론 Ontologie
존재론이나 존재론적 형이상학은 "어떤 관찰자가 존재와 비존재의 대립적인 구분으로 작동하는 것을 뜻하며, 관찰자는 이 구분을 가지고 그가 중요한 것으로서, 연결 능력이 있는 것으로서, 간단히 말해 '존재하는' 것으로서 간주하는 것을 지시한다"(167: 170). 어떤 것이 존재한다거나 그 자체로 존재한다거나 실재 그 자체가 존재한다는 것을 전제하는 것만으로도 존재론적으로 또는/그리고 논리적으로 일치적(一値的)인 것 같은 술어들을 사용할 수 있다. "아무것도 존재하지 않기 때문에, 존재로서 또는 존재하는 것으로서 지시된 실재는 일치적인 것으로서 주어져 있다"(129: 898). 그 자체로서 존재하는 것은 인식의 대상으로 입증되어 있으며, 여기서 존재와 비존재의 구분은 오직 비존재를 존재로부터 배제하는 데만 기여할 뿐이다(→인식론, 고전적, →논리, 이치적, →합리성, 유럽적). 그러므로 항상 →관찰들이 하나의 값을 가지고 작동할 때, 즉 어떤 것을 자신의 존재 속에서 진리인 것으로서 우대할 때, 인식의 아르키메데스적 축점이 요구되며, 관찰들은 존재론적으로 작동한다. 이것은 1계 관찰들이다.

체계이론의 →기능적 방법과 →사이버네틱스적 방법은 반대로 존재 대신 대안적인 존재 가능성들을 주제화하며, 그래서 오직 하나의 진리인 진리가 존재할 가능성을 배제한다(→구성주의, 체계이론적, →실재). 체계이론은 존재론적 형이상학이 아니며, 오히려 포스트-존재론적 이론이다. 체계이론은 존재/비존재 같은 구분을 포함한 자신의 구분들을 존재하는 것으로서 다루는 대신 구분들로서 다루며, 이때 자기 자신을 역설화하면서 함께 포함하기 때문이다(→역설). 이는 자신을 자기성찰적인 관찰 능력이 있는 것으로 간주한다(→성찰이론, →자기면제 금지, →보편이론).

027: 329ff.; 091: 63; 108: 69f.; 129: 5장 4절, 1012f.; 113: 395f.; 403: 381; 475

존중 Achtung
→도덕

종교 Religion
→종교체계(→신, →내재/초월, →교회, →계시, →세속화, →악마, →신학)

종교체계 System, religiöses
→신을 관련짓는 모든 →소통은 종교체계에 속한다. 종교체계는 작동상으로 폐쇄되어 있고, 인지적으로 개방되어 활동하는 →자기생산적 체계다. 종교체계의 →코드는 →내재/초월이다. 신은 이 →차이의 →통일성을 지시하는 동시에 이 차이의 통일성 안에서 포함되어 배제된 제3항으로서 나타난다.

원시 종교들은 황홀 상태들을 매체로서 활용했다. 일신론적 종교들은 소통 매체(→소통 매체, 상징적으로 일반화된)를 그것의 두 면이 종교적인 자기이해에 따라 자기준거적으로 갖추어진 신/영혼 차이 형식으로 가지고 있다. 그러면, 그것은 자기구원 능력이 없는 영혼들이 각자 차이의 구분될 수 없는 통일성으로서 전제된 신과 맺는 관계이며, 그 관계는 상이한 형식들을 취할 수 있다. 영혼은 신을 선택하는가, 반대하는 선택을 하는가? 그리고 영혼은 신을 어떻게 확신하는가? 그리고 그것은 어떻게 보장되는가? 상징적으로 일반화된 소통 매체인 믿음은 공동으로 의식된 것으로 만들어진 →선택성 경험과 관련된다. 종교의 →기능은 규정될 수 없는 복잡성에서 규정될 수 있는 →복잡성으로의 변형, 즉 의미지평들(→지평,

→의미)의 개방성에 폐쇄성으로 대답하는 것이며, 이것은 여기서 우연성 차단(→우연성)을 뜻한다. 단순한 종교의 경우에 내재/초월은 같은 것으로서 (즉, 신으로서) 설명되며, 고등 종교의 경우에는 같은 것(신)을 통해 설명된다. 그 기능은 →교회로서, 즉 영적 소통으로서 채워진다. 종교체계의 →성과들은 사회봉사 활동(근본적으로 영적 상담)에 있다. →계시와 성서의 생활 규칙 및 추측하건대 생활 규칙과 관련된다는 주된 이유로 →교의가 프로그램화(→프로그램)에 기여한다. 신은 종교체계의 →우연성 공식으로서 기능한다. →공생적 기제는 자기구원의 배제다. 신학(종교적 교리)은 종교체계의 자기성찰의 과제를 넘겨받는다(→성찰이론).

→기능적 분화의 조건에서 내재와 초월의 차이는 고대와 고등 문명의 종교 특화된, 친숙한과 낯선의 차이의 통일성을 보전하기에 더 이상 적합하지 않다. 그 차이는 친숙한 것 안에 있는 낯선 것을, 친숙한 것 안으로 다시 도입된 친숙한과 낯선의 차이에서 순치하는 데 더 이상 적합하지 않다 (→생활세계, →상징, →친숙함). 어쨌든 초월 자체를 정초하고 이를 통해 초월의 입지에서 내재를 정초하는 것은 어려워진다. 이것보다 훨씬 더 추상적인 다음과 같은 가능성이 남아 있을 것이다. 그것은 내재와 초월의 차이를 (구원과 저주, 좋은과 나쁜의 명명에 나타난 신의 보편 관할 때문에) 긍정적인 경험들과 부정적인 경험들의 차이와 경합하고 그런 식으로 유사-종교적인 지향으로서의, 긍정적인 것과 부정적인 것에 대한 무조건적인 긍정성에 이르는 가능성이 남아 있을 것이다(→악마).

027; 108; 165; 238; 268: 14장; 280; 334; 335; 336; 337; 338; 339; 368; 441; 533; 543

종국화 Finalisierung
→의도성, →자연, →완전성/완전 가능성, →목적론, →목적

주권, 정치적 Souveränität, politische

사회적인 "몸체"나 정치적인 "몸체"(체계)의 통일성을 결정 문제로서 주제화하는 역사적 의미론(→국가). 정치적 주권의 전제는 전체(체계)의 통일성을 당연한 것으로 보장하기 위해서 그 자체가 구속되지 않았으며 자기구속 능력도 있는 결정의 가능성이나 그런 결정을 위한 심급이 있어야 한다는 것이다(→전체-부분-도식, →계층, →대표).

294: 107f., 338ff.; 459: 194ff.

주도 차이 Leitdifferenz

체계이론의 주도 차이는 "동일성과 차이의 차이"(373: 26)다(→차이, →통일성, →패러다임 전환).

373: 26f.

주술 Magie

주술적 행위는 의례적 행위나 친숙한 인과성 형식에서의 신화 구술처럼 친숙한 것 내에서 낯선 것을 다룬다(→생활 세계, →상징, →친숙성).

129: 644ff.; 338: 85, 255

주인과 노예 Herr und Knecht

"우리는 '주인'을 자신이 관찰된다는 데 주의를 기울일 필요가 없는 어떤 사람으로 정의한다. 즉 2계 관찰의 관점을 회피할 수 있는 어떤 사람인 노예와는 달리 정의한다"(380: 113, 3번 각주).

주제들 Themen

기본적으로 부정에 취약한 우연적-선택적인 추상들이다. 주제들은

→소통들을 구조화하고(→기억, →구조), 이때 상이한 기여들이 주제들로 형성되도록 만들 수 있는, →구조적 연동의 →매체들로서 작용한다. 그 매체에서 주제에 대한 가장 상이한 기여들이 형성될 수 있다(→형식, →매체/형식).

262: 12ff.; 319: 28ff.; 338: 197ff.; 373: 213ff.; 378: 92ff.

주체 Subjekt

고전적 인식론에서 사고의 사고 내에서 스스로 실행하고 증명하는 주체, 자기 자신을 확신하는 의식으로서 전제된다. 그런 점에서 주체 개념은 의식의 인지들을 통한 의식의 →인지들의 자기준거적인 정초에 고정된 것으로서 입증된다. 모든 개별적 주체의 주관성뿐만 아니라 주관성의 일반성도 고전적 주체 개념에 속한다. 특히 주체는 자기 자신으로서 다른 모든 것의 기초가 된다는 것이 전제된다(→초월성). 의식은 주체와 객체의 전제된 구분을 구분하지 않고도 자기 자신을 객체로 포함하면서 →객체들의 주체가 되는 것으로 설명된다. 더 나아가서 많은 것을 인식하는 주체의 관점에서, 어떤 주체가 올바르게 인식하는가에 대한 질문은 다시금 그 주체를 외부로부터 관찰한다는 주체들 등을 필요로 한다. 그러나 그런 주체는 있을 수 없을 것이다. 이로써 주체를 통해 오류 없이 인식될 수 있는, 주체들에게 공동으로 주어진 세계가 있을 가능성은 배제되었다. 상호주관성은 불가능할 것이다.

체계이론적으로 주관적 주체라는 생각과의 첫 번째 근본적인 차이는 주체에서 →관찰자로의 전환에 있으며, 객체화된 주체로서 생각될 수 있는 관찰자, 더 정확하게는 -→자기생산적 체계로서의 관찰자로의 전환에 있다. 모든 체계는 관찰자이며, 생물학적 심리적 체계 체계 또는 사회적 체계다. 체계이론적인 생각은 이 발상에서는 자기 자신과 모든 것의 기초가 되는 자기준거적이며 객체화된 주체에 대한 생각으로 나아간다. 즉 자기 자신을 관찰하는 관찰자에 대한 생각이 된다(→자기관찰/타자관찰, →자기준거/타자준거). 이는 두 번째 근본적인 차이로 이끈다. 모든 관찰자는 자신이 관찰하는 것만을 관찰하기 때문에, 관찰의 다수성만 있을 뿐이며, 그것은 →관찰에 넘겨질 수 없다(→다맥락 영역성, →세계). "주관성은 초월적인 의미에서 통일성을 보장하고, 경험적인 의미에서 다양성과 상이성을 보장한다"(129: 1023). 그러므로 "우리가 주체를 관찰자로 대체하고, 관찰자를 자기 자신의 구분함의 순차적인 실행을 통해 생성되는 체계로서 정의한다면, 객체들을 위한 모든 형식 보장은 사라진다. 모든 동일성-설정에 있어서 언제나 관찰자가 사용하는 구분들을 구분하는 것만이 중요하다"(129: 878)는 말이 타당하다. 관찰자들을 최종적으로 동일시할 수 있는 하나의 관찰자를 위한 자리는 없다(→성찰이론). 세 번째 근본적인 차이는 사회 내부에서의 관찰자의 위치와 관련한다. 관찰자는 포함을 통해 사회 내부에서 배제되어 있고 사회 내부에서 사회의 환경이다(→자기면제 금지, →사회학).

역사적으로 주체의 유형은 자유나 평등 같은 표제어하에 인간의 사회에의 포함을 정당화하는 기능을 가지고 있었다(→개인). 그러나 기능적 분화에서는 포함을 통해 배제된 관찰자를 통한 우회로를 취해야 했다.

073: 149f., 153ff.; 129: 867f., 5장 2절, 13절; 173: 207f.; 342: 37f.; 408: 80ff.; 443; 479: 252, 255; 494: 49f.; 495: 235-244; 504: 11ff.

준거 Referenz

→관찰의 지시 성과. 간단히 말해, 지시되거나 말해지는 것. 관찰에서 구분함의 단순한 실행, 즉 →작동과 준거(→체계준거)를 구분할 수 있다. 준거 문제로서 →자기준거/타자준거의 차이가 만들어지며, 이때 모든 자기준거는 타자준거, 즉 그 자체가 지시되지 않는 것을 동시에 확정한다(→유표 공간/무표 공간, →구분). 준거와 코드화(→코드)는 서로 직교 관계

에 있다(→직교성). 코드화는 (체계의) 자기준거 면이나 (체계의 환경의) 타자준거 면에 놓일 수 있다(→횡단).

024: 37f.; 219: 306; 246: 31f.; 373: 596ff.; 487: 95; 504: 707

준거 문제/코드 문제 Referenzproblem/Codeproblem
→직교성, →준거

중복 Redundanz

중복들은 한편으로는 →구조들로 유입된 →정보들이나 정보 처리의 유인자들이며, →자기생산적 체계는 의외의 환경 사건들에 직면하여 처음에는 일단 이 유인자들이 있는 곳으로 후퇴하여 그곳에서 잠시 피해 있을 수 있다. 중복들은 다른 한편으로는 체계들 간 탈락 보증을 넘겨받는 일과 관련된다. 그래서 어떤 형식으로든(분절적으로든, 계층적으로든, 다기능적으로든) 분화된 체계 내부의 통일성들은 이 체계의 다른 통일성들에서 탈락하는 기능들을 수용할 수 있다. 반면 기능적으로 외부분화된 부분체계들(→분화, 기능적)은 사회전체적인 층위에서의 중복 포기를 함의한다. "다른 체계의 기능을 넘겨받을 수 있는 기능체계는 없다. 정치로 인해 정치가 병을 얻으면 병원으로 이송되지, 정당 당사로 옮겨지지는 않는다"(267: 35). →기능들은 자기보장만 가능하다(→통합, →연동, 구조적). →변이는 중복의 정반대 유형이다.

027; 259ff.; 129: 761ff.; 219: 170, 228; 267: 35; 268: 210, 218f.; 274: 37ff.; 321: 358ff.; 373: 237f.; 504: 436ff.

중복 포기 Redundanzverzicht
→분화, 기능적, →중복

중심/주변 Zentrum/Peripherie
→중심/주변에 따른 분화

증거 Evidenz
→신빙성/증거

지각 Wahrnehmung

소통적이지-않은 의식 →사건(→심리적 체계). 의식은 자신의 외적 환경이나 →외부 세계에서 사건과 무관한 소여들과 사건들을 지각할 능력이 있다. 지각된 것은 여기서 직접적으로 지각에 주어지는 것으로 나타난다(→현상학). 실제로 의식은 자기 편에서 외부 세계의 이미지를 비로소 구성하는 두뇌의 고유 복잡성을 외부 세계에 대한 자신의 지각의 구성으로 사용한다. "의식은 신경생리학적인 작동들의 결과물의 (...) 외부화에 기여하며 이와 함께 인간 체험과 행위를 조종하기 위해 타자준거와 자기준거의 차이의 도입에 기여한다"(338: 13). 이런 점에서 지각은 내적으로 산출(算出)된 환경을 위해 있다. 그러면 지각 사건은 의식이 그때그때의 매체 안으로(→매체) 그때그때 규정된 형식들을 기입하는(→매체/형식) 과정으로서 관찰될 수 있으며, 이때 이 과정을 의식적으로 통제할 수는 없다. 따라서 지각은 심리적 체계가 환경과 맺는 →구조적 연동을 전제한다.

지각하는 의식은 특히 사건에 구속받지 않는 소여성(所與性)들과 사건적인 사건을 통해, 특히 생명체계와 유의미하게 작동하는 체계들의 환경 내에서의 사건들을 통해 교란될 수 있거나 매혹될 수 있다(→교란). 따라서 의식 층위에서 지각은 정보를 제공하며 산만하면서-총체적이며 반(反)재귀적인 사건이다. 따라서 이 사건도 지각하는 심리적 체계의 →고유값들이나 환경 내에 있는 체계의 심리적 체계의 역사(→기억)에 선택적으로 의존한다(→체계, 자기생산적). 의미와 무관하며 유의미한 사건들의 유의미한 지각은 →소통이 아니다. 지각은 심리적 체계를 위해 자신과 자신의 환경 사이의 사건적인 동시 발생만을 수행한다. 지각이 없다면 어떤 것도 지각된 것으로서 통보될 수 없을 것이다. 또한 이것은 →구조적 연동을 가리킨다. 심리적 체계가 →인물 형식으로 소통에 참여하는 모든 경우에는 이미 선택적인 지각이 한 번 더 선택적으로 요구된다. 실제로 일어난 지각과 똑같은 지각은 소통될 수 없다(→소통 불가능성). 학문적인 소통도 의식과 지각을 필요로 한다. 여기서 지각은 →공생적 기제로서 기능하며, 학자들을 포함하는, 학문체계의 환경(학자들은 학문체계에 속하지 않는다)과의 접촉과 그 밖에 유의미하지-않은 외부 체계들과의 학자들의 접촉을 학문체계에 중개한다. 학문은 이 접촉을 의식들의 지각들에 관한 학문적인 소통을 통해 자기 자신에게 매개한다.

071: 23ff.; 129: 121; 219: 13ff.; 277: 119ff. 149; 287: 305ff.; 476: 66ff.; 477; 494: 45; 504: 19ff., 224ff.

지능 Intelligenz

지능"은 자기준거적 체계들이 자기 자신과 접촉하면서 이 문제 해결을 선택하지 다른 문제 해결을 선택하지 않는지를 관찰할 수 없다는 것을 가리키는"(373: 158) 지칭이다. 그러므로 지능은 요소들로서의 →관찰들로 구성되는 매체(규정된 관찰들, 예를 들어 역설적인 관찰함이 그 안에서 형성되는)로서 일반적으로 관찰될 수 있다. 지능은 이런 점에서 역설 관리, 즉 해체되는 대신 전개되기만 할 수 있는 역설들의 취급을 담낭한다.

148; 166

지도 Führung

→권위 이외에 사회적으로 일반화된 →영향의 다른 형식. 권위는 다른 이들이 추종 태세를 보일 것이라는 데 그 이유나 자가 창출된 타당성의 근거를 둔다. 지도는 단순한 사회적 체계들과 분화된 사회적 체계들에 존재한다. 공식적으로 기능적인 사회적 체계들에서는 사회적인 규범들의 조종 성과가 충분하지 않은 경우의 기능적 등가물로 나타난다.

113: 124, 14장; 231: 76; 380: 211ff.

지배 Herrschaft

고전적으로 주인, 주인과 노예의 차이 또는 지배 계층과 피지배 계층으로 구성된 계층 기준의 사회전체적인 분화를 전제한다. 일반적으로 →기능적 분화의 조건들 하에서 그리고 특수하게는 조직상 분화(→조직)의 조건들 하에서 첫째로 다음을 볼 수 있다. "주인과 노예 논리의 오래된 비대칭은 더 이상 유효하지 않다. 노예만 주인(일명 신)이 그를 관찰해야 하는 것처럼 관찰해야 하는 것이 아니다. 주인 역시 그가 노예에 의해 어떻게 관찰되는지를 관찰해야 한다. 관계는 2계 관찰로 완전하게 전환되어 있다. 그리고 그 관계는 이러한 층위에서 대칭적으로 짜여져 있다"(277: 323). 그러므로 둘째로 다음을 볼 수 있다. "지배 관계들은 구조들이지, 체계들이 아니다 (…) 지배 관계들은 (…) 외부분화된 체계들의 안정성 관심을 숙주로 삼는 기식자다. 그것들은 결정 소통을 비대칭화한다"(277: 67). 지배의 관찰은 체계의 권력 본성에서 권력의 체계 본성, 즉 피지배자들이 지배되는 것과 지배자들이 피지배자들에 의해 지배되는 것의 호혜성의 역설로 전환된다. 이는 사회 층위에서 유효하다(→다중심성). 여기에는 더 이상 지배하는 중심이 없기 때문이다. 그런데도 (외부분화와 자율을 통해, 작동상 폐쇄와 기능체계들의 자기준거적인 작동함을 통해 생성되는) 방대한 가능성 과잉들은 기능체계들의 조직들 내부에 있는 위계적-지배적인 구조들을 그렇지 않으면 제어할 수 없는 불확실성을 다루어내는 형식들로서 촉진시킨다 (→불확실성 흡수).

113: 197ff.; 158: 138ff.; 277: 67, 221, 323; 288: 8; 294: 324ff., 416f.; 297: 213ff.; 398: 71ff., 109ff., 119ff.; 417: 401f.; 520

지불/비지불 Zahlung/Nichtzahlung

(화폐 지불). 지불은 화폐 코드인 지불/비지불(→코드, →화폐)의 긍정 면으로서 자기 자신을 생산하는 →경제체계의 기초 통일성이다(→자기준거, 기초적). 지불은 →소통적 행위(→행위)이며, 화폐에 표현된 지불 기대(→기대들), 즉 가격들의 규모에 상응하는 화폐의 양도로 이루어진다. 규정된 지불의 모든 성과는 다른 이들의 지불들을 통해 고유한 지불 능력의 재생산 가능성 기회가 충분히 개연화된 기회를 보장한다는 데 있다(→소통 매체, 상징적으로 일반화된, →우연성 공식). 따라서 이것은 지불 능력의 수령과 추후 양도의 연관에 대해 타당하다(→연결 능력). 역방향으로 진행되는 이중의 화폐 순환(→이중 순환)은 여기서 각각의 →자기생산적 체계의 →작동의 순환처럼 폐쇄되어(이 경우에는: 일시적으로 균형잡힌 상태로) 있는 동시에 개빙되이(이 경우에는: 일시적으로 불균형 상태로) 있다.

501: 17ff., 52ff.; 502: 312ff.

지속(적) 붕괴 Dauerzerfall

→사건들(예컨대, 생각들, 소통들, 행위들, 지불들)로서의 기초적 →요소들이 체계 내에서 나타나는 그 순산에 이미 다시 사라진다는 점이 →자기생산적 체계의 작동 양상에 속한다. 그것은 엔트로피(→엔트로피/부엔트로피)가 되지 않는다. 자기생산적 체계들은 자신들을 창발하는

체계들로서 구분하는 사건적인 요소들을, 서로 연결하는 사건적인 요소들(→연결 능력)로부터 늘 다시 만들어내는 일을 늘 다시 자신에게 가능하게 하기 때문이다. 말해진 단어는 일시적인 사건이다. 그런데도 단어는 모든 순간 다시 말해질 수 있다. 단어는 심지어 다른 단어를 이끌어낼 수 있다. 소통은 소통을 가능하게 하며, 행위는 행위를 가능하게 한다 등. 자기생산적 체계들은 바로 자신들의 지속적 붕괴 때문에 기초적으로 불안정적이다.

277: 45f.; 373: 78, 167, 383, 389ff., 608

지시 Bezeichnung

→관찰은 →구분과 →지시의 →차이의 →통일성의 지시이다. 모든 구분은 지시를 필요로 한다. 그렇지 않으면 구분되었다는 것만이 알려질 뿐, 무엇이 구분되었는지가 알려지지 않을 것이기 때문이다. 다른 한편 지시가 없으면 어떤 것도 구분된 것으로서 지시될 수 없을 것이다. 그렇다고 하면 지시는 내용적인 지시이거나, 그 자체로 순수하게 공식적인 구분 →작동의 의미부여일 뿐만 아니라 작동상 구분된 것의 의미부여이다. 이것은 의미론적인(→의미론) 인공물(단어들, →개념들, 문장들)을 할당하는 데서 표현된다. 의미론적 인공물들은 특히 심리적 체계들과 사회적 체계들의 관찰함의 연결 능력이 있는 작동들(→연결 능력)을 위해 재사용할 수 있는 전제들로서 기능한다. 형식으로 이루어진 지시들은 기술들로 관찰될 수 있다(→자기기술).

504: 364ff.

지식 Wissen

고전적인 지식 이해와의 근본적인 차이는 지식의 표현으로서의 지식 개념과 결별한다는 데 있다. [고전적인 지식 개념에서는] 존재하는 것을 확실한 것으로 생각할 수 있음이 표현된 것으로서 이해한다. 또는 존재하는 것에 관해 논박할 때는 존재하는 것의 직접적인 접근성 문제에 직면하여 상호주관적인 확실성으로서 일반적으로 알 수 있다고 이해한다(→인식론, 고전적, →존재론, →논리, 이치적). 반면 모든 지식은 구분된 것의 통일성을 구분할 수 없으면서도 구분할 수 있는 역설 관리와 관계가 있다(→관찰, →역설). "자연은 침묵한다. 관찰자는 논쟁한다"(265: 171). 지식은 외부로부터 가르쳐진 어떤 것이나 스스로에게 가르쳐진 어떤 것(→주체, 초월)도 아닐 뿐만 아니라, 소통에 참여한 의식의 부정 능력이 있게(→부정) 구조화된 자기가르침(Selbstinstruktion)이다. 지식은 의식을 통해 의식에 귀속된, 관찰함의 상관물이자 압축물이다. 지식은 여기서 자기 자신과 자신의 환경을 관찰하는 의식이나 (→관찰자의) 심리적 체계의 어떤 식이든 내적인 구성성과가 아니다. 지식은 그것이 소통을 통해 생산되었으며 소통에서 입증되었을 때(→개념들, →소통, →체계, 사회적) 의식이 사용할 수 있는 상태에 이른다. 따라서 지식에 있어서 사회적 준거가 작용하지, 심리적 준거가 작용하지 않는다. 지식은 소통적인 사태다.

일상적 지식과 과학적 지식은 구분될 수 있다. 일상적 지식이나 대상 지식은 언제나 1계 관찰에 기초하고 있다. 교수 X는 자신이 지금 막 지식에 관한 강의를 하고 있다는 것을 물론 알고 있다. 이러한 종류의 지식은 항상 참된 지식이다. 사회적인 지식은 최소한 2계 관찰을 요구한다. 교수는 어떻게 그가 관찰하는지, 그 또는 다른 사람들이 지식의 가능성을 어떻게 관찰하는지에 관해 강의에서 보고한다는 것을 물론 알고 있다. 이런 종류의 지식은 더 이상 무조건 진리인 지식일 수 없다(→구성주의, 체계이론적, →실재, →성찰이론). 과학적 지식의 특수성은 그것의 신종성(新種性)이나 →참신함이다(→지식의 진화). 과학적 지식은 순수하게 가설적인 구성으로서 전제되어 있다(→가설). 과학적 지식은 →학문체계 내에서 학문 소통에 참여한 모든 이들에 의해 모두에게 똑같이 타당한 것으로 전제된다 (→사실).

근대에서는 지식과 무지의 차이가 특히 중요하다. 무지는 바로 특권화된 소통 내용이다. "나는 내가 아무 것도 모른다는 것을 안다"와 "더 많이 알수록, 아는 것은 더욱 적어진다" 같은 1계 관찰 층위에서의 진술들은 "나는 내가 알 수 없는 것을 알 수 없다는 것을 안다"의 재귀적 진술로 대체된다.

086: 97ff.; 136; 265; 382; 436; 504: 62ff., 68ff., 106., 3장, 216ff.

지식, ~의 진화 Wissen, Evolution von
→지식의 진화

지식진화 Wissensevolution
→지식의 진화, →이념진화

지식의 진화 Evolution von Wissen
→지식은 소통적이고 진화적인 사태와 같다(→진화, →진화, 사회적). 새로운 종류의(→이념 진화, →참신함) 개념적(→개념) 지식이나 학문적 지식으로서의 지식은 결국 사회의 외부분화된 →학문체계를 전제하거나 학문체계의 코드에 의해 진행된(→코드) →외부분화와 연관하여 발생한다. 사회적 체계인 학문에서 (과)학자들은 그 체계의 환경에 있다. (과)학자들은 학문적인 소통에 참여하는 한에서만 학문체계에 속한다. 새로운 종류의 지식을 위한 변이의 원천은 이제 (과)학자들에게 달려 있다. (과)학자들이 새로운 종류의 지식 제안들을 가지고 소통에 참여하게 된다면, 소통 제안이 수용되거나 선택되거나 거부될 수 있도록 하기 위해서는 그 제안이 일단 지각되어야 한다. 하나의 제안이 진리로 인정되었다면(→진리) 그것은 일

단 지속적으로 유지할 가치가 있는 체계의 →구조에 속하게 된다. 지식의 →변이, →선택, →안정화의 삼중성은 우연적-선택적이며(→우연성), 합리적이거나(→합리성, 체계이론적) 의도적이거나 논리적으로 통제 가능한 과정이 아니다.

028: 119ff.; 436: 108ff.; 504: 8장

지원 Helfen

다른 인물의 충족되지 않은 욕구들의 충족을 위한 →인물의 기대 가능 한 기여. 기능적으로 분화된 사회에서는 지원 체계가 기능체계들과 조직체계들로부터의 배제들의 처리에 특화되어 있다(→포함/배제). 지원은 주로 조직된 형식으로 제출되며 확실하게 기대할 수 있는 전문적인 성과가 되었다.

101; 113: 334ff.; 496: 68, 73

지평 Horizont

의미 개념의 도달 범위를 상징화한다(→상징). 현재화된 →의미는 항상 의미의 선택된 가능성들을 포함한다. 모든 의미 선택은 자기편에서 선택되지 않은 의미들의 지시를 포함한다. 그래서 유의미한 체계들의 이러한 형성은 가능성 지평의 이러한 형성과 함께 구성된다. 말하자면 선택된 가능성들(→체계)과, 선택된 가능성들에 근거해서만 선택되지 않은 가능성들로 나타나는 선택되지 않은 가능성들(→환경)로 구성된다. 가능성들의 지평은 무한한 것(경계 없는 것)으로서도 충분하게 파악될 수 없고, 유한한 것(경계지어진 것)으로서도 충분하게 파악될 수 없다. 지평은 규정되지 않은 것과 규정된 것의 →차이의 →통일성으로서 언제나 우연적-선택적(→우연성, →선택성)으로 산출된다. 모든 현재화된 의미는 유의미한 가능성들의 지평을 연다. 지평 개념은 이런 점에서 세계 개념에 상응한다

(→유표 공간/무표 공간, →세계).

073: 209f.; 223: 117f.; 338: 16, 121f.; 373: 114f.; 512: 128f.

지혜 Weisheit

알 수 없는 지식을 다루는 형식, 순진함의 문화 형식이다. 지혜는 "안다는 지식, 즉 자기준거적인 지식이 1계 관찰 단계에서 발전되고 이 단계에서 머무를 때 생겨나는 바로 그것이다"(091: 80).

091: 80; 129: 239f.

직관 Intuition

"항상 더 높은 존재(전에는 천사, 오늘날에는 엘리트들)의 능력이었다" (501: 122, 56번 각주).

직교성 Orthogonalität

→준거 문제들은 코드 문제들(→코드)과 구분되어야 한다. 준거 문제들은 →자기준거/타자준거 →구분에 기초하며, 코드 문제들은 수용/비수용 구분에 기초한다. 체계는 어떤 것이 체계에 속하는지 아닌지, 진리인지 허위인지, 예술인지(적합한지) 예술이 아닌지(적합하지 않은지)를 스스로, 즉 자기준거 면에서 결정한다. 준거와 코드화는 두 가지 코드 값 각각이 각자의 준거에 할당될 수 있기 때문에 직교하는 관계에 있다.

129: 562, 754f.; 219: 306

진동 기능/기억 기능 Oscillator function/memory function

→기억 기능/진동 기능

진리 Wahrheit

→학문체계의 →상징적으로 일반화된 소통 매체, 진리와 허위, 달리 말해 진리 코드(→코드)의 →차이의 →통일성, 그리고 진리 코드의 부정적인 면이 아니라 긍정적인 면에의 연결을 위한 상징. 진리 →매체 내에서 →소통이 가능해지고, 이를 통해 진리 능력이 있는 소통들을 배타적으로 사용하는 학문체계가 생성된다는 것을 통해 학문체계가 학문체계로서 확인될 수 없다는 것, 진리에 대한 절대적인 요구들이 배제되어 있다는 것이 선(先)결정된다. 모든 진리는 가설적이다(→가설, →지식). 따라서 복수의 진리들이 있을 가능성들은 운반 가능하며 감당 가능한 복수의 불확실성이 된다. 이론들/방법론들은 학문체계의 →프로그램들로서 진리값과 허위값의 할당에 기여한다. 체계이론은 진리의 확인-불가능성의 확인 가능성과 관련하여 진리값을 요구한다(→구성주의, 체계이론적, →실재).

매체로서의 진리는 다음 구도에 따라 생성된다. B의 →체험은 A의 체험의 전제다. 진리 능력이 있는 소통의 선택을 B는 A에게, A는 B에게 귀속시킨다(→귀속). 둘 모두 진리 능력이 있는 소통에 서로를 진입시킨다는 것을 성공적으로 전제한다(→기대). 간단히 말하면, 체험에의 귀속은 →세계에의 귀속을 함의한다. 석면은 건강에 해롭다. 이런 종류의 일반적으로 공유된 타당성 전제는 기본적으로 가지도 관련짓는다.

129: 339f.; 343; 417: 342-360; 475; 504: 4장

진보 Fortschritt

적어도 두 가지 구조 변경들(→구조)이 있을 때, 나타난다고 전제할 수 있다. 즉 차이들(구조 변경들)의 차이를 관찰할 수 있기 위해 단순한 →차이(구조 변경)를 두 번 수용할 수 있을 때 전제할 수 있다. 이러한 진보 개념은 비개연성들의 증가 대신 체험 가능성과 생활 가능성의 향상을 지향하는 진

보 개념을 대체한다(→계몽, 사회학적, →진화, →복잡성).
077: 177f.; 129: 421f., 143; 282: 305f.

진보적 Progressiv
→보수적, 진보적

진정성 Aufrichtigkeit
→소통불가능성

진화 Evolution
"진화는 항상 있으며 어디에나 있다"(129: 431). 진화는 비개연성들이나 낮은 생성 개연성들만이 →개연성들이나 높은 기대의 개연성들로 변형되는 것으로 관찰될 수 있다. 진화는 비개연적인 것이 개연적으로 되는 것이다. 진화는 차이와 적응의 차이의 통일성으로서 자기 자신을 전제하며 역설적인, 시작이 없는 시작함이다(→시작, →차이).

→자기생산적 체계들과 관련하여 진화는 항상 이미 진화되었고, 구조적으로 자신의 환경들과 연동된 체계들의 조건에서 일어나는, 체계와 환경의 공-진화이다(→연동, 구조적). 자기생산적 생명 체계들과 심리적 체계들 및 사회적 체계들의 진화(→진화, 사회적)는 환경을 통한 진화의 선택에 근거하기보다 그 체계들이 →환경으로부터 자기-선택적으로 분리된다는 데 근거한다.

진화는 변이/선택/안정화라는 →진화상 기제를 매개로 하여 기술될 수 있다. 진화는 체계에 있어서는 자신의 →환경 내에 오직 우발적인 사건들만 있기 때문에 사건들로서의 뜻밖의 →사건들(→우발)의 토대에서 진화하지 않는다(→우발). 진화 촉진에서 중요한 것은 체계의 주목을 요구하는 우발들이나 사건들(우발들), 즉 →변이의 선택밖에 없다. 그렇다면 →선택은 구조 변화와 관련이 있는 사건들의 선택이다(→정보, →구조). 그 다음에 체계가 미래적으로 상응하는 사건들을 통해 환경의 상응하는 사건들을 통해 장차 더 이상 이전처럼 교란되지 않거나 아예 교란되지 않는다면, 체계는 자신의 변화된 구조를 안정화했다(→안정화). 진화의 과정은 체계의 자기생산을 중단시키지도 않고, 자기생산을 무력화시키지도 않는다. 즉 진화는 구조가 결정된 자기생산적 체계가 자신의 환경에서 의외의 사건들을 지각한다는 것(변이), 이것이 체계 구조의 변화를 야기한다는 것(선택), 그 구조의 변화가 입증될 수 있다는 것(안정화)에 있다.

진화는 방향이 정해져 있지 않거나 연속적이지 않으며, 오히려 일반적으로 →전적응적 진전을 나타내는 소산(消散)적-불연속적 발전(→진보, →역사)이다. 진화의 유일한 방향은 진화 자체를 가능하게 하는 것이다. 진화는 총체적으로 자기준거적인 관계들의 탈-목적론화된(→목적론) 전개이다. 진화는 역설적이며 방향이 없이 방향이 정해진, 복잡성들을 구축하면서 제거하는, 선형적-통일적인 사건이 아니라 순환적-소산적인 사건이다. 또는 그것은 복잡성의 상승과 감소의 상승하는 연관이다.

065; 073: 131ff.; 092; 096; 105: 219ff.; 123; 129: 3장 1-3절, 7절.; 136: 41ff.; 265: 149f.; 268: 35ff.; 277: 346-356; 294: 409ff.; 310: 11ff.; 324: 135ff.; 338: 210ff.; 366: 95ff.; 417: 361-377; 419; 504: 549-561

진화, 사회적 Evolution, soziale
사회적인 것(→사회, →사회적인 것, →체계, 사회적)의 →차이(→진화)와 →통일성의 연결 능력이 있는 구분의 자기준거적인 사회의 과정이다. 사회적 진화의 관찰 가능성(→관찰)은 결정적인 사건들 또는/그리고 상호작용의 역사를 통해 매개된 사회전체적인 상황이 사회의 역사에 대한 관찰 가능성의 상황으로 진화상의 분리에 이를 때 비로소 도달된다. 사회적 진화는 사회적 체계들의 →외부분화와 →분화(→분화, 사회의, →체계분화)를 포함하면서 그 분화 안에 있다. 체계-환경-분화는 공-진화적인 과정이다.

사회적 진화는 유망한 →소통들의 가능성들의 확장과 변화에 있다. 사회적 진화는 일반적인 진화와 마찬가지로 항상 우발적으로 발생하는(→우발), 항상 더 고도로 비개연적인(→개연성) 사회적 →복잡성의 수립과 사회적 체계들의 증가하는 선택성이다.

사회적 진화에 있어서 요소들의 →변이는 기대되지 않은 소통들과 관련되며, →선택은 기대되지 않은 소통들의 선택적인 선별과 관련되며, →안정화는 이제부터 기대 가능한 소통들을 체계 기억의 내부에 구축해 넣는 것과 관련된다(→기억). 특히 변이는 언어적인 예/아니오-코드화에 의해 촉진되며, 선택은 상호작용과 사회의 차이에 의해, 특히 →상징적으로 일반화된 소통 매체의 전형의 일반화된 선택에 의해 촉진된다. 그리고 변이에 취약한 구조의 안정화도 점점 더 일반화되는 매체/형식-분화들(→매체/형식)과 짝지어진다.

사회적 진화는 체계 형성을 쌍방 전제하는 층위(예컨대, →상호작용체계, →조직, →사회, →세계사회)와 분화 상태(예컨대, →분절적 분화, →분화, 중심/주변에 따른, →분화, 계층에 따른, →기능적 분화)로 분류된다. 사회적 진화는 '탈사회화'(즉, 개인화로 전환 또는 해방)하고, '탈인간화'(→인간을 더 이상 사회의 부분으로 나타나지 않도록)하며, '탈도덕화'(사회의 →통합 내지는 →사회통합을 더 이상 →도덕적으로 달성하지 못하도록)하는 방식으로 변화한다. 현재의 사회에서는 →진보로서의 역사에서 출발하여 증가하는 분화의 복잡성의 역사를 거쳐 증가하는 비개연성들의 역사로의 진화상 변화를 관찰할 수 있다. "어떤 사회도 그 사회 다음에 어떤 변화의 전형이 나타날 것인지 예견할 수 없다"(420: 196). "창조론적으로 정식화하자면, 사회는 자기운행에서 일어나는 지속적 창조이다"(092: 15).

093; 094; 095; 129: 3장 4절-8절, 10절-13절; 219: 6장 11절; 320: 10ff.; 321: 6장; 334: 25-46; 338: 7장; 420: 11; 504: 8장

진화상 기제 Evolutionäre Mechanismen
→진화

진화상 성취 Evolutionäre Errungenschaft

서로 다른 광범위 영향을 미치는 진화상 구조 변동(→진화)을 뜻하는 개념. 진화상 성취들은 구조들로 조금씩 조금씩 흘러들어가는, 역사적으로 상대화되어 창발한 저 진화 사건들이며, 그것들은 가능성들(복잡성)을 제한(포기)을 통해 확장한다(이득). 진화의 모든 결과가 진화상 성취는 아니다. 그렇게 →전적응적 진전들과 진화상 성취들 간의 필연적인 관련성을 수용하지 않으면서, 진화상 성취들과 전적응적 진전들을 구분할 것이 특히 요구된다. 더 나아가 진화상 성취는 그것이 아니었다면 가능했던 더 나은 [다른] 문제 해결이 필요했을 수도 있었기 때문에 진화하는 것이 아니다. 오히려 진화상 성취는 생성이 실행되고 그 생성 이후에야 비로소 문제 해결에 적합하고 유리한 것으로 나타날 수 있다(→방법, 기능적). 따라서 진화상 성취의 체계 구조로의 필수적인 전환은 없으며, 전환의 경우에도 유일하게 가능한 형식은 없다. 가장 중요한 진화상 성취는 사회체계의 →기능적 분화이다. 기능적 분화가 비로소 →사회의 →통일성을 →차이로서 다룰 수 있도록 한다. 이와 함께 →구조적 연농들도 진회상 성취들이 된다. 다른 진화상 성취들로는 언어, 문자, 인쇄술, 관료제 지배, 조직, 화폐 제도, 헌법, 계약, 절차 등이 있다.

129: 3장 8절; 310: 16ff.; 459: 209ff.; 504: 597ff.

질서, 사회적 Ordnung, soziale
사회적 질서의 가능성 관점에서 →문제/문제해결 구분을 매개로 하여 생성된 문제이다. 사회적 질서를 문제로 우대하는 것은, 사회적 질서가 지속의 문제이며, 사회적 질서가 세계로부터 성취될 수 없는 문제라는 것, 그리고 사회적 질서가 지속적으로 해결 가능한 것으로 입증된다는 것을 의미한다. 사회적 질서는 모든 진화상 비개연성들에도 불구하고 항상 다시 가능하게 된다(→이중 우연성, →엔트로피/부엔트로피, →진화, 사회적, →정상성, →개연성, →우발). 만약 사회적 질서가 가능하다면, 사회적 질서는 다르게도 가능하며, 그것의 가능 상태(Möglichsein)는 사회적 질서를 가능하게 존재하는 것의 다른 가능성들을 기준으로 볼 때 언제나 나타난다. 사회적 질서는 우연적-선택적이지만(→우연성), 임의적으로 가능하지는 않다(→자의).

따라서 사회적 질서는 어떤 하나의 아르키메데스적 축점으로부터 설명될 수 없다. 그것은 정당화되어야 하는 사태도 아니고 비판되어야 하는 사태도 아니다(→비판, →비판이론). 그것은 자연적으로 설명되어야 하는 사태도(→자연) 아니고 필연적인 것으로 설명되어야 하는 사태(→존속 공식)도 아니다. 그것은 또한 의도된 것(→의도성)도 아니고 종국화된 사태도 아니며(→목적론) 종국화되어야 하는 사태(→계몽, 사회학적)도 아니다.

073: 315ff. 125: 969ff.; 373: 3장; 495

차이 Differenz
→처음에는 항상 차이(→비대칭, →관찰, →형식, →유표 공간/무표 공간, →구분)가 있다. 즉 동일성과 차이의 →주도 차이가 있다. 모든

시작은 차이에 근거한다(시작 없는 시작함의 역설이나 구분될 수 없는 구분의 →역설). 체계나 체계-환경-연관의 →통일성에서 체계와 환경의 통일성으로의 전환은 이 사태에 해당된다. 체계는 그 자체가 달리 설정된 환경으로부터 구분되면서(→자기관찰/타자관찰, →자기준거/타자준거, →체계, 자기생산적, →환경), 자기 자신을 체계로 동일시(구성)해야 한다.

　동일성과 차이의 주도 차이는, 어떤 것(여기서, 체계)의 동일성의 사전 확인이 관건이 아니라는 것을 강조한다. 더 정확하게 말하면, 구분된 어떤 것을 포함하는 통일성이나 동일성의 내부에서(예를 들어. 정+반=합의 전형을 따라서 또는 -a와 +a는 a라는 통일성을 가진다는 전형에 따라서) 구분된 어떤 것이 부각되는 것을 사전 확인하는 것이 관건이 아니라는 것을 강조한다. 그래서 그것은 동일성과 차이의 동일성을 뜻하는 것도 아니다. 그보다는 체계는 자신을 자기 자신과 함께 정해지는 자신의 환경과 다른 것으로서 설정하면서, 자신을 체계로서 정초하고 자신과 동일시한다. 따라서 체계는 체계와 환경의 차이의 통일성으로 '있지도'(→존재론) 않고, 체계로서의 고유한 동일성 그 자체를 전제된 통일성으로부터 두드러지는 것으로 관찰할 수도 없다. 마지막 내용은 차이의 통일성으로서 어떤 것의 구분이 개념적으로 표현된 구분의 형식일 뿐, 차이를 지양하는 통일성의 구분이 아니라는 진술로 이끈다. 차이의 통일성은 관찰될 수 없다. →맹점이 남는다.

　체계이론은 차이이론이다. 체계이론은 차이들로부터 와서 차이들로 가면서 전개된다. 그렇지만 통일성 내에서 구분된 것을 지향하는 방향으로 전개되지는 않는다.

　061; 073: 66ff.; 168: 52ff.; 227: 107ff.; 282: 306ff., 315ff.; 373: 26f, 638ff.

참석 Anwesenheit
→상호작용체계

참신함 Neuheit
어떤 것은 지금까지 이미 어떤 것이었던 어떤 것일 수 없기 때문에 참신하다. 참신함이 없다면 →정보가 없을 것이며, →자기생산적 체계도 없을 것이다. 그 밖에도 참신함은 →시간 관찰을 가능하게 하며, 물론 현재 개념에서 과거와 미래의 차이의 수축된 통일성으로서 가능하게 한다.
038: 63ff.; 129: 1000ff.; 219: 323ff.; 294: 306ff.; 364: 9ff.; 445; 504: 216ff.

참여 Partizipation
참여에 대해서는 복잡성 조건들, 특히 →결정들의 복잡성을 참조하도록 지시되어 있다. "결정 과정들은 선택 과정들, 다른 가능성들의 배제 과정들이다. 결정 과정들은 예보다 아니오를 더 많이 생산한다. 그리고 결정 과정들이 더 합리적으로 진행될수록, 그것이 다른 가능성들을 더 포괄적으로 검토할수록, 부정의 비율은 더 커진다. "모든 이들의 집중적이며 매력적인 참여를 요구하는 것은 좌절이 원칙이 되도록 만든다는 것을 뜻한다"(219: 39).
213; 289; 380: 162ff.

창발 Emergenz
체계들은 고유한 요소들의 관계화를 통한 고유한 요소들의 자기준거적인 생산과 유지를 해낸다는 의미에서, 창발적인 현상들이다. 그것들은 주어진 요소들의 단순한 증가를 통해 또는/그리고 주어진 요소들 간의 특수한 접속들을 통해 두드러지는 것이 아니다(→체계, 자기생산적). 예컨대 사회적 체계들은 생각을 →심리적 체계들의 요소로 가리키지만, 사회적 체계들의 요소는 생각이나 의식 과정들의 합도 아니고 그것들 간의 접속으로 환원되지도 않는 소통들이다(→상호침투, →연동, 구조적). 이러한 의미에서 요소들의 공통성은 배제된다.

073: 259ff.; 129: 144ff.; 161: 52ff.; 373: 43f., 156f., 196f.; 504: 116, 553

창의성 Kreativität

(창의성은) 역설적으로만 소통될 수 있는 "구조 없는 자발 생성"(345: 114)으로서, 또는 "기회들의 활용 능력"으로서나 "구조 구축을 위한 우발들의 사용"(445: 17)으로서 기술할 수 있다.

277: 460; 345: 114ff.; 445: 17

책임 Verantwortung

책임은 위험한 →결정들에서 가시화된다. 책임은 "결정의 은폐된 정보값, 즉 누군가가 획득한 정보와 비교했을 때 그가 제공하는 정보의 과잉"(113: 175)이다. 책임은 불확실성 흡수를 위한 사회적 체계들의 장치다(→불확실성 흡수). 책임의 기능은 위험한 결정(→위험/위해)의 경우에 결정의 확실한 수용을 보장하는 데 있다.

113: 12장.; 277: 197f.

책임성 Verantwortlichkeit

→책임(Verantwortung)과는 달리, 결정자 형식의 인물들에게 귀속된, 결정 결과들에 대한 보증(Haftung)을 뜻한다.

113: 180ff.

체계 System

체계이론에서의 →패러다임 전환에도 불구하고 체계로서 간주되는 것은 체계의 입지에서 특화된 내부(체계)와 특화된 외부(환경)의 구분을 적용할 수 있는 모든 것이다. 체계들의 존속을 전제하는 것은 환경을 기본적으로 체계 상대적으로만 구분할 수 있는 조건에서 체계와 환경의 →차이를 전제한다는 것을 의미한다(→복잡성, →체계-환경-이론). 체계는 →형식이다. 즉 체계와 환경의 차이의 통일성이다.

체계는 특화된 →요소들을 자신의 부분들로 사용한다. 모든 체계는 그 순간 다른 체계의 요소들로 존재할 수 없는 고유한 요소들을 사용한다(→체계 경계). 체계는 체계를 체계로서 구분 가능하게 만들어주는 요소들을 스스로 생산한다(→체계, 자기생산적). 체계는 이런 방식으로 자신의 요소들을 선택적으로(→선택, →관계) 접속시키거나 구조화한다(→구조). 모든 요소의 모든 가능한 접속은 체계 개념에 포함되지 않는다. 또한 체계는 존속하는 형식의 어떤 것도 아니다(→존속 공식). 그보다는 체계 요소들의 집합과 체계 구조는 체계 자체를 통해 생산된 변화에 지속적으로 내맡겨져 있다.

체계들은 그 자체로 존재하지 않는다. 그것들은 →관찰자나 관찰하는 체계에 의해 구분된 것의 →구분들과 →지시들로서의 현실적인 →관찰들의 결과다. 관찰들은 실제로 일어난다는 이유만으로 현실적이다(→구성주의, 체계이론적, →실재). 그것들은 또한 항상 이미 일어나기 때문에 현실적이다(→진화). 그렇게 체계들(=관찰하는 체계들)의 모든 관찰은 체계들(=관찰된 체계들)의 전제된 현실적인 관찰들에 접목되어야 한다. 즉 임의적인 체계-환경-구분들을 가지고 작동할 수 없다. 체계들은 체계들을 관찰하는 체계들을 관찰한다.

113: 23ff.; 242: 30; 247: 9ff.; 328: 13; 334: 16; 373: 30; 521: 175f., 181ff.

체계, 사회(의) System, gesellschaftliches
→사회

체계, 폐쇄된/개방된 System, geschlossenes/offenes
전통적 이해에서의 폐쇄된 체계는 어떠한 환경 접촉 없이도 작동할 수 있어야 할 것이다. 이는 기술적-물리적 체계에서조차 가능하지 않다. 온도 조절 장치도 외부와의 접촉을 필요로 한다(→평범한 기계). 환경 개방적인 체계의 오래된 이론에 따르면(→체계-환경-이론), 체계는 체계로서의 자기 보존을 목적으로 자신과 환경과의 관계를 스스로 규정할 때, 즉 체계에 중요한 환경 요구들을 고려하면서 자신의 내적 구조들을 변화시킬 때, 개방되어 있다. 주된 기능들의 관점에서 환경과 구분될 수 있는 체계가 환경과 교환 관계 안에 있다는 점이 항상 전제된다(공통의 →요소, →성과, →다체계 소속성을 전제).

→자기생산적 체계 개념에 있어서 폐쇄성과 →개방성의 →차이의 →통일성은 구성적이다(→폐쇄, 작동상). 자기생산적 체계들은 항상 폐쇄된 동시에 개방된 상태에서 작동한다. 그것들은 특히 체계들의 관계화를 통한 기초적인 통일성들의 재생산 가능성을 처리하며, 구조 결정성이나 관계들의 관계화에 따라 많건 적건 상당한 어지나 자유들을 통해 지각된 환경 사건들을 체계 사건들로 옮긴다(→정보, →교란, →인지, →작동, →폐쇄, 이중적, →자기조직, →구조).

073: 41-60

체계, 참여 System, partizipierendes
→인물과 →조직의 형식들에서 체계들의 체계들에의 참여 형식. 이에 따라 참여 체계들은 참여 대상 체계들의 구성요소들이 되지 않는다.

501: 93ff., 100f.

체계, 인적 System, personales

초기 저작에서는 구조-기능적 이론의 '인성 체계'(personality system)의 의미에서 인성 체계로서 인간이 사회의 환경에 배치된 것으로 생각하는 관점을 위한 명칭. 나중에는 →심리적 체계와 →인물의 차이로 해체된다.

225: 249ff. 324: 29ff.

체계 경계 Systemgrenze

→자기생산적 체계의 존재는 →체계와 →환경 사이에서 체계를 구성하는 경계 긋기를 전제한다(→경계, →복잡성, →연동, 구조적, →체계 관계들). 자신의 구성과 함께 체계로서의 자신과 자신의 환경 사이에 한 순간에(uno actu) 경계를 긋는 것은 체계 그 자체다. 체계에 속하는 것이나 속하지 않는 것은 체계 특화된 작동상 →코드에 따라 결정된다. 체계 경계들은 선택들을 가능하게 하며, 그 선택들은 독립성들과 의존성들을 함께 상승시키는 것을 가능하게 한다(→자율, →상호 의존, →통합, →복잡성, ~의 환원과 상승). 체계 경계는 체계에 속하지도 않으며 체계의 환경에도 속하지 않는다.

그렇게 자신의 환경에 맞서 경계 지어진 체계는 제도적인 체계 경계들과 함께 붕괴되지 않으며, 제도적인 체계 핵들은 (종종) 주로 체계 특화된 코드를 통해서만 작동한다. 그러므로 모든 기능적인 부분체계(→분화, 기능적)는 체계의 제도적인 체계 핵이나 조직적인 체계 핵(→조직)을 가지며, 경제체계는 기업을, 법체계는 법원을, 교육체계는 학교를 가진다. 제각기 규정된 제도적 영역에서 고유한 기능체계가 아닌 다른 기능체계의 관점에서 소통들이 일어나는 한, 이것들은 다른 기능체계에 속한다. 그래서 각각의 제도적인 체계 핵에는 일차적으로 체계 특수하게 코드 주도된 작동들

외에도 다른 체계들의 코드에 따르는 2차적인 작동들이 가능하며, 이 작동들은 그 경우에는 그 작동들과 관련되는 체계 소속성들을 신호화한다. 작동적이고 제도적인 체계 경계는 어떤 경우에도 붕괴되지 않는다.

　자세하게 설명하면 다음과 같다. 예를 들어 경제체계 같은 특정한 사회적 체계는 규정된 소통들의 토대에서, 즉 화폐 매체에서 지불/비지불 코드에 따라 일어나는 소통들의 토대에서 작동한다. 조직들은 결정들의 매체에서 작동한다. 그러나 조직들이 기업의 형식에서 일차적으로 경제체계의 경계에서 작동하고, 화폐 매체 내에서 그 작동들이 전개되는 한, 조직들은 기능적으로 경제체계에 속한다. 조직들이 3차적으로 권력의 매체를 사용하는 한, 상응하는 작동들은 또 다른 의미에서 기능적으로 정치체계에 속한다. 화폐 소통과 권력 소통들은 각기 고유한 체계 경계, 각기 고유한 체계-환경-준거들을 가리킨다(→준거, →체계준거). 이때 경계들은 조직들을 관통하여 그어질 수 있으며 조직들 내부에 그어질 수 있다. 경계들이 조직을 관통하여 그어진다는 것은 기능적으로 외부분화된 사회의 부분체계들에의 소속(여기서는 경제체계와 정치체계)을 가리키고, 조직들 내부에 그어진다는 것은 부분체계 내적인(준거로서의 경제체계 내적인) 사회적인 부분체계들(경제 조직으로서의 기업에 대한 준거)에의 소속을 가리킨다. 조직된 사회적 체계로서의 기업 내에는 또한 상호작용체계들처럼 기능적으로 특화되지 않은 사회적 부분체계들이 있고, 가치 소통이나 도덕 소통들처럼 체계적이지-않은 속성을 가진 소통 연관들이 있다. 체계 소속성은 언제나 관건이 되는 작동상 코드에 의존한다. 체계 내 체계들은 항상 제각기 고유한 체계준거들을 구성하고, 따라서 그것들은 결코 전체의 부분들이 아니다(→전체-부분-도식, →대표). 이러한 층위에서 어떠한 →다체계 소속성들도 관찰될 수 없다.

　관련되는 체계 자체일 수도 있는 2계 →관찰자(→관찰) 관점에서 비로소 다체계 소속성을 확인할 수 있다. "관찰자는 '의도된 소통'을 확인할 수 있다. 그는 정치적으로 유발된 법 개정을 통일성으로서 볼 수 있고, 지불을 법적 의무의 충족으로 이해할 수 있다. 그러나 신체 상태도 의식 상태의 표현으로서 해석할 수 있다"(476: 89). 다체계 소속성들은 이러한 경우에서 한 사건이 적어도 두 체계에 귀속될 수 있을 때 나타난다(→귀속). 통일적 사건으로서 법 의무 충족으로서 지불의 경우에는 경제체계와 법체계의 두 체계가 지시된다. 법적 의무 충족으로서 관건이 되는 독자적인 사건으로서 지불이 발생하더라도, 참여 체계들의 작동상 경계들은 변하지 않고 유지된 상태로 남는다.

062: 245f.; 129: 75ff.; 219: 78f.; 277: 78f., 239; 321: 66ff.; 373: 35ff., 52ff., 95f., 264ff., 295; 422: 285; 429; 535: 8

체계 관계들 Systembeziehungen

특정한 체계-환경-관계들의 관찰 가능성을 표현하기 위해, 명시적으로 오히려 드물게 그리고 오히려 소극적으로 사용된 명칭. →연동과 →구조적 연동 같은 구분들로 대체된다.

자기생산적 체계들은 자신의 환경들에 연동되어 있다. 가능한 체계 관계들의 기본 형식들은 체계-자기-자신에-대한-관계들뿐만 아니라 체계-환경-관계들과 →체계-에-대한-체계-관계들이다. 체계-환경-관계들은 관찰하는 체계의 모든 관찰을 통해 세계 상태의 구성(→세계)과 관련된다(→관찰자, →관찰). 여기서 →환경은 체계에 대한 빈 상관물이다(→구분). 체계-에-대한-체계-관계들은 자신이 구조적으로 연동되어 있는 자신의 환경에 대한 체계들의 관계를 목표로 한다. 여기서 환경은 지시하는 →체계 상관물이다. 주로 이 연관에서 다음의 구분들, 즉 유의미하게 작동하는 체계들이 그것들의 유의미하지-않은 환경들과 유의미한 환경들과 맺는 관계들을 발견할 수 있다. 이것은 환경 내에서 유의미하게 작동하지 않는 체계들(생명 체계들)과의 체계 관계들과 그 밖의 환경 소여들(분위기, →물질성 연속체)과의 체계 관계들을 포괄한다. 이것은 유의미한 체계들의 각자 환경에서 유의미한 체계들이 발생하는 한, 유의미하게 작동하는 체계들이 서로와 맺는 관계를 포괄한다(→체계-환경-이론). 이것은 다시금 그렇게 상이한 사례들에 해당한다. 예를 들어 심리적 체계들이 사회적 체계들과 맺는 관계들, 일반적으로는 개별 사회적 체계들과 특별하게 기능적으로 외부분화된 부분체계들이 사회와 맺는 관계들, 개별 사회적 체계들이 다른 사회적 체계들과 맺는 관계들을 언급할 수 있다. 그런데도 체계가 환경과의 관계에서 환경과 교환 관계에 있는 것처럼, 양쪽을 동시에 관련짓는 사건들이 있는 것처럼(투입-산출-모델, →전환, →성과, →다체계 소속성, →체계 경계) 관찰될 수 있다. 체계들은 결국 자신과의 관계들도 볼 수 있다 (→체계-자기-자신에-대한-관계들, →성찰이론).

체계 관계들은 관찰들이다. 체계 관계들의 관찰에 있어서는 그것들이 어떻게 관찰되는지가 결정적이다. 관찰하는 체계의 모든 관찰은 체계-환경-차이를 생산하고, 체계-환경-차이의 모든 관찰은 새로운 관찰이다. 체계-환경-관계들, 체계-에-대한-체계-관계들, 체계-자기-자신에 대한-관계들이나 연동들로서 체계-환경-차이들의 다양한 관찰 가능성들은 자기생산/구조적 연동 차이의 관찰 속에 포함되어 있다.

073: 47; 129: 757ff.; 219: 218; 438: 125; 538: 34ff.

체계 규모 Systemgröße

체계 규모는 체계 요소들의 수를 통해 구분된다. →요소들의 수와 함께 요소들 사이의 가능한 관계들과 이와 함께 요소들과 관계화된 요소들의 선택적인 선별에 대한 요구가 증가한다(→복잡성).

062: 246ff.

체계 기억 Systemgedächtnis
→기억

체계 분화 Systemdifferenzierung
자기준거적인 체계 형성의 모든 형식. 즉, 체계들의 →외부분화 또는 →분화. 특히 외부분화 형식들이 중요하다(→분화, 사회의). 이러한 종류의 형식들로서 →분절적 분화(사회의 부분체계들의 평등의 관점에서), →중심/주변에 따른 분화(사회의 부분체계들의 불평등의 관점에서), →계층에 따른 분화(사회의 부분체계들의 지위에 따른 불평등 관점에서)와 →기능적 분화(사회의 부분체계들의 평등과 불평등의 관점에서)가 관찰될 수 있다. 열거된 형식들 중 하나는 그것이 다른 형식들을 규정하는 것이 관찰될 때 지배적이다. 역사적으로 분화 형식들의 연속적인 변동 대신 우발적인 변동을 관찰할 수 있으며, 언급된 순서에 따라 복잡성 상승과 감소의 상승 연관의 의미에서 사회체계의 →복잡성 상승과 양립할 수 있는 것으로 입증된다(→진화, 사회적). 체계분화의 다른 형식들은 이미 외부분화된 체계들의 분화와 관련한다. 그렇게 예컨대 법체계에서는 위계-계층적, 중심-주변적, 등위지배적-분절적 분화의 요소들을 가진 재판체계의 형성이 →조직의 형식으로서 나타난다.

062: 229ff.; 113: 6장.; 129: 4장 1절, 2절; 284: 416-435; 373: 256-269; 504: 446ff.

체계 소속 Systemzugehörigkeit
→경계, →포함/배제, →연동, 구조적, →다체계 소속성, →체계 관계들,

→체계 경계

체계 시간 Systemzeit
→시간

체계 신뢰 Systemvertrauen
→신뢰

체계 종류들 Systemarten
자기생산적 →체계들과 타자생산적 체계들을 구분해야 한다. 타자생산적 체계 또는 →평범한 기계들은 자기생산적 체계들과는 달리 자기조종 능력과 자기조직 능력(→자기준거/타자준거, →자기조직)이 없다. 자기생산적 체계들은 생물학적이고 유의미한 체계들(또는 생명 체계들)일 수 있다. →심리적 체계들, 소통 체계들, →사회적 체계들은 →의미체계들이다. 이 체계들에 규정된 작동 형식들이 귀속된다. →생명(→신체)은 생물학적 체계들에, 의식은 심리적 체계들에, →소통은 사회적 체계들에 귀속된다.

373: 16

체계준거 Systemreferenz
모든 유의미한 →자기생산적 체계(→의미체계)는 자기 자신을 관련지음을 통해 자신의 →환경, 특히 자신의 환경 내 체계들을 관련지으면서 작동한다. 특히 체계는 a) →기능을 통해 자신의 체계환경을 관련지을 수 있고, b) →성과를 통해 자신의 체계환경 내의 부분체계들을 관련지을 수 있고, c) 성찰(→성찰이론)을 통해 체계로서의 자기 자신을 관련지을 수 있다(→준거, →체계 관계들). 모든 체계는 자신의 고유한 체계준거들을 가지며 제각기 특화된 체계준거들을 현재화한다. 이로부터 가능한 체계준거들의 다양성이 나타난다(→다맥락 영역성, →다중심성).

191: 261; 373: 559f.; 521: 272f.; 538: 34ff.

체계 통합 Systemintegration
→통합, →연동, 구조적, →사회적 통합

체계합리성 Systemrationalität
→합리성, 체계이론적

체계환경 Systemumwelt
→환경

체계-에-대한-체계-관계들 System-zu-System-Beziehungen
→체계-환경-관계들과 달리, 형식의 외부 면뿐만 아니라 형식의 내부 면도 →체계로서(또는 체계가-아닌-것으로서) 구분되어 있고 지시되어 있는, →체계 관계들의 →형식. 여기서 체계들과 그것들의 체계환경들과의 →연동의 자기관찰/타자관찰 가능성들이 생겨난다(→연동, 구조적, →물질성 연속체). 체계-에-대한-체계-관계들은 특히 기능적 관계들로서 그리고 성과를 제출하는 관계들로서 관찰될 수 있다(→기능, →성과).

073: 47; 129: 600f.; 185; 219: 218; 504: 41

체계-자기-자신에-대한-관계들 System-zu-sich-selbst-Beziehungen
자기생산적 체계들이 자기 자신을 관찰자로서 관찰하는, 체계들의 관찰 →형식(→자기관찰/타자관찰). 체계들은 자신을 자신의 환경과 구분되어 관찰하는 것으로 관찰하고 이를 통해 자신을 체계로서 구성한다. →성찰이론은 자기관찰의 →프로그램으로서 학문체계에 기여한다.

129: 757ff.; 538: 34ff.

체계-환경-관계들 System-Umwelt-Beziehungen

(체계-환경-관계들은) 체계-에-대한-체계-관계들과 구분된다면 관찰하는 체계(→관찰자)의 모든 관찰을 통한 세계 관계 구성에 해당된다. 여기서 환경은 체계의 빈 상관물이다(→연동, 구조적, →체계-환경-이론, →체계 관계들).

129: 600; 319: 218

체계-환경-이론 System-Umwelt-Theorie

루만이 — →기능적 방법을 적용할 때는 — 언제나 환경을 가진 체계들과 환경 내에 있는 체계들을 사전에 구분했으며, 그래서 차이이론적으로 구성되어 있었다. 관찰의 주안점들은 체계들의 내부 관계들(구조들과 과정들)과 체계들에 의한 환경 내 체계들과의 경계 긋기 및 체계들(→체계, 개방된/폐쇄적) 간 영향 관계들이다(→체계, 개방된/폐쇄된). →관찰의 주안점을 체계들의 구성 특징으로서 내적이며 코드 주도된 작동들로 전환한 것이 →자기생산적 체계 이론으로의 전환을 표시한다(→패러다임 전환).

이때 그 밖에도 체계와 환경이 구분된다. 체계이론은 이제 분명하게 체계와 환경의 이론으로서가 아니라, 체계와 환경의 차이 이론으로서 구상된다. 체계는 체계라는 →형식의 내부 면이고, 환경은 체계라는 형식의 외부 면이며, 이때 이 구성적인 출발 관찰에 따르면 외부 면은 체계의 빈 상관물이다. 즉 그런 점에서 자기 자신에 대해 정보가 없는 상태다(→유표 공간/무표 공간).

체계의 자기생산을 전제하면 특별한 체계-환경-관계를 구축할 수 있다. 체계는 자신을 자기생산함으로써 환경을 만들어내고 자기접촉을 통해 환경 접촉을 만들어내며, 경계를 횡단하지 않는 인지적 개방성의 형식으로 자신의 작동상 폐쇄성을 보장한다(→경계, →체계 경계, →자기준거/타자준거). 체계를 체계로서 가능하게 하는 환경에의 체계의 자기적응, 즉 →구조적 연동이 관건이다. 체계들은 이런 의미에서 물론 환경에 적응되어 있지만, 스스로 환경에 적응하는 것이 아니라, 자신의 자기생산을 속행하면서 환경이 허용하는 한에서 환경에 맞선 저항들을 지속적으로 생산한다.

체계들은 자기준거적으로 실행된 환경 접촉들을 통해 자신들의 환경 내에서 특별한 체계들을 구분하며 특별한 방식으로 이 환경과 자신을 관련짓는다(→체계-에-대한-체계-관계들). 이 경우에 환경은 더 이상 체계의 빈 상관물이 아니다. 체계의 환경관계들은 그 밖에도 체계 자체를 통해서나 다른 체계를 통해서 체계와 환경 사이에서 순간적으로 자신을 현재화하는 관계들이 그 순간 그 관계들을 관련짓는 사건들에 기초하지만 참여한 체계들을 위해 상이하게 코드 주도된 의미내용을 가지는 것처럼 관찰될 수 있다(→전환, →성과, →다체계 소속성, →체계 관계들, →체계 경계).

219: 218; 282: 310ff.; 328: 13ff.; 373: 35ff., 5장; 411; 417: 301; 478; 521: 171

체험 Erleben

체험은 행동하는 체계의 환경으로 귀속된 유의미한 →행동이다. 유의미한 행동이 체험으로 다루어질 것인지, 아니면 행위로 다루어질 것인지는 오직 →관찰자의 귀속에 달려 있다(→귀속). 관찰자는 자신을 관찰하는 체계이거나 다른 체계(나 다른 체계들)을 관찰하는 체계일 수 있다(→자기관찰/타자관찰).

028: 110ff.; 082; 129: 332ff.; 366:31f., 77ff.; 504: 140ff., 222f.

초복잡성 Hyperkomplexität

체계들이 자기 자신들에 대한 관찰들을 자신 내부로 다시 도입할 때, 체계의 작동들이 자기단순화(→자기 단순화)된 관찰, 즉 자기 자신에 대한 관찰을 지향할 때 존재한다(→자기관찰/타자관찰). 특히 자신의 통일성과 관련하여 서로 경쟁하며 자기단순화하는, 체계의 자기관찰들이 있다(→합리성, 체계이론적, →성찰이론). 예를 들어 사회는 자신을 자본주의 사회, 정보사회, 위험사회, 포스트모던 사회 등으로 단순화하여 기술할 수 있고, 또 그렇게 자신을 또 다른 기술 가능성들로 제한할 수 있다(→자기기술, 사회의). 아니면 다음처럼 말할 수 있다. 그래서 행위를 인과적으로 자신에게 귀속하는 체계는 이 귀속이 체계의 인과적인 행위 귀속의 인과적인 요인이 되는 것을 감안해야 한다(→인과성).

106: 285f.; 073: 181; 245: 136f.; 369: 796f.

초월(성) Transzendenz

양상 논리적인 개념으로서, 즉 인식 조건들의 규제를 지향하는 개념으로서, 존재론적인(→인식론, 고전적, →존재론) →관찰로 간주된다. 예컨대 →주체를 통해 주어진, 인식/경험 가능성의 선행하는 절대적인 조건들에 의존하여, 주체에 구속된 인식/경험을 행하는 것이다. 인식/경험의 선험적으로 동일한 조건들이 모든 주체에 주어진 것으로 간주된다. 실제로는 그런 어떤 것은 관찰자 의존적으로(→관찰자) 주어져야 하며, 그 고정이 고정으로서 관찰의 성과로서 동반되며 외부화되지 않는다는 부수 조건에서 일어나야 한다. 이것은 인식의 자기준거성이다(→구성주의, 체계이론적, →실재). 그것 역시 초월이라는 이름으로 표시할 수 있을 것이다. 주체는 관찰자로 대체되며, 인식/경험의 외부화된 절대적인 가능성들은 인식/경험의 내부화되고 상대주의적인(→상대주의) 가능성으로 대체된다. 모든 관찰, 심지어 →신을 관찰하는 것(→악마)조차도 관찰자와 관찰자의 관찰을 필요로 한다. 그것은 역설적인 계기이다. 체계이론에 있어서 역설은 "역설의 이유로부터의 도약, 역설의 초월적인 원칙"(277: 55)이다.

027: 329ff.; 129: 1023, 1027ff.; 255; 338: 105ff.; 277: 55; 373: 97; 504: 76f., 127, 396, 408

초이론 Supertheorie
→보편이론

치료 Therapie
전통적으로 →자기생산 체계가 장애들을 제거하려는 의도에서 다른 자기생산 체계에 개입하는 것을 뜻한다. 체계이론적으로도 치료는 사회적 →기술/테크놀로지이지만, 유의미하게 작동하는 체계를 다른 유의미하게 작동하는 체계를 통해 →관찰하는 것으로 특화될 수 있다. 그러면 장애들이나 병리들은 관찰하는 체계의 처리에 있어서 어떤 객관적인 결핍이 아니라, 관찰하는 체계의 구성물이다(→구성주의, 체계이론적). 치료 체계는 →사회적 체계들로서 치료되는 체계와 치료하는 체계의 쌍방 관찰에서 생성된다(→자기관찰/타자관찰). 치료하는 체계와 치료된 체계 모두 스스로 사회적 체계 자체일 수 있다.

038: 90ff.; 188: 43f.; 405: 133ff.; 406: 76f.; 438; 504: 648ff.

친밀성 Intimität
또는 친밀체계 또는 인간 간 →상호침투는 전형적으로 심리적 체계들이 →인물들의 형식으로 참여한 상호작용체계 형식의 사회적 체계(→가족,

→사랑)를 기술한다. "친밀성 코드는 향유를 위해 만들어진 것이며, 부부 관계를 위한 것이 아니다"(209: 12). 친밀성은 인격적 관계들과 비인격적 관계의 분화를 전제한다. 인격적 관계들은 참여한 인물들에게 있어서 그들의 소통적(→소통) 행동의 특정한 관점(성적 욕구들을 포함하는)만이 서로를 위해 중요해지며 그 관점이 각자에게 자기준거적으로 조종된 타자준거적인 동일성의 입증을 가능하게 한다(→동일성)는 특징이 있다. 복합적 소통에서 인물들은 전체적으로 고려되어야 한다. 총체성 대신 보편성은 자율화되었으며 모험적인 친밀관계들을 우대한다. 그러나 친밀성은 언제나 소통의 고삐 풀린 방임화를 요구한다. 모든 것이 중요할 수는 있지만, 모든 것이 말해질 수 있는 것은 아니다.

058; 129: 344ff.; 153; 209: 12; 227; 373: 303ff.; 375

친숙성 Vertrautheit

소통상으로 입증된 구분들은 친숙한 것으로 간주되며, 그래서 구분되지 않은 것들은 친숙하지 않은 것으로 간주된다. 친숙한 것의 면에서 친숙한/낯선의 구분이 다시 다루어질 수 있다. 그렇게 친숙한 것 안에서 친숙한/낯선의 구분을 통해 낯선 것이 소통될 수 있다. 이것이 →재-진입이다. 즉 친숙성 없이는 →신뢰가 없다(→생활세계, -›신학, →상징, →종교체계).

027: 272f.; 098; 129: 645ff.; 223: 180ff.

컴퓨터 Computer

컴퓨터는 내상화되지 않은 테크놀로지들(→기술/테크놀로지)을 가지고 있으며 타자생산적으로 작동하는 대상적인 기술적 체계들(→평범한 기계)로 관찰될 수 있다. 그리고 이때 테크놀로지는 정보의 자기프로그램화 프로그램들을 포함하여, 단단하게 연동된 알고리즘이나 프로그램 형식으로 가지고 있다. 그러면 컴퓨터는 소통을 위한 →확산매체, 즉 →소통의 3중-선택적인 차이들을 서로로부터 분화시키며, 이때 특히 저자층과 독자층이 더욱 익명화되고 소통적인 개입의 고유 선택성을 강화시키는 매체로서 관찰될 수 있다. 소통에 있어서의 컴퓨터의 의미는 결국 그것들이 의식과 유사하게 작동하거나(인공지능) 서로 소통할 수 있는지에 달려 있다기보다, 의식 과정과 소통 과정들이 그것들의 외적 환경에서 구조적으로 연동되는 새로운 방식에 달려 있다. 여기서는 기계적으로 조건화된 가상적 실재들의 생산과 그 생산과 접속된, 형식들의 시간화를 의미한다.

129: 117f., 303ff., 308ff., 530, 1147; 277: 365ff., 376ff.

코드 Code

이항적 →차이들이나, →구분들을 만들어내기 위해 사용되는 이항적 주도 차이(→이항화), 또는 쌍안정적 형식(→쌍안정성). 코드들은 항상 이치적(zweiwertig)이고, 긍정값과 부정값을 가지고 있다. 언어적으로 더 정확하게 말하면, 가치와 반대 가치라는 이원성을 말하고, 기본적으로 두 면 중 한 면만이 후속하는 구분 작동의 출발점이 될 수 있다는 점을 강조할 수 있다. 결정이 코드의 값, 즉 코드의 선호 면을 위해 내려질 때 항상 함께 의도되는 그때그때의 반대값은 잠재적으로 남으며, 오직 시간을 사용하는 경우에만 취할 수 있는 다른 결정의 가능성(→횡단)을 가리킨다. 긍정값은 →연결 능력을 매개하며, 부정값은 우연성 성찰(→우연성)을 매개한다. 부정값이 긍정적으로 배제될 때 긍정값은 연결 능력만 있다. "원죄는 죄를 범하고 용서받도록 하는 것이 세례를 통해 가치 있는 상태로 전환된다"(338: 69). 선호(수용)와 거부(기각) 또는 긍정값과 부정값, 지시값과 성찰값 같은 이원적 개념들은 가치나 도덕과 완전히 무관한 의미로 사용되며, 선호하는 것, 옳은 것 또는 좋은 것에 관해 논리적으로 어떤 것도 진술하지 않는다.

코드들은 자기 자신을 탈역설화할 수 있는 →역설들이다. 사회적 체계의 경우에 소통의 이항적 코드화에서 소통의 통일성은 소통의 차이의 통일성으로 대체된다. 예를 들어 법의 통일성은 합법/불법(→소통 매체, 상징적으로 일반화된)의 차이의 통일성으로 대체된다. 다른 면 대신 한 면의 선택, 예를 들어 불법 대신 합법의 선택은 어떤 구분이 그 자체가 합법/불법 구분의 근거가 되는지, 그 구분 자체가 당연한지 아닌지의 선행 질문을 은폐한다. 이는 사전에 배제된 3항의 재진입과 상응한다. 법은 법이다.

이러한 탈역설화 없이는 체계 형성, 특히 기능적 부분체계들의 외부분화(→분화, 기능적)는 불가능하다. 체계의 결정 공간은 여기서는 법체계의 예시로서 합법/불법이라는 코드를 통해 제한된다. 그러나 그렇다면 제한된 것은 그 자체가 결정될 수 없기 때문에 제한되어 있지 않다(→복잡성, ~의 환원과 상승). 그래서 코드들은 규정되었으면서 미규정된 작동 공간을 가능하게 한다. 그러므로 코드들은 차이들을 생성하는 →주도 차이이다. 하지만 코드의 주도 값, 예컨대 법은 동시에 올바른 작동 선택의 기준이 될 수 없다. 프로그램화(→프로그램)는 코드를 →매체로 전환시킨다. 체계들의 프로그램화, 예컨대 정치체계의 법적 사건을 통한 법체계의 프로그램화는 배제된 제3항의 재진입이다.

코드화는 두 가지 코드 값 사이의 교체, 그 값들 간 경계의 횡단이 예를 들어 사회적이나 심리적으로 특별하게 조건화되어 있지 않으면서 준-기술적으로 발생할 수 있으면(이것은 코드의 기술화(技術化)라고 할 수 있을 것이다), 이러한 일은 특별히 상징적으로 일반화된 소통 매체와 관련된다.

→관찰자(체계)는 이항적 코드화를 통해 코드로 매개되어 자기 자신을 관찰하는 상황에 처한다(→자기관찰/타자관찰 또는 2계 →관찰). 이항적 코드화 문제의 인식함(그 코드화의 '연결성', '방법', '이유')은 성찰 성과이며, 3계 관찰자를 필요로 한다(→성찰이론).

050; 051; 066; 086: 59ff.; 129: 359ff.; 219: 301-318; 268: 8절; 298; 321: 174-181; 338: 2장; 380: 4장; 501: 84ff.; 504: 194-209; 539: 464ff.

타당성 Geltung

어떤 것의 타당성은 특수한 내용상의 →이유들이나 동기들을 통해서도, 규범적이거나 합의를 통해서도 정초되거나 정당화되지 않는다. 오히려 타당성은 일반적으로 규범적 기대(→기대들, →정당성, →규범) 영역에서의 우연성 제거(→우연성)에 기초한다. 경제체계 내부에서 화폐가 지불 가능성들의 단순한 →상징인 것처럼, 법체계 내부에서의 타당성은 법의 타당성의 단순한 상징이며 그로써 법체계의 통일성이다. 따라서 어떤 것이 타당하기 때문에 타당하다는 것, 그것은 타당성 상징의 제안이 된다. 타당성의 이유에 대한 질문은 단순히 타당성의 탈동어반복화에 기여할 뿐이다. 이유들이 제시되면, 타당성의 최후 보장을 위한 논거들(→논증)을 위해서만 타당할 수 있을 뿐, 타당성의 최후 보장으로서 타당할 수는 없다.

119; 194: 318ff.; 321: 98-110; 326: 217ff.; 417: 380ff.

타자 Alter
→자아/타자

타자관찰 Fremdbeobachtung
→자기관찰/타자관찰

타자준거 Fremdreferenz
→자기준거/타자준거

탈근대(포스트모던) Postmoderne

자기 자신을 관찰하지 않는 관찰로서의 포스트모던은 특히 비판적-규범적으로 자신의 통일성을 다시 확인하고 싶어 하고 결국 임의적인 것이 되어버린 기술 가능성들의 기술에 머무르고 싶어 하는, 사회의 자기관찰로서 관찰될 수 있다(→자기기술, 사회의).

246: 42; 492

탈동어반복화 Enttautologisierung

→동어반복

탈역설화 Entparadoxierung

→역설

텍스트 Text

→인쇄술, →소통, 문자적, →자기기술, →의미론, →언어

통보 Mitteilung

→행위, →행위, 소통적, →소통

통일성 Einheit

만약 어떤 것이 통일성으로서 전제된다면, 그것이 가능한지와 그것이 관찰 가능한지에 대한 이중의 질문이 발생한다. 어떤 것이 통일성으로서 전제된다면, 그것은 →관찰에 선행한 어떤 것이 아니라, 그 자체가 이미 관찰이다. 따라서 통일성은 관찰로부터 결코 절대적으로 독립적일 수 없고, 상대적으로 관찰 의존적일 수밖에 없다. 물론 전제된 통일성은 통

일성으로서 관찰될 수 없다(→맹점). 관찰은 →구분을 의미하기 때문이다. 전제된 통일성은 절개되며(→유표 공간/무표 공간), 더 정확하게 하자면 →차이로 재구성되지만, 그렇다면 그것은 더 이상 전제된 통일성이 아니다. 결국 차이는 통일성 대신 차이를 전제하고(→주도 차이), 차이의 통일성(→형식)은 구분된 것 맞은편의 제3항이 아니며, 특히 작동 능력이 있는 통일성이 아니다. 통일성은 전제될 수 없다. 그러나 통일성은 반드시 전제되어야 한다. 그렇지 않으면 통일성은 전제될 수 없을 것이기 때문이다. 이것이 역설이며, 역설은 가능하다(→역설). "차이들의 맥락에서의 작동함(Operieren)으로서 통일성을 실현하는 것 말고 다른 가능성은 없다."

119: 284; 091: 57f.; 119: 284; 129: 61ff.; 208: 220; 246: 29f.; 373: 638ff.; 482

통제, 사회적 Kontrolle, soziale

체계가 고유한 →행위 가능성들을 다른 체계들의 행위 가능성들의 조건으로 투입하는 결정적인 시도로서 정의할 수 있다(→영향).

209: 13ff.; 324: 282-293; 521: 322-336

통합 Intergration

전통적인 의미에서의 통합(→사회적 통합)과 진화상 외부분화되고 분화된 →자기생산적 체계의 조건에서의 통합을 구분할 수 있다. 자기생산적 체계들의 경우 통합은 자기생산적으로 작동하는 부분체계들의 쌍방 조건화하는 제한들로 이해될 수 있다(→상호의존). 통합은 오직 "체계들의 자유도 쌍방 제한"(277: 99)만 구분할 뿐이다. 부분체계들은 제각기 서로에 대해 환경이며, 서로와의 관계에서 →중복들(→공명)을 포기한 조건에서 작동하며 그것들의 도덕적이거나 규범적이거나 가치 적합하거나 합의적인 통합도 배제한다. 마지막에 언급한 유형의 소통들은 물론 그것들의 통합적인 가치가 상실되었기에 모든 종류의 체계 특화된 소통들에만 영향을 받는다. 여기서 말하는 통합 유형을 지시하는 것은 자기생산/→구조적 연동의 차이이다. 이 유형의 통합에서는 인간의 사회 내부 통합과 관련하여 배제를 통한 포함 공식이 작용한다(→포함/배제).

108: 242ff.; 129: 314, 601ff., 742, 778; 219: 82f.; 277: 99; 294: 354f.; 321: 584

투입-산출-모델 Input-Output-Modell

관찰된 체계들뿐만 아니라 자기 자신을 관찰하는 체계들(→자기관찰/타자관찰)은 그것들의 체계-환경-차이를 투입-산출-모델로 내적으로 모사할 수 있다. 투입-산출-모델은 한 체계가 오직 두 개의 →경계(→체계 관계들, →체계 경계)만 가진다는 것을 함의한다. 그중 하나는 수단으로서의 투입을 위한 경계이고, 다른 하나는 →목적으로서의 산출을 위한 경계이다. 그러면 체계는 고정된 투입의 고정된 알고리즘에 따라 산출로 전환시키는 →평범한 기계로 자신을 보거나 그런 기계로 보이게 된다. 이는 고도의 단순화(→인과성, →점-대-점-조응, →자기 단순화)로서 가능하다. 물론 가변적인 투입들과 가변적인 산출들이 소수일 경우에는 논리적으로 가능한 변형들의 수는 실제로는 거의 통제할 수 없다. 이를 위한 대안은 투입-산출-모델을 결정 모델, 즉 변형할 때 기능적 등가물들을 산출에 대한 투입의 관계와 그 역의 관계에서 고려하는 모델로서 구분하는 데 있다(→방법, 기능적)

073: 47ff.; 129: 759; 373: 275ff.; 435: 39f.; 504: 637f.; 521: 248ff.

특화 Spezifizierung

→일반화, 상징적

패러다임 전환 Paradigmawechsel

체계이론에서 기초가 되는 주도 차이들의 변화. 한 주도 차이가 다른 차이들과의 차이에서 →차이로서 선택된다면, 그 주도 차이는 패러다임이다.

첫 번째 주도 차이는 전체와 부분(→전체-부분-도식)의 주도 차이다. 전체 내에서 전체를 대표할 수 있다는 생각이 특징이다(→대표). 전체가 부분으로 구성된다는 것처럼 사회가 인간으로 구성된다는 생각도 여기에 속한다. 두 번째 주도 차이는 →체계와 →환경의 주도 차이다. 체계들은 체계들과 환경들의 각각의 차이들로 존재하며, 이때 체계들은 개방되어 있다. 즉 자신들의 환경들과 근본적으로 교환에 적합하게 얽혀 있는 것으로 간주된다(→체계, 개방된/폐쇄된, →체계-환경-이론). 전체는 이제 그 부분들의 저마다의 공동 작용을 통해 대표되는 것으로 나타나며, 그것은 이미 상이한 대표 가능성들을 함의한다. 세 번째의 현재 유효한 주도 차이는 →동일성의 차이와 차이의 차이이며, 그것은 →자기생산적 체계들의 합리성을 의미한다. 세 번째 주도 차이에는 두 번째 주도 차이가 부차적으로 포함되어 있다. 체계는 자신을 오직 스스로 체계로서 수립할 수 있으며 그럼으로써 체계가 환경으로서 자신에게 속하지 않는 것으로 간주하는 것으로부터 분리해낼 수 있다. 체계의 동일성은 스스로를 환경과 구분된 존재로 인식하며 환경의 저항에도 맞서 가능한 한 스스로를 작동적으로 유지하는 체계로서 자기준거적으로 생산하고 재생산하는 데 근거한다. 특히 기능적으로 외부분화된 부분체계들의 조건하에서 전체의 →통일성은 오직 다중적으로만 대표될 수 있다(→사회, →다중심성, →다맥락 영역성).

251; 282; 373: 15-29

편협 Borniertheit

→공감/편협

평등 Gleichheit

문제 기능주의적이며 차이이론적인 관점에서 볼 때 자유와 정의처럼 가치가 부여된 성격을 상실한다. 통일성에서 지양될 수 없는 평등/불평등은 평등한이나 평등하지 않은 같은 지시들의 지정을 통해 규제하는 비교 관점(→귀속)을 통해 선택적으로 연결될 수 있다. 그러한 비교 관점은 예컨대 기능체계들에의 평등한 포함과 조직체계(들) 내부에서의 불평등한 배제/조직체계(들)에의 포함(→포함/배제, →불평등, 사회적)이다. "평등 추구는 '기회 평등을 이용하는 사람들'"(501: 341)을 통해 불평등을 촉진한다.

129: 1026ff., 1075f.; 158: 8장; 317: 52f.; 321: 111ff.; 501: 341; 538: 233ff.

평범한 기계 Trivialmaschine

평범한 기계는 이미 결정되어 있는 →프로그램이나 알고리즘에 따라서, 사전에 고정되어 프로그램화된 소급 연동 또는/그리고 사전 연동에 따라서 투입을 산출로 전환한다(→컴퓨터, →투입-산출-모델). 평범한 기계는 현실적으로 자기준거적으로 작동할 수 없다. 예를 들어 난방기 온열장치를 통한 실내 온도의 자기조절 같은 체계-환경-관계들의 자기조절은 타자조절의 반영일 뿐이다(→체계, 폐쇄된/개방된). 생명체계와 유의미 한 →자기생산적 체계들은 평범한 기계들이라기보다는 →역사적인 기계들이다.

051: 192ff.; 073: 97ff.; 086: 77ff.

폐쇄, 이중적 Schließung, doppelte

체계는 작동상으로 폐쇄되어 있을 때, 즉 자신의 요소적인 →작동들을 기반으로 자신을 체계로서 생산할 때만, 체계가 된다(→체계, 자기생산적). 체계는 그 경우에 그리고 항상 동시에 자신의 작동적인 가능성들을 구조적으로 어떻게 처리할 계획인지를 확정한다(→구조). 체계는 자신의 작동들을 구조화하고 프로그램화한다. 그렇게 상호작용체계는 선별된 논쟁 주제 이외의 다른 주제들을 배제한다. 그런 식으로 조직에서는 인사 문제를 어떻게 결정할 것인지 그리고 인원(Personal)에 관해 어떻게 결정할 것인지에 관한 결정이 이루어진다. 예술작품은 서로를 지시하는 형식들의 허용된 분화로서 예술의 관찰자뿐만 아니라 예술가들을 통한 임의적인 형식 부여들을 제한한다. 따라서 이중화된 폐쇄는 인지적 개방성의 전제하에서 작동상으로 현재화된 구조에 기초하는 자기생산적 체계들의 폐쇄다.

152: 71; 244: 343; 294: 105ff.; 335: 142ff.

폐쇄, 작동적(상) Schließung, operative

자기생산적으로 작동하는 체계(→체계, 자기생산적)의 작동상 폐쇄는 자신의 자기준거적이며(→자기준거/타자준거) 우연적-선택적이며(우연성) 코드 주도되는(→코드) 환경 사건들(→사건, →정보, →인지)이 생산되는 것과 그 생산이 체계 고유 사건들의 흐름으로 편입되는 것과 경우에 따라서는 재-관계화되는(→기억, →관계, →구조) 데서 식별될 수 있다. 간단히 말하면, 체계의 →작동들이 체계의 작동들을 가능하게 한다. 작동상 층위에서는 환경 접촉이 없다. 이러한 폐쇄성 개념은 전승된 →체계-환경-이론에서 일반적인 개념과 구분된다(→체계, 폐쇄된/개방된, →패러다임 전환).

073: 91-100; 086: 22f.; 129: 68f., 92ff.; 271; 294: 111ff., 372f.; 313: 12f.; 321: 2장; 364: 12f.; 504: 299ff.

포함/배제 Einschließung/Ausschließung

→포함/배제

포함/배제 Inklusion/Exklusion

배제를 통한 포함은 일반적으로 특화된 가능성들을 포함하고 다른 모든 가능성은 배제하면서도 미래의 선택들을 위해 사용 가능하게 유지하는(즉, 폐쇄성을 통해 개방성을 유지하는) 체계상 작동을 지시한다. →자기생산적 체계에는 그 체계에 속하는 모든 것이 포함된다. 체계에 속하지 않는 것은 자기 자신을 관찰하는 체계의 관점이나 관찰되는 체계(→자기관찰/타자관찰)의 관점에서 →환경에 속한다. 배제된 것은 잠재적으로 다시 포함 가능하게 남아 있다. 그런데도 포함과 배제의 차이는 유지된 채로 남고, 역설을 전개하며, 한 면이나 다른 면에서 역설을 전개하면서 다시 자신의 내부에 들어설 수 있다(→역설, →재진입). 그러면 배제가 배제와 포함의 차이가 되거나, 포함이 포함과 배제의 차이가 된다.

→인간과 →사회의 관계를 보기로 취하면 다음 결과가 된다. 사회는 인간으로 구성되지 않는다. 인간을 기본 단위로 '사용'하지도 않는다. 그 자리에 서로를 배제하고 서로에게 환경인 의식체계와 소통체계의 차이가 들어선다. 이는 인간의 사회로부터의 배제를 가리킨다. 인간들은 그들의 →심리적 체계들의 의식들이 특화된 소통들을 전개하기 위해 사회적 체계들에 의해 →인물들의 형식으로 요구된다는 것을 통해, 다시 사회와 사회의 →사회적 체계들과 특히 외부분화된 기능적 부분체계들에 참여하게 된다. 이것은 사회 내부로의 인간 포함의 관점이다. 모두는 대화나 시위에 참여할 수 있다. 그들은 지불할 수 있고, 권리를 행사할 수 있고, 지식을 제안할 수 있으며, 어쨌든 기본적인 차원에서 할 수 있다. 이런 일이 일어나면, 심리적 체계들은 생성되거나(예: 상호작용체계) 수립되어 있는(예: 경제체계) 사회적 체계들의 각각의 고유 선택성 척도에 따라 각자의 소통적 관점에서만 의식을 경유하여 포함된다. 그렇다면 이것은 배제를 통한 포함의 경우다. 잠재적으로 보편적인 포함은 이런 점에서 언제나 느슨한 연동(→연동, 느슨

한/단단한) 모델이나 →상호침투 모델에 따라 일어난다. 인간의 심리적 측면이나 심리적 체계의 참여를 요구하는 대신, 사회적 체계의 입지에서 인물(이나 유사-인물적 사회적 체계인 →조직)의 형식으로 사회적 체계에 참여하면서 관찰된 심리적 체계(→귀속)를 투입하는 것이 더 정확할 것이다.

  포함/배제 차이는 자신의 실제 핵심에 따라 배제를 통한, 기능적으로 분화된 부분체계들(→분화, 기능적)에의 포함과 관련된다. "상호작용들과 조직들로의 접근이 중요한 것이 아니다"(129: 619). 하지만 부분체계들에의 잠재적으로 보편적인 포함은 그편에서 특정한 조직화된 사회적 체계들로부터의 배제를 함의한다. 이것은 배제를 통한 포함이 선행된 경우에는, 조직된 사회적 체계에의 특수하게 불평등한 참여 기회를 통해 기능적 부분체계들에의 잠재적으로 평등한 참여 기회가 이어지는 한에서 포함을 통한 배제의 형식이다. 모두는 학교에 갈 수 있지만, 동등하게 졸업하지 못할 수도 있다. 모두가 자신의 권리를 타당하게 주장할 수 있지만, 반드시 권리를 획득할 수 있는 것은 아니다. 모두가 자신이 원하는 것을 구매할 수 있지만, 지불 능력이 같은 것은 아니다. "사회는 조직들 내에서 그리고 조직들의 도움으로 평등과 자유의 원칙이 실패하도록 만든다"(130: 193). 계층적 분화에서 기능적 분화로의 전환의 경우나 기능적 분화가 관철되는 맥락에서, 그러나 기능적 분화에 있어서도, 인간 신체에 근거하는, 배제의 견고한 형식을 전제할 수 있다. 일반적으로 포함은 약하게 포함하고, 배제는 강하게 배제한다는 것이 유효하다.

  이러한 포함/배제 차이는 기능체계들의 차이를 중첩시키는 경향이 있다. 사회 내에 사회적으로 포함된다는 것의 부담은 일반적으로 →이력의 형식으로 옮겨진 것으로 발견된다. 기능적으로 분화된 사회에서는 그 외에도 배제 결과들의 처리에 특화된 체계들의 외부분화를 고려할 수 있다(→지원).

  016: 23; 086: 135ff.; 108: 233ff.; 129: 168ff., 4장 3절, 844f., 1075; 136: 31f.;

152: 70, 76; 173: 154ff., 165ff.; 176; 192: 141ff.; 200: 21ff.; 277: 390; 304: 25ff., 86ff.; 338: 300ff.; 364: 16f.; 408: 84; 420: 187ff.; 496: 73f.; 504: 346ff.

폭력, 물리적 Gewalt, physische

강압 행위나 대안 없는 행위. →권력의 공생적인 상관물(→공생적 기제)로서 물리적 폭력은 회피 대안의 위상을 차지한다. "폭력은 폭력의 추방에 기여한다. 폭력 개념에는 이미 폭력 배제가 포함되어 있다"(294: 192). 반면 역사-발생적으로 동질적인 수단인 폭력은 분화된 이질적인 수단인 권력 매체에 선행한다. 물리적 폭력의 투입은 권력과 관련된 소통들(결정함의 형식으로 행위에 귀속되는)의 최종 보장 수단으로서 이제부터는 투입하지-않음을 통한 투입으로 이해할 수 있다. 또는 →정치체계의 외부분화와 함께 사회는 물리적 폭력에 대한 자유로운 처분권을 말하자면 스스로 취한다. 그렇게 물리적 폭력은 관찰 수단에서 서술 수단이나 상징적 수단이 된다. 이것은 현재 근본적으로 권력과 관련한 모든 소통에 적용되며, 특히 집합적으로 구속하는 →결정 유형의 소통들에 적용된다.

158: 142f.; 202: 156ff.; 231: 4장; 232: 477ff.; 294: 49, 55ff., 192ff.; 324: 106-115, 327; 348: 15ff.; 395: 347ff.; 398: 88ff.; 493

프로그램들 Programme

배제된 제3항의 →자기생산적 체계들을 표시한다(프로그램들은 포함된 채 배제된 제3항이다). 프로그램들은 인정할 수 있는 소통 규칙들을 예를 들어 사회적 체계들, 특히 기능적으로 외부분화된 부분체계들에 제공한다. 프로그램들은 코드 주도된(→코드) 작동들을 위한 내용상의 원칙이다. 프로그램들은 유의미한 사건들을 긍정적인 코드값들로 할당하는 데 기여하기 때문에, 코드를 →매체로 변환시킨다. 따라서 프로그램들과 코드들은 코드의 매체로의 변환에서 위계적인 관계 대신 보완적인 관계에 있다. 예컨대 법의 영역에서 법률들, 경제 영역에서 예산, 학문 영역에서 →이론/방법 같은 프로그램들은 우연적이다(→우연성). 프로그램들은 자기 자신에게도 적용될 수 있으며(→결정, →재귀성), →목적 프로그램과 →조건 프로그램으로서 상이하며 서로 얽혀 있기도 한 형식들을 전제할 수 있다. 체계들이 자신들의 행위를 궁극적으로는 스스로 프로그램화하며, 그렇지만 그 일을 위해 반드시 직접 프로그램들을 창출하지는 않는다는 점에 유의해야 한다. 체계들은 프로그램들을 수단으로 자신들의 환경 관계들도 분화시킨다(→연동, 구조적).

050: 193ff.; 051; 129: 377; 219: 318-336; 225: 130ff.; 230; 268: 90ff.; 272: 172ff.; 277: 8장; 308: 133ff.; 501: 249ff.; 504: 401ff.; 539: 466ff.

하위체계 Subsystem

→부분체계와 의미가 같다. 다른 체계의 내부와 외부에 동시에 놓여 있는 체계다(→체계 경계). 특히 사회의 기능체계들은 하위체계로서 구분된다. 그래서 법체계는 부분체계로서 전체의 부분이 아니고 그 자체가 전체를 선택적으로 대표하기 때문에 내부 점유가 동시에 외부 점유가 되는 조건에서, 사회체계의 내부에 있다(→패러다임 전환).

113: 6장., 306ff.; 136: 25ff.; 247: 23; 304: 81ff.; 373: 37ff., 258.; 376: 123ff.

학문 Wissenschaft

→학문체계(→해체/재조합 능력, →지식의 진화, →가설, →이념진화, →도구성, →제한성, →학문의 실천, →성찰이론, →기술/테크놀로지, →이론들/방법들, →자명성, →사실, →지식, →학문, 응용 지향적)

학문(과학), 응용 지향적 Wissenschaft, anwendungsorientierte

응용 학문이라는 표현 대신 응용 지향적인 학문이라고 불러야 할 것이다. 그렇게 부르는 것은 외부 세계의 규칙성들이나 체계 내부와 체계들 사이의 규칙성들에 대한 학문적인 모사 가능성을 위한 교훈적인 생각(관찰, →구성주의, 체계이론적, →실재, →세계)도 기초가 없으며, 외부화된 →지식을 충분히 학문적으로 통제할 수 있는 검증에도 기초가 없다는 점을 표현할 수 있다(→도구성). →사회에 제출되는 학문체계의 성과들은 새로운 지식, 특히 →기술/테크놀로지와 →치료 형식들을 제공하는 데 있다(→지식의 진화, →참신함). 그런 외부화된 지식이 입증되는 한에서, 단지 기능하는 단순화들만 짐작해야 할 것이다.(→인과성).

208: 209ff.; 431; 504: 640ff.

학문의 실천 Praxis von Wissenschaft

"이론과 실천"의 비판적-이론적인 개념성의 의미에서 학문의 실천은 수용되어야 하는 사회나 부정되어야 하는 사회와 관련이 있는지를 이미 사전에 알고 있을 것을 요구한다(→계몽, 사회학적, →비판, →비판이론).

431

학문이론 Wissenschaftstheorie

→성찰이론

학문체계 Wissenschaftliches System

→학문체계

학문체계 System, wissenschaftliches

학문체계는 진리 매체의 배타적인 요구를 통해, 자신의 모든 작동을 진리/허위의 진리 코드(→코드, →소통 매체, 상징적으로 일반화된)에 지향한다는 것을 통해 사회의 부분체계로서 두드러진다. 학문체계는 작동상으로 폐쇄되어 있고 인지적으로 개방되어 활동하는 →자기생산적 체계다. 학문체계는 진리/거짓의 →차이의 →통일성과 관련한 모든 →소통을 포괄한다.

학문체계는 새로운 비개연적인 지식 획득 →기능을 가진다. 학문체계의 →성과는 사회의 부분체계들을 위해 새로운 지식을 제공하는 것이다(→도구성, →기술/테크놀로지, →학문, 응용 지향적). →이론들/방법들은 학문체계의 →프로그램이다. →제한성은 →우연성 공식으로서 기능한다. 인식론은 학문체계의 →성찰이론이다.

학문적 →지식(→개념들)은 항상 진리인 지식이지만, 그 지식은 그 자체가 기본적으로 가설적인 종류이다(→가설). 그것은 타당한 한에서만, 타당하다. 새롭게 구성된 것으로서 관찰 의존적인 모든 지식 제안(→구성주의, 체계이론적)은 진리인 지식이 될 기회를 얻는다(→지식의 진화). 반면 그 자체로 진리이거나 다르게는 가능하지 않은 지식을 증가시키고 이와 관련된 오류를 교정하는 것이 중요하다는 생각(→인식론, 고전적, →논리, 이치적, →존재론, →완전성/완전 가능성)은 배제되어 있다. 학문체계는 사회가 자기 자신을 관찰하는 것으로 자기 자신을 관찰할 때 사용하는, 사회 내에 있는 사회의 장치 그 이상도 그 이하도 아니다(→성찰이론, →자기기술, 사회의, →사회학, →보편이론). 그러면 여기서는 "(과)학자들도 미로에서 다른 쥐들을 관찰하는 쥐들일 뿐이다 — 그들은 잘 선택된 어떤 구석에서 관찰을 실행한다"(476: 607).

학문체계의 문제는 그것이 갈수록 더 많은 지식을 생산하며, 모든 새로운 가능성이 가능한 새로운 다른 가능성들을 증가시키기 때문에(→해체/재조합 능력) 이러한 지식의 초과가 지식의 감소가 된다는 것이다. 모든 새로운 가능성은 다른 가능한 새로운 모든 가능성을 증가시키기 때문이다(→해체/재조합능력). "학문은 증거를 문제로 변화시킨다"(204: 143). 다른 한편 학문체계의 환경에는 더 많은 그리고 더 나은 학문적 지식(→전문가)과 이제 처음으로 그런 상태가 된 세계에 관한 더 나은 설명에 대한 반(反)사실적 기대가 있다(→실재).

028; 246: 31ff.; 268: 12절; 309; 360; 373: 647ff.; 380: 11장; 441; 504

학습 능력 Lernfähigkeit

학습함은 특히 의식적으로 그것을 위해 예견된 →상호작용체계들에서, 학습 특화된 상호작용 상황들에서 일어난다. 여기서 원래의 학습 목표는 학습함의 학습함(→재귀성) 이나 학습 능력의 평생교육이나 학습 능력을 위한 교육이다. 항상 대상 특화된 학습함보다 학습함 자체와 아직 미지의 것의 계속 학습을 위해 학습함 자체를 이용하는 것이 더욱 중요하다. 학습 능력은 규범적 기대 형식(실망에 단단한) 대신 인지적 기대 형식(변화 준비가 된)을 함의한다(→기대, →인지). 학습 능력은 완전성이나 →도야 대신 →교육체계의 →우연성 공식이다.

086: 194; 201: 224f.; 225: 33ff., 107ff.; 422· 287ff.; 538: 84-94

합리성, 유럽적 Rationalität, europäische

유럽적 합리성, 그리고 구유럽적 합리성도 비-유럽적 합리성들의 →구분들을 다루는 특정한 방식들로 특징지어진다. 유럽적 합리성을 지시하는 것은 →통일성을 강조하는 구분들이다(→인식론, 고전적). →전체-부분-도식은 처음부터 여기에 속한다. 존재와 부재의 구분도 여기에 속하며, 여기서는 단지 존재만이 연결 능력이 있으며, 존재의 통일성은 입증되고 전개될 수 있다(→존재론). 예컨대 사고와 존재의 구분은 존재 면에서의 사고의 존재의 구분으로서 입증된다 — 사고는 존재이어야 한다. →행위와 →자연의 구분들뿐만 아니라 →주체와 →객체의 구분들에서도 비슷한 일이 일어난다. 주체의 구분은 주관적인 인식의 대상으로서의 객체의 구분에 매여 있다. 행위는 그 자체로 자연이어야 하며, 자신의 고유한 자연을 실현해야 한다(→완전성/완전 가능성). 가치합리성과 목적합리성 및 형식적 합리성과 물질적 합리성처럼 스스로 연결하는 구분들은 행위의 통일적 합리성 사상에 구속되어 있다.

특히 이러한 종류의 구분들은 구분들로서 구분될 수 없다. 이처럼 통일성에 기초하는 구분 프레임은 1계 →관찰들(존재하는 것은, 그것이 되는 것이다)과 →이치적 논리에 상응한다(존재하는 것은 올바르게 인식될 수 있는 것이다). 유럽적 합리성의 이면에는 최종적으로 존재자를 위한 이유들의 전제들(그것은 창조나 자연으로 불린다)과 그런 →이유들의 정초 가능성의 전제가 숨겨져 있다. 통일이론적으로 구축된 유럽적 합리성의 역사는 결국 합리성 연속의 해체의 역사로 읽힐 수 있다. 구분된 →차이들의 통일성에 대한 질문, 즉 무엇-질문으로부터 어떻게-질문으로의 전환을 위한 길을 준비하는 질문을 문제로 보는 구분들이 점점 더 많이 나타난다(→관찰, →구성주의, 체계이론적).

073: 182ff.; 091; 129: 171ff., 5장 4절-8절

합리성, 체계이론적 Rationalität, systemtheoritisch

또는 체계 합리성. →자기생산적 체계의 →작동들이 체계와 환경의 구분을 지향하는 것(→자기관찰/타자관찰). 체계 합리성은 "체계와 환경의 차이가 체계 안으로 재진입할 가능성, 즉, 체계의 정보 처리가 체계와 환경의 차이의 통일성을 통해 인도된다는 것을 가리킨다"(268: 257). 이에 따르면,

합리성은 자기준거적으로 통제되었지만 통제될 수 없는(→미결정성, →역설), 자기(체계)준거와 타자(환경)준거(자기준거/타자준거)의 →차이의 →통일성이다. 합리성은 자기생산의 자기준거적인 관점과 관련하여 형식적 합리성을 표시하고, 타자준거적인 측면과 관련해서는 실질적 합리성이나 물질적 합리성을 표시한다. 따라서 합리성은 차이이론적인 산법과 이와 함께 →형식의 산법, 즉 형식의 형식 내부로의 재진입(→재진입)을 따른다. 모든 합리성은 체계 내적으로 생성되며(→구성주의, 체계이론적, →실재), 이때 합리성을 어떻게든 그렇게만 가능하며 다르게는 가능하지 않은 것으로서 체계 내적으로도 체계 외적으로도 보장할 수 없거나 유일하게 올바른 것으로 보장할 수 없다. 합리성은 체계의 단순화하는(→자기단순화) 자기성찰(→성찰이론)의 "최고" 형식이다. 합리성은 부정적인 것, 즉 고전적인 의미에서의 합리성 결핍(→합리성, 유럽적)을 체계의 긍정적인 것으로서 지시한다(→합리성, 유럽적). 합리성은 특히 →이성, →비판 등과 같은 분별력을 부여하는 순진한 의미론들과 결별한다(→계몽, 사회학적, →사회학).

073: 189ff.; 091: 77f., 86ff.; 129: 177-189; 246: 40f.; 268: 257; 274: 180ff.; 277: 15장; 373: 638ff.; 435: 92; 449: 45; 504: 693ff.; 540: 25ff.

합의 Konsens

→인물과 비슷하게 →소통에서 기대 확실성의 안정화를 위한 소통적 구성(→기대들, →행위, 소통적, →상호 이해)이며 소통의 인공물이지만 상호주관적인 것(→주체)은 아니다. 기능적 분화에서 소통은 합의에 도달할 수 없으며, 오직 "문명화된 평화의 최소 조건들하에서 다양성의 유지"(117: 45)에 도달할 뿐이다. 결정적인 것은 합의/이의의 차이다. 즉 합의된 소통들을 반대된 소통들과 달리 가시화 상태로 유지하는 것이다. [합의의] 기능적

등가물은 기대들의 제도화된 기대 가능성이다.

117: 45f.; 246: 103ff.; 180: 30-40; 244: 344f.; 277: 92ff.; 294: 51ff., 294f.; 317; 378: 54f.; 521: 133ff.

항의 Protest

또는 항의운동, 자기 자신에 맞서는, 사회 내에서의 사회의 자기기술 형식, 소통을 통해 자기 자신을 경고하는 사회의 형식(→자기기술, 사회의). 항의운동들은 이러한 자기 경고에서 마치 외부에서 가능한 것처럼 사회를 기술하거나, 항의운동들의 기술도 마치 외부에서 가능한 것처럼 실행한다(→생태학적 소통, →사회적 운동). 즉, 항의운동들은 "악마의 관찰 기법, 통일성 내에서 이 통일성에 맞서는 경계 긋기를 복제한다"(316: 201). 특히 항의 운동들은 주로 결정자들과 결정 당사자들의 구분을 가지고 작동하며(→결정), 주소지가 정해진 다른 책임 기대들의 결과를 낳는다.

항의는 완전하게 외부분화된 자기생산적 사회적 체계는 아직 아니지만, 몇 가지 전형적인 특징들을 드러내기는 한다. 불안과 도덕으로 채워진 (→불안, →도덕) 소통들로서의 항의운동들이 요소들로서 기여한다. 항의운동의 →코드는 '쟁점에 대한 찬성/쟁점에 대한 반대'에 있다고 할 수 있을 것이다. 항의는 항의 가능한 →주제들을 주제로서 고도로 시간화되었으며 단순화하는 선택을 통해 자기 자신을 프로그램화한다. "복잡성을 상대로 항의할 수는 없다. 항의할 수 있기 위해서는 관계들을 단순화시켜야 한다"(316: 211). 소통적인 형식인 항의의 특수성은 확립된 기능체계들에 대해 엇갈리는 효과를 발휘한다는 데 있다. 그 경우에는 항의의 →기능은 사회 내에서의 사회의 항의가 될 것이며, 그것은 그렇지 않으면 제어할 수 없는 것으로 관찰된 복잡성이나, 더 구체적으로 성찰 결핍의 주제화나 기능적 분화의 후속 문제들의 처리로서 작용할 것이다. 항의 운동들은 고유한 종류의 사회적 체계들이다. 즉, 상호작용체계, 조직체계, 또는 기능체계들이 아니다.

013; 057; 059; 129: 4장 15절; 171: 97ff., 803ff.; 257; 294: 315; 316; 338: 225; 380: 7장; 420; 424

항의 체계 System des Protests
→항의

해체 Dekonstruktion

해체는 관찰들로서의 관찰들과 그것들의 →우연성들, 특히 그것들의 시간적이며 맥락상 가변성들을 →관찰하겠다는 구성주의적인 시도이다. 해체는 어떤 종류의 것이든 구성물들을 해체하며, 그래서 구성과는 달리 →연결 능력을 목표로 삼지 않으며, 그 때문에 파괴적으로 작용하지는 않는다. →체계이론적 구성주의는 해체 개념을 연결 능력이 있는, 역설 전개에 기초하는 2계 관찰 개념으로 대체한다. 해체는 관찰의 관찰로 해체된다.

061; 129: 1135f.; 154; 219: 159ff.

해체 인과성/개입 인과성 Auslöse/Durchgriffskasualität

개입 인과성은 체계를 자기준거적인 변화들로 교란할 수 있는 환경 조건들과 관련한다(→체계, 자기생산적, →연동, 구조적). 해체 인과성은 1계 관찰의 형식인 한 가능하지 않다(→인과성, →투입-산출-모델).

277: 401

해체/재조합 능력 Auflöse/Rekombinationsvermögen

해체는 미리 주어진 →구분들과 그것들의 대체를 새로운 구분들을 통해 해체하는 능력과 새로 구분된 것의 또 다른 구분들을 가능하게 할 수 있는 능력이다. 그러면 재조합은 그때 구분된 것(예를 들어 진리 매체를 통해 외부분화된 →학문체계 내부)에서 그 체계에 속하는 매체(예: 진리)를 새로운 종류의 형식들(진리들)로 우연적-선택적으로 접속시키는 것과 관련된다. 진화는 해체와 재조합의 상승을 전제해야 한다(→지식의 진화).

028: 127ff.; 108: 248ff.; 381: 267; 504: 185, 326ff.

행동 Verhalten

행동 또는 인간의 행동은 유의미한 행동이다. 행동은 지각 가능하게 신체적이면서(운동, 몸짓, 흉내) 의미 지향적으로 지각 가능한 것으로 표현된다. 따라서 행동은 →체험과 →행위를 포함하며, 이 구분에서뿐만 아니라 자신의 한 면이나 다른 면에 대한 연결들에서 언제나 →관찰자(→자기관찰/타자관찰)의 →귀속 성과(→귀속)다. 동기화된 행동(→동기)과 관련해서도 같은 내용이 유효하다.

082: 68

행동, 일탈 Verhalten, abweichendes
→일탈 행동

행위 Handeln

행위는 인간적 자연이나 인간 본질의 자기충족으로 간주될 수 없다. 행위는 자기 자신을 의도하는 →주체의 표현도 아니고, 주체의 →동기가 펼쳐진 책도 아니다. 행위는 마찬가지로 고립된 접근 방식으로는 효과를 발생시키는 방식의 도식에 따라 이해할 수도 없다(→인과성, →목적).

행위는 우선 단지 순간적이며(비가역적인, 시간에 구속하는) 우연적-선택적(→우연성)이며 유의미한 →사건이다. 오직 →관찰자만이 행동을 체계에 행위로서 귀속할 수 있으며, 이 행위의 지각을 다른 체계의 체험으로서 귀속할 수 있거나 다른 체계의 체험을 행위의 지각으로서 귀속할 수도 있다(→귀속). 이때 행위나 체험으로서 행위를 한 번에 귀속하는 것으로 각각의 행위함이나 체험함의 →의미, 즉 의도가 규정된다. 즉, 행위는 이해함의 입지에서 행위의 관찰함이다(→소통). [소통에서] 의도된 관찰자는 행위자일 수도 있고 체험자일 수도 있다(→자기관찰/타자관찰). 여기서 체계 귀속으로서의 행위는 불평등과 선택 가능한 행위 대안들을 포함하며, 체험보다 안정적이고 성과가 크다. 세계(-환경)-귀속으로서의 체험은 평등, 즉 평등한 체험들의 상호 기대를 포함하며, 행위보다 불안정적이고 더 위험하다.

자세하게 설명하면 다음과 같다. 대문에 벨이 울린다. 이는 그저 순간적인 사건이며, 벨의 반복도 대문이 열리는 것도 순간적인 사건이다. 이는 우연적-선택적 사건들에 달려 있다. 벨을 누르는 대신 문에 노크할 수도 있었을 것이고, 벨을 누르는 대신 사과 따는 등의 일을 할 수도 있었을 것이다. 유의미한 사건들만이 중요하다. 행위와 체험의 가능성들의 현재화가 중요하기 때문이다. 이런 의미에서 '대문 벨을 누르는 것'은 그 자체로 특이하며 유의미한 사건으로 받아들여진다. 그리고 사건으로서의 모든 유의미한 사건은 그 사건인 것일 뿐이며, 자기 자신과 동일하다. 규정된 유의미한 사건의 규정된 의미의 규정은 이 사건이 다른 사건이나 다른 사건들과의 관련으로 옮겨질 때(다른 사건들과 관련될 때) 비로소 일어난다.

이것은 이 경우에 첫째로는 사건을 →인물 A(유사-인격적인 행동 단위인 조직도 포함하여)에 귀속할 것을 필요로 하며, 둘째로는 A에게 사건인 것이 A의 관점에서는 인물 B에게도 사건이라는 전제를 필요로 한다. 인물 A는 규정된 어떤 것이 일어나도록 그가 규정된 어떤 것을 행한다는 것을 자신에게 말하거나 자신으로부터 안다. 대문 초인종을 누르는 작동은 대문을 여는 작동을 야기할 것이다. A는 B가 초인종 울림을 지각하고(A는 초인종 울림을 지각하는 체험을 B에게서 기대한다) 기대에 적합하게 행위할 것, 즉 대문을 열 것을 기대한다(→기대들). 이것이 사회적 행위다. 사회적 행위는 행동의 의미 규정에서 다른 행동과의 관련이 어떤 역할을 할 때는 언제나 존재한다. 홀로 행하는 독서, 강의 참여, 대화 참여, 지불 실행 등의 경우에 사회적 행위가 존재한다.

개별 행위들이 우연적-선택적이고 순간적인 사회적 사건들이라는 점은 언제나 타당하다. 행위를 행위로서 구분하는 것은 행위의 의미가 아니라, 매 순간의 체계에 의한 행위의 가능다. 자기 자신을 행위체계로 관찰하는 →사회적 체계의 틀 안에서야 행위의 가능성들이 가능하게 된다.

033; 073: 250ff.; 082; 129: 86, 332ff., 161; 358: 35f.; 366: 75-84; 373: 580ff.; 423; 427: 245ff.; 428; 478; 495: 258ff.; 509; 521: 7ff., 1장

행위, 소통적 Handeln, kommunikatives

통보 행위나 →소통 참여 행위 또는 단순하게 행위함과 같은 의미다. 반면 하버마스의 →비판이론은 소통적 행위를 다음과 같이 규정한다. "(의사)소통적 행위는 명백한 이유들에 대한 반대를 소통 불가능한 것으로 만드는 소통에의 참여로 이해할 수 있다"(187: 174). 반면 체계이론적으로 소통적 행위는 자신의 존재 조건으로서의 →모순에 기초한다(→상호 이해).

373: 215, 226ff.

행위, 집합(적) Handeln, kollektives

집합(적) 행위는 개별 행위들이 그것들을 구속하는 사회적 '효과 단위/결정 단위'에 추가되면서, 이 형식에서 사회적 환경에 맞서 관철될 수 있는 유

리한 지위를 획득하게 된 경우에 형성된다.

373: 269ff.

행위, 합리적 Handeln, rationales
→합리성, 체계이론적(→인과성, →목적)

행위체계 Handlungssystem
→소통, →체계, 사회적

행정 Verwaltung
조직된 사회적 체계의 형식 내에 있는 →사회적 체계, 즉 '체계의 환경에서 제기되는 정보들/이 환경에 관한 정보들'의 계기에서 환경을 위해 구속적인 →결정들의 생산에 특화되어 있는 사회적 체계. 행정의 전형은 →정치체계의 환경 내부의 체계로서 공공 행정이다. 정치체계의 행정의 →하위체계들(입법부, 정부)은 공공 행정의 결정 전제들(→프로그램, →재귀성)을 설정한다. 관직 권력(→관직)에 근거하는 행정의 결정함은 대부분 조건적으로 프로그램화되어 있다(→조건프로그램). 목적 프로그램화에 있어서는(→목적 프로그램) →목적들과 수단들이 포괄적으로 행정에 주어져 있으며, 그 밖에도 행정 행위의 조건적 프로그램들이 행정 활동의 기준이 된다.

029; 036; 225: 203-218; 297: 225ff.; 301; 304: 45; 305: 8ff.; 331; 332; 435: 63-118; 440; 463; 464; 525; 531

허구적 실재/실재하는(실재적) 실재 Fiktionale/reale Realität
→실재, 허구적/실재하는(실재적)

헌법 Verfassung

법과 정치의 사회전체적인 부분체계들의 외부분화와 함께 생성되며, 이 부분체계들의 자기준거적인 자율을 그 체계들에 보장하며 그 둘의 →구조적 연동에 기여하는 진화상 성취. 헌법은 자기준거적 체계로서의 법체계를 최종적으로 폐쇄한다. 헌법은 법 생성과 자기 자신을 제한한다. 헌법은 바로 이 제한성에서 →법체계의 자기준거 문제의 정치적인 해결 을 가능하게 한다. 동시에 헌법은 →정치체계의 자기준거 문제의 법적 해결을 가능하게 한다(→자기준거/타자준거). 헌법을 통해 사회의 정치체계는 자신의 동일성에 선택적으로 자신을 고정시킨다. 정치체계는 헌법 국가(→법치국가)로서의 자기기술에서 자신의 자기동일시의 선택성을 고백한다. 헌법은 자신의 무제한적인 프로그램화 가능성을 부정하고 법 개정 가능성을 부정함으로써 법적 체계와 정치체계의 체계-환경-관계들을 위한 규제자 기능을 부여받는다(→연동, 구조적).

245: 111ff.; 305; 321: 470ff.; 398: 140; 459

현상 Status quo

보전할 가치가 있는 것의 위상을 가지고 있지 않다. 환원된 복잡성 위상을 가질 뿐이다(→고유값, →기억, →역사, →복잡성 ~의 환원과 상승, →중복, →자기준거, 동반하는, →구조). 현상과 함께, 체계 상태의 변화가 중요하다는 것을 고려할 수 있다(→보수주의, →보수적/진보적, →개혁, →전통).

400

현상학 Phänomenologie

초월적 현상학은 현상들이 모든 의식체계(→심리적 체계)에게 똑같이 주어져 있으며, 그것이 주체의 주관성을 정초한다고 전제한다고 한다. 계속해서 초월적 현상학은 "기술의 기술에서 (...) 존재하는 것을 (...) 발견할 수 있다"(223: 191)고 희망한다고 한다. 의식에 주어진 현상들의 뒤에는 의식에 적합하게 추론할 수 있는 우주론적이거나 그 밖의 세계 이유나 존재 이유가 있다고 전제하는 현상학은 물론 체계이론적 사고의 지도 원리가 될 수 없다. 이와는 달리 의식의 지향성(Intentionalität)에 접목된 종류의 현상학은 다른 위상을 가지고 있다고 한다. 이에 따르면 의식은 자신을 자기 자신과 다른 것을 지향하는 것으로서 체험하며, 자기 자신과 다른 것을 실제적인 현상들로서 체험한다. →체계이론적 구성주의는 그런 식으로 자기 자신을 동일시하는 의식을 오직 다음 조건에서만 계속 전제한다. 그것은 의식이 자기준거와 타자준거(→자기준거/타자준거)의 차이를 다룰 수 있다는 조건에서만 즉 자기 자신을 그것이 아닌 것으로부터 구분할 수 있다는 조건에서만 의식을 계속 전제한다. 그 경우에는 현상들은 (자기준거와 타자준거의 차이의 자기준거적인 통일성으로서의) 의식과 의식을 통해 자기준거적인 조건에서 타자준거적으로 분리된 것의 자기구획에서 구성된 →실재들이 될 것이다.

074: 84f.; 223: 191; 338: 11ff.; 382: 160f.; 390: 77f.

현재 Gegenwart
과거와 미래의 차이의 통일성(→시간).

073: 211ff.; 118: 129ff.; 129: 1004, 1016, 1074; 151; 277: 154ff.; 427: 260-281

현재성/가능성 Aktualität, Possibilität
→의미

협상 Verhandlung

협상은 →우연성과 위험의 조건들하에서(→결정, →위험/위해) 삽화적인 (→삽화) →상호작용체계들로서 →합의에 이르거나 확실성을 창출한다는 의미를 가지는 것이 아니라, 감당할 수 있을 것으로 보이는 불확실성 범위에 대해 상호 이해한다는 의미를 가진다(→불확실성 흡수, →상호 이해).

225: 211ff.

형식 Form

모든 →구분은 형식을 산출하며, 형식은 구분된 것(형식의 내부 면)과 모든 다른 것(형식의 외부 면)으로 유지된다. 빈 종이 위의 기하학적인 도형은 형식을 산출하며, 어떤 것을 아름다운 것으로 구분하고 지시하는 것도 마찬가지다. 형식은 2계 관찰 개념이다(→관찰). 관찰자를 관찰하는 →관찰자가 비로소 형식들을 관찰할 능력이 있기 때문이다. 그는 기하학적인 도형과 어차피 그곳에 있는 미규정된 빈 곳(비어 있는 상관물)의 차이를 본다. 그는 아름다움과 다른 모든 미규정된 규정 가능성들의 차이를 볼 수 있다. 물론 →유표 공간/무표 공간, →매체/형식, 체계/환경, 합법/불법 등과 같은 관찰들도 형식들이다. 하나의 형식으로서 유표 공간/무표 공간의 →차이 →통일성의 형식 요소들은 유표 공간과 무표 공간의 형식들이다. 체계/환경 차이의 통일성의 형식 요소들은 체계와 환경의 형식들이다. 구분되고 지시되는 것이 무엇이든, 구분되지 않고 지시되지 않는 것이 언제나 다른 면으로서 함께 옮겨지며, 구분되고 지시된 것은 구분들과 지시들의 모호하게 유지되는 다른 가능성들에 비추어진 의미만을 획득한다. 그런데도 관찰이나 구분과 지시의 차이의 통일성은 형식들을 생성하는 형식으로 관찰될 수 있다.

모든 양-면-구분은 하나의 구분(차이의 통일성 형식이 최종적으로 옮겨지는)으로서만 가능하다. 이때 재진입 능력이 있는 비대칭 형식들과 대칭 형식들을 구분할 수 있다. 재진입(Wiedereintritt)은 하나의 형식 안으로 들어서는 것으로서 재-진입(re-entry)과 관련된다. 형식으로서의 의미는 의미-형식 내부에서의 의미 형성(현재성/가능성)만을 허용한다. 또한 체계의 형식도 체계의 구분만을 가능하게 한다. 자신을 자신의 환경으로부터 체계로서 구분하는 체계는 체계와 환경의 차이의 통일성 형식을 사용하여, 체계의 형식 내에서 자신을 환경과 다른 것으로 관찰할 수 있다. 이것은 한 형식이 한 형식 내부로 제각기 오직 한 면에만 진입하는 비대칭 형식이다(→비대칭). 이 면은 물론 교체될 수 있지만(→횡단), 여기서는 물론 결과적으로 체계/환경의 형식 대신 존재/비존재의 새로운 형식이 된다. 이 형식들의 맞은편에는 출발 형식을 변경하지 않은 채 면을 교체할 가능성을 가지는 형식들이 있다. 이것은 합법/불법, 지불/비지불 등과 같은 →코드들을 의미한다. 합법/불법의 차이의 통일성으로서 합법의 구분은 불법의 면에서처럼 합법의 면에서 자신 내부로 재진입한다. 즉 예를 들어, 합법 자체로부터 합법/불법의 구분이 가능해진다.

형식 구분은 근본적으로 형식 역설에 좌초한다. 형식의 역설은 일반적으로 어떤 일이 일어났는데도 형식 없이는 형식이 관찰될 수 없다는 데 근거한다. 다르게 관찰하기 위해서는, 예를 들어 존재/비존재 대신 체계/환경의 구분을 가지고 관찰하고, 그 다음에 체계와 환경의 자기구분으로 관찰하는 체계에 접목하기 위해서, 또는 예를 들어 법체계 내에서 코드의 긍정값 대신 부정값(합법 대신 불법)을 선택하기 위해 역설 해체의 형식이 필요하다. 이것은 서로 상이한 형식들을 동시적으로/비동시적으로 수용할 수 있는 능력이 있다. 사실적 형식(어떤 것이 구분된다), 시간적 형식(순차적으로만 구분된다), 사회적 형식(상이한 관찰자들과 상이한 관찰들을 감안할 수 있다)이 있다. 결국 형식의 역설은 형식들을 형식들로 연결함으로써 탈역설화된다. 모든 새로운 형식은 유일무이한(sui generis) 형식이지만 이미 그 형식의 요람에는 항상 다른 형식들, 특히 입증된 형식들이 존재한다.

073: 70ff.; 129: 60ff., 169, 219: 48-65, 111ff.; 237: 198ff.; 286, 482; 487: 59ff.

호혜성 Reziprozität

시간 내부로 옮겨진 사회적 관계들의 대칭화 형식으로서, 특히 →분절적 분화의 조건에서는 부분들의 평등을 보전하는 기능을 가진다.

129: 649ff.; 321: 226f.; 324: 155f.; 373: 153f., 186f.; 408: 50f., 68ff.; 517: 362ff.

화폐 Geld

기능적으로 외부분화된 →경제체계의 →상징적으로 일반화된 소통 매체(→코드). 화폐는 →희소성을 화폐 희소성으로서 포함하고 일반화한다. "화폐는 폭력에 대한 희소성의 승리다"(501: 253). 화폐는 모든 →매체처럼 소통 가능성들 — 화폐 매체에서만 실행되는 소통적 행위들(→행위, 소통적)만 고려하는 — 을 환원시키는 동시에 상승시킨다. 화폐 언어로 옮길 수 있는 것에 대한 제한은 이제부터는 더 이상 없다(→매체/형식). "시민사회에 이르러서야 신의 편재가 화폐의 편재로 대체된다"(203: 191).

화폐는 임의적인 교환 기회(사실 차원), 임의적인 교환 상대(사회 차원), 그리고 미래의 교환 기회들의 현재적인 사용(시간 차원)을 가능하게 한다(→의미 차원). "화폐는 사회에서 사용 가능한 교환 기회들의 추상화이다"(158: 111). 화폐는 다른 이들이 자유를 행사할 권한을 제한하지 않으면서, 고유한 →자유 행사 권한을 위임한다. 다른 모든 매체처럼, 무도덕적인 화폐 매체는 매체로서 화폐 지불들의 정초(도덕성, 자선)와 불평등한 지불 가능성들(분배 문제)의 정초의 필요로부터 근본적으로 해방시킨다. 불평등한 지불 가능성들의 정당화는 상징적인 매체인 화폐의 악마적 측면을 나타낸다(→상징화, 악마적).

화폐 매체는 다음과 같은 구도에서 생겨난다. B의 →행위는 A의 →체험의 전제다. A는 B의 행위를 수용이나 거부에 관한 결정 가능성 없이도 감수해야 한다. B가 희소한 자원에 접근할 때, A는 싫든 좋든 참아야 한다. 그것은 다른 이들의 행위를 관용하는 것처럼, 그들의 부에 대한 관용을 함의한다.

129: 347ff.; 158: 110ff.; 203: 195ff.; 500: 213ff.; 501: 47f., 7장; 502: 319f.

확산 매체 Verbreitungsmedien

확산 매체에 속하는 것은 구두 언어(→소통, 구두, →언어), 기록된 언어(→소통, 문자의), 특히 모든 종류의 인쇄물 형식으로 기록된 언어와, 언어 전송 또는/그리고 그림 전송을 위한 모든 기술적인 매체들과 →컴퓨터이다. 확산 매체는 →상징적으로 일반화된 소통 매체처럼 서로에게 도달 가능한 →소통들의 지평을 확장한다. 확산 매체들은 동일한 정보들의 대량 확산을 통해 사회적인 →중복을 생산하며(→대중매체 체계), 이때 중복들은 같은 순간 점점 더 익명화된다. 즉 인물에 대한 귀속 가능성들이 지양되는 경향이 있다. 특히 시각적-청각적으로 공시화된 영상들이 기술적-매체적으로 확산되는 것은 지각에 가까우면서 실시간에 의존하는 사회적으로 탈연동된 새로운 유형의 소통이 나타난다는 것을 의미한다. "존재의 현상학은 소통의 현상학으로 대체된다"(129: 306).

129: 202f., 2장 3절-8절

확실성 Sicherheit

→위험/위해

확인 Konfirmierung

압축되고(→압축) 유의미한 →사건들의 →타당성이 다수의 상이한 상황으로 확장되는 것. 유의미한 사건들의 일반화(→일반화, 상징적).

073: 107, 332f.; 129: 73ff.; 321: 127; 504: 108f., 311ff., 375f.

환경 Umwelt

그 자체로 있는 것이 아니고, 항상 어떤 것, 예컨대 →체계와 관계될 때만 있다(→준거, →체계준거). →관찰자가 →체계인 것과 환경인 것을 구분하거나, 아니면 관찰하는 체계가 자신의 환경으로부터 구분하는 체계로서 자신을 구분한다(→체계, 자기생산적, →체계, 폐쇄적/개방적, →체계-환경-이론). 체계가 자신의 환경으로서 보는/지각하는 것만이 그때그때 환경으로서 유효하다. 따라서 환경은 체계의 내적인 환원 성과다(→자기관찰/타자관찰, →자기준거/타자준거). 어떤 경우에도 환경은 전제 없는 전제가 아니라, 체계의 함의이며 체계는 체계와 환경의 구분의 함의다(→관찰, →유표 공간/무표 공간, →역설).

체계환경들과 체계환경들이-아닌 것, 유의미한 체계환경들(의미를 사용하는 심리적 체계들과 사회적 체계들)과 유의미하지 않은 체계환경들(신체조직들이나 기계들처럼 의미를 사용하지 않는 체계들)은 구분될 수 있고, 체계가 자신의 체계환경(추상적인 타자) 일반과 맺는 관계와 자신의 환경 내 체계들(자신을 규정하는 타자들)과 맺는 관계도 구분될 수 있다.

111: 39ff.; 113: 23f.; 268: 22f., 51f.; 373: 5장; 417: 297ff.; 501: 35ff.; 521: 175f,, 183f.

환경 적응 상태 Umweltangepasstheit

→연동, 구조적, →물질성 연속체, →체계, 자기생산적, →체계-환경-이론

환자치료 체계 System der Krankenbehandlung

기능적으로 외부분화된 사회의 부분체계로서 배타적으로 질병들로 인한 사회의 외적 위협으로부터의 방어에 대한 권한이 있다. 환자치료 체계는 작동상 폐쇄되어 있고 인지적으로 개방된 상태에서 활동하는 →자기생산적 체계다. 이 체계의 →코드는 병든/건강한의 차이이며, 치료 가능한/치료 불가능한의 이차 코드화가 있다. 코드의 특수성은 부정적인 면이 긍정적인 면이나 연결 능력이 있는 면(→연결 능력)으로서 입증된다는 데 있다. 기본적으로 이 코드의 양쪽 면의 차이의 통일성과 관련된 모든 소통은 환자치료 체계에 속한다. 그러나 다른 기능체계들과는 달리 소통이 중심적인 매체를 서술하지는 않는다. 전면에서는 신체/의식-상호침투가 주목받으며, 이것은 신체성에의 접목을 선호하면서 주목받는다.

017; 239; 240

회귀성 Rekursivität

선행하는 작동들의 결과들은 →작동들의 회귀성에서 연결되는 작동들의 기초가 된다(→연결 능력, →관계). 회귀성은 근본적으로 자기생산을 위해 있다. 그것은 가능하게 하는 요소들이나 관계화하는 관계들의 회귀적인 접속에 근거하여 요소들이나 관계화된 관계들의 가능화를 위해 있다 (→체계, 자기생산적, →순환성).

219: 209f., 316f.; 504: 271, 275ff.; 508: 311

횡단 Crossing

예를 들어 정원(庭園)이나 교사/학생, 또는 체계나 체계/환경이 →관찰의 엄격한 형식산법에서 구분되고 지시되면, →구분의 각각 다른 면은 물론 함께 주어지기는 하지만 스스로 구분될 수는 없다(→코드, →형식). 다른 면은 일단은 한 면이 아닌 것, 한 면을 통해 배제된 모든 것이다. 이러한 의미에서 다른 면은 포함을 통해 배제되어 있다. 다른 면을 구분하고 지시할 수 있으려면, 면의 교체, 즉 횡단이 필요하며, 그것은 시간을 필요로 한다(→비대칭, →복잡성, ~의 시간화). 다른 면으로의 교체는 미지의 영역, 즉 아직 표시되지 않았지만 지역으로서는 표시되어 있는 지역(→유표 공간/무표 공간)으로의 교체이다. 다른 면이 초원이나 부모/자녀, 또는 환경이나 존재/비존재로 규정되어 있다면, 포함된 채 배제된 다른 면은 다시 표시되지 않으며, 곧바로 정원이나 교사/학생이나 체계나 체계/환경으로 구분되지는 않는다. 이 이해에 따르면, 횡단은 창조적인 동작이다. 다른 면에서 구분되지 않았다면, 그렇게 될 수 없을 것이다. 횡단은 특히 주어진 출발 구분 내에서 오직 한 면으로부터 다른 면으로의 기계화된 횡단으로서만 가능하다. 예를 들어 법의 구분에서부터 합법과 불법을 구분하는 것이 관건이라면, 어떤 것은 합법이나 불법으로 구분될 수 있다. 또는 어떤 것이 합법이거나 그렇지 않다. 그것이 불법이면, 코드의 긍정적인 면에서 코드의 부정적인 면으로 횡단할 수 있다. 그것 또한 창조적 동작이다.

129: 58, 61, 142f., 360f.; 219: 53f.; 321: 147f.; 338: 37; 487: 85; 504: 79f.

후기존재론 Postontologie
→구성주의, 체계이론적, →존재론

희소성 Knappheit
현재성(Aktualität)과 비현재성의, 자기 자신을 상승시키는 연관. A의 가능성들에 가해지는 모든 현재적인 희소성 경감 개입은 그 순간 B의 개입 가능성들을 협소화시킨다. 개입이 더 많이 분화될수록, 현재화되지 않은 개입들도 더 많이 분화된다. 희소성은 희소성을 상승시킨다. 달리 말하면

희소성은 자기 자신을 생산한다 — 역설적 사태다. 즉 "희소성은 (...) 역설적인 문제다. 개입은 자신이 제거하고자 하는 것을 만들어낸다"(501: 179).

→경제체계에서 희소성은 현재의 욕구 충족에 관한 결정들이 미래의 욕구 충족을 동시에 보장하는 조건에서 내려져야 하는 상황을 상징화한다. 동시에 미래적 필요의 해방이 보장된다(→욕구). 그러므로 희소성은 추구되었으며 가능한 욕구 충족들의 절대적이거나 상대적인 잔고로 정의되지도 않으며 적자 잔고로 정의되지도 않는다. 욕구 충족에 관한 결정들은 →화폐 매체 내에서 일어난다. 그것들은 체계의 화폐 가격의 언어로서 체계 내에서 그리고 체계에 의해 →인물들의 욕구들을 탐색하는 가운데 체계의 환경에서 스스로 생산된, 지불 기대들의 표현들로서 내려진다. 그러므로 희소성은 경제체계의 →우연성 공식이다.

203: 380: 70f., 500: 206ff., 501: 46f.; 68ff.; 6장, 502: 310; 317; 319f., 538: 283ff.

루만의 저작은 알파벳 순으로 정리했으며 3-자리 숫자로 번호를 매겼다. 사후 그의 이름으로 출간된 저작과 그의 논저들을 포함하는 그의 개별 저술들에 대해서는 최신판과 최초 출간 및 추후 출간을 고려하였다. 루만이 다른 학자들의 공동 출간에 게재된 루만의 논문들은 루만 자신에 의해 출간된 논저들에 이미 포함되어 있지 않은 경우에만 쉽게 접근할 수 있는 논저에 따라 열거했다. Archimedes und wir, Universität als Milieu, Protest, Short Cuts, Aufsätze und Reden의 경우에 이 점이 적용된다. 모든 루만의 저작에 대해서 여기서 언급되는 문헌이 최초 출간이 아닌 경우에는, 최초 출간연도를 추가로 언급했다.

참고문헌 중 따옴표로 표기된 것은 논문들이며, 그렇지 않은 것은 저서나 학술지의 이름이다. ders.는 같은 이, Bd.는 Vol., u.a.는 다른 곳을 뜻한다.

참고문헌

001 Baecker, D./N. Luhmann (1990): "Wege und Umwege der Soziologie. Interview im Deutschlandfunk am 3. Dezember 1989", in: Rechtstheorie, Bd. 21, 209-216

002 Becker, F./N. Luhmann (1963): Verwaltungsfehler und Vertrauensschutz. Möglichkeiten gesetzlicher Regelung der Rücknehmbarkeit von Verwaltungsakten, Berlin

003 Charles, D./V. Flusser/N. Luhmann u.a. (1992): Zeichen der Freiheit. Vorträge im Kunstmusum Bern anläßlich der 21. Kunstausstellung des Europarates "Zeichen der Freiheit", Wabern-Bern

004 Dahm, K.-W./N. Luhmann/D. Stoodt (1992): Religion, System und Sozialisation, Darmstadt

005 Esser, H./N. Luhmann (1996): "Individualismus und Systemdenken in der Soziologie", in: Soziale Systeme, Jg. 2, H. 1, 131-135

006 Foerster, H.v./N. Luhmann/B. Schmid u.a. (1988): "Diskussion des Fallbeispiels", in: Simon, F.B. (Hg.), Lebende Systeme. Wirklichkeitskonstruktionen in der systemischen Therapie, Berlin-Heidelberg-New York u.a., 81-91

007 Foerster, H.v./N. Luhmann/F.J. Varela (1988): "Kreuzverhör -- Fragen

an Heinz von Foerster, Niklas Luhmann und Francisco Varela", in: Simon, F.B. (Hg.), Lebende Systeme. Wirklichkeitskonstruktionen in der systemischen Therapie, Berlin-Heidelberg-New York u.a., 95-107

008 Habermas, J./N. Luhmann (1990(10), zuerst 1971): Theorie der Gesellschaft oder Sozialtechnologie — Was leistet die Systemforschung?, Frankfurt a.M.

009 Lange, E./N. Luhmann (1974): "Juristen — Berufswahl und Karrieren", in: Verwaltungsarchiv, Bd. 65, 113-162

010 Lenzen, D./N. Luhmann (Hg.) (1997): Bildung und Weiterbildung im Erziehungssystem. Lebensläuf und Humanontogenese als Medium und Form, Frankfurt a.M.

011 Luhmann, N. (1996): "A Redescription of 'Romantic Art'", in: Modern Language Notes, 111, 506-522

012 (2004(5), zuerst 1976): "Allgemeine Theorie organisierter Sozialsysteme", in: Ders., Soziologische Aufklärung 2. Aufsätze zur Theorie der Gesellschaft, Wiesbaden, 39-50

013 (1997(2), zuerst 1986): "Alternative ohne Alternative. Die Paradoxie der 'neuen sozialen Bewegungen'", in: Ders., Protest. Systemtheorie und soziale Bewegungen, hg. u. eingel. v. K.-U. Hellmann, Frankfurt a.M., 75-78

014 (1998(1, Nachdruck), zuerst 1989): "Am Anfang war kein Unrecht", in: Ders., Gesellschaftsstruktur und Semantik. Studien zur Wissenssoziologie der modernen Gesellschaft, Bd. 3, Frankfurt a.M., 11-64

015 (1991): "Am Ende der kritischen Soziologie", in: Zeitschrift für Soziologie, Jg. 20, H. 2, 147-152

016 (1990): "Anfang und Ende: Probleme einer Unterscheidung", in: Ders./

K.E. Schorr, Zwischen Anfang und Ende. Fragen an die Pädagogik, Frankfurt a.M., 11-23

017 (1983): "Anspruchsinflation im Krankheitssystem. Eine Stellungnahme aus gesellschaftstheoretischer Sicht", in: Herder-Dorneich, P./A. Schuller (Hg.), Die Anspruchsspirale. Schicksal oder Systemdefekt?, Stuttgart-Berlin, 28-49

018 (1994): "Ansprüche an historische Soziologie" in: Soziologische Revue, Jg. 17, H. 3, 259-264

019 (1999(3), zuerst 1977): "Arbeitsteilung und Moral" in: Durkheim, E., Über die Teilung der sozialen Arbeit, Frankfurt a.M., 17-35

020 (1987): Archimedes und wir, hg. v. D. Baecker/G. Stanitzek, Berlin

021 (1987): "Archimedes und wir (Interview mit F. Volpi)", in: Baecker, D./G. Stanitzek (Hg.), Archimedes und wir, Berlin, 156-166

022 (2001): Aufsätze und Reden, hg. v. O. Jahraus, Suttgart

023 (1997): "Ausdifferenzierung der Kunst", in: Institut für Gegenwartsfragen Freiburg i. Br./Kunstraum Wien (Hg.), Art & Language & Luhmann, Wien, 133-148

024 (1994): Die Ausdifferenzierung des Kunstsystems, Bern

025 (1999, zuerst 1981): Ausdifferenzierung des Rechts. Beiträge zur Rechtssoziologie und Rechtstheorie, Frankfurt a.M.

026, (1999, zuerst 1976): "Ausdifferenzierung des Rechtssystems", in: Ders., Ausdifferenzierung des Rechts. Beiträge zur Rechtssoziologie und Rechtstheorie, Frankfurt a.M., 35-52

027 (1998(1, Nachdruck), zuerst 1989): "Die Ausdifferenzierung der Religion", in: Ders., Gesellschaftsstruktur und Semantik. Studien zur Wissenssoziologie der modernen Gesellschaft, Bd. 3, Frankfurt a.M., 259-357

028 (1981): "Die Ausdifferenzierung van Erkenntnisgewinn: Zur Genese von Wissenschaft", in: Stehr, N./V. Meja (Hg.), Wissenssoziologie, Sonderheft 20 der Kölner Zeitschrift für Soziologie und Sozialpsychologie, Opladen, 101-139

029 (1966): "Automation in der öffentlichen Verwaltung", in: Ders./W. Wortmann, Automation in der öffentlichen Verwaltung. Aufgaben und Wirkungsmöglichkeiten von Raumordnung und Landesplanung. Zwei Vorträge, gehalten auf einer Arbeitstagung für Führungskräfte der Polizei, veran-staltet von der Gewerkschaft der Polizei, Landesbezirk Niedersachsen, Hamburg, 5-29

030 (1997): "Die Autonomie der Kunst", in: Institut für Gegenwartsfragen Freiburg i. Br./Kunstraum Wien (Hg.), Art & Language & Luhmann, Wien, 177-190

031 (2001, zuerst 1987): "Autopoesis als soziologischer Begriff", in: Ders., Aufsätze und Reden, hg. v. O. Jahraus, Stuttgart, 137-158

032 (2004(2), zuerst 1985): "Die Autopoiesis des Bewußtseins", in: Ders., Soziologische Aufklärung 6. Die Soziologie und der Mensch, Wiesbaden, 55-112

033 (1982): "Autopoiesis, Handlung und kommunikative Verständigung", in: Zeitschrift für Soziologie, Jg. 11, H.4, 366-379

034 (1986): "The Autopoiesis of Social Systems", in: Geyer, F./J.v.d. Zouwen (eds.), Sociocybernetic Paradoxes. Observation, Control and Evolution of Self-Steering Systems, LondonBeverly Hills, 172-192

035 (1966): "Die Bedeutung der Organisatiansoziologie für Betrieb und Unternehmung", in: Arbeit und Leistung, Jg. 20, 181-189

036 (1970): "Die Bedeutung sozialwissenschaftlicher Erkenntnisse zur Organisation und Führung der Verwaltung", in: o. Hg., Verwaltung im modernen Staat, Berliner Beamtentage 1969, Berlin, 70-82

037 (1987, zuerst 1980): "Begriff des Politischen (Interview mit A. Balaffi)", in: Baecker, D./G. Stanitzek (Hg.), Archimedes und wir, Berlin, 2-13

038 (1999(1, Nachdruck), zuerst 1995): "Die Behandlung van Irritationen: Abweichung ader Neuheit?", in: Ders., Gesellschaftsstruktur und Semantik. Studien zur Wissenssoziologie der modernen Gesellschaft, Bd. 4, Frankfurt a.M., 55-100

039 (1993): "Bemerkungen zu 'Selbstreferenz' und zu 'Differenzierung' aus Anlaß van Beiträgen in Heft 6, 1992, der Zeitschrift für Soziologie", in: Zeitschrift für Soziologie, Jg. 22, H. 2, 141-146

040 (1992): "Die Beobachtung der Beobachter im politischen System: Zur Thearie der öffentlichen Meinung", in: Wilke, J. (Hg.), Offentliche Meinung. Theorie, Methoden, Befunde. Beiträge zu Ehren von Elisabeth Noelle-Neumann, Freiburg-Milnchen, 77-86

041 (1992): Beobachtungen der Moderne, Opladen

042 (1992): "Die Beschreibung der Zukunft", in: Ders., Beobachtungen der Moderne, Opladen, 129-l47

043 (2002(4), zuerst 1987): "Biographie, Attitüden, Zettelkasten, Interview mit R. Erd u. A. Maihofer", in: Gente, P./H. Paris/M. Weinmann (Hg.), Niklas Luhmann. Short Cuts, Frankfurt a.M., 7-40

044 (2002(4), zuerst 1993): "Borniert und einfühlsam zugleich. Schon, daß wir so ungeniert plaudern. Eine soziologische Betrachtung", in: Gente, P./H. Paris/M. Weinmann (Hg.), Niklas Luhmann. Short Cuts, Frankfurt a.M., 113-

119

045 (2004(3), zuerst 1987): "Brauchen wir einen neuen Mythos?", in: Ders., Soziologische Aufklärung 4. Beiträge zur funktionalen Differenzierung der Gesellschaft, Wiesbaden, 254-274

046 (1983): "Bürgerliche Rechtssoziologie. Eine Theorie des 18. Jahrhunderts", in: Archiv für Rechts- und Sozialphilosophie, Jg. 69, H. 4, 431-445

047 (2002(4), zuerst 1994): "Chirurg auf der Parkbank. Des Wählers Freiheit, eine Illusion", in: Gente, P./H. Paris/M. Weinmann (Hg.), Niklas Luhmann. Short Cuts, Frankfurt a.M., 120-126

048 (1988): "Closure and Openess: On Reality in the World of Law", in: Teubner, G. (ed.), Autopoietic Law: A New Approach to Law and Society, Berlin, 335-348

049 (1993): "The Code of the Moral", in: Cardozo Law Review, Vol. 14, 995-1009

050 (1986): "Die Codierungdes Rechtssystems", in: Rechtstheorie, Bd. 17, N. 2, 171-203

051 (2004(3), zuerst 1986): "Codierung und Programmierung. Bildung und Selektion im Erziehungssystem", in: Ders., Soziologische Aufklärung 4. Beiträge zur funktionalen Differenzierung der Gesellschaft, Wiesbaden, 182-201

052 (1981): "Communication About Law in Interaction Systems", in: Knorr-Cetina, K./A. Cicourel (eds.), Advances in Social Theory and Methodology. Towards an Integration of Micro- and Macro-Sociology, London, 234-256

053 (1990, zuerst 1985): "Complexity and Meaning", in: Ders., Essays on Self-Reference, New York, 80-85

054 (1996): "Complexity, Structural Contingencies and Value Conflicts", in:

Heelas, P./S. Lash/P. Morris (eds.), Detraditionalization. Critical Reflections on Authority and Identity, Oxford, 59-71

055 (1997): "The Control of Intransparency", in: Systems Research and Behavioral Science, Vol. 14, 359-371

056 (1994): "Copierte Existenz und Karriere. Zur Herstellung von lndividualität", in: Beck, U./E. Beck-Gernsheim (Hg.), Riskante Freiheiten. Individualisierung in modernen Gesellschaften, Frankfurt a.M., 191-200

057 (1997(2), zuerst 1990): "Dabeisein und Dagegensein. Anregungen zu einem Nachruf auf die Bundesrepublik", in: Ders., Protest. Systemtheorie und soziale Bewegungen, hg. u. eingel. v. K.-U. Hellmann, Frankfurt a.M., 156-159

058 (2002(4), zuerst 1983): "Darum Liebe, Interview m. D. Baecker", in: Gente, P./H. Paris/M. Weinmann (Hg.), Niklas Luhmann. Short Cuts, Frankfurt a.M., 135-149

059 (1997(2), zuerst 1986): "Das trojanische Pferd. Ein Interview", in: Ders., Protest. Systemtheorie und soziale Bewegungen, hg. u. eingel. v. K.-U. Hellmann, Frankfurt a.M., 64-74

060 (1983): "Das sind Preise. Ein soziologisch-systemtheoretischer Klärungsversuch", in: Soziale Welt, Jg. 34, H. 2, 153-170

061 (2001, zuerst 1993): "Dekonstruktion als Beobachtung zweiter Ordnung", in: Ders., Aufsätze und Reden, hg. v. O. Jahraus, Stuttgart, 263-296

062 (1982, zuerst 1977): "The Differentiation of Society", in: Ders., The Differentiation of Society, New York, 229-254

063 (1984): "Die Differenzierung von Interaktion und Gesellschaft. Probleme der sozialen Solidarität", in: Kopp, R. (Hg.), Solidarität in der Welt der 80er Jahre. Leistungsgesellschaft und Sozialstaat, Basel-Frankfurt a.M., 79-96

064 (2004(3), zuerst 1987): "Die Differenzierung von Politik und ihre gesellschaftlichen Grundlagen", in: Ders., Soziologische Aufklärung 4. Beiträge zur funktionalen Differenzierung der Gesellschaft, Wiesbaden, 32-48

065 (1992): "The Direction of Evolution", in: Haferkamp, H./N . J. Smelser (eds.), Social Change and Modernity, Berkeley-Los Angeles-Oxford, 279-293

066 (2004(3), zuerst 1986): "Distinctions directrices", in: Ders., Soziologische Aufklärung 4. Beiträge zur funktionalen Differenzierung der Gesellschaft, Wiesbaden, 13-31

067 (1997): "Disziplinierung durch Kontingenz. Zu einer Theorie des politischen Entscheidens", in: Hradil, S. (Hg.), Differenz und Integration. Die Zukunft moderner Gesellschaften. Verhandlungen des 28. Kongresses der Deutschen Gesellschaft ftir Soziologie in Dresden, Frankfurt-New York, 1074-1087

068 (1993): "Ecological Communication. Coping with the Unknown", in: System Practice, Vol. 6, 65-83

069 (1993): "Die Ehrlichkeit der Politiker und die höhere Amoralität der Politik", in: Kemper, P. (Hg.), Opfer der Macht. Müssen Politiker ehrlich sein?, Frankfurt a.M.-Leipzig, 27-41

070 (1963): "Einblicke in vergleichende Verwaltungswissenschaft", in: Der Staat, Jg. 2, 495-500

071 (2004(5), zuerst 1972): "Einfache Sozialsysteme", in: Ders., Soziologische Aufklärung 2. Aufsätze zur Theorie der Gesellschaft, Wiesbaden, 21-3 8

072 (2004(5), zuerst 1974): "Einführende Bemerkungen zu einer Theorie symbolisch generalisierter Kommunikationsmedien", in: Ders., Soziologische Autklärung 2. Aufsätze zur Theorie der Gesellschaft, Wiesbaden, 170-192

073 (2002): Einführung in die Systemtheorie, hg. v. D. Baecker, Heidelberg

074 (1983): "Die Einheit des Rechtssystems", in: Rechtstheorie, Bd. 14, 129-154

075 (1985): "Einige Probleme mit 'rejlexivem Recht'", in: Zeitschrift für Rechtssoziologie, Jg. 6, H. 1, 1-18

076 (1988): "Das Ende der alteuropäischen Politik", in: Tijdschrift voor de Studie van de Verlichtung an het Vrije Denken, Vol. 16, 249-257

077 (1991): "Ende des Fortschritts — Angst statt Argumente?", in: Lohmar, U./P. Lichtenberg (Hg.), Kommunikation zwischen Spannung, Konflikt und Harmonie, Bonn, 117-128

078 (2004(3), zuerst 1987): "Enttäuschungen und Hoffnungen. Zur Zukunft der Demokratie", in: Ders., Soziologische Aufklärung 4. Beiträge zur funktionalen Differenzierung der Gesellschaft, Wiesbaden, 134-141

079 (1992): "Erfahrungen mit Universitäten. Ein Interview", in: Ders., Universität als Milieu, hg. v. A. Kieserling, Bielefeld, 100-125

080 (2001, zuerst 1988): "Erkenntnis als Konstruktion", in: Ders., Aufsätze und Reden, hg. v. O. Jahraus, Stuttgart, 218-242

081 (2004(3), zuerst 1990): "Das Erkenntnisprogramm des Konstruktivismus und die unbekannt bleibende Realität", in: Ders., Soziologische Aufklärung 5. Konstruktivistische Perspektiven, Wiesbaden, 31-58

082 .(2004(4), zuerst 1978): "Erleben und Handeln", in: Ders., Soziologische Aufklärung 3. Soziales System, Gesellschaft, Organisation, Wiesbaden, 67-80

083 (1985): "Erwiderung auf H. Mader", in: Zeitschrift für Soziologie, Jg. 14, H. 4, 333-334

084 (1985): "Erziehender Unterricht als Interaktionssystem", in: Diederich, J. (Hg.), Erziehender Unterricht als Fiktion und Faktum, Frankfurt a.M., 77-94

085 (1997): "Erziehung als Formung des Lebenslaufs", in: Lenzen, D./N. Luhmann (Hg.), Bildung und Weiterbildung im Erziehungssystem. Lebenslauf und Humanontogenese als Medium und Form, Frankfurt a.M., 11-29

086 (2002): Das Erziehungssystem der Gesellschaft, hg. v. D. Lenzen, Frankfurt a.M.

087 (1996): "Das Erziehungssystem und die Systeme seiner Umwelt", in: Luhmann, N./K.E. Schorr (Hg.), Zwischen System und Umwelt. Fragen an die Pädagogik, Frankfurt a.M., 14-52

088 (1998(1, Nachdruck), zuerst 1989): "Ethik als Rejlexionstheorie der Moral", in: Ders., Gesellschaftsstruktur und Semantik. Studien zur Wissenssoziologie der modernen Gesellschaft, Bd. 3, Frankfurt a.M., 358-447

089 (1999): "Ethik in internationalen Beziehungen", in: Soziale Welt, Jg. 50, 247-254

090 (1994): "Europa als Problem der Weltgesellschaft", in: Berliner Debatte INITIAL, 2, 3-7

091 (1992): "Europäische Rationalität", in: Ders., Beobachtungen der Moderne, Opladen, 51-91

092 (1994, zuerst 1983)): "Evolution - kein Menschenbild. Die Gesellschaft besteht nicht aus Menschen", in: Ethik und Unterricht, Jg. 5, H. I, 14-18

093 (1993): "Die Evolution des Kunstsystems", in: Kunstforum International, 124, 221-228

094 (1982): "The Evolution of Meaning Systems. An Interview with Niklas Luhmann", in: Theory, Culture and Society, Vol. 1, N. 1, 33-48

095 (1999, zuerst 1970): "Evolution des Rechts", in: Ders., Ausdifferenzierung des Rechts. Beiträge zur Rechtssoziologie und Rechtstheorie, Frankfurt a.M.,

11-34

096 (2004(5), zuerst 1976): "Evolution und Geschichte", in: Ders., Soziologische Aufklärung 2. Aufsätze zur Theorie der Gesellschaft, Wiesbaden, 150-169

097 (1987): "The Evolutiona,y Differentiation Between Society and Interaction", in: Alexander, J.C./B. Giesen/R. Münch/N . J: Smelser (eds.), The Micro-Macro Link; Berkeley-Los Angeles-London, 112-131

098 (1988): "Familiarity, Confidence, Trust: Problems and Alternatives", in: Gambetta, D. (ed.), Trust. Making and Breaking Cooperative Relations, Oxford, 94-107

099 (1992): "The Form of Writing", in: Stanford Literature Review, Vol. 9, N. 1, 25-42

100 (2004(2), zuerst 1991): "Die Form 'Person'", in: Ders., Soziologische Aufkärung 6. Die Soziologie und der Mensch, Wiesbaden, 142-154

101 (2004(5), zuerst 1973): "Formen des Helfens im Wandel gesellschaftlicher Bedingungen", in: Ders., Soziologische Aufklärung 2. Aufsätze zur Theorie der Gesellschaft, Wiesbaden, 134-149

102 (1992): "Fragen an Niklas Luhmann (Interview)", in: Königswieser, J./C. Lutz (Hg.), Das systemisch evolutionäre Management, Wien, 95-111

103 (1990, zuerst 1989): "Die Franzosische Revolution ist zu Ende. Individuum und Gesellschaft nach 1789", in: Helbing, H./M. Meyer (Hg.), Die Große Revolution. 1789 und die Folgen, Zürich, 822-824

104 (1997(2), zuerst 1988): "Frauen, Manner und George Spencer Brown", in: Ders., Protest. Systemtheorie und soziale Bewegungen, hg. u. eingel. v. K.-U. Hellmann, Frankfurt a. M., 107-155

105 (1998(1, Nachdruck), zuerst 1980): "Frühneuzeitliche Anthropologie. Theo-

rietechnische Lösungen für ein Evolutionsproblem der Gesellschaft", in: Ders., Gesellschaftsstruktur und Semantik. Studien zur Wissenssoziologie der modernen Gesellschaft, Bd. 1, Frankfurt a.M., 162-234

106 (1970): "Die Funktion der Gewissensfreiheit im öffentlichen Recht", in: Evangelische Akademie in Hessen und Nassau, Funktion des Gewissens im Recht, Frankfurt, 9-22

107 (1999, zuerst 1974): "Die Funktion des Rechts. Erwartungssicherung oder Verhaltenssteuerung?", in: Ders., Ausdifferenzierung des Rechts. Beiträge zur Rechtssoziologie und Rechtstheorie, Frankfurt a.M., 73-112

108 (1999(5), zuerst 1977): Funktion der Religion, Frankfurt a.M.

109 (2004(7), zuerst 1962): "Funktion und Kausalität", in: Ders., Soziologische Aufkläung I. Aufsätze zur Theorie sozialer Systeme, Wiesbaden, 9-30

110 (1999, zuerst 1969): "Funktionale Methode und juristische Entscheidung", in: Ders., Ausdifferenzierung des Rechts. Beiträge zur Rechtssoziologie und Rechtstheorie, Frankfurt a.M., 273-307

111 (2004(7), zuerst 1964): "Funktionale Methode und Systemtheorie", in: Ders., Soziologische Aufklärung 1. Aufsätze zur Theorie sozialer Systeme, Wiesbaden, 31-53

112 (1994(4), zuerst 1969): "Funktionen der Rechtsprechung im politischen System", in: Ders., Politische Planung. Aufsätze zur Soziologie von Politik und Verwaltung, Opladen, 46-52

113 (1999(5), zuerst 1964): Funktionen und Folgen formaler Organisation. Mit einem Epilog 1994, Berlin

114 (1958): Der "Funktionsbegriff in der Verwaltungswissenschaft", in: Verwaltungsarchiv, Bd. 49, 97-105

115 (2002(4), zuerst 1990): "Der Fussball", in: Gente, P./H. Paris/M. Weinmann (Hg.), Niklas Luhmann. Short Cuts, Frankfurt a.M., 88-90

116 (1995): "Das Gedächtnis der Politik", in: Zeitschrift für Politik, Jg. 42, H. 2, 109-121

117 (1996): "Gefahr oder Risiko, Solidarität oder Konflikt", in: Königswieser, R./M. Haller/P. Maas/H. Jarmei (Hg.), Risiko-Dialog. Zukunft ohne Harmonieformel, Koln, 38-46

118 (2001(4), zuerst 1989): "Geheimnis, Zeit und Ewigkeit", in: Ders./P. Fuchs, Reden und Schweigen, Frankfurt a.M., 101-137

119 (1991): "Die Geltung des Rechts", in: Rechtstheorie, Bd. 22, H. 3, 273-286

120 (1990): "General Theory and American Sociology", in: Garns, H.J. (ed.), Sociology in America, Newbury Park-London-New Delhi, 253-264

121 (1972): "Generalized Media and the Problem of Contingency", in: Loubser, J.J. u.a. (eds.), Explorations in General Theory in the Social Sciences. Essays in Honor of Talcott Parsons, Vol. II, New York, 507-532

122 (1999, zuerst 1973): "Gerechtigkeit in den Rechtssystemen der modernen Gesellschaft", in: Ders., Ausdifferenzierung des Rechts. Beiträge zur Rechtssoziologie und Rechtstheorie, Frankfurt a M., 374-418

123 (2004(4), zuerst 1978): "Geschichte als Prozeß und die Theorie soziokultureller Evolution", in: Ders., Soziologische Aufklärung 3. Soziales System, Gesellschaft, Organisation, Wiesbaden, 178-197

124 (1995): "Geschlecht — und Gesellschaft?", in: Soziologische Revue, Jg. 18, H. 3, 314-319

125 (1968): "Gesellschaft", in: o. Hg., Sowjetsystem und Demokratische Gesellschaft. Eine vergleichende Enzyklopädie, Bd. 2, Freiburg-Basel- Wien, Sp.

959-972

126 (2004(7), zuerst 1970): "Gesellschaft", in: Ders., Soziologische Aufklärung 1. Aufsätze zur Theorie sozialer Systeme, Opladen, 137-153

127 (1975): "Gesellschaft", in: Nikles, B.W./J. Weiß (Hg.), Gesellschaft, Hamburg, 210-224

128 (1994): "Gesellschaft als Differenz. Zu den Beitragen von Gerhard Wagner und Alfred Bohnen in der Zeitschrift für Soziologie Heft 4" (1994), in: Zeitschrift für Soziologie, Jg. 23, H. 6, 477-481

129 (2001 (3), zuerst 1997): Die Gesellschaft der Gesellschaft, 2 Bände, Frankfurt a.M.

130 (1994): "Die Gesellschaft und ihre Organisationen", in: Derlien, H.-U./ U. Gerhardt/F.W. Scharpf (Hg.), Systemrationalität und Partialinteresse. Festschrift fur Renate Mayntz, Baden-Baden, 189-201

131 (1971): "Gesellschaften als Systeme der Komplexitatsreduktion", in: Tjaden, K.H. (Hg.), Soziale Systeme, Berlin, 346-359

132 (2004(2), zuerst 1987): "Die gesellschaftliche Differenzierung und das Individuum", in: Ders., Soziologische Aufklärung 6. Die Soziologie und der Mensch, Wiesbaden, 125-141

133 (2004(3), zuerst 1981) : "Gesellschaftliche Grundlagen der Macht. Steigerung und Verteilung", in: Ders., Soziologische Aufklärung 4. Beiträge zur funktionalen Differenzierung der Gesellschaft, Wiesbaden, 117-125

134 (2004(3), zuerst 1990): "Gesellschaftliche Komplexität und öffentliche Meinung", in: Ders., Soziologische Aufklärung 5. Konstruktivistische Perspektiven, Wiesbaden, 170-182

135 (1969): "Gesellschaftliche Organisation", in: Ellwein, T./M. Groothoff/

H. Rauschenberg u.a. (Hg.), Erziehungswissenschaftliches Handbuch, Bd. I, Berlin, 387-407

136 (1998(1, Nachdruck), zuerst 1980): "Gesellschaftliche Struktur und semantische Tradition", in: Ders., Gesellschaftsstruktur und Semantik. Studien zur Wissenssoziologie der modernen Gesellschaft, Bd. 1, Frankfurt a.M., 9-71

137 (1994(4), zuerst 1967): "Gesellschaftliche und politische Bedingungen des Rechtsstaates", in: Ders., Politische Planung. Aufsätze zur Soziologie von Politik und Verwaltung, Opladen, 53-65

138 (1992, zuerst 1987): "Die gesellschaftliche Verantwortung der Soziologie", in: Ders., Universität als Milieu, hg. v. A Kieserling, Bielefeld, 126-136

139 (1998(1, Nachdruck), zuerst 1980): Gesellschaftsstruktur und Semantik. Studien zur Wissenssoziologie der modernen Gesellschaft, Bd. I, Frankfurt a.M.

140 (2000(1, Nachdruck), zuerst 1981): Gesellschaftsstruktur und Semantik. Studien zur Wissenssoziologie der modernen Gesellschaft, Bd. 2, Frankfurt a.M.

141 (1998(1, Nachdruck), zuerst 1989): Gesellschaftsstruktur und Semantik. Studien zur Wissenssoziologie der modernen Gesellschaft, Bd. 3, Frankfurt a.M.

142 (1999(1, Nachdruck), zuerst 1995): Gesellschaftsstruktur und Semantik, Studien zur Wissenssoziologie der modernen Gesellschaft, Bd. 4, Frankfurt a.M.

143 (2004(3), zuerst 1981): "Gesellschaftsstrukturelle Bedingungen und Folgeprobleme des naturwissenschaftlich-technischen Fortschritts", in: Ders., Soziologische Aufkärung 4. Beiträge zur funktionalen Differenzierung der Gesellschaft, Wiesbaden, 49-63

144 (1993): "Gesellschaftstheorie und Normentheorie", in: Fazis, U./J.C. Nelt

(Hg.), Gesellschaftstheorie und Normentheorie. Symposium zum Gedenken an Theodor Geiger, Basel, 15-19

145 (1970): "Gesetzgebung und Rechtsprechung im Spiegel der Gesellschaft", in: Derbolowsky, U./E. Stephan (Hg.), Die Wirklichkeit und das Böse, Hamburg, 161-170

146 (1994): "Gespräch zwischen N. Luhmann und G.J Lischka", in: Luhmann, N., Die Ausdifferenzierung des Kunstsystems, Bern, 69-105

147 (1999, zuerst 1965): "Die Gewissensfreiheit und das Gewissen", in: Ders., Ausdifferenzierung des Rechts. Beiträge zur Rechtssoziologie und Rechtstheorie, Frankfurt a.M., 326-359

148 (1992): "Gibt es ein 'System' der Intelligenz?", in: Meyer, M. (Hg.), Intellektuellendammerung? Beiträge zur neuesten Zeit des Geistes, München-Wien, 57-73

149 (1993): Gibt es in unserer Gesellschaft noch unverzichtbare Normen?, Heidelberg

150 (1991): "Der Gleichheitssatz als Form und als Norm", in: Archiv fur Rechts- und Sozialphilosophie, Jg. 77, H. 4, 435-445

151 (2004(3), zuerst 1990): "Gleichzeitigkeit und Synchronisation", in: Ders., Soziologische Aufkärung 5. Konstruktivistische Perspektiven, Wiesbaden, 95-130

152 (1997): "Globalization or World Society: How to Conceive of Modern Society?", in: International Review of Sociology, Vol. 7, N. 1, 67-79

153 (2004(3), zuerst 1990): "Glück und Unglück der Kommunikation in Familien: Zur Genese von Pathologien", in: Ders., Soziologische Aufklärung 5. Konstruktivistische Perspektiven, Wiesbaden, 218-227

154 (1995): "Die Gorgonen und die Musen. Zur Dekonstruktion einer Unterscheidung", in: Dombrowsky, W.R./U. Pasero (Hg.), Wissenschaft, Literatur, Katastrophe. Festschrift zum sechzigsten Geburtstag von Lars Clausen, Opladen, 219-224

155 (1965): "Die Grenzen einer betriebswirtschaftlichen Verwaltungslehre", in: Verwaltungsarchiv, Bd. 56, 303-313

156 (1997): "Grenzwerte der ökologischen Politik. Eine Form von Risikomanagement", in: Hiller, P./G. Krücken (Hg.), Risiko und Regulierung. Soziologische Beiträge zu Technikkontrolle und Umweltpolitik, Frankfurt a.M., 195-221

157 (1971): "Grundbegriffliche Probleme einer interdisziplinären Entscheidungstheorie", in: Die Verwaltung, Jg. 4, 470-477

158 (1999(4), zuerst 1965): Grundrechte als Institution. Ein Beitrag zur politischen Soziologie, Berlin

159 (2004(4), zuerst 1978): "Grundwerte als Zivilreligion", in: Ders., Soziologische Aufklärung 3. Soziales System, Gesellschaft, Organisation, Wiesbaden, 293-308

160 (2004(3), zuerst 1990): "Haltlose Komplexität", in: Ders., Soziologische Aufklärung 5. Konstruktivistische Perspektiven, Wiesbaden, 59-76

161 (2004(4), zuerst 1978): "Handlungstheorie und Systemtheorie", in: Ders., Soziologische Aufklärung 3. Soziales System, Gesellschaft, Organisation, Wiesbaden, 50-66

162 (1992, zuerst 1984): "Helmut Schelsky zum Gedenken", in: Ders., Universität als Milieu, hg. v. A. Kieserling, Bielefeld, 49-61

163 (1994): "Die Herrschaft der Natur in ihren späten Tagen", in: Frankfurter

Allgemeine Zeitung vom 21. Nov. 1994, Nr. 250, S. L13

164 (1990): "Die Homogenisierung des Anfangs. Zur Ausdifferenzierung der Schulerziehung", in: Ders./K.E. Schorr, Zwischen Anfang und Ende. Fragen an die Pädagogik, Frankfurt a.M., 73-111

165 (1991): "'Ich denke primär historisch'. Religionssoziologische Perspektiven (Ein Gespräch mit Fragen von Detlef Pollack (Leipzig)", in: Deutsche Zeitschrift für Philosophie. Religionssoziologische Perspektiven, Jg. 39, H. 9, 937-956

166 (1987, zuerst 1987): "Ich nehme mal Karl Marx (Interview mit W v. Rossum)", in: Baecker, D./G. Stanitzek (Hg.), Archimedes und wir, Berlin, 14-37

167 (2004(3), zuerst 1990): "Ich sehe was, was Du nicht siehst", in: Ders., Soziologische Aufklärung 5. Konstruktivistische Perspektiven, Wiesbaden, 228-234

168 (1981): "Ideengeschichten in soziologischer Perspektive", in: Matthes, J. (Hg.), Lebenswelt und soziale Probleme. Verhandlungen des 20. Deutschen Soziologentages zu Bremen, Frankfurt-New York, 49-61

169 (2004(3), zuerst 1990): "Identität - Was oder wie?", in: Ders., Soziologische Aufklärung 5. Konstruktivistische Perspektiven, Wiesbaden, 7-30

170 (2004(4), zuerst 1979): "Identitätsgebrauch in selbstsubstitutiven Ordnungen, besonders Gesellschaften", in: Ders., Soziologische Aufklärung 3. Soziales System, Gesellschaft, Organisation, Wiesbaden, 198-227

171 (1992): "Immer noch Bundesrepublik? Das Erbe und die Zukunft", in: Rammstedt, O./G. Schmidt (Hg.), BRD ade! Vierzig Jahre in Rück-Ansichten von Sozial- und Kulturwissenschaftlern, Frankfurt a.M., 95-100

172 (1986): "The Individuality of the Individual. Historical Meaning and

Contemporary Problems", in: Heller, T.C./M Sosna/D.E. Wellbery (eds.), Reconstructing Individualism. Autonomy, Individuality, and the Self in Western Thought, Stanford (Cal.), 313-325

173 (1998(1, Nachdruck), zuerst 1989): "Individuum, Individualitdt, Individualismus", in: Ders., Gesellschaftsstruktur und Semantik. Studien zur Wissenssoziologie der modernen Gesellschaft, Bd. 3, Frankfurt a.M., 149-258

174 (1983): "Individuum und Gesellschaft", in: Universitas, Jg: 39, 1-11

175 (1971): "Information und Struktur in Verwaltungsorganisationen", in: Verwaltungspraxis, Jg. 25, 35-42

176 (2004(2), zuerst 1994): "Inklusion und Exklusion", in: Ders., Soziologische Aufklärung 6. Die Soziologie und der Mensch, Wiesbaden, 237-264

177 (1983): "Insistence on Systems Theory. Perspectives From Germany", in: Social Forces, Vol. 61, 987-998

178 (1995): "Instead of a Preface to the English Edition: On the Concept of 'Subject' and 'Action'", in: Ders., Social Systems, Stanford, xxxvii-xliv

179 (1974): "Institutionalisierte Religion gemäß funktionaler Soziologie", in: Concilium, Jg. 10, 17-22

180 (1973 (2)): "Institutionalisierung - Funktion und Mechanismus im sozialen System der Gesellschaft", in: Schelsky, H. (Hg.), Zur Theorie der Institution, Düsseldort: 27-41

181 (1998(1, Nachdruck), zuerst 1980): "Interaktion in Oberschichten. Zur Transformation ihrer Semantik im 17. und 18. Jahrhundert", in: Ders., Gesellschaftsstruktur und Semantik. Studien zur Wissenssoziologie der modernen Gesellschaft, Bd. I, Frankfurt a.M., 72-161

182 (2004(5), zuerst 1975): "Interaktion, Organisation, Gesellschaft", in: Ders.,

Soziologische Aufklärung 2. Aufsätze zur Theorie der Gesellschaft, Wiesbaden, 9-20

183 (1992, zuerst 1983): "Interdisziplinäre Theoriebildung in den Sozialwissenschaften", in: Ders., Universität als Milieu, hg. v. A. Kieserling, Bielefeld, 62-68

184 (1990): "Interesse und Interessenjurisprudenz im Spannungsfeld von Gesetzgebung und Rechtsprechung", in: Zeitschrift für neuere Rechtsgeschichte, Jg. 12, H. 1/2, 1-13

185 (1978): "Interpenetration bei Parsons", in: Zeitschrift für Soziologie, Jg. 7, H. 3, 299-302 186 (2004(4), zuerst 1977): "Interpenetration — Zum Verhältnis personaler und sozialer Systeme", in: Ders., Soziologische Aufklärung 3. Soziales System, Gesellschaft, Organisation, Wiesbaden, 151-169

187 (2004(2), zuerst 1986): "Intersubjektivität oder Kommunikation: Unterschiedliche Ausgangspunkte soziologischer Theoriebildung", in: Ders., Soziologische Aufklärung 6. Die Soziologie und der Mensch, Wiesbaden, 169

188 (1995): "Interventionen in die Gesellschaft? Die Gesellschaft kann nur kommunizieren", in: Haan, G.d. (Hg.), Umweltbewußtsein und Massenmedien. Perspektiven ökologischer Kommunikation, Berlin, 37-45

189 (1991): "Interview mit Niklas Luhmann (Niklas Luhmann und Hans Dieter Huber im Gespräch)", in: Texte zur Kunst, 1,4, 121-133

190 (1987, zuerst 1983): "Intervista siciliana (Interview mit D. Parrinello)", in: Baecker, D./G. Stanitzek (Hg.), Archimedes und wir, Berlin, 58-60

191 (2004(4), zuerst 1976): "Ist Kunst codierbar?", in: Ders., Soziologische Aufklärung 3. Soziales System, Gesellschaft, Organisation, Wiesbaden, 245-266

192 (1999(1, Nachdruck), zuerst 1995): "Jenseits van Barbarei", in: Ders., Gesellschaftsstruktur und Semantik. Studien zur Wissenssoziologie der modernen Gesellschaft, Bd. 4, Frankfurt a.M., 138-150

193 (1995): Juristische Argumentation: Eine Analyse ihrer Form, in: Teubner, G. (Hg.), Entscheidungsfolgen als Rechtsgrtinde. Folgenorientiertes Argumentieren in rechtsvergleichender Sicht, Baden-Baden, 19-37

194 (1999, zuerst 1973): "Die juristische Rechtsquellenlehre in soziologischer Sicht", in: Ders., Ausdifferenzierung des Rechts. Beiträge zur Rechtssoziologie und Rechtstheorie, Frankfurt a.M., 308-325

195 (1997(2), zuerst 1985): "Kann die moderne Gesellschaft sich auf ökologische Gefährdungen einstellen?", in: Ders., Protest. Systemtheorie und soziale Bewegungen, hg. u. eingel. v. K.-U. Hellmann, Frankfurt a. M;, 46-63

196 (1960): "Kann die Verwaltung wirtschaftlich handeln?", in: Verwaltungsarchiv, Bd. 51, 97-115

197 (1984): "Kapital und Arbeit - eine falsche Front. Zu einer Strukturformel der Gesellschaft", in: Neue Zürcher Zeitung, N. 45, Literatur und Kunst, 31-33

198 (1986): "Kapital und Arbeit. Probleme einer Unterscheidung", in: Berger, J. (Hg.), Die Moderne - Kontinuitäten und Zäsuren, Sonderband 4 der Zeitschrift Soziale Welt, Göttingen, 57-78

199 (1994): "Kapitalismus und Utopie", in: Merkur, Jg. 48, 189-198

200 (1995): "Kausalität im Süden", in: Soziale Systeme, Jg. l, H. l, 7-28

201 (2004(2), zuerst 1991): "Das Kind als Medium der Erziehung", in: Ders., Soziologische Aufklärung 6. Die Soziologie und der Mensch, Wiesbaden, 204-228

202 (1969): "Klassische Theorie der Macht. Kritik ihrer Prämissen", in: Zeitschrift für Politik, Jg. 16, H.2, 149-170

203 (1972): "Knappheit, Geld und die bürgerliche Gesellschaft", in: Jahrbuch für Sozialwissenschaft, Jg. 23, H. 2, 186-210

204 (1994(4), zuerst 1968): "Die Knappheit der Zeit und die Vordringlichkeit des Befristeten", in: Ders., Politische Planung. Aufsätze zur Soziologie von Politik und Verwaltung, Opladen, 143-164

205 (1992, zuerst 1981): "Kommunikation mit Zettelkasten. Ein Erfahrungsbericht", in: Ders., Universität als Milieu, Bielefeld, 53-61

206 (1969): "Kommunikation, soziale", in: Grochla, E. (Hg.), Handwörterbuch der Organisation, Stuttgart, Sp. 831-838

207 (1999, zuerst 1980): "Kommunikation über Recht und Unrecht in Interaktionssystemen", in : Ders., Ausdifferenzierung des Rechts. Beiträge zur Rechtssoziologie und Rechtstheorie, Frankfurt a.M., 53-72

208 (2001(4), zuerst 1989): "Kommunikationssperren in der Unternehmensberatung", in: Ders./P. Fuchs, Reden und Schweigen, Frankfurt a.M., 209-227

209 (1989): "Kommunikationsweisen und Gesellschaft", in: Rammert, W./G. Bechmann (Hg.), Technik und Gesellschaft 5: Computer, Medien, Gesellschaft, Frankfurt-New York, 11-18

210 (1980(2)): "Komplexität", in: Grochla, E. (Hg.), Handwörterbuch der Organisation, Stuttgart, Sp. l064-1070

211 (2004(5), zuerst 1975): "Komplexität", in: Ders., Soziologische Aufklärung 2. Aufsätze zur Theorie der Gesellschaft, Wiesbaden, 204-220

212 (1976): "Komplexitat", in: Ritter, J./K. Grunder (Hg.), Historisches Wörterbuch der Philosophie, Bd. 4, Basel, Sp. 93 9-941

213 (1994(4), zuerst 1969): "Komplexität und Demokratie", in: Ders., Politische Planung. Aufsätze zur Soziologie von Politik und Verwaltung, Opladen, 35-44

214 (1999): "Konflikt und Recht", in: Ders., Ausdifferenzierung des Rechts. Beiträge zur Rechtssoziologie und Rechtstheorie, Frankfurt a.M., 92-112

215 (1975): "Konfliktpotentiale in sozialen Systemen", in: Landeszentrale ftir politische Bildung NRW (Hg.), Der Mensch in den Konfliktfeldern der Gegenwart, Köln, 65-74

216 (1992): "Kontingenz als Eigenwert der modernen Gesellschaft", in : Ders., Beobachtungen der Moderne, Opladen, 93-128

217 (2002(4), zuerst 1995): "Konzeptkunst. Brent Spar oder Können Unternehmen von der Öffentlichkeit lernen?", in: Gente, P./H. Paris/M. Weinmann (Hg.), Niklas Luhmann. Short Cuts, Frankfurt a.M., 127-134

218 (1999(1, Nachdruck), zuerst 1995): "Kultur als historischer Begriff", in: Ders., Gesellschaftsstruktur und Semantik. Studien zur Wissenssoziologie der modernen Gesellschaft, Bd. 4, Frankfurt a.M., 31-54

219 (2002(4), zuerst 1995): Die Kunst der Gesellschaft, Frankfurt a.M.

220 (1984): "Das Kunstwerk und die Selbstreproduktion von Kunst", in: Delfin, Jg. 3, 51-69

221 (2004(3), zuerst 1985): "Läßt unsere Gesellschaft Kommunikation mit Gott zu?", in: Ders., Soziologische Aufklärung 4. Beiträge zur funktionalen Differenzierung der Gesellschaft, Wiesbaden, 227-235

222 (1989)· "Law as a Social System", in: Northwestern University Law Review, Vol. 83, N. 1/2, 136-150

223 (1986): "Die Lebenswelt — nach Rucksprache mit Phänomenologen", in: Archiv für Rechts und Sozialphilosophie, Jg. 72, 176-194

224 (1975): "The Legal Profession. Comments on the Situation in the Federal Republic of Germany", in: The Juridical Review, Vol. 20, 116-132

225 (2001 (5), zuerst 1969): Legitimation durch Verfahren, Frankfurt a.M.

226 (2002(4), zuerst 2000): "Lesen lernen", in: Gente, P./H. Paris/M. Weinmann (Hg.), Niklas Luhmann. Short Cuts, Frankfurt a.M., 150-157

227 (2003(7), zuerst 1982): Liebe als Passion. Zur Codierung von Intimität, Frankfurt a.M.

228 (1997): "Lieber leicht und elegant (Interview mit M. Niroumand)", in: die tageszeitung, o. Jg., 18./19. Jan., 13

229 (1997): "Limits of Steering", in: Theory, Culture & Society, Vol. 14, N. 1, 41-57

230 (1994(4), zuerst 1964): "Lob der Routine", in: Ders., Politische Planung. Aufsätze zur Soziologie von Politik und Verwaltung, Opladen, 113-142

231 (2003(3), zuerst 1975): Macht, 3. Aufl., Stuttgart

232 (1977): "Macht und System — Ansatze zur Analyse von Macht in der Politikwissenschaft", in: Universitas, Jg. 32, 1. Bd., 473-482

233 (1988): "Die 'Macht der Verhältnisse' und die Macht der Politik", in: Schneider, H. (Hg.), Macht und Ohnmacht, Wien, 43-51

234 (2004(3), zuerst 1981): "Machtkreislauf und Recht in Demokratien", in: Ders., Soziologische Aufklärung 4. Beiträge zur funktionalen Differenzierung der Gesellschaft, Wiesbaden, 142-151

235 (1996): "'Man zwingt andere Begriffe zur Anpassung.' Andreas Geyer im Gespräch mit Niklas Luhmann", in: Universitas, Jg. 51, 2. Bd., 1017-1027

236 (1980): "Max Webers Forschungsprogramm in typologischer Rekonstruktion. Wolfgang Schluchter: Die Entwicklung des okzidentalen Rationalis-

mus", in: Soziologische Revue, Jg. 3, H. 3, 243-250

237 (2001, zuerst 1986): "Das Medium der Kunst", in: Ders:, Aufsätze und Reden, hg. v. O. Jahraus, Stuttgart, 198-217

238 (1997): "Das Medium der Religion. Eine soziologische Betrachtung über Gott und die Seelen", in: Evangelische Theologie, Jg. 57, H. 4, 305-318

239 (1983): "Medizin und Gesellschaftstheorie", in: Medizin, Mensch, Gesellschaft, Bd. 8, H. 3, 168-175

240 (2004(3), zuerst 1990): "Der medizinische Code", in: Ders., Soziologische Aufklärung 5. Konstruktivistische Perspektiven, Wiesbaden, 183-195

241 (1991): "Mein 'Mittelalter'", in: Rechtshistorisches Journal, Bd. 10, 66-70

242 (1990): "'Meine Theorie ist ein Spezialhobby.' Interview mit Niklas Luhmann — Teil I: Über den systemtheoretischen Status seiner Moraltheorie", in: Zeitschrift für Entwicklungspädagogik, Jg. 13, H. 2, 26-30

243 (1998): "Meinungsfreiheit, öffentliche Meinung, Demokratie", in: Lampe, E.-J. (Hg.), Meinungsfreiheit als Menschenrecht, Baden-Baden, 99-110

244 (1996): "Membership and Motives in Social Systems", in: Systems Research, Vol. 13, N. 3, 341-348

245 (1999(1, Nachdruck), zuerst 1994). "Metamorphosen des Staate", in: Ders., Gesellschaftsstruktur und Semantik. Studien zur Wissenssoziologie der modernen Gesellschaft, Bd. 4, Frankfurt a.M., 101-137

246 (1992, zuerst 1991): "Das Moderne der modernen Gesellschaft", in: Ders., Beobachtungen der Moderne, Opladen, 11-49

247 (1990(10), zuerst 1968): "Moderne Systemtheorien als Form gesamtgesellschaftlicher Analyse", in: Habermas, J./N. Luhmann, Theorie der Gesellschaft oder Sozialtechnologie — Was leistet die Systemforschung?, Frankfurt a.M.,

7-24

248 (1993, zuerst 1987): "Die Moral des Risikos und das Risiko der Moral", in: Bechmann, G. (Hg.), Risiko und Gesellschaft, Opladen, 327-338

249 (1962): "Der neue Chef", in: Verwaltungsarchiv, Bd. 53, 11-24

250 (1985): "Neue Politische Ökonomie", in: Soziologische Revue, Jg. 8, 115-120

251 (1988): "Neuere Entwicklungen in der Systemtheorie", in: Merkur, Jg. 42, H. 4, 292-300

252 (1992): "1968 — und was nun?", in: Ders., Universität als Milieu, hg. v. A Kieserling, Bielefeld, 147-156

253 (1987): "'1984' — Streitgespräch mit Robert Jungk", in: Baecker, D./G. Stanitzek (Hg.), Archimedes und wir, Berlin, 99-107

254 (1995): "Neu-sein als Herausforderung", in: Salzburger Kunstverein (Hg.), Original, Salzburg, 45-55

255 (1997(2), zuerst 1996): Die neuzeitlichen Wissenschaften und die Phänomenologie, Wien

256 (1990): "Niklas Luhmann (Interview)", in: Kunstforum International, Bd. 108, 102-107

257 (2002(4), zuerst 1988): "Njet-Set und Terror-Desperados", in: Gente, P./H. Paris/M. Weinmann (Hg.), Niklas Luhmann. Short Cuts, Frankfurt a.M., 64-74

258 (1969): "Normen in soziologischer Perspektive", in: Soziale Welt, Jg. 20, H. I, 28-48

259 (2001): "Notes on the Project 'Poetry and Social Theory'", in: Theory, Culture & Society, Vol. 18, N. 1, 15-27

260 (1988): "Observing and Describing Complexity", in: Yak, K. (Hg.), Complexities of the Human Environment. A Cultural and Technological Perspective, Wien, 251-256

261 (1994, zuerst 1993): "Observing Re-entries", in: Protosoziologie, o. Jg., H. 6, 4-13

262 (1994(4), zuerst 1970): "Öffentliche Meinung", in: Ders., Politische Planung. Aufsätze zur Soziologie von Politik und Verwaltung, 9-34

263 (2000(2), zuerst 1999): "Öffentliche Meinung und Demokratie", in: Maresch, R./N. Werber (Hg.), Kommunikation Medien Macht, 2. Aufl., Frankfurt a.M., 19-34

264 (1965): Öffentlich-rechtliche Entschadigung rechtspolitisch betrachtet, Berlin

265 (1992): "Ökologie des Nichtwissens", in: Ders., Beobachtungen der Moderne, Opladen, 149-220

266 (1989): "Ökologie und Kommunikation", in: Criblez, L./P. Gonon (Hg.), Ist Ökologie lehrbar?, Bern, 17-30

267 (1989): "Ökologische Kommunikation. Ein Theorie-Entscheidungsspiel", in: Fischer, J. (Hg.), Ökologie im Endspiel, München, 31-37

268 (2004(4), zuerst 1986): Ökologische Kommunikation. Kann die moderne Gesellschaft sich auf ökologische Gefährdungen einstellen?, Wiesbaden

269 (1996) : On the scientific context of the concept of communication, in : Social Science Information, Vol. 35, N. 2, 257-267

270 (1991): "Operational Closure and Structural Coupling, The Differentiation of the Legal System", in: Cardozo Law Review, Vol. 13, N. 2, 1419-1441

271 (2004(2), zuerst 1992): "Die operative Geschlossenheit psychischer und

sozialer Systeme", in: Ders., Soziologische Aufklärung 6. Die Soziologie und der Mensch, Wiesbaden, 25-36

272 (1994(4), zuerst 1971): "Opportunismus und Programmatik in der öffentlichen Verwaltung", in: Ders., Politische Planung. Aufsätze zur Soziologie von Politik und Verwaltung, Opladen, 165-180

273 (1984): "Organisation", in: o. Hg., Historisches Wörterbuch der Philosophie, Bd. 6, BaselStuttgart, Sp. 1326-1328

274 (1988): "Organisation", in: Kilpper, W./G. Ortmann (Hg.), Mikropolitik. Rationalität, Macht und Spiele in Organisationen, Opladen, 165-185

275 (1966): "Organisation, soziologisch", in: o. Hg., Evangelisches Staatslexikon, Stuttgart, Sp. 1410-1414

276 (2004(4), zuerst 1978): "Organisation und Entscheidung", in: Ders., Soziologische Aufklärung 3. Soziales System, Gesellschaft, Organisation, Wiesbaden, 335-389

277 (2000): Organisation und Entscheidung, Opladen-Wiesbaden

278 (2004(4), zuerst 1981): "Organisationen im Wirtschaftssystem", in: Ders., Soziologische Aufklärung 3. Soziales System, Gesellschaft, Organisation, Wiesbaden, 390-414

279 (1978): "Die Organisationsmittel des Wohlfahrtsstaates und ihre Grenzen", in: Geißler, H. (Hg.), Verwaltete Bürger — Gesellschaft in Fesseln, München, 235-253

280 (1972): Die Organisierbark(fit von Religionen und Kirchen, in: Wossner, J. (Hg:), Religion im Umbruch, Stuttgart, 245-285

281 (2001 (4), zuerst 1989): "Paradigm Lost: Über die ethische Reflexion der Moral. Rede anläßlich der Verleihung des Hegel-Preises 1988", in: o. Hg.,

Paradigm Lost: Über die ethische Reflexion der Moral, Frankfurt a.M., 9-48. (Ferdinand Enke 출판사의 Stuttgart 1988년 판본에서 인용)

282 (1987, zuerst 1983): "Paradigmawechsel in der Systemtheorie. Ein Paradigma fur Fortschritt?", in: Herzog, R./R. Koselleck (Hg.), Epochenschwelle und Epochenbewußtsein. Poetik und Hermeneutik XII, München, 305-322

283 (2004(2), zuerst 1993): "Das Paradox der Menschenrechte und drei Formen seiner Entfaltung", in: Ders., Soziologische Aufklärung 6. Die Soziologie und der Mensch, Wiesbaden, 229-236

284 (1990): "The Paradox of System Differentiation and the Evolution of Society", in: Alexander, J.C./P. Colomy (eds.), Differentiation Theory and Social Change. Comparative and Historical Perspectives, New York u.a., 409-440

285 (1993): "Die Paradoxie des Entscheidens", in: Verwaltungsarchiv, Bd. 84, H.3, 287-310

286 (2001, zuerst 1993): "Die Paradoxie der Form", in: Ders., Aufsätze und Reden, hg. v. O. Jahraus, Stuttgart, 243-261

287 (1995): "The Paradox of Observing Systems", in: Cultural Critique, Vol. 31, Fall, 37-55

288 (1993): "'Die Parteien versagen vor dem Problem, den Menschen unsere Gesellschaft verstandlich zu machen.' Ein Gespräch mit dem Soziologen Niklas Luhmann", in: Universitas, Jg. 48, 1. Bd., H.1, 1-10

289 (2004(3), zuerst 1987): "Partizipation und legitimation. Die Ideen und die Erfahrungen", in: Ders., Soziologische Aufklärung 4. Beiträge zur funktionalen Differenzierung der Gesellschaft, Wiesbaden, 152-160

290 (2004(3), zuerst 1983): "Perspektiven fur Hochschulpolitik", in: Ders., Soziologische Aufklärung 4. Beiträge zur funktionalen Differenzierung der Ge-

sellschaft, Wiesbaden, 216-223

291 (1973): "Das Phänomen des Gewissens und die normative Selbstbestimmung der Persönlichkeit", in: Böckle, F./E.-W. Böckenförde (Hg.), Naturrecht in der Kritik, Mainz, 223-243

292 (1994): "Politicians, Honesty and the Higher Amorality of Politics", in: Theory, Culture & Society, Vol. 11, N. 2, 25-36

293 (1997): "Politik, Demokratie, Moral", in: Konferenz der Deutschen Akademien der Wissenschaften (Hg.), Normen, Ethik und Gesellschaft, Mainz, 17-39

294 (2002): Die Politik der Gesellschaft, hg. v. A. Kieserling, Frankfurt a.M.

295 (1991): "Politik und Moral. Zum Beitrag von Otfred Höffe", in: Politische Vierteljahresschrift, Jg. 32, 497-500

296 (1995): "Politik und Wirtschaft", in: Merkur, Jg. 49, H. 7, 573-581

297 (1997(2), zuerst 1972): "Politikbegriffe und 'Politisierung' der Verwaltung", in: o. Hg., Demokratie und Verwaltung. 25 Jahre Hochschule fur Verwaltungswissenschaften Speyer, 2. Autl., Berlin, 211-228

298 (2004(4), zuerst 1974): "Der politische Code. 'Konservativ' und 'progressiv' in systemtheoretischer Sicht", in: Ders., Soziologische Aufklärung 3. Soziales System, Gesellschaft, Organisation, Wiesbaden, 267-286

299 (1977): "Der politische Code. Zur Entwirrung von Verwirrungen", in: Kölner Zeitschrift für Soziologie und Sozialpsychologie, Jg. 29, 157-159

300 (1994(4), zuerst 1971): Politische Planung. Aufsätze zur Soziologie von Politik und Verwaltung, Opladen

301 (1994(4), zuerst 1966): "Politische Planung", in: Ders., Politische Planung. Aufsätze zur Soziologie von Politik und Verwaltung, Opladen, 66-89

302 (1989): "Politische Steuerung. Ein Diskussionsbeitrag", in: Politische Vierteljahresschrift, Jg. 30, H. I, 4-9

303 (1993): "Politische Steuerungsfähigkeit eines Gemeinwesens", in: Göhmer, R. (Hg.), Die Gesellschaft für morgen, München-Zürich, 50-65

304 (1981): Politische Theorie im Wohlfahrtsstaat, Milnchen

305 (1973): "Politische Verfassungen im Kontext des Gesellschaftssystems", in: Der Staat, Jg. 12, 1-22 (1. Teil)과 165-182 (2. Teil)

306 (2004(7), zuerst 1967): "Positives Recht und Ideologie", in: Ders., Soziologische Aufklärung I . Aufsätze zur Theorie sozialer Systeme, Wiesbaden, 178-203

307 (1988): "Positivität als Selbstbestimmtheit des Rechts", in: Rechtstheorie, Bd. 19, N. I, 11-27

308 (1999, zuerst 1970) : "Positivität des Rechts als Voraussetzung einer modernen Gesellschaft", in: Ders., Ausdifferenzierung des Rechts. Beiträge zur Rechtssoziologie und Rechtstheorie, Frankfurt a.M., 113-153

309 (2004(7), zuerst 1969): "Die Praxis der Theorie", in: Ders., Soziologische Aufklärung 1. Aufsätze zur Theorie sozialer Systeme, Wiesbaden, 253-267

310 (1985): "Das Problem der Epochenbildung und die Evolutionstheorie", in: Gumbrecht, H.U./U. Link-Heer (Hg.), Epochenschwellen und Epochenstrukturen im Diskurs der Literatur- und Sprachhistorie, Frankfurt a.M., 11-33

311 (1977): "Probleme eines Parteiprogramms", in: Baier, H. (Hg.), Freiheit und Sachzwang. Beiträge zu Ehren Helmut Schelskys, Opladen, 167-181

312 (1992, zuerst 1991): "Probleme der Forschung in der Soziologie", in: Ders., Universität als Milieu, hg. v. A. Kieserling, Bielefeld, 69-73

313 (2004(2), zuerst 1995): "Probleme mit operativer Schließung", in: Ders., Soziologische Aufklärung 6. Die Soziologie und der Mensch, Wiesbaden, 12-24

314 (1999, zuerst 1981): "Die Profession der Juristen. Kommentare zur Situation in der Bundesrepublik Deutschland", in: Ders., Ausdifferenzierung des Rechts. Beiträge zur Rechtssoziologie und Rechtstheorie, Frankfurt a.M., 173-190

315 (1997(2), zuerst 1996): Protest. Systemtheorie und soziale Bewegungen, hg. u. eingel. v. K.-U. Hellmann, Frankfurt a.M.

316 (1997(2), zuerst 1995): Protestbewegungen, in: Ders., Protest. Systemtheorie und soziale Bewegungen, hg. u. eingel. v. K.-U. Hellmann, Frankfurt a.M., 201-215

317 (1993): "Quod omnes tangit ... Anmerkungen zur Rechtstheorie von Jurgen Habermas", in: Rechtshistorisches Journal, Bd. 12, 36-56

318 (1994): "Der 'Radikale Konstruktivismus' als Theorie der Massenmedien? Bemerkungen zu einer irreführenden Debatte", in: Communicatio Socialis, Jg. 27, H. 1, 7-12

319 (2004(3), zuerst 1995): Die Realität der Massenmedien, Wiesbaden

320 (1999, zuerst 1986): "Recht als soziales System", in: Zeitschrift für Rechtssoziologie, Jg. 20, H. 1, 1-13

321 (2002(4), zuerst 1993): Das Recht der Gesellschaft, Frankfurt a.M.

322 (1997(2), zuerst 1966): Recht und Automation in der öffentlichen Verwaltung. Eine verwaltungswissenschaftliche Untersuchung, Berlin

323 (1976): "Rechtsprechung als professionelle Praxis", in: Gebauer, B. (Hg.), Material Über Zukunftsaspekte der Rechtspolitik, Politische Akademie Eichholz, Materialien Heft 36, Eichholz, 67-71

324 (1987(3), zuerst 1980): Rechtssoziologie, Opladen

325 (1974): Rechtssystem und Rechtsdogmatik, Stuttgart

326 (1999, zuerst 1972): "Rechtstheorie im interdisziplinären Zusammenhang", in: Ders., Ausdifferenzierung des Rechts. Beiträge zur Rechtssoziologie und Rechtstheorie, Frankfurt a.M., 191-240

327 (1999, zuerst 1981): "Rechtszwang und politische Gewalt", in: Ders., Ausdifferenzierung des Rechts. Beiträge zur Rechtssoziologie und Rechts-theorie, Frankfurt a.M., 154-172

328 (2001(4), zuerst 1989): "Reden und Schweigen", in: Ders;/P. Fuchs, Reden und Schweigen, Frankfurt a.M., 7-20

329 (1992): "Reduktion von Komplexität", in: Ritter, J./K. Gründer (Hg.), Historisches Wörterbuch der Philosophie, Bd. 8, Basel, 377-378

330 (2004(7), zuerst 1966): "Reflexive Mechanismen", in: Ders., Soziologische Aufklärung 1. Aufsätze zur Theorie sozialer Systeme, Wiesbaden, 92-112

331 (1982, zuerst 1974): "Reform des öffentlichen Dienstes: Ein Beipiel für die Schwierigkeiten der Verwaltungsreform", in: Remer, A. (Hg.), Verwaltungsführung, Berlin-New York, 319-339

332 (1994(4), zuerst 1971): "Reform des offentlichen Dienstes. Zum Problem ihrer Probleme", in: Ders., Politische Planung. Aufsätze zur Soziologie von Politik und Verwaltung, Opladen, 203-256

333 (1994(4), zuerst 1970): "Reform und Information. Theoretische Überlegungen zur Reform der Verwaltung", in: Ders., Politische Planung. Aufsätze zur Soziologie von Politik und Verwaltung, Opladen, 181-202

334. (1972): "Religiöse Dogmatik und gesellschaftliche Evolution", in: Dahm, K.-W./N. Luhmann/O. Stoodt, Religion. System und Sozialisation, Neuwied

a.Rh., 15-132

335 (1998): "Religion als Kommunikation", in: Tyrell, H./V. Krech/H. Knoblauch (Hg.), Religion als Kommunikation, Würzburg, 133-145

336 (1996): "Religion als Kultur", in: Kallscheuer, O. (Hg.), Das Europa der Religionen, Frankfurt a.M., 291-315

337 (1972): "Religion als System. Thesen", in: Dahm, K.-W./N. Luhmann/O. Stoodt, Religion. System und Sozialisation, Neuwied a.Rh., 11-15

338 (2002): Die Religion der Gesellschaft, hg. v. Andre Kieserling, Frankfurt a.M.

339 (1991): "Religion und Gesellschaft", in: Sociologia Internationalis, Bd. 29, H. 2, 133-139

340 (1984): Religious Dogmatics and the Evolution of Society, New York

341 (1991): "Replik des Autors auf die Besprechung des Buches Niklas Luhmann, Die Wirtschaft der Gesellschaft, Frankfurt a.M. 1989 durch Richard Münch und Claus Offe in: Soziologische Revue, Jg. 13, H. 4, 1990, 381-393", in: Soziologische Revue, Jg. 14, H. 2, 258-261

342 (1987): Die "Richtigkeit soziologischer Theorie", in: Merkur, Jg. 41, H. 1, 36-49

343 (1971): "Die Risiken der Wahrheit und die Perfektion der Kritik", in: Saame, O./P. Schneider (Hg.), Wissenschaft und Kritik. Eine interdisziplinäre Ringvorlesung, Mainzer Universitätsgespräche 1971, Mainz, 30-41

344 (2002(4), zuerst 1991): "Risiko aufalle Fälle. Schwierigkeiten bei der Beschreibung der Zukunft", in: Gente, P./H. Paris/M. Weinmann (Hg.), Niklas Luhmann. Short Cuts, Frank-furt a.M., 91-98

345 (1995): "Das Risiko der Kausalität", in: Zeitschrift für Wissenschaftsfor-

schung, Jg.9/10,107-119

346 (2004(3), zuerst 1990): "Risiko und Gefahr", in: Ders., Soziologische Aufklärung 5. Konstruktivistische Perspektiven, Wiesbaden, 131-169

347 (1996): "Das Risiko der Versicherung gegen Gefahren", in: Soziale Welt, Jg. 43, H. 3,273-284

348 (2000): "Die Rückgabe des zwölften Kamels: Zum Sinn einer soziologischen Analyse des Rechts", in: Teubner, G. (Hg.), Die Rückgabe des zwölften Kamels. Niklas Luhmann in der Diskussion über Gerechtigkeit,Sonderausgabe aus der Zeitschrift für Rechtssoziologie Bd.21, H.1, 2000, Stuttgart, 3-60

349 (2004(4), zuerst 1979): "Schematismen der Interaktion", in: Ders. Soziologische Aufklärung 3. Soziales System, Gesellschaft, Organisation, Wiesbaden, 81-100

350 (1991): "Schwierigkeiten bei der Beschreibung der Zukunft", in: Scholl, A.A. (Hg.), Zwischen gestern und morgen, München, 56-59

351 (1987): "Schwierigkeiten mit dem Aufhören", in: Baecker, D./G. Stanitzek (Hg.), Archimedes und wir, Berlin, 74-98

352 (1992, zuerst 1984): "Die Selbstbeschreibung der Gesellschaft und die Soziologie", in: Ders. Universität als Milieu, hg. v. A. Kieserling, Bielefeld, 137-146

353 (1981): "Selbstlegitimation des Staates", in: Achterberg, N./W. Krawietz (Hg.), Legitimation des modernen Staates, Archiv für Rechts- und Sozialphilosophie, Beiheft 15, Wiesbaden,65-83

354 (1991): "Selbstorganisation und Information im politischen System", in: Niedersen, U./L.Pohlmann (Hg.), Der Mensch in Ordnung und Chaos, Selbstorganisation, Bd.2, Berlin, 11-26

355 (1997): "Selbstorganisation und Mikrodiversität: Zur Wissenssoziologie des neuzeitlichen Individualismus", in: Soziale Systeme, Jg.3, H.1, 23-32

356 (1988): "Selbstreferentielle Systeme", in: Simon, F.B. (Hg.), Lebende Systeme. Wirklich-keitskonstruktionen in der systemischen Therapie, Berlin-Heidelberg-New York u.a., 47-53

357 (1998(1,Nachdruck), zuerst 1980): "Selbstreferenz und binäre Schematisierung" , in: Ders, Gesellschaftsstruktur und Semantik. Studien zur Wissenssoziologie der modernen Gesellschaft, Bd.1, Frankfurt a.M, 301-313

358 (2000(1,Nachdruck), zuerst 1981): "Selbstreferenz und Teleologie in gesellschaftstheoretischer Perspektive", in: Ders. Gesellschaftsstruktur und Semantik. Studien zur Wissenssoziologie der modernen Gesellschaft, Bd. 2, Frankfurt a.M., 9-44

359 (1999, zuerst 1979): "Selbstreflexion des Rechtssystems.Rechtstheorie in gesellschaftstheo-retischer Perspektive", in: Ders. Ausdifferenzierung des Rechts. Beiräge zur Rechtssozio-logie und Rechtstheorie, Frankfurt a.M., 419-450

360 (2004(7), zuerst 1968): "Selbststeuerung der Wissenschaft", in: Ders., Soziologische Aufklärung 1. Aufsätze zur Theorie sozialer Systeme, Wiesbaden, 232-252

361 (2004(5),zuerst 1973): "Selbst-Thematisierung des Gesellschaftssystems", in: Ders., Soziologische Aufklärung 2.Aufsätze zur Theorie der Gesellschaft, Wiesbaden, 72-102

362 (1986, zuerst 1984): "The Self-Reproduction of the Law and its Limits", in: Teubner, G. (ed.), Dilemmas of Law in the Welfare State, Berlin-New York, 111-127

363 (2002(4),zuerst 2000): Short Cuts, hg.v. P. Gente/H. Paris/M. Weinmann, Frankfurt a.M.

364 (1995): "Sich im Undurchschaubaren bewegen. Zur Veränderungsdynamik hochentwickelter Gesellschaften", in: Grossmann,R./E.E. Krainz/M. Oswald (Hg.), Veränderung in Organisationen. Management und Beratung, Wiesbaden, 9-18

365 (1987): "Sicherheit und Risiko aus der Sicht der Sozialwissenschaften", in: Rheinisch-Westfälische Akademie der Wissenschaften, Die Sicherheit technischer Systeme, 4. Akademie-Forum, Vorträge Nr. 351, Opladen, 63-66

366 (1990(10), zuerst 1971): "Sinn als Grundbegriffder Soziologie", in: Habermas, J./N . Luhmann, Theorie der Gesellschaft oder Sozialtechnologie — Was leistet die Systemforschung?, Frankfurt a.M., 25-100

367 (1996): "Sinn der Kunst und Sinn des Marktes — zwei autonome Systeme", in: Millier, F./M. Millier (Hg.), Markt und Sinn. Dominiert der Markt unsere Werte?, Frankfurt-New York, 195-207

368 (1996): "Die Sinnform Religion", in: Soziale Systeme, Jg. 2, H. 1, 3-33

369 (1992): "Societal Complexity", in: Szell, G. (Hg.), Concise Encyclopedia of Participation and Co-Management, Berlin, 793-806

370 (1985): "Society, Meaning, Religion — Based on Self-Reference", in: Sociological Analysis, Vol. 46, 5-20

371 (1996): "The Sociology of the Moral and Ethics", in: International Sociology, Vol. 11, N. 1, 27-36

372 (Hg.) (1985): Soziale Differenzierung. Zur Geschichte einer Idee, Opladen

373 (2003(10), zuerst 1984): Soziale Systeme. Grundriß einer allgemeinen Theorie, Frankfurt a.M.

374 (2004(3), zuerst 1987): "Sozialisation und Erziehung", in: Ders., Soziologische Aufklärung 4. Beiträge zur funktionalen Differenzierung der Gesellschaft, Wiesbaden, 173-181

375 (2004(3), zuerst 1988): "Sozialsystem Familie", in: Ders., Soziologische Aufklärung 5. Konstruktivistische Perspektiven, Wiesbaden, 196-217

376 (2004(7), zuerst 1967): "Soziologie als Theorie sozialer Systeme", in: Ders., Soziologische Aufklärung 1. Aufsätze zur Theorie sozialer Systeme, Wiesbaden, 113-136

377 (1987, zuerst 1986): "Soziologie für unsere Zeit - seit Max Weber. Methodenbewußtsein und Grenzerfahrung einer Wissenschaft", in: Meyer, M. (Hg.), Wo wir stehen. Dreißig Beiträge zur Kultur der Moderne, Zürich, 53-59

378 (1978): "Soziologie der Moral", in: Ders./H. Pfürtner (Hg.), Theorietechnik und Moral, Frankfurt a.M., 8-116

379 (2004(7), zuerst 1968): "Soziologie des politischen Systems", in: Ders., Soziologische Aufklärung 1. Aufsätze zur Theorie sozialer Systeme, Wiesbaden, 154-177

380 (2003, zuerst 1991): Soziologie des Risikos, Berlin-New York

381 (2004(2), zuerst 1985): "Die Soziologie und der Mensch", in: Ders., Soziologische Aufklärung 6. Die Soziologie und der Mensch, Wiesbaden, 265-274

382 (1999(1, Nachdruck), zuerst 1995): "Die Soziologie des Wissens: Probleme ihrer theoretischen Konstruktion", in: Ders., Gesellschaftsstruktur und Semantik. Studien zur Wissenssoziologie der modernen Gesellschaft, Bd. 4, Frankfurt a.M., 151-180

383 (1984): "Soziologische Aspekte des Entscheidungsverhaltens", in: Die Betriebswirtschaft, Jg. 44, H. 4, 591-604

384 (2004(7), zuerst 1970): Soziologische Aufklärung 1. Aufsätze zur Theorie sozialer Systeme, Wiesbaden

385 (2004(5), zuerst 1975): Soziologische Aufklärung 2. Aufsätze zur Theorie der Gesellschaft, Wiesbaden

386 (2004(4), zuerst 1981): Soziologische Aufkärung 3. Soziales System, Gesellschaft, Organisation, Wiesbaden

387 (2004(3), zuerst 1987): Soziologische Aufklärung 4. Beiträge zur funktionalen Differenzierung der Gesellschaft, Wiesbaden

388 (2004(3), zuerst 1990): Soziologische Aufklärung 5. Konstruktivistische Perspektiven, Wiesbaden

389 (2004(2), zuerst 1995): Soziologische Aufklärung 6. Die Soziologie und der Mensch, Wiesbaden

390 (2004(7), zuerst 1967): "Soziologische Aufklärung", in: Ders., Soziologische Aufklärung 1. Aufsätze zur Theorie sozialer Systeme, Wiesbaden, 66-71

391 (1986): Die soziologische Beobachtung des Rechts, Frankfurt a.M.

392 (1965): "Spontane Ordnungsbildung", in: Morstein Marx, F. (Hg.), Verwaltung. Eine einführende Darstellung, Berlin, 163-183

393 (1987): "Sprache und Kommunikationsmedien. Ein schieflaufender Vergleich", in: Zeitschrift für Soziologie, Jg. 16, H. 6, 467-468

394 (1984): "Der Staat als historischer Begriff", in: Storme, M., Mijmeringen van een Jurist bij 1984, Antwerpen, 139-154

395 (1998): "Der Staat des politischen Systems — Geschichte und Stellung in der Weltgesellschaft", in: Beck, U. (Hg.), Perspektiven der Weltgesellschaft, Frankfurt a.M., 345-380

396 (1977): "Staat und Gesellschaft (Interview)", in: o. Hg., Soziologische Posi-

tionen, Frankfurt a.M., 42-60

397 (2004(3), zuerst 1984): "Staat und Politik. Zur Semantik der Selbstbeschreibung politischer Systeme", in: Ders., Soziologische Aufklärung 4. Beiträge zur funktionalen Differenzierung der Gesellschaft, Wiesbaden, 74-103

398 (1998(1, Nachdruck), zuerst 1989): "Staat und Staatsraison im Obergang vn traditionaler Herrschaft zu moderner Politik", in: Ders., Gesellschaftsstruktur und Semantik. Studien zur Wissenssoziologie der modernen Gesellschaft, Bd. 3, Frankfurt a.M., 65-148

399 (2002(4), zuerst 1996): "Statistische Depression. Zahlen in den Massenmedien", in: Gente, P./H. Paris/M. Weinmann (Hg.), Niklas Luhmann. Short Cuts, Frankfurt a.M., 107-112

400 (1992, zuerst 1968): "Status Quo als Argument", in: Ders., Universität als Milieu, hg. v. A. Kieserling, Bielefeld, 16-29

401 (1971): "Das 'Statusproblem' und die Reform des öffentlichen Dienstes", in: Zeitschrift für Rechtspolitik, Jg. 4, 49-52

402 (1990): "Die Stellung der Gerichte im Rechtssystem", in: Rechtstheorie, Bd. 21, H. 4, 459-473

403 (1992): "Stellungnahme", in: Krawietz, W./M. Welker (Hg.), Kritik der Theorie sozialer Systeme. Auseinandersetzungen mit Luhmanns Hauptwerk, Frankfurt a.M., 371-386

404 (1990): "Steuerung durch Recht? Einige klarstellende Bemerkungen", in: Zeitschrift für Rechtssoziologie, Jg. 11, 137-160

405 (1990, zuerst 1988): "Sthenographie", in: Ders./U. Maturana/M. Redder/F. Varela, Beobachter. Konvergenzen der Erkenntnistheorien?, München, 119-137

406 (1991): "Sthenographie und Euryalistik", in: Gumbrecht, H.U./K.L. Pfeiffer (Hg.), Paradoxien, Dissonanzen, Zusammenbrüche. Situationen offener Epistemologie, Frankfurt a.M., 58-82

407 (1987): "Defizite. Bemerkungen zur systemtheoretischen Analyse des Erziehungswesens", in: Oelkers, J./H.-E. Tenorth (Hg.), Pädagogik, Erziehungswissenschaft und Systemtheorie, Weinheim-Basel, 57-75

408 (2000(1, Nachdruck), zuerst 1981): "Subjektive Rechte. Zum Umbau des Rechtsbewußtseins für die moderne Gesellschaft", in: Ders., Gesellschaftsstruktur und Semantik. Studien zur Wissenssoziologie der modernen Gesellschaft, Bd. 2, Frankfurt a.M., 45-104

409 (1979): "Suche der Identität und Identität der Suche. Über teleologische und selbstreferentielle Prozesse", in: Marquard, O./K. Stierle (Hg.), Identität, Milnchen, 593-594

410 (2004(4), zuerst 1974): "Symbiotische Mechanismen", in: Ders., Soziologische Aufklärung 3. Soziales System, Gesellschaft, Organisation, Wiesbaden, 228-244

411 (1974): "System — Systemtheorie", in: Wulf, C. (Hg.), Wörterbuch der Erziehung, München, 582-585

412 (1992): "System und Absicht der Erziehung", in: Ders./K.E. Schorr, Zwischen Absicht und Person. Fragen an die Pädagogik, Frankfurt a.M., 102-124

413 (1989): "Systemansatz und Strukturkonzept", in: Philosophisches Jahrbuch, Jg. 96, 97-100

414 (1986): "Systeme verstehen Systeme", in: Ders./K..E. Schorr, Zwischen Intransparenz und Verstehen. Fragen an die Pädagogik, Frankfurt a.M., 72-117

415 (1974): "Die Systemreferenz von Gerechtigkeit. In Erwiderung auf die

Ausführungen von Ralf Dreier", in: Rechtstheorie, Bd. 5, H. 1/2, 201-203

416 (1972): "Systemtheoretische Ansätze zur Analyse von Macht", in: o. Hg., Systemtheorie. Forschung und Information, Bd. 12, Berlin, 473-482

417 (1990(10), zuerst 1971): "Systemtheoretische Argumentationen. Eine Entgegnung auf Jürgen Habermas", in: Habermas, J./N. Luhmann, Theorie der Gesellschaft oder Sozialtechnologie — Was leistet die Systemforschung?, Frankfurt a.M., 291-404

418 (1999, zuerst 1972): "Systemtheoretische Beiträge zur Rechtstheorie", in: Ders., Ausdifferenzierung des Rechts. Beiträge zur Rechtssoziologie und Rechtstheorie, Frankfurt a.M., 241-272

419 (2004(5), zuerst 1975): "Systemtheorie, Evolutionstheorie und Kommunikationstheorie", in: Ders., Soziologische Aufklärung 2. Aufsätze zur Theorie der Gesellschaft, Wiesbaden, 193-203

420 (1997(2), zuerst 1994): "Systemtheorie und Protestbewegungen. Ein Interview", in: Ders., Protest. Systemtheorie und soziale Bewegungen, hg. u. eingel. v. K.-U. Hellmann, Frankfurt a.M., 175-200

421 (1992): "Die Systemtheorie zwischen Involution und Normativitat. Ein Interview mit Niklas Luhmann", in: Symptome, Jg. 10, 46-56

422 (1996): "Takt und Zensur im Erziehungssystem", in: Luhmann, N./K.E. Schorr (Hg.), Zwischen System und Umwelt. Fragen an die Pädagogik, Frankfurt a.M., 279-294

423 (1980): "Talcott Parsons — Zur Zukunft eines Theorieprogramms", in: Zeitschrift für Soziologie, Jg. 9, H. 1, 5-17

424 (1997(2), zuerst 1987): "Tautologie und Paradoxie in den Selbstbeschreibungen der modernen Gesellschaft", in: Ders., Protest. Systemtheorie und

soziale Bewegungen, hg. u. eingel. v. K.-U. Hellmann, Frankfurt a.M., 79-106

425 (1987): "'Technik und Ethik' aus soziologischer Sicht", in: Rheinisch-Westfalische Akademie der Wissenschaften, Technik und Ethik, 2. Akademie-Forum, Vortrage G 284, Opladen, 31-34

426 (1990): "Technology, Environment and Social Risk: A Systems Perspective", in: Industrial Crisis Quarterly, Vol. 4, N. 3, 223-231

427 (1998(1, Nachdruck), zuerst 1978): "Temporalisierung von Komplexität. Zur Semantik neuzeitlicher Begriffe", in: Ders., Gesellschaftsstruktur und Semantik. Studien zur Wissenssoziologie der modernen Gesellschaft, Bd. 1, Frankfurt a.M., 235-300

428 (2004(4), zuerst 1980): "Temporalstrukturen des Handlungssystems. Zum Zusammenhang von Handlungs- und Systemtheorie", in: Ders., Soziologische Aufklärung 3. Soziales System, Gesellschaft, Organisation, Wiesbaden, 126-150

429 (1982): "Territorial Borders as System Boundaries", in: Strassoldo, R./G.D. Zotti (eds.), Cooperation and Conflict in Border Areas, Milano, 235-244

430 (2004(4)): "Theoretische Orientierung der Politik", in: Ders., Soziologische Aufklärung 3. Soziales System, Gesellschaft, Organisation, Wiesbaden, 287-292

431 (2004(4), zuerst 1977) : "Theoretische und praktische Probleme der anwendungsbezogenen Sozialwissenschaft", in: Ders., Soziologische Aufklärung 3. Soziales System, Gesellschaft, Organisation, Wiesbaden, 321-334

432 (1984): "Die Theorie der Ordnung und die natürlichen Rechte", in: Rechtshistorisches nal, Bd. 3, 133-149

433 (1989): "Theorie der politischen Opposition", in: Zeitschrift für Politik, Jg.

36, H. 1, 13-26

434 (1976): "'Theorie und Praxis' und die Ausdifferenzierung des Wissenschaftssystems", in: o. Hg., Teorie en praxis in de sociologiese teorie, Serie Amsterdams Sociologische Tijdschrift, Teorie No. I, Amsterdam, 28-37

435 (1966): Theorie der Verwaltungswissenschaft. Bestandsaufnahme und Entwurf, KolnBerlin

436 (2000(1, Nachdruck), zuerst 1981): "Theoriesubstitution in der Erziehungswissenschaft. Von der Philanthropie zum Neuhumanismus", in: Ders., Gesellschaftsstruktur und Semantik. Studien zur Wissenssoziologie der modernen Gesellschaft, Bd. 2, Frankfurt a.M., 105-184

437 (1986): "The Theory of Social Systems and Its Epistemology. Reply to Danilo Zola's Critical Comments", in: Philosophy of the Social Sciences, Jg. 16, 129-134

438 (1988): "Therapeutische Systeme — Fragen an Niklas Luhmann", in: Simon, F.B. (Hg.), Lebende Systeme. Wirklichkeitskonstruktionen in der systemischen Therapie, BerlinHeidelberg-New York u.a., 124-138

439 (1988): "The Third Question. The Creative Use ofParadoxes in Law and Legal History", in: Journal of Law and Society, Vol. 15, 153-165

440 (1968): "Tradition und Mobilität. Zu den 'Leitsätzen der Verwaltungspolitik'", in: Recht und Politk, 49-53

441 (2000): "Tradition und Modernitat. Über Beziehungen zwischen Religion und Wissenschaft, hg. u. komm. v. R.-M. E Jacobi (Bonn) u. Mitw. v. R. Stichweh (Bielefeld)", in: Jacobi, R.-M.E. (Hg.), Geschichte zwischen Erlebnis und Erkenntnis, Selbstorganisation Bd. 10, Berlin, 395-401

442 (1979): Trust and Power, Chichester

443 (2004(2), zuerst 1994): "Die Tücke des Subjekts und die Frage nach dem Menschen", in: Ders., Soziologische Aufklärung 6. Die Soziologie und der Mensch, Wiesbaden, 155-168

444 (2004(4), zuerst 1975): "Über die Funktion der Negation in sinnkonstituierenden Systemen", in: Ders., Soziologische Aufklärung 3. Soziales System, Gesellschaft, Organisation, Wiesbaden, 35-49

445 (1988): "Über „Kreativität", in: Gumbrecht, H.-U. (Hg.), Kreativität — Ein verbrauchter Begriff?, München, 13-19

446 (1999(1, Nachdruck), zuerst 1995): "Über Natur", in: Ders., Gesellschaftsstruktur und Semantik. Studien zur Wissenssoziologie der modernen Gesellschaft, Bd. 4, Frankfurt a.M., 9-30

447 (1990): "Über systemtheoretische Grundlagen der Gesellschaftstheorie", in: Deutsche Zeitschrift für Philosophie, Jg. 38, H. 3, 277-284

448 (1997(2), zuerst 1996): "Umweltrisiko und Politik", in: Ders., Protest. Systemtheorie und soziale Bewegungen, hg. u. eingel. v. K.-U. Hellmann, Frankfurt a.M., 160-174

449 (1993, zuerst 1992): "Die Unbeliebtheit der Parteien", in: Unseld, S. (Hg.), Politik ohne Projekt? Nachdenken über Deutschland, Frankfurt a.M., 43-53

450 (1992): Universität als Milieu, hg. v. A Kieserling, Bielefeld

451 (1992, zuerst 1983): "Die Universität als organisierte Institution", in: Ders., Universität als Milieu, hg. v. A Kieserling, Bielefeld, 90-99

452 (1994): "Unsere Zukunft hängt von Entscheidungen ab (Gespräch mit Rudolf Maresch)", in: Am Ende vorbei. Gespräche mit Oskar Negt u.a. geführt von Rudolf Maresch, Wien, 152-174

453 (2004(3), zuerst 1987): "Die Unterscheidung Gottes", in: Ders., Sozio-

logische Aufklärung 4. Beiträge zur funktionalen Differenzierung der Gesellschaft, Wiesbaden, 226-253

454 (2004(3), zuerst 1987): "Die Unterscheidung von Staat und Gesellschaft", in: Ders., Soziologische Aufklärung 4. Beiträge zur funktionalen Differenzierung der Gesellschaft, Wiesbaden, 67-73

455 (2004(4), zuerst 1979): "Unverständliche Wissenschaft. Probleme einer theoriegeleiteten Sprache", in: Ders., Soziologische Aufklärung 3. Soziales System, Gesellschaft, Organisation, Wiesbaden, 170-177

456 (2004(4), zuerst 1981): "Die Unwahrscheinlichkeit der Kommunikation", in: Ders., Soziologische Aufklärung 3. Soziales System, Gesellschaft, Organisation, Wiesbaden, 25-34

457 (1991, zuerst 1989): "Der Ursprung des Eigentums und seine Legitimation. Ein historischer Bericht", in: Krawietz, W./A.A. Martino/K.I. Winston (Hg.), Technischer Imperativ und Legitimationskrise des Rechts, Beiheft 15 der Zeitschrift für Logik, Methodenlehre, Kybernetik und Soziologie des Rechts, Berlin, 43-57

458 (2004(4), zuerst 1975): "Veränderungen im System gesellschaftlicher Kommunikation und die Massenmedien", in: Ders., Soziologische Aufklärung 3. Soziales System, Gesellschaft, Organisation, Wiesbaden, 309-320

459 (1990): "Verfassung als evolutionäre Errungenschaft", in: Rechtshistorisches Journal, Bd. 9, 176-220

460 (1972): "Verfassungsmäßige Auswirkungen der elektronischen Datenverarbeitung", in: Öffentliche Verwaltung und Datenverarbeitung, Jg. 2, 44-47

461 (1991): "Verständigung über Risiken und Gefahren", in: Die politische Meinung, Jg. 36.1, Nr. 258, 86-95

462 (2000(4), zuerst 1968): Vertrauen. Ein Mechanismus der Reduktion sozialer Komplexität, Stuttgart

463 (1970(6)): "Verwaltungswissenschaft I", in: o. Hg., Staatslexikon, 6. Aufl., 11. Bd., 3. Ergänzungsband, Freiburg, Sp. 606-620

464 (1967): "Verwaltungswissenschaft in Deutschland", in: Recht und Politik, o. Jg., 123-128

465 (1993): "Das Volk steigt aus", in: Die Politische Meinung, Jg. 38.1, 91-94

466 (1987, zuerst 1985): "Vom menschlichen Leben (Interview mit C. Camarda u.a.)", in: Baecker, D./G. Stanitzek (Hg.), Archimedes und wir, Berlin, 38-57

467 (o.J. (1985)): "Von der allmählichen Auszehrung der Werte. Sind die Zeiten gesellschaftlicher Utopien fur immer vorbei?", in: Voswinkel, G. (Hg.), Mindener Gespräche, Bd. 2: Referate und Diskussionen der Universitätswoche 1985, o.O., 69-76

468 (1982): "Die Voraussetzung der Kausalität", in: Ders./K.E. Schorr, Zwischen Technologie und Selbstreferenz. Fragen an die Pädagogik, Frankfurt a.M., 41-50

469 (2004(4), zuerst 1981): "Vorbemerkungen zu einer Theorie sozialer Systeme", in: Ders., Soziologische Aufklärung 3. Soziales System, Gesellschaft, Organisation, Wiesbaden, 11-24

470 (1991): "Vorwort", in: Baecker, D., Womit handeln Banken?, Frankfurt a.M., 7-12

471 (1986): "Vorwort", in: Markowitz, J., Verhalten im Systemkontext, Frankfurt a.M., I-VI

472 (1984): "Vorwort von Niklas Luhmann", in: Souto, C., Allgemeinste wissenschaftliche Grundlagen des Sozialen, Wiesbaden, 9-12

473 (1992, zuerst 1975): "Wabuwabu in der Universität", in: Ders., Universität als Milieu, hg. v. A. Kieserling, Bielefeld, 30-48

474 (Interview) (1996): "'Wahrheit ist nicht zentral.' Woher wissen wir das, was wir wissen? Aus den Medien. Und was folgt daraus? Fragen an den Bielefelder Sozialwissenschaftler, Fragesteller: D. Knipphals u. C. Schlüter", in: Das Sonntagsblatt, Jg. 49, N. 42, 28/29

475 (2004(7), zuerst 1962): "Wahrheit und Ideologie. Vorschläge zur Wiederaufnahme der Diskussion", in: Ders., Soziologische Aufklärung I. Aufsätze zur Theorie sozialer Systeme, Wiesbaden, 54-65

476 (1992): "Wahrnehmung und Kommunikation an Hand von Kunstwerken", in: Lux, H./P. Ursprung (Hg.), Stillstand switches ... Ein Gedankenaustausch zur Gegenwartskunst. Stadthalle Zürich 1991, Zürich, 65-74

477 (2004(2), zuerst I 989): "Wahrnehmung und Kommunikation sexueller Interessen", in: Ders., Soziologische Aufklärung 6. Die Soziologie und der Mensch, Wiesbaden, 189-203

478 (1988): "Warum AGIL?", in: Kölner Zeitschrift für Soziologie und Sozialpsychologie, Jg. 40, H. 1, 127-139

479 (1993): "'Was ist der Fall?' und 'Was Steckt dahinter?' Die zwei Soziologien und die Gesellschaftstheorie", in: Zeitschrift für Soziologie, Jg. 22, H. 4, 245-260

480 (2004(2), zuerst 1987): "Was ist Kommunikation?", in: Ders., Soziologische Aufklärung 6. Die Soziologie und der Mensch, Wiesbaden, 4-16

481 (1990): "Was tut ein Manager in einem sich selbst organisierenden System?", in: gdiimpuls, o. Jg., H. l, 11-16

482 (2004(3), zuerst 1990): "Die Weisung Gottes als Form der Freiheit", in:

Ders., Soziologische Aufklärung 5. Konstruktivistische Perspektiven, Wiesbaden, 77-94

483 (1986): "Die Welt als Wille ohne Vorstellung. Sicherheit und Risiko aus der Sicht der Sozialwissenschaften", in: Die politische Meinung, Jg. 31, 18-21

484 (1991): "Die Welt der Kunst", in: Zacharias, W. (Hg.), Schöne Aussichten? Asthetische Bildung in einer technisch-medialen Welt, Essen, 49-63

485 (2004(5), zuerst 1971): "Die Weltgesellschaft", in: Ders., Soziologische Aufklärung 2. Aufsätze zur Theorie der Gesellschaft, Wiesbaden, 51-71

486 (1995): "Die Weltgesellschafl und ihre Religion", in: Solidarität, Jg. 45, H. 9/10, 11-12

487 (1997, zuerst 1990): "Weltkunst", in: Gerhards, J. (Hg.), Soziologie der Kunst. Produzenten, Vermittler und Rezipienten, Opladen, 55-102

488 (2004(5), zuerst 1973): "Weltzeit und Systemgeschichte", in: Ders., Soziologische Aufklärung 2. Aufsätze zur Theorie der Gesellschaft, Wiesbaden, 103-133

489 (1992): "Wer kennt Wil Martens? Eine Anmerkung zum Problem der Emergenz sozialer Systeme", in: Kölner Zeitschrift für Soziologie und Sozialpsychologie, Jg. 44, H. 1, 139-142

490 (1989): "Wer sagt das? Eine Replik", in: Delfin, Jg. 12, 90-91

491 (1994): "Wessen Umwelt", in: Umweltbundesamt (Hg.), Wissenschaften im ökologischen Wandel, Berlin, 25-33

492 (1995): "Why Does Society Describe Itself as Postmodern?", in: Cultural Critique, Vol. 30, Spring, 171-186

493 (2004(3), zuerst 1984): "Widerstandsrecht und politische Gewalt", in: Ders., Soziologische Aufklärung 4. Beiträge zur funktionalen Differenzierung der

Gesellschaft, Wiesbaden, 161-170

494 (2004(2), zuerst 1988): "Wie ist Bewußtsein an Kommunikation beteiligt?", in: Ders., Soziologische Aufklärung 6. Die Soziologie und der Mensch, Wiesbaden, 37-54

495 (2000(1, Nachdruck), zuerst 1981): "Wie ist soziale Ordnung moglich?", in: Ders., Gesellschaftsstruktur und Semantik. Studien zur Wissenssoziologie der modernen Gesellschaft, Bd. 2, Frankfurt a.M., 195-285

496 (1997): "'Wie konstruiert man in eine Welt, die so ist wie sie ist, Freiheiten hinein?' Interview mit T.M. Bardmann", in: Bardmann, T.M. (Hg.), Zirkuläre Positionen. Konstruktivismus als praktische Theorie, Opladen, 67-83

497 (2002, zuerst 1991): "Wie lassen sich latente Strukturen beobachten?", in: Watzlawick, P./P. Krieg (Hg.), Das Auge des Betrachters. Beiträge zum Konstruktivismus. Festschrift für Heinz von Foerster, Heidelberg, 61-74

498 (2002(4), zuerst 1994): "Wir haben wir gewählt. Aber haben wir wirklich gewählt — oder hat das Volks gewürfelt?", in: Gente, P./H. Paris/M. Weinmann (Hg.), Niklas Luhmann. Short Cuts, Frankfurt a.M., 99-106

499 (1992): "Wirtschaft als autopoietisches System. Bemerkungen zur Kritik von Karl-Heinz Brodbeck", in: Zeitschrift für Politik, Jg. 39, 191-194

500 (2004(7), zuerst 1971): "Wirtschaft als soziales System", in: Ders., Soziologische Aufklärung 1. Aufsätze zur Theorie sozialer Systeme, Wiesbaden, 204-231

50l (2002(4), zuerst 1988): Die Wirtschaft der Gesellschaft, Frankfurt a.M.

502 (1984): "Die Wirtschaft der Gesellschaft als autopoietisches System", in: Zeitschrift für Soziologie, Jg. 13, H. 4, 308-327

503 (1993): "Wirtschaftsethik — als Ethik?", in: Wieland, J. (Hg.), Wirtschafts-

ethik und Theorie der Gesellschaft, Frankfurt a.M., 134-147

504 (2002(4), zuerst 1990): Die Wissenschaft der Gesellschaft, Frankfurt a.M.

505 (2004(3), zuerst 1983): "Der Wohlfahrtsstaat zwischen Evolution und Rationalität", in: Ders., Soziologische Aufklärung 4. Beiträge zur funktionalen Differenzierung der Gesellschaft, Wiesbaden, l04-116

506 (1993): "Zeichen als Form", in: Baecker, D. (Hg.), Probleme der Form, Frankfurt a.M., 45-69

507 (1992): "Zeichen der Freiheit — oder Freiheit der Zeichen?", in: Charles, D./ V. Flusser/N. Luhmann u.a., Zeichen der Freiheit. Vorträge im Kunstmuseum Bern 1991 anläßlich der 21. Kunstausstellung des Europarates "Zeichen der Freiheit", Wabern-Bern, 55-77

508 (1996): "Zeit und Gedächtnis", in: Soziale Systeme, Jg. 2, H. 2, 307-330

509 (2004(4), zuerst 1979): "Zeit und Handlung. Eine vergessene Theorie", in: Ders., Soziologische Aufklärung 3. Soziales System, Gesellschaft, Organisation, Wiesbaden, 101-125

510 (1997): "Zettelkasten, fehlendes Schreibpersonal und die Arbeit an der Theorie", in: Frankfurter Rundschau, o. Jg., Nr. 285, 10

511 (2004(3), zuerst l986): "Die Zukunft der Demokratie", in: Ders., Soziologische Aufklärung 4. Beiträge zur funktionalen Differenzierung der Gesellschaft, Wiesbaden, 126-132

512 (1990, zuerst 1976): "Die Zukunft kann nicht beginnen: Temporalstrukturen der modernen Gesellschaft", in: Sloterdijk, P. (Hg.), Vor der Jahrtausendwende: Berichte zur Lage der Zukunft, Erster Band, Frankfurt a.M., 119-150

513 (1985, zuerst 1984): "Zum Begriff der sozialen Klasse", in: Ders. (Hg.),

Soziale Differenzierung. Zur Geschichte einer Idee, Opladen, 119-162

514 (1992): "Zum Geleit", in: Esposito, E., L'operazione di osservazione. Construttivismo e teoria dei systemi sociali, Milano, 7-1

515 (1990): "'Zunächst einmal schlage ich gar nichts vor.' Interview mit Niklas Luhmann — Teil II: 11 Über ökologische Kommunikation und Moral", in: Zeitschrift für Entwicklungspädagogik, Jg. 13, H. 3, 24-28

516 (1992): "Zur Einführung", in: Neves, M., Verfassung und Positivitat des Rechts in der peripheren Moderne. Eine theoretische Betrachtung und eine Interpretation des Falls Brasilien, Berlin, 1-4

517 (1999, zuerst 1970): "Zur Funktion der 'subjektiven Rechte'", in: Ders., Ausdifferenzierung des Rechts. Beiträge zur Rechtssoziologie und Rechts-theorie, Frankfurt a.M., 360-373

518 (1976): "Zur systemtheoretischen Konstruktion von Evolution", in: Lepsius, M.R. (Hg.), Zwischenbilanz der Soziologie. Verhandlungen des 17. Deutschen Soziologentages, Stuttgart, 49-52

519 (1973): "Zurechnung von Beförderungen im öffentlichen Dienst", in: Zeitschrift für Soziologie, Jg. 2, 326-351

520 (1994(4), zuerst 1964): "Zweck — Herrschaft — System. Grundbegtiffe und Pramissen Max Webers", in: Ders., Politische Planung. Aufsätze zur Soziologie von Politik und Verwaltung, Opladen, 90-I 12

521 (1999(6), zuerst 1968): Zweckbegriff und Systemrationalität. Über die Funktion von Zwecken in sozialen Systemen, Frankfurt a.M.

522 (2004(3), zuerst 1981): "Zwei Quellen der Burokratisierung in Hochschulen", in: Ders., Soziologische Aufklärung 4. Beiträge zur funktionalen Differenzierung der Gesellschaft, Wiesbaden, 212-215

523 (1989): "Zwei Seiten des Rechtsstaates", in: o. Hg., Conflict and Integration. Comparative Law in the World Today. The 40th Anniversary of The Institute of Comparative Law in Japan Chuo University 1988, Tokyo, 493-506

524 (2004(3), zuerst 1987): "Zwischen Gesellschaft und Organisation. Zur Situation der Universitäten", in: Ders., Soziologische Aufklärung 4. Beiträge zur funktionalen Differenzierung der Gesellschaft, Wiesbaden, 202-211

525 ---/F. Becker (1963): Verwaltungsfehler und Vertrauensschutz. Möglichkeiten gesetzlicher Regelung der Rücknehmbarkeit von Verwaltungsakten, Berlin

526 ---/F.D. Bunsen/D. Baecker (1990): "Das Kabelkalb. Ein Gespräch über Kunst", in: Dies., Unbeobachtbare Welt, Bielefeld, 51-66

527 ---/F.D. Bunsen/D. Baecker (1990): Unbeobachtbare Welt. Über Kunst und Architektur, Bielefeld

528 ---/P. Fuchs (2001(4), zuerst 1989): Reden und Schweigen, Frankfurt a.M.

529 ---/H.D. Huber (1991): "Interview mit Niklas Luhmann", in: Texte zur Kunst, Jg. 1, H. 4, 121-133

530 ---/E. Lange (1975): "Abiturienten ohne Studium im öffentlichen Dienst. Einige Zusammenhänge zwischen Ausbildung und Karrieren", in: Die Verwaltung, Jg. 8, 230-251

531 ---/R. Mayntz (1973): Personal im öffentlichen Dienst. Eintritt und Karrieren. Personaluntersuchung, Baden-Baden

532 ---/M. Namiki/V. Redder/F. Varela (1992(2), zuerst 1990): Beobachter: Konvergenz der Erkenntnistheorien?, München

533 ---/W. Pannenberg (1978): "Die Allgemeingültigkeit der Religion", in: Evangelische Kommentare, Jg. 11, 350-357

534 ---/K.E. Schorr (1976): "Ausbildung für Professionen — Überlegungen zum

Curriculum fur Lehrerausbildung", in: Jahrbuch für Erziehungswissenschaft, o. Jg., 247-277

535 ---/--- (1996): "Einleitung", in: Dies., Zwischen Absicht und Person. Fragen an die Pädagogik, Frankfurt a.M., 7-13

536 ---/--- (1979): "'Kompensatorische Erziehung' unter pädagogischer Kontrolle?", in: Bildung und Erziehung, Jg. 32, 551-570

537 ---/--- (1982): "Personale Identität und Möglichkeiten der Erziehung", in: Dies., Zwischen Technologie und Selbstreferenz. Fragen an die Pädagogik, Frankfurt a.M., 224-261

538 ---/--- (1999(2, Nachdruck), zuerst 1979): Reflexionsprobleme im Erziehungssystem, Frankfurt a.M., Neudruck mit Nachwort

539 ---/--- (1988): "Strukturelle Bedingungen von Reformpädagogik. Soziologische Analysen zur Pädagogik der Moderne", in: Zeitschrift für Pädagogik, Jg. 34, H. 4, 463-480

540 ---/--- (1982): "Das Technologiedefizit der Erziehung und die Pädagogik", in: Dies., Zwischen Technologie und Selbstreferenz. Fragen an die Pädagogik, Frankfurt a.M., 11- 40

541 ---/--- (1980): "Wie ist Erziehung möglich? Eine wissenschaftssoziologische Analyse der Erziehungswissenschaft", in: Zeitschrift für Sozialisationsforschung und Erziehungssoziologie, Jg. 1, H. 1, 37-54

542 ---/--- (1992): Zwischen Absicht und Person. Fragen an die Pädagogik, Frankfurt a.M.

543 ---/--- (1990): Zwischen Anfang und Ende. Fragen an die Pädagogik, Frankfurt a.M.

544 ---/--- (1986): Zwischen Intransparenz und Verstehen. Fragen an die Päda-

gogik, Frankfurt a.M.

545 ---/--- (Hg.) (1996): Zwischen System und Umwelt. Fragen an die Pädagogik, Frankfurt a.M.

546 ---/--- (1982): Zwischen Technologie und Selbstreferenz. Fragen an die Pädagogik, Frankfurt a.M.

547 Sciulli, D./N. Luhmann (1994): "An Interview with Niklas Luhmann", in: Theory, Culture & Society, Vol. 11, N. 2, 37-68

한글 색인

ㄱ.

가격 Preis 13
가설 Hypothese 13
가족 Familie 14
가치 Wert 14
간접 소통 Indirekte Kommunikation 16
감정 Emotion 16
감정들 Gefühle 16
갈등 Konflikt 16
갈등 체계 System des Konflikts 17
갈림(분기) Bifurkation 17
강제 Zwang 18
개방성, 인지적 Offenheit, kognitive 18
개인 Individuum 18
개인주의 Individualismus 19
개인화 Individualisierung 19
개입 Intervention 20
개입인과성 Durchgriffskasualität 21
개혁 Reform 21

과거 Vergangenheit 21
과정들 Prozesse 22
관계 Relation 22
관료제 Bürokrati 22
관직 Amt 22
관찰 Beobachtung 23
관찰자 Beobachter 25
개념들 Begriffe 25
개념들, 무차이 Begriffe, differenzlose 26
개연성 Wahrscheinlichkeit 27
객관적/주관적 objektiv, subjektiv 27
객체들 Objekte 28
거부값 Rejektionswert 28
결정 Entscheidung 29
결정 전제들 Enscheidungsprämissen 29
결정 프로그램화 Entscheidungsprogrammierung 29
경계 Grenze 29
경계값들 Grenzwerte 30
경력 Karriere 29

경제 Wirtschaft 30
경제체계 System, wirtschaftliches 30
경험적 사회조사 Empirische Sozialforschung 32
계급, 사회적 Klasse, soziale 33
계몽, 사회학적 Aufklärung, soziologische 33
계시 Offenbarung 34
계약 Vertrag 34
계층, 사회적 Schichtung, soziale 35
계층적 분화 Stratifikatorische Differenzierung 35
계층에 따른 분화 Schichtungsmäßige Differenzierung 35
계획 수립 Planung 35
고유값 Eigenwert 36
공간 Raum 36
공간 Space 36
공감/편협 Empathie/Boniertheit 37
공공성 Öffentlichkeit 37
공명(반향) Resonanz 38
공생적 기제들 Symbiotische Mechanismen 38
공시화(동기화) Synchronisation 73
공식 조직 Formale Organisation 39
공중 Publikum 39

과학이론 Wissenschaftstheorie 39
교란 Irritation 39
교육 Erziehung 40
교육체계 Erziehungssystem 40
교육체계 System der Erziehung 41
교육학 Pädagogik 42
교차 행위(거래) Transaktion 42
교환 Tausch 42
교환 관계들 Austauschbeziehungen 42
교회 Kirche 42
구두 소통 Mündliche Kommunikation 43
구분 Unterscheidung 43
구성원자격 Mitgliedschaft 44
구성주의, 체계이론적 Konstruktivismus, systemtheoretischer 45
구조 Struktur 46
구조, 잠재적 Struktur, latente 47
구조적 연동 Strukturelle Kopplung 47
구조적 표류 Structural drift 47
국가 Staat 47
규범 Norm 48
권력 Macht 49
권력이론, 고전적 Machttheorie,

klassische 50
권력순환 Machtkreislauf 50
권위 Autorität 51
권리, 주관적 Recht, subjektives 52
근대 Moderne 53
근대화 Modernisierung 53
기계 Maschine 54
기능 Funktion 54
기능적 분화 Funktionale Differenzierung 55
기능적 방법 Funktionale Methode 55
기대들 Erwartungen 55
기본권 Grundrechte 56
기본 가치들 Grundwerte 56
기술 Beschreibung 57
기술/테크놀로지 Tecknik/Technologie 57
기식자 Parasit 59
기억 Gedächtnis 59
기억 기능/진동 기능 Memory unction/oscillator function 60
기제, 공생적 Mechanismen, symbiotische 61
기제, 재귀적 Mechanismen, reflexive 61

기초적 자기준거 Basale Selbstreferenz 61
기호 Zeichen 61
귀속 Attribution 61
귀속 Zurechnung 61

ㄴ.

남자/여자 Mann/Frau 62
내재성/초월성 Immanenz/Transzendenz 63
노동 Arbeit 63
논리, 이치적 Logik, zweiwertige 64
논증 Argumentation 64
뉴스들 Nachrichten 64
느슨한/단단한 연동 Lose, feste Kopplung 64

ㄷ.

다맥락 영역성 Polykontexturalität 65
다수성 Vielheit 65
다중심성 Multizentrizität 65
다체계 소속성 Mehrsystemzugehörigkeit 65
단순한 사회적 체계 Einfaches Sozial-

system 66
대본들(스크립트) Skripten 66
대안들 Alternativen 67
대안운동 Alternativbewegung 67
대중매체 Massenmedien 67
대중매체 체계 System der Massenmedien 67
대표 Repräsentation 68
도구성 Instrumentalität 69
도덕 Moral 69
도식들 Schemata 71
도야 Bildung 72
독립분화(외부분화) Ausdifferenzierung 185
독단(교의) Dogmatik 72
동기 Motiv 72
동기와 목적 Motiv und Zweck 72
동기화 Motivation 73
동기화(공시화) Synchronisation 73
동기 의심 Motivverdacht 73
동시성 Gleichzeitigkeit 73
동어반복 Tautologie 73
동일성 Identität 74
등가기능주의 Äquivalenzfunktionalismus 75
디플레이션 Deflation 75

ㅁ

매체 Medium 75
매체/형식 Medium/Form 76
매체 위계 Medienhierarchie 77
맹점 Blinder fleck 77
면역체계 Immunsystem 78
명성 Reputation 78
명예 Ruhm 79
모순 Widerspruch 79
목적 Zweck 80
목적과 동기 Zweck und Motiv 80
목적론 Teleologie 81
목적 프로그램 Zweckprogramm 82
무지 Nichtwissen 82
무차이 개념들 Differenzlose Begriffe 82
무표 공간 Unmarked space 82
문자 Schrift 82
문제 Problem 83
문화 Kultur 84
물리적 폭력 Physische Gewalt 84
물질성 연속체 Materialitätkontinuum 84
미결정성 Indeterminiertheit 85
미래 Zukunft 86

미시다양성 Mikrodiversität 86
민족 Volk 86
민족국가 Nation 86
민주주의 Demokratie 87
민주화 Demokratisierung 87
민주관료화 Demobürokratisierung 88
믿음 Glaube 88

ㅂ.

방법들 Methoden 88
방법, 기능적 Methode, funktionale 88
방법, 사이버네틱스적 Methode, kybernetische 89
배려(분별) Takt 90
배제 Exklusion 90
법 Recht 91
법, 실정적 Recht, positives 91
법, 자연적 Recht, natürliches 91
법체계 Rechtssystem 92
법체계 System, rechtliches 92
법치국가 Rechtsstaat 93
변이 Variation 94
변이(나앙성) Varietät 94
보수적/진보적 Konservativ/progressiv 94

보수주의 Konservatismus 95
보완 역할 Komplementärrolle 95
보편이론 Universaltheorie 95
복잡성 Komplexität 96
복잡성, ~의 환원과 상승 Komplexität, Reduktion und Steigerung 97
복잡성, ~의 시간화 Komplexität, Temporalisierung von 98
복잡성 격차 Komplexitätgefälle 98
복지국가 Wohlfahrtsstaat 99
복합적 소통 Kompakte Kommunikation 99
부분체계 Teilsystem 99
부엔트로피 Negentropie 100
부정 Negation 100
분업 Arbeitsteilung 101
분해 Dekomposition 101
분화 Differenzierung 101
분화, 계층에 따른 Differenzierung, schichtungsmäßige 102
분화, 기능적 Differenzierung, funktionale 102
분화, 분절적 Differenzierung, scgmcntäre 105
분화, 사회전체적인 Differenzierung, gesellschaftliche 106

분화, 중심/주변에 따른 Differenzierung, nach Zentrum/Peripherie 107
불안 Angst 107
불투명성 Intransparenz 108
불평등, 사회적 Ungleichheit, soziale 108
불확실성 흡수 Unsicherheitsabsorption 109
블랙박스 Black box 109
비가시화 Invisibilisierung 109
비개연성 Unwahrscheinlichkeit 110
비공식적 조직 Informale Organisation 110
비대칭 Asymmetrie 110
비판 Kritik 110
비판이론 Kritische Theorie 111
비판적/옹호적 Kritisch/affirmativ 112
비판적 합리주의 Kritischer rationalismus 112

ㅅ

사건 Ereignis 112
사랑 Liebe 113
사실 Tatsache 114
사실들 Fakten 115
사실적 차원 Sachdimension 115
사이버네틱스 방법 Kybernetische Methode 115
사회 Gesellschaft 115
사회복지 국가 Sozialstaat 118
사회 분화 Gesellschaftsdifferenzierung 118
사회조사 Sozialforschung 118
사회운동 soziale Bewegung 118
사회의 자기기술 Gesellschaftliche Selbstbeschreibung 118
사회적 불평등 Ungleichheit, soziale 119
사회적 시장경제 Soziale Marktwirtschaft 119
사회적 지원 Soziale Hilfe 119
사회적 질서 Soziale Ordnung 119
사회적 차원 Sozialdimension 119
사회학 Soziologie
사회적 체계 System, soziales 120
사회적 체계 Soziales System 123
사회적 체계, 요소적 Sozialsystem, elementares 123
사회적 체계, 조직된 Sozialsystem, organisiertes 123
사회적 통합 Sozialintegration 123

사회적인 것 Soziales 123
사회학 Soziologie 124
사회학적 계몽 Soziologische Aufklärung 126
사회화 Sozialisation 126
삽화 Episode 126
상대주의 Relativismus 127
상보성 Komplementarität 127
상이성 Verschiedenheit 127
상징 Symbol 127
상징적으로 일반화된 소통매체 Symbolisch generalisierte Kommunikations-medien 129
상징화 Symbolisierung 129
상징화, 악마적 Symbolisierung, diabolische 129
상호의존 Interdependenz 129
상호의존 중단 Interdependenzunterbrechung 130
상호 이해 Verständigung 130
상호작용체계 Interaktionssystem 130
상호주관성 Intersubjektivität 132
상호침투 Interpenetration 132
상호침투, 인간 간(인가들 사이의) Interpenetration, zwischenmenschliche 134
생각들 Gedanke 134

생명 Leben 134
생태학적 소통 Ökologische Kommunikation 135
생활세계 Lebenswelt 135
서열 Rang 136
선거, 정치(의) Wahl, politische 136
선택 Selektion 136
선택성 Selektivität 137
선험화 Apriorisierung 137
섭동 Interferenz 137
성공매체 Erfolgsmedien 137
성과 Leistung 138
성과 역할 Leistungsrolle 139
성별 Geschlecht 130
성애 Sexualität 139
성찰값 Reflextionswert 140
성찰이론 Reflexionstheorie 140
세계 Welt 141
세계사회 Weltgesellschaft 142
세계화 Globalisierung 143
세계 예술 Weltkunst 143
세속화 Säkularisierung 143
소외 Entfremdung 144
소유 Eigentum 144
소통 Kommunikation 145
소통, 간접(적) Kommunikation, indirekte 148

소통, 구두 Kommunikation, mündliche 149
소통, 도덕적 Kommunikation, moralische 149
소통, 문자 Kommunikation, schriftliche 149
소통, 복합적 Kommunikation, kompakte 150
소통, 생태학적 Kommunikation, ökolo-gische 150
소통, 역설적 Kommunikation, paradoxe 150
소통 매체들, 상징적으로 일반화된 Kommunikationsmedien, symbolisch generalisierte 151
소통 불가능성 Inkommunikabilität 154
수단 Mittel 155
수업 Unterricht 155
수용값 Akzeptionswert 155
순환성 Zirkularität 155
스테노그라피/에우리알레 Sthenographie/Euryalistik 156
시간 Zeit 157
시간 차원 Zeitdimension 158

시간의 희소성 Knappheit der Zeit 158
시민 종교 Zivilreligion 158
시작 Anfang 159
시장 Markt 159
시장경제, 사회적 Marktwirtschaft, soziale 159
신 Gott 160
신경체계 Nervensystem 160
신뢰 Vertrauen 160
신빙성/명증성 Plausibilität/Evidenz 161
신용 Kredit 161
신체 Körper 162
신학 Theologie 162
신화들 Mythen 162
실망 Enttäuschung 163
실재 Realität 163
실재, 허구적/실재적 Realität, fiktionale/reale 165
실재, ~의 이중화 Realität, Verdop-plung der 165
실정법 positives Recht 165
실패 증후군 Vergsagenssyndrom 166

심리적 체계 phychisches System 166
심리적 체계 System, phychisches 166
쌍안정성 Bistabilität 168

ㅇ.

아동 Kind 168
악마 Teufel 169
악마적 상징화 Diabolische Symbolisierung 169
안정화 Stabilisierung 169
압축(응축) Kondensierung 170
양심 Gewissen 170
언어 Sprache 172
에우리알레 Euryalistik 172
엔트로피/부엔트로피 Entrophie/Negentrophie 172
여당/야당 Regierung/Opposition 172
여론 Öffentliche Meinung 172
여성 Frau 173
역설 Paradoxie 173
역설적 소통 paradoxe Kommunikation 175
역할들 Rolle 175
연대 Solidarität 176
열정 Passion 176
예술 Kunst 176
역사 Geschichte 176
역사적 기계 Historische Maschine 177
연결 능력 Anschlussfähigkeit 177
연결 합리성 Anschlussrationalität 178
연동 Kopplung 178
연동, 구조적 Kopplung, strukturelle 178
연동, 느슨한/단단한 Kopplung, lose/feste 180
연동, 작동상 Kopplung, operative 181
연속화(순차화) Sequenzialisierung 182
영향 Einfluss 182
영혼 Seele 183
예술체계 System der Kunst 183
와부와부 Wabuwabu 184
완전성/완전 가능성 Perfektion/Perfektibilität 184
외부분화(독립분화) Ausdifferen-

zierung 185
외부 세계 Außenwelt 185
외부화 Externalisierung 186
요소들 Elemente 186
요구들 Ansprüche 187
욕구 Bedürfnis 187
우발 Zufall 187
우연성 Kontingenz 188
우연성, 이중 Kontingenz, doppelte 189
우연성 공식 Kontingenzformel 189
우정 Freundschaft 190
운동, 사회(적) Bewegung, soziale 190
원칙들 Prinzipien 190
위계 Hierarchie 191
위기 Krise 191
위선 Heuchelei 192
위치 Stelle 192
위해 Gefahr 193
위험/위해 Risiko/Gefahr 193
유럽적 합리성 Europäische Rtionalität 194
유출 Emanation 194
유토피아 Utopie 195
유표 공간/무표 공간 Marked space/unmarked space 195

유행 Mode 196
윤리 Ethik 196
은행들 Banken 197
의견(견해) Meinung 197
의례들 Rituale 198
의도성(지향성) Intentionalität 198
의미 Sinn 198
의미론 Semantik 200
의미차원들 Sinndimensionen 200
의미체계 Sinnsystem 201
의식 Bewusstsein 201
의존 맥락 Anlehnungskontext 201
의지 Wille 202
의학 Medizin 202
2계(2차 질서) 사이버네틱스 Kybernetik zweiter Ordnung 202
이념 진화 Ideenevolution 202
이데올로기 Ideologie 202
이력 Lebenslauf 202
이론들/방법들 Theorien/Methoden 203
이론 대체 Theoriesubstitution 204
이성 Vernunft 205
이성법 Vernunftsrecht 205
이유들 Gründe 205

이의 Dissens 206
이익 Profit 206
이중 순환 Doppelkreislauf 206
이중 우연성 Doppelte Kontingenz 206
이중적 폐쇄 Doppelte Schließung 207
이차 코드화 Zweitcodierung 207
이치적 논리 Zweiwertige Logik 208
이항화 Binarisierung 208
이해 Verstehen 209
이해관심 Interesse 210
인간 Mensch 210
인간학, 근세 초기 Anthropologie, frühneuzeitliche 211
인과성 Kausalität 212
인권/기본권 Menschen/rechte 213
인물 Person 214
인물 신뢰 Personenvertrauen 215
인본주의 Humanismus 215
인성 Persönlichkeit 215
인쇄술 Buchdruck 215
인식 Erkenntnis 216
인식론, 경험적 Erkenntnistheorie, empirische 216

인식론, 고전적 Erkenntnistheorie, klassische 216
인식론, 체계이론적 Erkenntnistheorie, systemtheoretische 217
인원 Personal 217
인지 Kognition 217
인플레이션/디플레이션 Inflation/Deflation 218
일반화, 상징적 Generalisierung, symbolische 219
일상 Routine 220
일탈행동 Abweichendes Verhalten 220
임의성 Beliebigkeit 220
입법 Gesetzgebung 220

ㅈ.

자기기술 Selbstbeschreibung 221
사기기술, 사회의 Selbstbeschreibung, gesellschaftliche 221
자기관찰/타자관찰 Selbst-/fremd-beobachtung 222
자기단순화 Selbstsimplifikation 223

자기대체 Selbstsubsitution 223
자기동일성 Selbstidentifikation 224
자기면제 금지 Selbstexemtionsverbot 224
자기부정 Selbstnegation 224
자기생산 Autopoesis 224
자기성찰 Selbstereflexion 224
자기조직 Selbstorganisation 225
자기준거/타자준거 Selbst-/fremdreferenz 226
자기준거, 기초적 Selbstreferenz, basale 226
자기준거, 동반하는 Selbstreferenz, mitlaufende 226
자기충족 금지 Selbstbefriedungsverbote 227
자기타당화 Selbstvalidierung 227
자기(포함)론 Autologie 227
자명성 Verständlichkeit 228
자본 Kapital 228
자본/노동 Kapital/Arbeit 228
자아/타자 Ego/Alter 230
자연(본성) Natur 230
자연법 Naturrecht 231
자유 Freiheit 231
자율 Autonomie 232

자의 Willkür 233
작동 Operation 234
작동상 연동 Operative Kopplung 233
작동상 폐쇄 Operative Schließung 234
잠재 Latenz 234
장식 Ornament 235
재-진입 Re-entry 236
재귀성 Reflexität 237
재조합 능력 Rekombinationsvermögen 237
재판들 Gerichte 237
적응 Anpassung 237
전기 Biographie 237
전문가 Experten 238
전적응적 진전 Preadaptive advances 238
전환 Konventierung 239
전체주의 Totalitarismus 239
전체-부분-도식 Ganzes-Teil-Schema 239
전통 Tradition 240
절차(재판) Verfahren 240
점-대-점-조응 Punkt-für-Punkt-Entsprechung 241

점화 Punktualisierung 241
정당, 정치적 Parteien, politische 242
정당성 Legitimität 242
정보 Information 243
정상성 Normalität 243
정의 Gerechtigkeit 244
정체 Retention 244
정치 Politik 244
정치 정당화 Politikbegründung 245
정치 정당들 Politische Parteien 245
정치체계 Politisches System 245
정치체계 System, politisches 246
제도 Institution 247
제로 방법론 Nullmethodik 248
제재 Sanktion 248
제한성 Limitationalität 248
조건 프로그램 Konditionalprogramm 249
조건화 Konditionierung 251
조종 Steuerung 253
조직 Organisation 253
조직, 공식적 Organisation, formale 253
조직, 비공식적 Organisation, informale 253
조직 문화 Organisationskultur 254

조직체계 System der Organisation 254
존경 Respekt 254
존속 공식 Bestandsformel 254
존재/비존재 Sein/Nichtsein 255
존재론 Ontologie 255
존중 Achtung 256
종교 Religion 256
종교체계 System, religiöses 256
종국화 Finalisierung 257
주권, 정치적 Souveränität, politische 258
주도 차이 Leitdifferenz 258
주술 Magie 258
주인과 노예 Herr und Knecht 258
주제들 Themen 258
주체 Subjekt 259
준거 Referenz 260
준거 문제/코드 문제 Referenzproblem/Codeproblem 261
중복 Redundanz 261
중복 포기 Redundanzverzicht 261
중심/주변 Zentrum/Peripherie 262
증거 Evidenz 262
지각 Wahrnehmung 262
지능(지성) Intelligenz 263

지도 Führung 264
지배 Herrschaft 264
지불/비지불 Zahlung/Nichtzahlung 265
지속(적) 붕괴 Dauerzerfall 265
지시 Bezeichnung 266
지식 Wissen 266
지식, ~의 진화 Wissen, Evolution von 268
지식 진화 Wissensevolution 268
지식의 진화 Evolution von Wissen 268
지원 Helfen 269
지평 Horizont 269
지혜 Weisheit 270
직관 Intuition 270
직교성 Orthogonalität 270
진동 기능/기억 기능 Oscillator function/memory function 270
진리 Wahrheit 271
진보 Fortschritt 271
진보적 Progressiv 272
진정성 Aufrichtigkeit 272
진화 Evolution 272
진화, 사회적 Evolution, soziale 273
진화상 기제 Evolutionäre Mechanis-men 273
진화상 성취 Evolutionäre Errungenschaft 275
질서, 사회적 Ordnung, soziale 276

ㅊ.

차이 Differenz 276
참석 Anwesenheit 278
참신함 Neuheit 278
참여 Partizipation 278
창발 Emergenz 278
창의성 Kreativität 279
책임 Verantwortung 279
책임성 Verantwortlichkeit 279
체계 System 280
체계, 사회의(사회전체적) System, gesellschaftliches 281
체계, 폐쇄된/개방된 System, geschlossenes/offenes 281
체계, 참여 System, partizipierendes 281
체계, 인적 System, personales 282
체계 경계 Systemgrenze 282
체계 관계들 Systembeziehungen 284
체계 규모 Systemgröße 285
체계 기억 Systemgedächtnis 286

체계 분화 Systemdifferenzierung 286
체계 소속 Systemzugehörigkeit 286
체계 시간 Systemzeit 287
체계 신뢰 Systemvertrauen 287
체계 종류들 Systemarten 287
체계준거 Systemreferenz 287
체계 통합 Systemintegration 288
체계 합리성 Systemrationalität 288
체계환경 Systemumwelt 288
체계-에-대한-체계-관계들 System-zu-System-Beziehungen 288
체계-자기-자신에-대한-관계들 System-zu-sich-selbst-Beziehungen 288
체계-환경-관계들 System-Umwelt-Beziehungen 289
체계-환경-이론 System-Umwelt-Theorie 289
체험 Erleben 290
초복잡성 Hyperkomplexität 291
초월(성) Transzendenz 291
초이론(거대이론) Supertheorie 292
치료 Therapie 292
친밀성 Intimität 292
친숙성 Vertrautheit 293

ㅋ.

컴퓨터 Computer 293
코드 Code 294

ㅌ.

타당성 Geltung 296
타자 Alter 296
타자관찰 Fremdbeobachtung 296
타자준거 Fremdreferenz 296
탈근대 Postmoderne 297
탈동어반복화 Enttautologisierung 297
탈역설화 Entparadoxierung 297
텍스트 Text 297
통보 Mitteilung 297
통일성((차이)동일성) Einheit 297
통제, 사회적 Kontrolle, soziale 298
통합 Integration 298
투입-산출-모델 Input-Output-Modell 299
특화 Spezifizierung 299

ㅍ.

패러다임 전환 Paradigmawechsel
300
편협 Borniertheit 300
평등 Gleichheit 301
평범한 기계 Trivialmaschine 301
폐쇄, 이중적 Schließung, doppelte
301
폐쇄, 작동상 Schließung, operative 302
포함/배제 Einschließung/Ausschließung 302
포함/배제 Inklusion/Exklusion
303
폭력, 물리적 Gewalt, physische
305
프로그램들 Programme 305

ㅎ.

하위체계 Subsystem 306
학문(과학) Wissenschaft 306
학문(과학), 응용 지향적 Wissenschaft, anwendungsorientierte 307

학문의 실천 Praxis von Wissenschaft
307
학문체계 Wissenschaftliches System
307
학문체계 System, wissenschaftliches
307
학습 능력 Lernfähigkeit 309
합리성, 유럽적 Rationalität, europäische 310
합리성, 체계이론적 Rationalität, systemtheoretische 310
합의 Konsens 311
항의 Protest 312
항의 체계 System des Protests 313
해체 Dekonstruktion 313
해체 인과성/개입 인과성 Auslöse-/Durchgriffskausalität 313
해체/재조합 능력 Auflöse/Rekombinationsvermögen 313
행동 Verhalten 314
행동, 일탈 Verhalten, abweichendes
314
행위 Handeln 314
행위, 소통적 Handeln, kommunikatives 316

행위, 집합(적) Handeln, kollektives 316
행위, 합리적 Handeln, rationales 317
행위체계 Handlungssystem 317
행정 Verwaltung 317
허구적 실재/실재하는(실재적) 실재 Fiktionale/reale Realität 317
헌법 Verfassung 318
현상 Status quo 318
현상학 Phänomenologie 318
현재 Gegenwart 319
현재성/가능성 Aktualität/Possibilität 319
협상 Verhandlung 320
형식 Form 320
호혜성 Reziprozität 322
화폐 Geld 322
확산 매체 Verbreitungsmedien 323
확실성 Sicherheit 323
확인 Konfirmierung 324
환경 Umwelt 324
환경 적응 상태 Umweltangepasstheit 324
환자치료 체계 System der Krankenbehandlung 325
회귀성 Rekursivität 325
횡단 Crossing 325
후기존재론 Postontologie 326
희소성 Knappheit 326

독일어 색인

A.

Abweichendes Verhalten 일탈행동 220

Achtung 존중 256

Aktualität/Possibilität 현재성/가능성 319

Akzeptionswert 수용값 155

Alter 타자 296

Alternativbewegung 대안운동 67

Alternativen 대안들 67

Amt 관직 22

Anfang 시작 159

Angst 불안 107

Anlehnungskontext 의존 맥락 201

Anpassung 적응 237

Anschlussfähigkeit 연결 능력 177

Anschlussrationalität 연결 합리성 178

Ansprüche 요구들 187

Anthropologie, frühneuzeitliche 인간학, 근세 초기 187

Anwesenheit 참석 278

Apriorisierung 선험화 137

Äquivalenzfunktionalismus 등가기능주의 75

Arbeit 노동 63

Arbeitsteilung 분업 101

Argumentation 논증 64

Asymmetrie 비대칭 110

Attribution 귀속 61

Aufklärung, soziologische 계몽, 사회학적 33

Auflöse/Rekombinationsvermögen 해체/재조합능력 313

Aufrichtigkeit 진정성 272

Ausdifferenzierung 외부분화(독립분화) 185

Auslöse/-Durchgriffskausalität 해체 인과성/개입 인과성 313

Außenwelt 외부 세계 185

Austauschbeziehungen 교환 관계들 42

Autologie 자기(포함)론 227

Autonomie 자율 232

Autopoesis 자기생산 224

Autorität 권위 51

B.

Banken 은행들 197

Basale Selbstreferenz 기초적 자기준거 61

Bedürfnis 욕구 187

Begriffe 개념들 25

Begriffe, differenzlose 개념들, 무차이 26

Beliebigkeit 임의성 220

Beobachter 관찰자 25

Beobachtung 관찰 23

Beschreibung 기술 57

Bestandsformel 존속 공식 254

Bewegung, soziale 운동, 사회(적) 190

Bewusstsein 의식 201

Bezeichnung 지시 266

Bifurkation 갈림(분기) 17

Bildung 도야 72

Binarisierung 이항화 208

Biographie 전기 237

Bistabilität 쌍안정성 168

Black box 블랙박스 109

Blinder fleck 맹점 77

Borniertheit 편협 300

Buchdruck 인쇄술 215

Bürokratie 관료제 22

C.

Code 코드 294

Computer 컴퓨터 215

Crossing 횡단 325

D.

Dauerzerfall 지속(적) 붕괴 265

Deflation 디플레이션 75

Dekomposition 분해 101

Dekonstruktion 해체 313

Demobürokratisierung 민주관료화 88

Demokratie 민주주의 87

Demokratisierung 민주화 169

Diabolische Symbolisierung 악마적 상징화 169

Differenz 차이 276

Differenzierung 분화 102

Differenzierung, funktionale 분화, 기능적 102

Differenzierung, gesellschaftliche 분화, 사회전체적인 106

Differenzierung, nach Zentrum/Peripherie 분화, 중심/주변에 따른 107

Differenzierung, schichtungsmäßige 분화, 계층에 따른 102

Differenzierung, segmentäre 분화, 분절적 105

Differenzlose Begriffe 무차이 개념들 82

Dissens 이의 206

Dogmatik 독단(교의) 72

Doppelkreislauf 이중 순환 206

Doppelte Kontingenz 이중 우연성 206

Doppelte Schließung 이중적 폐쇄 207

Durchgriffskasualität 개입인과성 21

E.

Ego/Alter 자아/타자 230

Eigentum 소유 144

Eigenwert 고유값 36

Einfaches Sozialsystem 단순한 사회적 체계 66

Einfluss 영향 182

Einheit 통일성 297

Einschließung/Ausschließung 포함/배제 302

Elemente 요소들 186

Emanation 유출 194

Emergenz 창발 278

Emotion 감정 16

Empathie/Boniertheit 공감/편협 37

Empirische Sozialforschung 경험적 사회조사 32

Enscheidungsprämissen 결정 전제들 29

Entfremdung 소외 144

Entparadoxierung 탈역설화 297

Entrophie/Negentrophie 엔트로피/부엔트로피 172

Entscheidung 결정 28

Entscheidungsprogrammierung 결정 프로그램화 29

Enttäuschung 실망 163

Enttautologisierung 탈동어반복화 297

Episode 삽화 126

Ereignis 사건 112

Erfolgsmedien 성공매체 137

Erkenntnis 인식

Erkenntnistheorie, empirische 인식론, 경험적 216

Erkenntnistheorie, klassische 인식론, 고전적 216

Erkenntnistheorie, systemtheoretische 인식론, 체계이론적 217

Erleben 체험 29

Erwartungen 기대들 55

Erziehung 교육 40

Erziehungssystem 교육체계 40

Ethik 윤리 196

Europäische Rationalität 유럽적 합리성 194

Euryalistik 에우리알레 172

Evidenz 증거 262

Evolution 진화 272

Evolution von Wissen 지식의 진화 273

Evolution, soziale 진화, 사회적 275

Evolutionäre Errungenschaft 진화상 성취 275

Evolutionäre Mechanismen 진화상 기제 275

Exklusion 배제 90

Experten 전문가 238

Externalisierung 외부화 186

F.

Fakten 사실들 115

Familie 가족 14

Fiktionale/reale Realität 허구적 실재/실재하는(실재적) 실재 317

Finalisierung 종국화

Form 형식 320

Formale Organisation 공식 조직 39

Fortschritt 진보 271

Frau 여성 173

Freiheit 자유 231

Fremdbeobachtung 타자관찰 296

Fremdreferenz 타자준거 296

Freundschaft 우정 190

Führung 지도 264

Funktion 기능 54

Funktionale Differenzierung 기능적 분화 55

Funktionale Methode 기능적 방법 55

G.

Ganzes-Teil-Schema 전체-부분-도식 239

Gedächtnis 기억 59

Gedanke 생각들 134

Gefahr 위해 193

Gefühle 감정들 16

Gegenwart 현재 319

Geld 화폐 322

Geltung 타당성 296

Generalisierung, symbolische 일반화, 상징적 219

Gerechtigkeit 정의 244

Gerichte 재판들 237

Geschichte 역사 176

Geschlecht 성별 139

Gesellschaft 사회 115

Gesellschaftliche Selbstbeschreibung 사회의 자기기술 118

Gesellschaftsdifferenzierung 사회분화 118

Gesetzgebung 입법 220

Gewalt, physische 폭력, 물리적 305

Gewissen 양심 170

Glaube 믿음 88

Gleichheit 평등 301

Gleichzeitigkeit 동시성 73

Globalisierung 세계화 143

Gott 신 160

Grenze 경계 29

Grenzwerte 경계값들 30

Gründe 이유들 205

Grundrechte 기본권 56

Grundwerte 기본 가치들 56

H.

Handeln 행위 314

Handeln, kollektives 행위, 집합(적) 316

Handeln, kommunikatives 행위, 소통적 316

Handeln, rationales 행위, 합리적 317

Handlungssystem 행위체계 317

Helfen 지원 269

Herr und Knecht 주인과 노예 258

Herrschaft 지배 264

Heuchelei 위선 192

Hierarchie 위계 191

Historische Maschine 역사적 기계 177

Horizont 지평 269

Humanismus 인본주의 215

Hyperkomplexität 초복잡성 291

Hypothese 가설 13

I.

Ideenevolution 이념진화 202

Identität 동일성 74

Ideologie 이데올로기 202

Immanenz/Transzendenz 내재성/초월성 63

Immunsystem 면역체계 78

Indeterminiertheit 미결정성 85

Indirekte Kommunikation 간접 소통 16

Individualisierung 개인화 19

Individualismus 개인주의 19

Individuum 개인 18

Inflation/Deflation 인플레이션/디플레이션 218

Informale Organisation 비공식적 조직 110

Information 정보 243

Inklusion/Exklusion 포함/배제 303

Inkommunikabilität 소통 불가능성 154

Input-Output-Modell 투입-산출-모델 299

Institution 제도 247

Instrumentalität 도구성 69

Integration 통합 298

Intelligenz 지능 263

Intentionalität 의도성 198

Interaktionssystem 상호작용체계 130

Interdependenz 상호의존 129

Interdependenzunterbrechung 상호의존 중단 130

Interesse 이해관심 210

Interferenz 섭동 137

Interpenetration 상호침투 132

Interpenetration, zwischenmenschliche 상호침투, 인간 간의 134

Intersubjektivität 상호주관성 132

Intervention 개입 20

Intimität 친밀성 292

Intransparenz 불투명성 108

Intuition 직관 270

Invisibilisierung 비가시화 109

Irritation 교란 **39**

K.

Kapital 자본 228

Kapital/Arbeit 자본/노동 228

Karriere 경력 30

Kausalität 인과성 212

Kirche 교회 42

Klasse, soziale 계급, 사회적 33

Knappheit 희소성 326

Knappheit der Zeit 시간의 희소성 158

Kognition 인지 217

Kommunikation 소통 145

Kommunikation, indirekte 소통, 간접(적) 148

Kommunikation, kompakte 소통, 복합적 150

Kommunikation, moralische 소통, 도덕적 149

Kommunikation, mündliche 소통, 구두 148

Kommunikation, ökologische 소통, 생태학적 150

Kommunikation, paradoxe 소통, 역설적 150

Kommunikation, schriftliche 소통, 문자 149

Kommunikationsmedien, symbolisch generalisierte 소통 매체들, 상징적으로 일반화된 151

Kompakte Kommunikation 복합적 소통 99

Komplementarität 상보성 127

Komplementärrolle 보완 역할 95

Komplexität 복잡성 96

Komplexität, Reduktion und Steigerung 복잡성, ~의 환원과 상승 98

Komplexität, Temporalisierung von 복잡성, ~의 시간화 98

Komplexitätgefälle 복잡성 격차 170

Kondensierung 압축(응축) 170

Konditionalprogramm 조건 프로그램 249

Konditionierung 조건화 249

Konfirmierung 확인 324

Konflikt 갈등 16

Konsens 합의 311

Konservatismus 보수주의 95

Konservativ/progressiv 보수적/진보적 94

Konstruktivismus, systemtheoretischer 구성주의, 체계이론적 45

Kontingenz 우연성 188

Kontingenz, doppelte 우연성, 이중(의) 189

Kontingenzformel 우연성 공식 189

Kontrolle, soziale 통제, 사회적 298

Konventierung 전환 238

Kopplung 연동 178

Kopplung, lose/feste 연동, 느슨한/단단한 180

Kopplung, operative 연동, 작동상 181

Kopplung, strukturelle 연동, 구조적 178

Körper 신체 162

Kreativität 창의성 279

Kredit 신용 161

Krise 위기 191

Kritik 비판 110

Kritisch/affirmativ 비판적/옹호적 112

Kritische Theorie 비판이론 111

Kritischer Rationalismus 비판적 합리주의 111

Kultur 문화 84

Kunst 예술 176

Kybernetik zweiter Ordnung 2계(2차 질서) 사이버네틱스 202

Kybernetische Methode 사이버네틱스 방법 115

L.

Latenz 잠재 234
Leben 생명 134
Lebenslauf 이력 203
Lebenswelt 생활세계 135
Legitimität 정당성 242
Leistung 성과 138
Leistungsrolle 성과 역할 139
Leitdifferenz 주도 차이 258
Lernfähigkeit 학습 능력 309
Liebe 사랑 113
Limitationalität 제한성 248
Logik, zweiwertige 논리, 이치적 64
Lose, feste Kopplung 느슨한/단단한 연동 64

M.

Macht 권력 49
Machtkreislauf 권력순환 50
Machttheorie, klassische 권력이론, 고전적 50
Magie 주술 258
Mann/Frau 남자/여자 62
Marked space/unmarked space 유표 공간/무표 공간 195
Markt 시장 159

Marktwirtschaft, soziale 시장경제, 사회적 159

Maschine 기계 54

Massenmedien 대중매체 67

Materialitätkontinuum 물질성 연속체 84

Mechanismen, reflexive 기제, 재귀적 61

Mechanismen, symbiotische 기제, 공생적 61

Medienhierarchie 매체 위계 76

Medium 매체 75

Medium/Form 매체/형식 77

Medizin 의학 202

Mehrsystemzugehörigkeit 다체계 소속성 65

Meinung 의견(견해) 197

Memory function/oscillator function 기억 기능/진동 기능 60

Mensch 인간 210

Menschen-/Grundrechte 인권/기본권 213

Methode, funktionale 방법, 기능적 88

Methode, kybernetische 방법, 사이버네틱스적 89

Methoden 방법들 88

Mikrodiversität 미시다양성 86

Mitgliedschaft 구성원자격 44

Mitteilung 통보 297

Mittel 수단 155

Mode 유행 196

Moderne 근대 53

Modernisierung 근대화 53

Moral 도덕 69

Motiv 동기 72

Motiv und Zweck 동기와 목적 72

Motivation 동기화 73

Motivverdacht 동기 의심 73

Multizentrizität 다중심성 65

Mündliche Kommunikation 구두 소통 43

Mythen 신화들 162

N.

Nachtrichten 뉴스들 64

Nation 민족국가 86

Natur 자연(본성) 230

Naturrecht 자연법 231

Negation 부정 100

Negentropie 부엔트로피 100

Nervensystem 신경체계 160

Neuheit 참신함 278

Nichtwissen 무지 82

Norm 규범 48

Normalität 정상성 243

Nullmethodik 제로 방법론 248

O.

Objekte 객체들 27

objektiv, subjektiv 객관적/주관적 27

Offenbarung 계시 34

Offenheit, kognitive 개방성, 인지적 17

Öffentliche Meinung 여론 172

Öffentlichkeit 공공성 37

Ökologische Kommunikation 생태학적 소통 135

Ontologie 존재론 255

Operation 작동 234

Operative Kopplung 작동상 연동 234

Operative Schließung 작동상 폐쇄 234

Ordnung, soziale 질서, 사회적 276

Organisation 조직 251

Organisation, formale 조직, 공식적 253

Organisation, informale 조직, 비공식적 253

Organisationskultur 조직 문화 254

Ornament 장식 235

Orthogonalität 직교성 270

Oscillator function/memory function 진동 기능/기억 기능 270

P.

Pädagogik 교육학 42

Paradigmawechsel 패러다임 전환 300

paradoxe Kommunikation 역설적 소통 175

Paradoxie 역설 173

Parasit 기식자 59

Parteien, politische 정당, 정치적 242

Partizipation 참여 278

Passion 열정 176

Perfektion/Perfektibilität 완전성/완전 가능성 184

Person 인물 214

Personal 인원 217

Personenvertrauen 인물 신뢰 215

Persönlichkeit 인성 215

Phänomenologie 현상학 318

phychisches System 심리적 체계 166

Physische Gewalt 물리적 폭력 84

Planung 계획 수립 35

Plausibilität/Evidenz 신빙성/명증성 161

Politik 정치 244

Politikbegründung 정치 정당화 245

Politische Parteien 정치 정당들 245

Politisches System 정치체계 256

Polykontexturalität 다맥락 영역성 65

positives Recht 실정법 165

Postmoderne 탈근대 297

Postontologie 후기존재론 297

Praxis von Wissenschaft 학문의 실천 326

Preadaptive advances 전적응적 진전 238

Prinzipien 원칙들 190

Prise 가격 13

Problem 문제 83

Profit 이익 206

Programme 프로그램들 305

Progressiv 진보적 272

Protest 항의 312

Prozesse 과정들 22

Publikum 공중 39

Punkt-für-Punkt-Entsprechung 점-대-점-조응 241

Punktualisierung 점화 241

R.

Rang 서열 136

Rationalität, europäische 합리성, 유럽적 309

Rationalität, systemtheoretische 합리성, 체계이론적 310

Raum 공간 36

Realität 실재 163

Realität, fiktionale/reale 실재, 허구적/실재적(실재하는) 165

Realität, Verdopplung der 실재, ~의 이중화 165

Recht 법 91

Recht, natürliches 법, 자연(적) 91

Recht, positives 법, 실정(적) 91

Recht, subjektives 권리, 주관적 92

Rechtsstaat 법치국가 92

Rechtssystem 법체계 92

Redundanz 중복 261

Redundanzverzicht 중복 포기 261

Re-entry 재-진입 236

Referenz 준거 260

Referenzproblem/Codeproblem 준거 문제/코드 문제 261

Reflexionstheorie 성찰이론 140

Reflexität 재귀성 237

Reflextionswert 성찰값 140

Reform 개혁 21

Regierung/Opposition 여당/야당 172

Rejektionswert 거부값 28

Rekombinationsvermögen 재조합 능력 237

Rekursivität 회귀성 325

Relation 관계 22

Relativismus 상대주의 127

Religion 종교 256

Repräsentation 대표 68

Reputation 명성 78

Resonanz 공명(반향) 38

Respekt 존경 254

Retention 정체 244

Reziprozität 호혜성 322

Risiko/Gefahr 위험/위해 193

Rituale 의례들 198

Rolle 역할들 175

Routine 일상 220

Ruhm 명예 79

S.

Sachdimension 사실적 차원 115

Säkularisierung 세속화 143

Sanktion 제재 248

Schemata 도식들 71

Schichtung, soziale 계층, 사회적 35

Schichtungsmäßige Differenzierung 계층에 따른 분화 35

Schließung, doppelte 폐쇄, 이중적 301

Schließung, operative 폐쇄, 작동상 302

Schrift 문자 82

Seele 영혼 183

Sein/Nichtsein 존재/비존재 255

Selbst-/fremdbeobachtung 자기관찰/타자관찰 222

Selbst/-fremdreferenz 자기준거/타자준거 225

Selbstbefriedungsverbote 자기충족 금지 227

Selbstbeschreibung 자기기술 221

Selbstbeschreibung, gesellschaftliche 자기기술, 사회의 221

Selbstereflexion 자기성찰 224

Selbstexemtionsverbot 자기면제 금지 224

Selbstidentifikation 자기동일성 224

Selbstnegation 자기부정 224

Selbstorganisation 자기조직 225

Selbstreferenz, basale 자기준거, 기초적 226

Selbstreferenz, mitlaufende 자기준거, 동반하는 226

Selbstsimplifikation 자기단순화 223

Selbstsubsitution 자기대체 223

Selbstvalidierung 자기타당화 227

Selektion 선택 136

Selektivität 선택성 137

Semantik 의미론 200

Sequenzialisierung 연속화(순차화) 182

Sexualität 성애 139

Sicherheit 확실성 323

Sinn 의미 198

Sinndimensionen 의미 차원들 200

Sinnsystem 의미체계 201

Skripten 대본들(스크립트) 66

Solidarität 연대 175

Souveränität, politische 주권, 정치적 258

Sozialdimension 사회적 차원 119

soziale Bewegung 사회운동 118

Soziale Hilfe 사회적 지원 119

Soziale Marktwirtschaft 사회적 시장경제 119

Soziale Ordnung 사회적 질서 119

Soziales 사회적인 것 123

Soziales System 사회적 체계 123

Sozialforschung 사회조사 118

Sozialintegration 사회적 통합 123

Sozialisation 사회화 126

Sozialstaat 사회복지 국가 118

Sozialsystem, elementares 사회적 체계, 요소적 123

Sozialsystem, organisiertes 사회적 체계, 조직된 123

Soziologie 사회학 124

Soziologische Aufklärung 사회학적 계몽 126

Space 공간 37

Spezifizierung 특화 299

Sprache 언어 170

Staat 국가 47

Stabilisierung 안정화 169

Status quo 현상 318

Stelle 위치 192

Steuerung 조종 249

Sthenographie/Euryalistik 스테노그라피/에우리알레 156

Stratifikatorische Differenzierung 계층적 분화 35

Structural drift 구조적 표류 47

Struktur 구조 46

Struktur, latente 구조, 잠재적 47

Strukturelle Kopplung 구조적 연동 47

Subjekt 주체 259

Subsystem 하위체계 306

Supertheorie 초이론 292

Symbiotische Mechanismen 공생적 기제들 38

Symbol 상징 129

Symbolisch generalisierte Kommunikationsmedien 상징적으로 일반화된 소통 매체 129

Symbolisieung 상징화 129

Symbolisierung, diabolische 상징화, 악마적 73

Synchronisation (공시화)동기화 280

System 체계 280

System der Erziehung 교육체계 40

System der Krankenbehandlung 환자치료 체계 325

System der Kunst 예술체계 183

System der Massenmedien 대중매체 체계 67

System der Organisation 조직체계 254

System des Konflikts 갈등 체계 17

System des Protests 항의 체계 313

System, geschlossenes/offenes 체계, 폐쇄된/개방된 281

System, gesellschaftliches 체계, 사회의 281

System, partizipierendes 체계, 참여 281

System, personales 체계, 인적 282

System, phychisches 심리적 체계 166

System, politisches 정치체계 245

System, rechtliches 법체계 91

System, religiöses 종교체계 256

System, soziales 사회적 체계 120

System, wirtschaftliches 경제체계 31

System, wissenschaftliche 학문체계 307

Systemarten 체계 종류들 287

Systembeziehungen 체계 관계들 287

Systemdifferenzierung 체계분화 284

Systemgedächtnis 체계 기억 286

Systemgrenze 체계 경계 282

Systemgröße 체계 규모 285

Systemintegration 체계 통합 288

Systemrationalität 체계 합리성 288

Systemreferenz 체계준거 287

Systemumwelt 체계환경 288

System-Umwelt-Beziehungen 체계-환경-관계들 289

System-Umwelt-Theorie 체계-환경-이론 289

Systemvertrauen 체계 신뢰 287

Systemzeit 체계 시간 287

Systemzugehörigkeit 체계 소속 286

System-zu-sich-selbst-Beziehu ngen 체계-자기-자신에-대한-관계들 288

System-zu-System-Beziehungen 체계-에-대한-체계-관계들 288

T.

Takt 배려(분별) 90

Tatsache 사실 144

Tausch 교환 42

Tautologie 동어반복 73

Tecknik/Technologie 기술/테크놀로지 57

Teilsystem 부분체계 99

Teleologie 목적론 81

Teufel 악마 169

Text 텍스트 297

Themen 주제들 258

Theologie 신학 162

Theorien/Methoden 이론들/방법들 203

Theoriesubstitution 이론 대체 204

Therapie 치료 292

Totalitarismus 전체주의 239

Tradition 전통 240

Transaktion 교차 행위(거래) 42

Transzendenz 초월(성) 291

Trivialmaschine 평범한 기계 301

U.

Umwelt 환경 324

Umweltangepasstheit 환경적응 상태 324

Ungleichheit, soziale 불평등, 사회적 108

Ungleichheit, soziale 사회적 불평등 119

Universaltheorie 보편이론 95

Unmarked space 무표 공간 82

Unsicherheitsabsorption 불확실성 흡수 109

Unterricht 수업 155

Unterscheidung 구분 43

Unwahrscheinlichkeit 비개연성 110

Utopie 유토피아 195

V.

Variation 변이 94

Varietät 변이(다양성) 94

Verantwortlichkeit 책임성 279

Verantwortung 책임 279

Verbreitungsmedien 확산 매체 323

Verfahren 절차(재판) 240

Verfassung 헌법 318

Vergangenheit 과거 21

Vergsagenssyndrom 실패 증후군 166

Verhalten 행동 314

Verhalten, abweichendes 행동, 일탈 314

Verhandlung 협상 320

Vernunft 이성 205

Vernunftsrecht 이성법 205

Verschiedenheit 상이성 127

Verständigung 상호 이해 130

Verständlichkeit 자명성 228

Verstehen 이해 209

Vertrag 계약 34

Vertrauen 신뢰 160

Vertrautheit 친숙성 293

Verwaltung 행정 317

Vielheit 다수성 65

Volk 민족 86

W.

Wabuwabu 와부와부 184

Wahl, politische 선거, 정치(의) 136

Wahrheit 진리 271

Wahrnehmung 지각 262

Wahrscheinlichkeit 개연성 27

Weisheit 지혜Wissenschaftliches System 학문체계 307

Wissenschaftstheorie 과학이론 307

Z.

Zahlung/Nichtzahlung 지불/비지불 265

Zeichen 기호 61

Zeit 시간 157

Zeitdimension 시간 차원 158

Zentrum/Peripherie 중심/주변 262

Zirkularität 순환성 155

Zivilreligion 시민 종교 159

Zufall 우발 187

Wissenschaftliches System 학문체계 307

Wissenschaftstheorie 과학이론 307

Z.

Zahlung/Nichtzahlung 지불/비지불 265

Zeichen 기호 61

Zeit 시간 157

Zeitdimension 시간 차원 158

Zentrum/Peripherie 중심/주변 262

Zirkularität 순환성 155

Zivilreligion 시민 종교 159

Zufall 우발 187

Zukunft 미래 86

Zurechnung 귀속 62

Zwang 강제 18

Zweck 목적 80

Zweck und Motiv 목적과 동기 81

Zweckprogramm 목적 프로그램 82

Zweitcodierung 이차 코드화 207

Zweiwertige Logik 이치적 논리 208

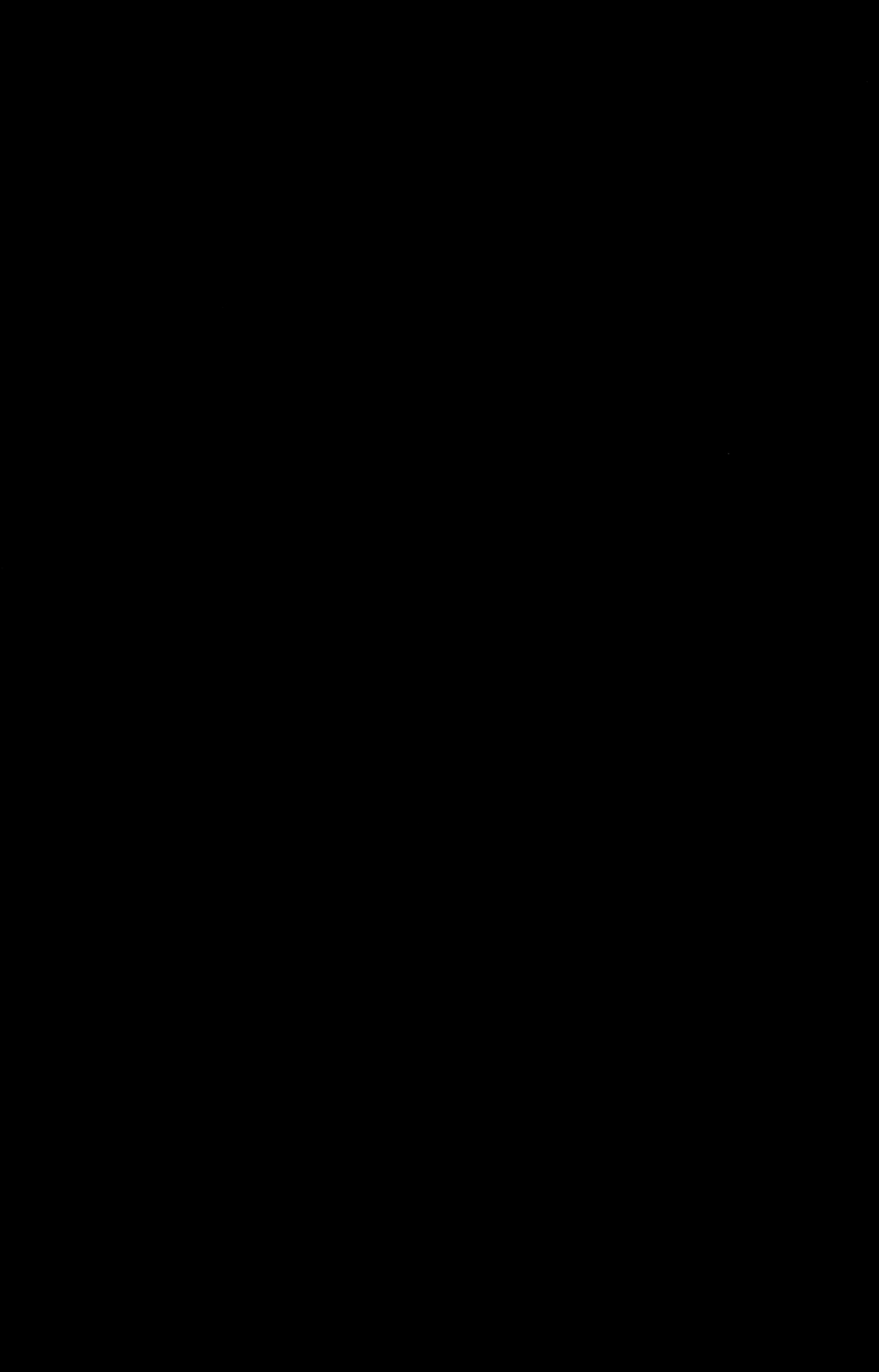